Karl Gutzkow

Gesammelte Werke

5. Band

Karl Gutzkow

Gesammelte Werke
5. Band

ISBN/EAN: 9783744706810

Hergestellt in Europa, USA, Kanada, Australien, Japan

Cover: Foto ©ninafisch / pixelio.de

Weitere Bücher finden Sie auf **www.hansebooks.com**

Blasedow und seine Söhne.

Satyrischer Roman

in

drei Büchern

von

Karl Gutzkow.

Dritte Auflage.

Erster Band.

(Erstes und zweites Buch.)

Jena,
Hermann Costenoble.
Verlagsbuchhandlung.

Zur neuen Ausgabe.

„Ich bin Blasedow!" rief vor länger als dreißig Jahren ein breitschultriger, mittelgroßer Herr, ein Fünf=ziger mit schon ergrauten Haaren dem jugendlichen Autor zu, der sich auf die Anmeldung eines Pfarrers N. N. von seinem Schreibtisch erhoben und angeschickt hatte zur Begrüßung eines ihm völlig Unbekannten.

Es war in Hamburg. Der Eintretende kam über die Elbe aus den damals Hannoverschen Landen.

Schon in der Betonung der oben angeführten Worte konnte eine Art Widerlegung des Zweifels liegen, der sich vielleicht hätte erheben können, ob überhaupt ein Charakter wie Blasedow möglich war.

Der fremde Geistliche hatte seine Stelle verloren. Er war vom Kirchenregiment gemaßregelt worden; wofür? kam nicht recht zur Sprache. Frau und Kinder spielten dabei eine Rolle, aber der Zusammenhang schien für die Auseinandersetzung zu weitläufig, hätte auch vielleicht den Besucher nicht ohne Schuld erscheinen lassen. So ergab sich denn nur, daß sich der Fremde für die ganze mit seinem Amt zerfallene Stimmung, die ihn zu mir geführt hatte, auf den nachfolgenden Roman bezog, der in den Jahren 1837 und 38 zuerst erschien. Nicht das pädago=gische Sujet desselben schien der Anlaß gewesen zu sein, der den Familienvater in eine bedenkliche Amtlosigkeit ge=stürzt hatte. Nur die allgemeine Charakterähnlichkeit schien gemeint, Zerfall mit den Amtspflichten, den Verhältnissen der Umgebung, vielleicht auch — mit sich selbst.

Nach einem Gespräch über die Einzelnheiten des Romans, die allgemeinen Zeitverhältnisse und die besondern Schwierigkeiten, auf welche die Absicht des Mannes stoßen würde, die darauf ging, sich nun in Hamburg eine Existenz als Lehrer zu begründen, verlor ich den Besuch aus dem Auge. Gewiß ist er von mir mit dem Glauben geschieden, eine kalte Natur angetroffen zu haben; mein gewöhnliches Schicksal das. Das Talent, mich vor Fremden als Weltenstürmer in Scene zu setzen, besaß ich eben so wenig, wie ich Cigarren anbieten konnte, die ich damals noch nicht rauchte. Ich hörte nur, der wirkliche Blasedow wäre der größeren Wohlfeilheit wegen nach Altona gezogen.

Unsre Gegenwart möchte in den Reihen der Geistlichkeit nicht mehr viel Belege für die Richtigkeit und die Möglichkeit eines wie Blasedow angelegten Charakters bieten. Wer jetzt beim theologischen Studium aushält, weiß, wohin er steuert. Beförderung, Machtstellung sind jetzt dem Theologen gewisser denn je. Und die Superintendentur ist es nicht allein, die reizt, nicht die Controle des Staates und der Gesetzgebung, sondern mit aller Achtung läßt sich auch von jener gegen früher gesteigerten Selbstgenüge sprechen, die, wenn sie nicht Pharisäerstolz ist, eine den „Diener am Wort" beglückende und sein Leben verklärende Gottseligkeit sein kann. Diese Blüthe trieb das theologische Studium nicht zu allen Zeiten. Ungefüger Zweifel, ein geniales Sichgehenlassen, ein Vergessen, daß uns die Welt beobachtet, daß sie selten liebevoll warnt und zur Besinnung mahnt, sondern weit lieber schadenfroh auf den Augenblick lauert, wo ein Träumender in die heimlich gegrabene Grube fällt. Dergleichen war früher mehr verbreitet. Man denke nur an die Epoche der 30er Jahre. Aus der Burschenschaft und den sieben in Köpenick abgesessenen Jahren kommen andere Naturen heraus und nach langer Ministerial= und Cabinetsschreiberei an eine Landpfarre, als aus den Wingolfbündnissen unserer jetzigen Universitäten.

Späterhin habe ich noch manchen Landpfarrer, wenn er einer älteren Zeit angehörte, in Amt und Würden als Seitenstück zu Blasedow und seinem Hamburg=Altonaer Doppelgänger angetroffen.

Auch diese Jugendarbeit des Verfassers ist wie fast alle seine Schriften, von Kritik und Publikum kurzgesagt mißhandelt worden. In gnädiger Herablassung erklärte jene den ersten Band (jetzt das „erste Buch") für den besseren. Das war falsch; der zweite und dritte Band übertreffen den ersten. Ein Gezeter wurde erhoben von den Schelmenstreichen der vier Brüder, vorzugsweise des Schlachtenmalers. Jede Wildheit derselben wurde mit dem Moralcodex verglichen. Die immer mehr einreißende Prü= derie und Schönthuerei auf belletristischem Gebiet hatte demnach vergessen, daß gerade der „Schelmenroman" die beste Tradition für sich hat, daß die Spanier des siebzehn= ten, die Engländer des achtzehnten Jahrhunderts das Ko= misch=Satyrische im Roman nur im Wagemuth fanden, in kühner Abenteuerlust, in Lebensanschauungen bis zum Cynischen. Wie naiv ergeht sich der Landpfarrer von Wakefield in seiner absoluten Unfähigkeit, vor dem Polizei= gericht und selbst vor dem Ton der guten Sitte zu be= stehen! Aber unser Schön= und Süßlichthun war einmal (zunächst durch die Goldschnitts=Lyrik) seit 1840 in Zug gekommen. Hätte man später, als man wieder von „Rea= lismus" zu reden anfing, diesen Roman in's Plattdeutsche übersetzt, er würde Empfänglichkeit gefunden haben.

In einem Punkte will ich dem verwöhnten Lesegeschmack nicht Unrecht geben. Sogenannte Spannung, modische „Sensation", selbst das romantische Interesse überhaupt sind vernachlässigt. Der Verfasser schrieb bei Beginn seiner Autorschaft nur für sich. Er setzte voraus, keine Leser zu haben, und dachte daher nicht an Leser. Ob die Charaktere gefallen, die Situationen fesseln konnten, ob sie gar einen ganz indolenten, blasirten Nachfrager nach neuer Lectüre zwingen mußten, Antheil zu nehmen, dafür fehlte ihm alles Raffinement. Gegen die Frauen, die bekanntlich so sehr zu schonen und als die Haupt=

inſtanzen unſrer ſchönen Literatur zu beſchmeicheln ſind, und es auch genugſam von den Süßlichen werden, iſt das Buch faſt allzu herbe. Trübe Lebenserfahrungen ließen den Autor ſchon ſo früh an der Richtigkeit der Kunde, daß es auf die Tiefe gehende Frauen gäbe, zweifeln. Ueberdies glaubte er, die Romane, in denen es ſich lediglich um das „Bekommen" von Dem oder Der handelte, müßten nur von den Taſchenbucherzählern geſchrieben werden.

Seit nun aber der Autor weiß, daß man noch ab und zu Leſer und Leſerinnen findet, die ſich den Ausdruck, die Gedanken, eine wenn auch nicht ſpannend, doch orga= niſch fortſchreitende Handlung an einem Buche erzählenden Inhalts genügen laſſen, empfiehlt er dieſen die Lectüre um ſo mehr, als ſich jetzt, nach faſt vierzig Jahren, die allenfallſige Tendenz jener Jugendarbeit, die Schilderung einer luftigen, vom Schwindel und der mög= lichſten Abkürzung der Wege zum Glück leben= den Epoche, als eine entſchieden zeitgemäße herausgeſtellt hat.

Pegli bei Genua, März 1874.

Erſter Theil.

Erstes Kapitel.
Der lateinische Reiter und die Preisaufgabe.

Der dort soeben in das Kreishauptstädtchen eintrabende und gerade auf den Marktplatz zu seine Richtung nehmende Gaul gehört ohne Zweifel — dem geistlichen Herrn, der auf ihm sitzt, eigenthümlich zu. An Stroh, Hafer, Heu, an Menschenliebe oder Erbarmen für alle Geschöpfe kann es im Stall eines Pfarrers wahrlich nicht fehlen; allein es muß auf den Zehntengaben ein Fluch liegen; sie gedeihen nicht, sie schlagen nicht an. Gaul und Reiter brennen vor Magerkeit.

Der Reiter hält vor einem kleinen Laden inne, steigt ab und producirt eine äußerst ausgedehnte Figur. Seine Haltung ist stolz und aufrecht. Seine Mienen verrathen eine gewisse Dürre seines Innern. Man kann ihn weit mehr mit abgesengtem, als mit frischem Grafe vergleichen. Er thut, was er beim Absteigen und Festbinden seines Gaules an einen Baum, der vor dem Laden steht, nicht lassen kann; es kümmert ihn weder der steinerne Roland auf dem Markte, noch der Gruß einiger Frauen, die vom Raths= und Rolands= Brunnen in der Mitte des Platzes Wasser holen; er stöhnt und flucht sogar ein wenig, was von einem Pfarrer und selbst von dem einer kleinen Dorfgemeinde schwer zu glauben, aber für diesmal doch erwiesen ist. Endlich greift er in die Halfter des alten Sattels, den er einmal bei einer Militair= Effecten=Auction erstanden hatte, und zieht, nicht etwa Pistolen heraus, wohl aber geistliche Schutz= und Trutzwaffen, eine kleine Bibliothek graugebundener Bücher, die er in den Laden trägt.

Herr Pauli war schon im Begriffe gewesen, der Ausleerung des Büchermagazins zu Hülfe zu kommen. „Im Pistolenholfter, Herr Pfarrer?" rief er dem Eintretenden entgegen. „Aber freilich die besten Waffen gegen den bösen Feind sind Bücher." — „Die da, die ich Ihnen zurückbringe, sind aber keinen Schuß Pulver werth," sagte der Pfarrer trocken. „Hier sind auch die Journale. Wir sind damit immer ein halbes Jahr im Rückstande. Das Christenthum ist schon in den Städten immer hinter der Zeit zurück; nun kann man sich denken, wo wir auf dem Lande damit stehen." — „Ja, wie soll ich es machen, Herr Pfarrer;" entschuldigte sich der Papier-, Landkarten-, Schreibmaterialien-, Buchhändler und Leihbibliothekar Pauli; „Ihre Herren Collegen sind in der Runde auf zehn Meilen Weges zerstreut. Der theologische Journal-Zirkel verursacht mir die meiste Weitläufigkeit! Daß die Herren auch das böse Glossenmachen nicht lassen können. Sehen Sie, Herr Pfarrer, hier ist die evangelische Kirchen-Zeitung! Da haben Sie schon wieder etwas beigeschrieben; ja, ja, ich kenne Ihre Hand!" Herr Pauli machte eine sehr böse Miene, als er fand, daß der Pfarrer ganze Abhandlungen zwischen den Spalten der evangelischen Kirchenzeitung niedergeschrieben hatte. „Kann ich so ein Exemplar wieder verkaufen?" fuhr er schmollend fort; „reib' ich alle diese Notizen, da sie glücklicherweise noch mit Bleistift geschrieben sind, ab, so wird das Papier so runzlig, als wär' es durch Wasser gezogen. Herr Blasedow, Sie sollten doch auch auf meinen Vortheil etwas besser bedacht sein."

Pfarrer Blasedow hatte schon diese Standrede erwartet und hätte gern Jemand anders mit den Journalen zu Herrn Pauli geschickt; allein er hatte diesmal eine zweite Angelegenheit, die er betreiben wollte, und ließ es auf die Vorwürfe eines Mannes ankommen, der zu vielen Umgang mit Geistlichen pflegte, als daß er nicht Alles, was von ihnen ausging, als zur größeren Ehre Gottes gethan, hätte ansehen sollen. Er suchte Herrn Pauli zu beruhigen: „Lieber Herr Pauli," sagte er unerschrocken, „meine Bemerkungen,

die ich neben die evangelische Kirchenzeitung und die Missions=
blätter, neben Tholuck's literarischen Anzeiger und ähnliche
Geistesvögel schreibe, nützen Ihnen mehr, als wenn Sie sie
nach einigen Jahren als „gebraucht" wieder ausflattern lassen.
Ich führe nun schon seit sechs Jahren einen heimlichen Krieg
mit allen Pfarrern der Umgegend, eine Fehde, die mir glück=
licherweise kein Briefporto kostet. Der ist Rationalist, der
Supernaturalist, der glaubt an die persönliche Gegenwart
Christi beim Abendmahle, der nicht, der will die Union, der
weigert sich; kurz, Herr Pauli, wenn ich mir nach einem
Jahre die Journale wieder geben lasse, so habe ich immer das
Vergnügen zu sehen, was ich durch meine Randglossen her=
vorbrachte. Ein ganzes Disputatorium wimmelt um die ge=
druckten Spalten herum, ein Meinungsgesumme schwirrt um
diese langweiligen und kopfhängerischen Auseinandersetzungen,
das weit interessanter ist, als der Gegenstand selbst. Ich
kenne Niemanden von meinen Collegen — Tobianus aus=
genommen — aber an den bissigen Redensarten in den Jour=
nalen werde ich ihrer gewahr. Allein jetzt etwas Anderes.
Sie wissen, Pauli, an der Religion oder vielmehr den
religiösen Streitigkeiten ist mir wenig gelegen. Mein Fach
ist die Erziehung. Sie kennen meine Angelegenheit."
„Leider hab' ich derentwegen," entgegnete Herr Pauli, „die
schlesischen Provinzialblätter in meinen Zirkel nehmen müssen.
Niemand liest sie. Es ist rein nur für Sie, Herr Pfarrer,
daß ich die halte." Damit überreichte er ihm das neueste
Heft. Blasedow ergriff es hastig und schalt in seiner ge=
wohnten heftigen Weise, daß es noch nicht aufgeschnitten war.
Eine Scheere in der Hand haltend und gierig in dem Hefte
suchend, fiel er endlich auf die Stelle, die ihn am meisten in=
teressirte.

„Es ist gewiß nichts," bemerkte Herr Pauli mit etwas
boshaftem Lächeln; sonst müßten die breihundert Preußen
schon einmarschirt sein." — „Ja, wahrhaftig," antwortete
verdrießlich der Pfarrer, indem er das Heft wegwarf, „es ist
in der That nichts. Ein Professor Fritz aus Straßburg
hat die Aufgabe gelöst, oder vielmehr die Schafsköpfe von
Preisrichtern haben ihm den Vorrang gegeben. Schreiben

Sie, Pauli, sogleich, daß man mir meine Arbeit zurück=
schickt. Wer weiß, was hierbei für Motive obgewaltet haben."

Man muß nämlich wissen, daß vor mehren Jahren ein
Regierungsrath in Oppeln, dessen Kinder wahrscheinlich eine
verfehlte Lebensbahn eingeschlagen hatten, eine Preisaufgabe
von dreihundert Thalern in den Zeitungen bekannt machte
über die Frage: Wonach sollen Eltern, Vormünder und Er=
zieher verfahren, um über die künftige Bestimmung und den
einzuschlagenden Beruf ihrer Kinder und Pflegebefohlenen zu
entscheiden? Der Pfarrer Blasedow, von einer Ideen=Ver=
wicklung ergriffen, die uns noch länger in diesem Buche be=
schäftigen, ja, die vielleicht die Grundlage desselben bilden
wird, Blasedow hatte die Frage in seiner Art zu lösen
versucht und erfuhr nun eben, daß die von ihm eingereichte
Abhandlung mit dem Motto: Labor improbus omnia vincit,
an dem Ziele vorbeigeschossen hatte. Nicht einmal das Ac=
cessit hatte er bekommen. Er war sehr niedergeschlagen,
nahm an Büchern ohne Wahl hin, was ihm Herr Pauli
ausgesucht hatte, und verließ den Laden, um zu seinem Gaul
und Dorfe zurückzukehren. Herr Pauli beschwor ihn, indem
er ihm zu Roß half und die Steigbügel hinhielt, inständigst:
„Lassen Sie doch lieber Ihre Bemerkungen unter dem Titel:
Randglossen zum heutigen Christenthum, drucken, als daß Sie
mir, in der Absicht, ein stillschweigendes tridentinisches Concilium
in der Umgegend anzufachen, meine Blätter fortwährend so
vollschm—" hier zog sich Pauli zurück und fügte erst, als
er schon die Klinke seiner Ladenthüre gefaßt hatte und des
Pfarrers Gaul die ersten Sprünge machte, schnell und sehr
laut hinzu — „verunreinigen, Herr Pfarrer!"

Jeder Mensch hat eine doppelte Geschichte. Die genaueste
Aufzählung aller unserer Lebensschicksale ist immer noch un=
vollständig, es sei denn, daß wir all' unser Leben wie einen
Ausschlag auf die Haut hinaustreiben und nichts weiter sind,
als unser Ruf. Wir müssen mit Blasedow bekannter
werden. Wir müssen sein Leben und sein Herz kennen, um
ihm manchen Irrthum und manche Thorheit zu Gute zu halten.
Das, was wir zu erklären wissen, wissen wir auch zum Theil
schon zu entschuldigen. Blasedow ist ein Mann, der wenig

Freunde und auch wenig Neider hat. Feinde zu haben und keine Neider — dann muß man nur reich sein an abstoßenden Eigenschaften und einen großen Theil der übeln Nachrede, der man unterworfen ist, wirklich verdienen.

Ich will versuchen, meine Leser Schritt vor Schritt mit einem Manne bekannt zu machen, von welchem ich von vornherein gestehen will, daß er zu den Menschen gehört, von denen die Alten sagten, sie hätten H a a r e a u f i h r e m H e r z e n. Ja, Blasedow hatte sogar Haare auf den Zähnen. Er war so gerüstet und gewappnet, nicht bloß gegen die Außenwelt, was man gewöhnlich so nennt, sondern leider auch gegen jeden Umgang, daß er die einsamste Stellung von der Welt einnahm. Ein Dorf ist nicht ganz so verlassen, daß sich nicht hie und da noch ein Meierhof, eine Fabrik, eine Amtswohnung fände, wo man sich zuweilen am Kamin ein Rendezvous mit Kaffee oder Punsch geben kann. College Tobianus war aber der Einzige, der die verödete Pfarrwohnung von Kleinbetteln*) zuweilen besuchte. Ja, und von ihm sagte sogar das Gerücht, daß es ihm weit mehr um die Mutter von Blasedow's Kindern (von seiner F r a u sprach Blasedow ungern,) als um deren Vater zu thun war.

Wir sind im Stande, über Blasedow sogar eine officielle Notiz zu geben. Unter dem Buchstaben B in dem Blaustrumpf'schen Lexikon Sayn-Sayn'scher Schriftsteller heißt es: „Blasedow (A[dam?] G[ottlieb?]) geb..... besuchte das Gymnasium in.... die Universität..... ward Hauslehrer.... Pfarrersadjunct in.... Pfarrer in Kleinbetteln." Man irrt sich, wenn man glaubt, daß die durch Punkte bezeichneten Auslassungen in dieser Notiz von uns aus Discretion herrühren; nein, gerade so unvollständig, wie hier, lautet auch die Notiz in dem besagten Lexikon. Blaustrumpf, der Consistorialrath, der geistliche Chef unseres Helden, schrieb mehreremal vergebens an ihn um vollständige Ausfüllung des ihm übersandten Schemas. Blase-

---

*) Eine für die bettelhaften Umstände des Dorfes sehr ominöse Abkürzung für Kleinbethlehem.

bow weigerte sich es zu thun, bis er zuletzt durch folgendes kurze Schreiben alle ferneren Verhandlungen abgebrochen hatte: Sehr verehrter Herr Consistorialrath! In Erwägung, daß auf meinen Namen Blasedow unmittelbar der Ihrige in dem Lexikon Blaustrumpf folgen wird, in Erwägung, daß Sie die Welt schon durch so viele berühmte Schriften bereichert haben, die Sie nicht umgehen können in dem Lexikon zu verzeichnen, in Erwägung, daß Sie Ehren= und wirkliches Mitglied von mehr gelehrten Gesellschaften sind, als es Gelehrte in der Welt giebt, bitt' ich Sie, zur vollständigen Aufführung derselben sich auch des mir in dem Lexikon bestimmt gewesenen Raumes bedienen zu wollen, und zeichne Hochachtungsvoll Ihren ergebenen Diener A. G. Blasedow.

Blaustrumpf begnügte sich, aus dem A. G. wenigstens eine Conjectur auf die Vornamen des spröden und schnöden Mannes zu machen, und nahm sich vor, bei jeder nur eintretenden Vacanz auch anzunehmen, daß Blasedow gar nicht im Lande existire. „Wer nicht in meinem Gelehrten=Lexikon stehen will," sagte er, „der steht auch nicht auf der Expectantenliste." Blasedow mußte wohl, was er von seinem Vorgesetzten zu erwarten hatte. Er war aber zu stolz und zu sehr Misanthrop, um sich etwas merken zu lassen. Desto größer sein Unmuth, wenn er allein war. Man hatte diesen Mann schon angetroffen, daß er vor innerem Grimm zerbrechliche Gegenstände zertrümmerte oder daß er Stunden lang in die blaue Luft hinaussah, ohne sich auch im geringsten um seine Umgebung zu kümmern. Seine Frau war nur seine Magd. Er hatte sie mit der Pfarre, wo sie als Witwe von seinem Vorgänger sitzen geblieben war, mitgeheirathet. Er hielt sie für unfähig, den Horizont seiner Ideen zu erklimmen. Er hatte Niemanden auf der Welt, der es freundlich mit ihm gemeint hätte. Und so, wie sein Herz dachte, dachte er auch nicht, daß er Jemandes bedürfte.

Wir haben jetzt den wunderlichen Mann allein und wollen im nächsten Kapitel die Gedanken zusammenstellen, die ihn auf seinem Heimritte bestürmten. Wenn er uns dabei nur nicht vom Pferde fällt! Er ist im Stande, sich blutrünstig zu traben und dabei noch keine Miene zu verziehen. Er ist ein=

mal davon überzeugt, daß er der unglücklichste Mensch von der Welt ist. Sein Unglück ist aber dies, daß er glaubt, seine Bestimmung ganz und gar verfehlt zu haben. Er sprach:

Zweites Kapitel.

Gerittene Phantasieen über die Bestimmung des Menschen.

"Gott verdamm' mich, was für ein elender Schuft von Leihbibliothekar ist das! Und die durchgefallene Preisaufgabe — er wird mich bei allen seinen Kunden lächerlich machen. Es thut aber nichts. Was die eine Schulter bis jetzt getragen hat, trägt wol auch die andere noch. Auch das Unglück hat sein Angenehmes, wenn es nur sicher und entschieden und im Gleichgewichte ist. Besser, wenn man doch einmal hängen muß, daß einem auch noch die Hände gebunden werden. So zappelt man wenigstens nicht und vermehrt durch die Qual, sich helfen zu wollen, die Qual, sich nicht helfen zu können."

"Pech ist das beste Wort für meine Lage; wer sich damit besudelt hat und will sich davon befreien, greift, je mehr er greift, sich alle Hände voll. Ist es hier los, so sitzt es da fest. Von der linken Hand bekomm' ich's in die rechte; ich will mir den Schweiß abtrocknen und hab' es im Gesicht. Wen der Herr einmal zeichnen will, den zeichnet er in Oel und in Kreide, mit Trübsal und mit Schulden."

"Ich weiß auch keinen Ausweg zu finden. Ich bin gerade auf mein Unglück losgeritten, wo ich es doch mit klaren Augen vorhersah, ehe ich noch drin war. Ich hätte in irgend einen Graben springen sollen, als das Schicksal so breitspurig auf der Landstraße angefahren kam und über mich wegkrachte."

"Ich sah ja vorher, was aus der Armen- und Pandora-Büchse des Landpfarrerlebens für Geschenke herauskommen mußten, und schlug doch dieser miserablen Existenz zu. Denn das ist das Eigene im Unglück, daß man kleinere Uebel immer durch größere heilen will, daß man schon in der Abwechslung seiner Schicksale eine Verbesserung derselben erblickt, mag man nun auch den Candidaten durch den Landpfarrer, ja, man kann wol sagen, den Teufel durch Beelzebub heilen und austreiben wollen."

„Alle unsere Wissenschaften, all' unser Lernen und Magisterwerden schneidet nur die Krücke, an welcher wir uns halten müssen bei der Lahmheit und Hinfälligkeit, die wir eben nur durch jene Hülfsmittel selbst bekommen haben. Alles Zeug, das wir betreiben müssen — ja, wir nennen es unsre Rettung, unseren Hafen, und gerade dies ist nur allein Schuld daran, daß wir Schiffbruch leiden. Ueber unsrer Sorge für das Alter werden wir alt. Um uns nur in späteren Jahren mit diesem oder jenem heilen zu können, machen wir uns selbst ungesund."

Als Blasedow bis zu dieser Stelle seiner davidischen Dorfpsalmen gekommen war, hatte er schon das Städtchen hinter sich und beugte selbeinwärts über einen holperigen Weg, der ihn aber nicht hinderte, in seinen zornigen Träumereien so fortzufahren:

„Schrecklicher Gedanke, wenn sich der Mensch auf der Mittagshöhe seines Lebens gestehen muß: Kerl, Du hast Deine Bestimmung verfehlt! Nun kann man nicht wieder umkehren, Weib und Kind sitzen um einen unglücklichen Mann herum; das Schicksal schlängelt sich wie zwei Drachen um den schreienden Laokoon; man ist einmal drin in den Verschlingungen der grausen Thiere und muß ersticken, um — Trojas Schicksal erfüllen zu helfen! Auf das Auswandern nach Amerika gebe ich nichts. Man kann dort nur vorstellen, was man hier gelernt hat."

„Nach Griechenland hätte ich gehen sollen als bayrischer Uhlan. Das Meer und das Vaterland des Pindar und Sophokles zu sehen und dabei sein Pferd zu putzen, zuletzt seinen Kopf zu verlieren, von welchem wenigstens die Ohren (als Zeichen des Gehorsams oder als der Theil, der am sichersten vor der schnellen Verwesung ist) nach Constantinopel wandern: es ist doch ein Zusammenhang drin, man hat doch nicht nöthig, wenn man einmal einen fröhlichen Gedanken haben will, ausschließlich an die Vergangenheit zu denken. Was geschieht mir jetzt? Die Zukunft ist eine alte, zahnlückige Matrone, die mir den Schlafrock und die Pantoffeln bringt und mich mit Ehren, großer Gott! mit Ehren, weil ich Niemanden todtgeschlagen habe! in die Grube bestatten wird. „Auf die Postille gebückt, zur Seite des wärmenden Ofens, saß" der redliche Hans Kaspar Esel — — Was soll daraus werden —!"

Hier war Blasedow so übermannt von der Verzweiflung über seine Lage, daß er unwillkürlich seinen Gaul anhielt. Das Thier verstand ihn anders. Die Betrübniß des Reiters wirkte so magnetisch auf dasselbe, daß es sich jener Function überließ, das die Fahrleute gewöhnlich durch ein sanftes Pfeifen hervorzulocken pflegen. Blasedow hörte Das hinter sich und ergab sich einem ironischen, aus Spott und Leiden zusammengesetzten Lächeln. Indem er das Thier zu einem kleinen Trab anspornte, bildeten sich wieder folgende Gedankengruppen in seinem nächtlichen Innern:

„Ich weiß es, für mich ist jede Hoffnung verloren. Meine Bestimmung ist erfüllt. Mit schweren, eisenbeschlagenen, wasserdichten Pfundstiefeln werde ich von einer Scheune zur andern waten müssen mein Leben lang und mit den zottigen Schäferhunden nicht blos die Wachsamkeit, sondern auch den Knüppel gemein haben, den ich einmal am Halse trage. Aber an meinen Kindern will ich einholen, was ich versäumt habe. In ihnen will ich noch einmal, dem Geiste nach, wieder jung werden. Meine Kinder sollen erfahren, daß sie von einem Manne erzogen sind, der seine Bestimmung verfehlt hat. Alle meine Fehltritte sollen dazu dienen, daß sie nur desto sicherer gehen. Ich habe fünf Viertel gemacht, um eine Meile zurückzulegen; sie sollen lernen, wie man seine Pfade abkürzt und sich die schnellen Handgriffe aneignet."

„Ich habe wenig zu thun, bringe aber gerade der menschlichen Gesellschaft mit meinem unvermeidlichen Müßiggange das größte Opfer. Ich muß eine Tradition aufrecht erhalten, für welche die Leute, im Strudel ihrer Geschäfte, keine Zeit mehr haben. Der Geistliche ist nicht mehr eingesetzt, die Religion zu mehren, sondern sie zu erhalten. Ich muß dafür sorgen, daß der Himmel nicht abhanden kommt; ich bin für meine Kirche verantwortlich, ich muß sie in dem Zustande wieder abliefern, wie ich sie erhalten habe. Daß die Glockenstränge nie von den Motten zerfressen werden, soll meine Sorge sein. Und Ihr draußen! Ihr rennt und jagt, Ihr habt ein schönes Ziel, Ihr seid die Herren und Heroen Eures Willens, Ihr könnt Euren Kreis vergrößern, könnt Eure Kunst verbessern! Euch trägt die klare Welle des Tages; mit dem Augenblicke seid Ihr so vertraut, wie mit der Ewigkeit! Ihr Strebenden, Ihr Glücklichen; ach, meine Kinder sollen es auch werden!"

„Der Mensch macht, ehe er das Rechte trifft, es hundertmal verkehrt. Die schönste Zeit geht uns in der Jugend mit den Versuchen verloren. Das Wenigste von Dem, was wir lernen, nützt uns späterhin. Natürlich, die Schulen müssen eingerichtet sein, daß sie Jedem 'was bieten oder eigentlich Allen Alles. Aber nicht Jeder braucht Alles. Jeder braucht nur das Seinige. Wer es möglich machen kann, schicke seine Kinder nicht in die Schule: sonst lernen sie, um Schornsteinfeger zu werden, Alles, was sie als Professoren wissen müssen; sonst lernen sie, als einstige Advocaten, auch all' die Charlatanerieen, die zu dem künftigen Berufe des Arztes nothwendig sind Ich weiß nicht, wie der Professor Fritz in Straßburg diese Wahrheiten besser hat entwickeln können."

„Ich habe vier Knaben, glücklicherweise kein einziges Mädchen. Ein Frauenzimmer, und wäre es erst ein in der Wiege lallendes Kind, könnte alle meine Pläne vernichten. Die Galanterie ist den Menschen so angeboren, daß sich ältere Brüder sogar nach den Launen ihrer kleineren Schwestern richten müssen. Die Schwäche hat hier etwas, das stärker ist als die Kraft. Ich habe vier Knaben. Die Auf= und Ausgaben sind außerordentlich."

„Ich scheue weder die einen noch die anderen. Ich will meinen Rock tragen, so lange noch die Fäden zusammenhängen, ich will mich nicht schämen, Stiefel zu tragen, welche mit Pflastern dicht belegt sind. Mit meinen Kindern will ich mich an meinem Vater rächen. Sie sollen keinen Schritt in der Ausbildung ihres Geistes vergeblich thun, sie sollen weder Griechisch lernen, wenn sie nur Latein, noch die Arithmetik, wenn sie nur die Geometrie brauchen. Ich will ihnen selbst die Lebensroute vorzeichnen, auf welcher sie in kurzer Zeit dicht vor irgend einem glänzenden Ziele stehen. Ich werde mich hüten, sie Prediger werden zu lassen zu einer Zeit, wo die Kirchen so leer stehen, oder Kaufleute in einer Zeit, wo es so viel Bankerotte giebt. Was ich wählen werde, weiß ich noch nicht, aber jedenfalls einen Beruf, der sie nährt und der sie ehrt."

An dieser Stelle des Blasedow'schen Monologs, wo er allmälig vom dithyrambischen Schwunge schon zur besonnenen und nüchternen Erwägung herabgestiegen war, weckte den Träumenden aus seinen Luftschlössern ein verworrenes Geschrei wie Rabengekrächze. Erst fuhr der Reiter erschrocken auf, weil er gerade am Galgen des Kreisbezirkes vorbeiritt. Der Lärm kam aber nicht von dem ganz friedlichen Dreibein her, sondern von einer Karavane gelber großer Wägen, die kurz vor ihm herzog. Es konnten ihrer fünf bis sechs sein. — Für Pulverwägen hätte man diese Fuhrwerke zunächst halten können, wenn nicht das Fürstenthum Sayn=Sayn im tiefsten Frieden mit dem Auslande gelebt hätte. Auch erinnerte sich Blasedow nicht, daß etwa einem benachbarten Fürsten das Recht einer Militairstraße durch Sayn=Sayn zustand. Er wollte eben seinen Gaul anspornen, um bei den Fuhrleuten die geheimnißvolle Ladung auszukundschaften, als er hinter sich ebenfalls eine Cavalcade zu hören glaubte, die ihn jetzt in ein gefährliches Gedränge brachte. Er mußte seinen Gaul etwas abseits lenken, um einer prachtvollen Kutsche, welche vier Pferde zogen, Platz zu machen. Sein Erstaunen wuchs, als er auf dem Bock und hinten auf dem Tritt der Kutsche drei Mohren wahrnahm. Beinahe hätte er in den Acker hineinreiten müssen, der hier glücklicherweise beim Galgen als Schädelstätte betrachtet wurde und nicht besät war. Die große Carosse wollte nämlich jenen gelben Wagenkästen nicht minder vorzukommen suchen. Der Mohrenkutscher schlug heidnisch auf die Thiere ein, die in dem tiefen Sande ihre Noth hatten fortzukommen. Blasedow hielt an, besonders, um zu sehen, ob ihm ein prüfender Blick in die Glasfenster der Kutsche gelingen würde. Ja, es waren zwei Damen, die im Fond saßen. Die eine wirklich jung, die andere schien es scheinen zu wollen. Die Letztere trug offenbar Schminke auf den Wangen, wie Blasedow deutlich sehen konnte, da sie mit grellen, kecken Augen aus dem Schlage herauslugte. Sie mußte braune Augen haben, Blasedow war ganz erschrocken. Die Kutsche flog aber schnell an ihm vorüber.

Doch jetzt, dacht' er schlau, benutz' ich die Gelegenheit. Unmittelbar hinter dem Tritt, auf welchem die beiden andern Mohren standen, gab er seinem Thiere die Sporen und ritt lustig hinter der großen Carosse her. Das ging eine Weile ganz gut. Schon drei der gelben Wägen hatte er hinter sich; allein in dem Momente hält die Kutsche inne und Blasedow konnte vom Glück sagen, daß er sich mit seinem Thiere nicht Hals und Bein brach. Er war einmal im Zuge und prallte so heftig an das Hintertheil des vorn plötzlich gehemmten Wagens an, daß ihm Hören und Sehen verging. Rechts ein Graben, über ihm die Zweige der Bäume, die den Weg beschatteten, jetzt drei Wägen hinter ihm und der vierte ihm unmittelbar nachbiegend, er wußte selbst nicht, aus was für Ursach. Doch verlor er nur seinen Hut vom Kopfe, nicht den Kopf selbst. Er suchte sich zwischen der Kutsche und dem vierten Wagen durchzudrängen, hätte aber wahrlich ein Unglück haben können vor Schrecken über einen Anblick, den ihm die Oeffnungen des vierten gelben Wagens darboten. Zwei fürchterliche Augen glotzten ihn an, ein Rachen gähnte mit der eigenthümlichen tückischen Ueberwachtheit und Verschlafenheit, welche man an den Tigern beobachten kann. Durch eine andere Oeffnung streckte ein unsichtbares Thier seine Tatze; an einer dritten nagte ein Bär ohne Maulkorb. Zum Absteigen war kein Raum. Blasedow mußte wieder zurück und die Oeffnung zwischen dem britten und vierten Wagen abwarten, um sich dahinein zu spielen: denn auch die Kutsche fuhr plötzlich langsam und machte keinen Platz. So war er genöthigt, mit dieser Karavane wilder Thiere, wahrscheinlich einer reisenden

Menagerie, auszuhalten und recht eigentlich mit den Wölfen zu heulen. Es war schon Abend, als er endlich mit dem schreienden, brummenden und nicht selten brüllenden Spectakel zu gleicher Zeit in seinem Dorfe anlangte. „Jesus, was bringt uns da der Herr Pfarrer mit!" riefen die Weiber zu den kleinen Bleifenstern heraus. Der aber bog seitwärts und eilte, endlich in seinen Stall zu kommen.

Drittes Kapitel.
In den vier Wänden.

Sowie Blasedow den ersten Fuß in seine Wohnung gesetzt hatte, fiel ihm wieder eine centnerschwere Last auf die Brust. Die durchgefallene Preisschrift fing jetzt erst an zu wirken. Die kleine Hausflur, die niedrigen rothen Thüren, die verbrannten Fensterscheiben, die halsgefährliche Treppe in dem obern Stocke bildeten wieder einen dunkeln Hintergrund, auf welchen er seine zornigen und grollenden Phantasieen zeichnete, die Verwünschungen seines Schicksals, die Jronieen über seinen Stand. Gertrud, seine Frau, lärmte im Hinterhofe, wo sie den Knechten, die eben vom Felde kamen, ihr morgendes Pensum aufgab; seine Kinder sprangen ihm wohl wie die Hasen über den Weg, allein sie interessirten ihn nur als Stoff, nicht als Person. Er sah in ihnen nur, was sie werden konnten; ihr eigenes Wesen zog ihn nicht an. So blieb er verschlossen gegen alle Welt und wurde von dieser in der That für einen recht unfreundlichen Mann gehalten.

„Es liegt oben einen Brief an dich;" schrie Gertrud vom Hofe her und fügte, unbekümmert über das Gesinde, hinzu: „wer weiß, was Du Dir wieder eingebrockt hast. Es ist ein Schinken und kommt gewiß vom Amte oder vom Consistorium." — „Satan!" brummte Blasedow vor sich hin und dachte: „Was ist doch die Frau so roh! Wenn ich todt bin, heirathet sie noch einmal meinen Nachfolger. Sie hält die

Pfarrei für eine Wirthschaft und ihre Männer blos für ein=
kehrende Reisende. Großer Gott! Wo bin ich hingerathen?
Lag dies denn Alles in Deinen Plänen? — Der Gedanke
einer Scheidung beschlich ihn oft. Nur die Rücksicht für die
Kinder hielt ihn ab, den Gedanken weiter zu verfolgen. Eines
Tages hatte er seiner Frau schon eine Anzeige vorgelegt, die
sie Beide unterschreiben wollten, mit folgenden Worten: „Wir
Endesunterzeichnete setzen all' unsere Freunde und Verwandte
davon in Kenntniß, daß wir nach reiflicher Ueberlegung uns
entschlossen haben, unsere Ehe factisch für null und nichtig
zu erklären. Freud= oder Beileidbezeugungen werden verbeten."
Allein Gertruden kam bei Lesung dieses Zettel=Grabsteines
ihrer zweiten Hochzeit so sehr das Weinen und Schluchzen an,
daß Blasedow einen Blick gen Himmel warf und ausrief:
„Also, Herr, Du lässest diesen Kelch nicht an mir vorüber=
gehen!" Mit jener Entsagung, die immer bei Verzweifelnden
das höchste Stadium ihrer Leidenschaft ist, steckte er den Zettel
in die Tasche und begnügte sich nur, sie leise und vornehm
mit dem kleinen Finger zu bedrohen. Wie sie ihn so groß
und stolz sah und den goldenen Siegelring am Finger,
hemmten sich ihre Thränen und sie sah ihn mit einem eben
so dummen, als stieren Blick an. Er trat feierlich aus dem
Wohnzimmer, wo diese Scene vorfiel, und begab sich oben
in sein Studirzimmer. Sie aber, beschämt von ihrem Schmerze
und ergrimmt über seinen Stolz, fiel über eins der Haus=
leute mit den heftigsten Vorwürfen her und dichtete, um sich
nur austoben zu können, Jedem, der ihr in den Weg kam,
Versehen an, die Niemand begangen hatte. Sie war mit
einem Worte eine gute Frau, aber verwildert.

Blasedow stieg auch heute mit Stolz und Verachtung
seiner irdischen Verhältnisse in sein Studirzimmer hinauf.
Es lagen einige Hindernisse auf der Treppe, diese ergriff er
und warf sie hinunter. Der Brief machte ihn nicht neugierig:
denn er dachte, Schlimmeres könnte er nicht erhalten, als
seine Absetzung. Diese würde ihm erwünscht gekommen sein.
„Werd' ich abgesetzt," sagte er, als er sich seine Reitstiefeln
auszog; „hab' ich irgend etwas gethan oder noch wahrschein=
licher unterlassen, was ich nicht thun, oder thun soll, so

würd' ich dies als einen Fingerzeig ansehen, daß mein Leben eine andere Wendung nimmt. So von der Pfarre weglaufen, mag ich doch nicht. Es würde mir keinen Ruf machen. Auf den Ruf eines Religions= oder Dienstprocesses würd' ich schon eher meine Zukunft bauen können. Was plag' ich mich mit Gedanken und Räthseln!"

Blasedow betrachtete den Brief und das Siegel. Er kam vom Consistorium. „Wahrscheinlich der Text," sagte er, „den ich am Pfingstfeste der Gemeinde lesen soll oder vielleicht liest Blaustrumpf mir den Text. Er kann meine Weigerung, der Einzige im Lande, ihm meine Lebensnotizen zu geben, nicht vergessen, denn dadurch ist sein Buch unvollständig und an der Ferse verwundbar geworden. Ich werde meine triviale Lebenslaufbahn noch gar an den Pranger stellen lassen! Ich weiß recht gut, daß ich unter den Menschen bin, was ein Kienapfel unter den Aepfeln; aber mich damit zu brüsten, das fehlte noch." Damit streckte sich der gefesselte Prometheus auf dem Lande weit über ein hartes Sopha hin, dachte dann einige Augenblicke nach, sprang auf und holte sich einige Bücher aus einem Wandschranke. Aber so unglücklich waren seine Empfindungen, so abgestorben seine Gefühle, daß Alles, was er unternahm, wie welk, von selbst zusammenknickte. Hätte er etwas weniger Galle in seine Stimmung gemischt, so würde er in solchen Augenblicken, die ihn oft beschlichen, zur lyrischen Poesie reif gewesen sein; aber sein Groll erstickte die Klarheit seiner Gedanken. Er streckte sich wie ein auf Beute lauerndes hungriges Thier.

„Es hilft doch nichts," gähnte der Arme endlich und erbrach das Consistorial=Siegel. Er erhielt folgendes Schreiben: Herrn Pfarrer Blasedow in Kleinbethlehem! Da es das feste Bestreben unsrer Hohen Landesregierung ist, innerhalb ihrer Grenzen die Gottesfurcht auf reine nur in der Vernunft begründete Principien zurückzuführen: so glaubt Ihre Ihnen vorgesetzte Behörde, daß zunächst alles auf dem platten Lande und den Städten verbreitete abergläubische Wesen, alle Ueberreste der finsteren Vorstellungen des Mittelalters, ja, der heidnischen Zeit mit Stumpf und Stiel ausgerottet werden müssen. Es wird Ihnen zu dem Ende aufgetragen, sich nach der Schrift des Dr. Mörder: **Thomasius oder die Religion innerhalb der Grenzen des natürlichen Menschenverstandes** umzusehen, und haben Sie besonders auf die anti-abergläubische Erziehung der Kinder in den Schulen zu achten. Ihre Berichte haben Sie von Zeit zu Zeit dem Consistorium einzureichen. Section des fürstlich Sayn-Sayn'schen Consistorii zur Ausrottung des Aberglaubens. Blaustrumpf.

Ein spöttisches Lächeln verbreitete sich über Blasedow's Mienen, als er dieses Rundschreiben gelesen. Er wußte recht gut, daß Dr. Mörder Blaustrumpf's Schwiegersohn und Substitut war und daß die vom Thomasius gemachte Auflage, bei welcher sich der Schwiegervater in Kosten gesetzt hatte, durch die Empfehlung flott gemacht werden sollte. „Das ist eine so saubere Clique!" dachte er; „der Eine hebelt den Andern in die Höhe, während dabei die Religion zu Grunde geht. Nun die wollen sie stillen und abgelegenen Seen des menschlichen Gemüthes für grüne Morastlaken ausgeben, und in das hohe rauschende Schilf des Glaubens ihre eigenen Kuckucks- und Windeier legen! Da die Religion vom Himmel ist, so hat sie keine Sprache; aber sie wollen sie ganz und gar in die Grenzen der Heinsius'schen Sprachlehre einzwängen und ihren Geheimnissen keine anderen Laute gönnen, als die im Adelung verzeichnet sind! Es soll bei ihnen Alles auf der Zunge liegen, damit statt der Religion ihr Ehrgeiz Platz hat, sich im Herzen einzunisten. Ich werde mich hüten, ihren Thomasius zu kaufen zum Gespensterbannen. Diese Leute auf dem Lande, ja, ich selbst bin so verbauert, daß wir das ganze Jahr hindurch nichts Neues zu sehen bekommen, als höchstens einmal ein Gespenst. Es fällt mir nicht ein, mein Dorf mit rationalistischen Mausefallen zu umstellen und dem Aberglauben hinter allen Kirchhofsmauern Fußangeln zu legen. Was kann ich denn den Leuten groß für Christenthum predigen! Ich bin ja froh, und das Consistorium sollte es auch sein, daß vom Mittelalter und dem Wodanglauben noch soviel übrig geblieben ist, daß die Menschen, wenn sie noch keine rechten Christen sind, wenigstens einen gewissen

Respect vor der Finsterniß und dem Geheimnißvollen erhalten. Könnte ich meine Michel alle in den Mailänder Dom führen, dann brauchten sie nur etwas Weihrauchnebel, einige Lichter und Musik, um einen gewissen religiösen Flor vor die Augen zu bekommen; so aber sitzen sie ja im Wirthshause besser, als in der alten langweiligen eingefallenen Kirche mit weißen Wänden und grünen Fensterscheiben, und ich danke Gott, damit sie mir nicht ganz verwildern, daß hinter den Hecken des Nachts eben noch die Kobolde lauern und sie ein wenig zusammenschauern, wenn sie um Mitternacht einen heisern Hund in der Ferne bellen hören."

Blasedow war gewohnt, mit dem Consistorium in stetem Hader zu liegen. Seit der Unvollständigkeit, welche durch ihn in das oft erwähnte Gelehrten=Lexikon gekommen war, suchte sich, nach seiner eigenen Ausdrucksweise, der fette Consistorialrathskäse immer an der Brodrinde seiner winzigen Landpfarrer=Existenz zu reiben und hinterließ doch nur denen einen guten Appetit, Denen Jener ihn verderben wollte. Blasedow warf wie ein kecker Grönlandsfahrer eine Harpune nach der andern in den dicken Wallfischbauch des Consistoriums und erzürnte dieses so heftig, daß er wenigstens durch sein eines Nasenloch, durch Blaustrumpf, mannsdicke Ströme von allgemein gesund=vernünftigen und menschenverständlichen Redensarten spritzen mußte. Bald galt es einer Reparatur des Glaubens, bald einer Reparatur der Beichtschemel. Bald war ein Dogma, bald eine Orgelpfeife heiser geworden. Wenn irgend ein theologischer Streit auf den Tennen der Literaturzeitungen durchgedroschen wurde, so turbirte Blasedow seine Vorgesetzten, wie er sich gegen das Resultat dieser Kämpfe zu verhalten hätte. Ueber das Gebet des Herrn z. B. wurden zwischen Blasedow und Blaustrumpf Actenstöße gewechselt. Die Regierung wollte das moderne Unservater in dem Lande einführen; alle Geistlichen beugten sich unter die grammatische Zuchtruthe derselben, nur Blasedow behauptete: das Vaterunser sei wenigstens in seiner Gemeinde der letzte Hoffnungsanker für die Leute, die ihn und die er nicht verstünde. Wollte er nun auch noch daran rütteln, so riss' er ihn vielleicht aus dem Boden heraus und könnte dann bei manchem Individuum sein Leben lang warten, bis er ihm wieder beikäme. Auch würden, fuhr er fort, die Leute des Abends vor dem Schlafengehen doch immer wieder den Vater voransetzen und dadurch gegen die Kirche eine Opposition unterhalten, die für das Muckerwesen das Feld ackere. Auch sei es nur eines so egoistischen Zeitalters, wie das unsere ja wäre, würdig, vor Gott, dem Geber alles Guten, dem Schöpfer der Welt und dem Vater unser Aller, u n s wieder vorangehen zu lassen. Mit e i n e m Worte, er würde nie die Religion gegen die Grammatik in Nachtheil bringen. Dixit.

Was wollte das Consistorium machen? Es konnte doch wahrlich keine Amtsentsetzung durch grammatikalische Gründe motiviren. Blasedow behielt hierin seinen Willen und setzte ihn sonst noch öfter durch.

Es war schon spät geworden. Er hörte, wie man unten die Vorbereitungen zum Nachtessen traf. War er aber einmal in einen Irrgarten von lebhaften Vorstellungen gerathen, so lief er die verschlungenen Pfade alle durch, statt daß er mit einem Sprunge über den grünen Rasen hin den Ausweg gefunden hätte. Er hätte ja das Schreiben ignoriren dürfen. Dies schien ihm jedoch Feigheit. Er war gewohnt, sich fortwährend Rechenschaft über seine Gedanken zu geben, und würde, wenn er nicht so gewissenhaft gegen sich selbst gewesen wäre, auch nicht so viel gelitten haben. Für diesen Brief grübelte er jetzt nach einem passenden Schlusse und nahm sich vor, nicht eher zu Nacht zu essen, bis er seinen Appetit durch den Caviar einer pikanten Polemik gereizt hätte. Mit jenem Schmunzeln, das wir immer bereit haben, wenn wir nicht die Zeit erwarten können, um einen guten Gedanken aufzuschreiben, schnitt er sich eine Feder und begann: H o c h w ü r d i g e s C o n s i s t o r i u m ! Vor etwa drei Tagen starb in meinem Kirchsprengel eine Katze, hochbetagt, mäusemüde, auf ihren Lorbern ruhend. Der Tod ereilte sie mitten auf der Landstraße, welche das Eigene hat, daß sie Kleinbethlehem in vier Viertel theilt, weil noch eine andere Straße hindurchgeht. Sie, die Katze, streckte symbolisch alle Viere aus und konnte nicht begraben werden. Die Gemeindeglieder verweigerten ihr das Begräbniß, nicht, weil sie kein ehrliches verdient hätte, sondern weil der Volksglaube besteht, daß man gewisse Thiere, unter anderen die Katzen, da verwesen lassen müsse, wo sie der Tag ihres Verhängnisses ereilt. Auch ohne die Instruction eines hochwürdigen Consistorii würde ich gegen diese Katze eingeschritten sein. Wenn der Aberglaube auf die Höhe kommt, daß er nicht blos eine moralische, sondern schon physikalische und atmosphärische Pest ist, wenn man bei Spinnstubenweisheit Gefahr läuft, sich nicht blos die Ohren, sondern auch die Nase zuhalten zu müssen, dann ist es Zeit, sich in's Mittel zu legen. Ich ließ die Katze aus dem Wege räumen und begraben.

Wenn ich nun aber auch den Sonntag darauf über die todte Katze hätte predigen sollen; ja, dann hätt' ich wol von einem hochwürdigen Consistorio einen dazu passenden Bibeltext gewünscht. Meines Wissens steckt in der heiligen Schrift so viel Aberglaube, so viel dämonisches Besessensein und Teufelaustreiben, daß mir die Gemeinde auch wol hätte erwidern können, so gut der Teufel in die Säue von Genezareth fuhr, eben so gut kann auch dem ein Leids angeblasen werden, der seine Hand an ein Thier legt, das in Aegypten, dem Vaterland der Zigeuner, göttliche Verehrung genoß.

Allein ein Hochwürdiges Consistorium scheint selbst daran zu verzweifeln, mit Hülfe der Bibel den Herenspuk auszutreiben. Mit dem Glauben kann man wol den Unglauben, aber nicht den Aberglauben widerlegen. So lange das Christenthum nicht anerkennen will, daß mit seiner Stiftung auch das böse Princip ausgerottet ist, so lange die Macht des Bösen sogar noch auf einen einzigen Repräsentanten und Fürsten der Hölle übertragen wird, kann auch das Herenwesen nicht durch die Bibel getilgt werden, Bonifacius und Dr. Mörder mögen noch so viel heilige Eichen umhauen.

Ein Hochwürdiges Consistorium deutet auf die Erziehung, als das beste Hülfsmittel gegen den Aberglauben, hin; und dies ist der Nagel, für welchen ich einen besseren Kopf gewünscht hätte. Was wird uns Landpfarrern nicht Alles als Zweck der Schule angegeben? Bald sollen wir schon die zarte Jugend auf die Inoculation der Bäume und die Zucht der

Seidenraupe aufmerksam machen. Dies rührt vom Finanz=
Collegio her. Bald sollen die Kleinen auf die Ausbildung
ihrer körperlichen Kräfte angewiesen und zu militairischen
Spielen angehalten werden. Das ist ein Fingerzeig des
Kriegs=Collegii. Dann erhalten wir die Weisung, auf die
Belebung vaterländischer Gesinnung zu achten und früh in
die Kinderseelen einzupflanzen die Anhänglichkeit an das an=
gestammte Fürstenhaus. Dies ist specielle Cabinets=Vorschrift.
Nun kommen noch die Ansprüche der Geistlichkeit und der
Juristen, die Ansprüche der Polizei wegen Nesterausnehmen
und Baumschulen=Beschädigung. Das Kind wird gezerrt und
gezogen nach den verschiedensten Seiten hin. Was der Eine
befiehlt widerräth der Andere. Was da passend ist, ist dort
schon ungereimt. Die Kinder gleichen hier jenem grünen
weichen Serpentinsteine, aus dem man Tintenfässer, Spei=
näpfe, Leuchterknechte, Apothekermörser, alles Mögliche schnei=
den will.

Statt daß ich nun ein Hochwürdiges Consistorium gegen
dieses Gebrechen, das nicht nur die Erziehung in Sayn=
Sayn, sondern beinahe schon in der ganzen Welt auf eine
Hanswurstspoffe zurückführen wird, kämpfen sehe, tritt daffelbe
gleichfalls für jene Hopfenstangen auf, die man neben zarte
zollange Blümchen stecken will, damit sie sich daran herauf=
ranken. Den Kindern schon den Aberglauben nehmen, heißt
sie mit Braunbier statt mit Milch säugen. Ich vertheidige
die Spinnstube nicht und den Herenbesen, den die alten
Weiber befeuchten, um ihm für die Walpurgis=Nacht wahr=
scheinlich durch die dadurch erzeugten Flöhe jene Sprungkraft
zu geben, die sie von ihrem Schornstein aus nach dem Brocken
versetzen kann; aber den Kindern die ganze Natur zusammen=
zusetzen, wie ein Dominospiel, ihnen zu beschreiben, wie sich
alle geheimnißvollen Dinge unter der Luftpumpe der Auf=
klärung krümmen und schwach werden, das heißt, die Kinder
schwimmen lehren noch ehe sie laufen, oder griechisch, noch
ehe sie sprechen können. Ich erkläre mich hiermit für un=
fähig, in Kleinbetteln den Aberglauben zu vertilgen, wenig=
stens durch die Erziehung; es sei denn, daß der Aberglaube die
Luft verpestet, wie bei der unbegrabenen Katze zu fürchten stand.

Ueberhaupt ist es ein Jammer, zu sehen, was man jetzt in der Schule sieht. Man überhäuft die Schule und das Haus mit so entsetzlich vielen Vorschriften, daß die Kinder unter dem Wust ersticken. Alle Wege, welche die Kinder einschlagen müssen, um Menschen zu werden, führen entweder zum Engel oder zum Vieh; keiner geht gerade auf die Bestimmung los, welche die Natur schon jedem ihrer Erzeugnisse auf die Stirn gedrückt hat. Der Beruf bleibt nicht selten dem Zufall überlassen und der Zufall macht oft, daß sich ein Bube, der längst über seine Zukunft im Reinen sein sollte, dann erst darüber besinnt, wo es fast zu spät ist und er eine Laufbahn einschlägt, die entweder unter oder über seine Kräfte ist. Die Erziehung ist keine absolute Wahrheit, die etwa bei Plato und dem Hochwürdigen Consistorio ganz gleichlautend sein sollte; nein! sie ist immer die arithmetische Wurzel, die man aus dem Quadrat- und Cubik-Verhältnissen einer gegebenen Zeit ausziehen soll. Die Erziehung soll zwar dahin streben, Menschen zu bilden, die besser sind, als ihre Zeit; aber sie thut es verkehrt genug, wenn sie nur Menschen schafft, die lieber die Zeit gar nicht verstehen.

Blick' ich auf die Zeit, wie sie vor mir liegt, so finde ich, daß alle Fächer außerordentlich besetzt sind. Ich finde ebenso, daß man sich allmälig der sonst so gerühmten Vielseitigkeit entwöhnen und sich vielmehr auf eine außerordentliche Virtuosität in einem einzelnen Fache beschränken muß. Sonst staunte man Leute an, die zu gleicher Zeit mit Händen und Füßen, mit Mund und Nasenlöchern die vorzüglichsten Instrumente eines Orchesters spielen können; jetzt muß man es auf einer einzigen G-Saite bis zu dem Seiltanz eines Paganini bringen können. Kurz, der Egoismus, das gefräßige Ungeheuer, das Alles in sich selbst verwandelt, worauf es sich lagert, der Materialismus, dieser ungeheure Mastkoben, wo der erstere immer mit seinem Rüssel hineinwühlen kann und immer Stoff findet zu jener Aneignung, die sogar ein Goethe gelehrt hat: dies sind leider die Gesichtspunkte, von welchen man heute bei der Erziehung ausgehen muß. Der Himmel vergeb' es uns! Wir erziehen unsere Kinder für Rom und Griechenland und werfen sie dann, nachdem wir in philologischer Wolluſt die Keuſchheit der Kinder für uns bekommen haben, abgenutzt und der Welt entfremdet in eine Zeit, die ſie nicht verſteht und die ſie nicht verſtehen. Dieſe Bosheit der jetzigen Erziehung, dieſe Veruntreuung anvertrauter Exiſtenzen, dies Erbſchleichen und Mündelprellen, dieſes gemeine Abnutzen jener edeln Fähigkeiten, welche die Kinder brauchen werden, um ſich einmal durch den drängenden, ſtoßenden Matroſenlärm des großen Seehafens unſrer Zeit hindurch zu finden — o, es pocht gewaltig in meiner Bruſt und lockt mich, Hand anzulegen und die Subtilitäten-Krämer und pädagogiſchen Wechsler aus dem Tempel der Menſchheits-Hoffnungen auszutreiben. Das Schulhaus iſt ein Bethaus, möchte man mit dem großen Nazarener ſagen, aber Ihr macht eine Mördergrube daraus. Ja, Mördergruben ſind unſere Schulen: nämlich bis zu einem gewiſſen Alter der Kinder, wo ſie anfangen müſſen, mit Rückſicht auf das Nothwendige und Ueberflüſſige behandelt zu werden. Ein Hochwürdiges Conſiſtorium verzeihe mir dieſe ſchroffen Ausſprüche. Ich bin Vater von vier bis jetzt noch unerzogenen Kindern; ich werde ſie erziehen, ich werde den Beweis liefern, was man aus dem Wuchſe und Wachſe der Kindheit für Geſtalten bilden kann. Bin ich mit meinen Kindern zu gewiſſen Reſultaten gekommen, ſo werd' ich ein Buch darüber herausgeben zu Nutz und Frommen der Welt. Ich werde darin ein vollſtändiges Seitenſtück zu Karl Witte aufſtellen: denn dieſer junge Muſtermenſch iſt nach dem Principe der **Alles-könnerei** erzogen; mein Princip iſt das der Vereinzelung. Der Knabe ſoll **Alles wiſſen**, aber nur **Eines können**; er ſoll **Jeden** verſtehen, aber nicht **Jedes** verſtehen; er ſoll jede Fähigkeit zu **ſchätzen**, aber nur eine **auszuüben** wiſſen. Das iſt mein Ideal, meine blumige Zukunft, das iſt mein Troſt für die ſchlechte Pfarre, auf der ich noch immer ſitzen muß trotz der vielen Vacanzen, bei welchen ich regelmäßig vom Hochwürdigen Conſiſtorium übergangen werde. Ich zürne Niemanden. Meinetwegen macht mich zum Zuchthaus-Prediger oder beſetzt Eure Pfarren mit fürſtlichen Reitknechten: ich laſſe Euch in Frieden, aber ſchreibt mir auch in Unterrichtsſachen nichts vor; laßt die Mägde binden und löſen, zu St. Andres, zu Sylvester, wann sie wollen, wenn sie nur die Milch nicht überkochen lassen und sich sonst hübsch reinlich und sauber halten. Ob meine Frau das Brot bei Tisch auf den Rücken oder den Bauch legt, das soll das Wenigste sein, was ich ihr nachtrage, wenn es nur gut gebacken ist und es nach dem Bäckersprüchwort nicht heißen darf, ich hätte sie durchgejagt, weil es abgebacken ist. Nein, ein Hochwürdiges Consistorium möge mir verzeihen, daß ich hiermit nach reiflichem Erwägen meine Weigerung erkläre, dem Rundschreiben eines Hochwürdigen Consistoriums die gewünschte Folge zu geben. A. G. Blasedow, Pfarrer in Kleinbethlehem.

Nachdem wir nun den Inhalt dieses aufsätzigen Briefes kennen, wollen wir unsere Verwunderung nicht verschweigen, daß es zehn Uhr Nachts geworden ist, Weib und Kinder mit großem Spectakel zu Bette gegangen waren und Niemand daran gedacht hatte, dem Hausherrn eine Einladung zum Essen zu schicken. So sehen wir, daß die Lebensglocke im Pfarrhaus schon lange einen tiefen Riß und nicht einmal mehr so viel Klang hat, daß sie ihm zum Essen läutete. Die Herzen und Empfindungen in dem Hause waren untereinander geworfen, wie in einer Polterkammer. Jedes war froh, in seinem Winkel nicht gestört zu werden. Wäre hier jede Persönlichkeit, jeder Anspruch ein Instrument gewesen, welch' eine Disharmonie würde es gegeben haben! Auch die Kinder paßten wie Milch und Obst zusammen, freilich eine Mischung, die Kinder in ihrem Magen zu vereinigen wissen. Ja, Gertrud, so eine „gute Frau" sie war, so reinlich sie ihre Kinder zweiter Ehe hielt, so viel sie an ihnen wusch und rieb und ihnen nach hohen Festtagen, wo gewöhnlich die Mägen gereinigt werden mußten, Rhabarber eingab, ja, selbst Gertrud hatte noch ein kleines verstecktes Interesse gegen diese Kinder, ja, sogar gegen sich selbst, indem sie dafür darbte und sparte, nämlich ihren Sohn erster Ehe, der ein Handwerk hatte lernen müssen und gegenwärtig auf der Wanderschaft war. Er wäre gern nach der Schweiz und Paris gegangen, allein die Sayn=Sayn'sche Diplomatie hatte ihm dorthin nicht den Paß visiren wollen. Peter reiste somit jetzt in Ungarn und Siebenbürgen. Wenn ein Brief von ihm ankam, so küßte sie ihn, ob Blase=

bow gleich erklärte, er wäre durchstochen und käme direct aus
der Pest her. Das legte sie ihm als Lieblosigkeit aus und
sagte: „Mein Peter ist viel zu reinlich gehalten, als daß er
je die Pest haben könnte, und überhaupt —" Wenn Blasedow
dies Ueberhaupt und was darauf folgte, hörte, ging er immer
mit einem Blick gen Oben aus dem Wohnzimmer, welches
auch allein das Sprechzimmer war.

Heute Nacht jedoch bemerkte nicht einmal der gefesselte
Titan die Vernachlässigung. Er hatte in dem Brief an das
Consistorium so gewaltig an seiner Kette geklirrt, daß er sich
fast wie frei vorkam und mit leuchtenden Blicken in sein
Bett stieg. Umjubelt und umlacht von den erträumten Wir=
kungen seines Briefes, schlief er ein. Ja, er träumte früher,
als er schlief. Das muß man können, wenn man gut und
fest schlafen will.

Viertes Kapitel.
Die Mohrentaufe.

Die übrigen Hausbewohner schliefen nicht so fest. Sie
hatten die Menagerie, die in dem Wirthshause eingekehrt war,
zwar nicht sehen können, aber sie doch gehört und hörten sie
die ganze Nacht hindurch. Die afrikanische Wildniß schien in
Kleinbethlehem losgelassen. Löwen brüllten, Tiger gähnten,
Affen und Papageyen fielen schreiend von ihren Stegen her=
unter, durch Träume erschreckt. Diese Nacht war im ganzen
Dorf eine schlaflose.

Als nun etwa um Mitternacht einige heftige Stöße an
der Thür der Pfarrwohnung erfolgten, konnten sie Knechte
und Mägde sogleich hören und zitterten vor Schreck. Das
Pochen und Rufen um Oeffnung verstärkte sich. Gertrud fuhr
aus dem ersten Schlafe und dachte schon, ihr Peter wäre aus
Ungarn zurückgekommen. Diese Vorstellung hinderte sie, an
Böses zu denken. Sie schlug Licht an und rief einmal über
das andere: „Sogleich!" Ihren Nachtrock übergeworfen, schob

sie die Riegel von der Hausthür zurück und fragte, ehe sie
aufschloß, wer da wäre? — „Der Herr Pfarrer — — —
in's Wirthshaus soll er kommen!" — Nun dachte Frau
Gertrud: Dort wüßte ich Keinen, der so in der Eile das
Sacrament verlangen oder gar niederkommen könnte. „Was
soll er denn?" frug sie. — „Das kann der Teufel wissen,
machen Sie doch nur auf!" — Wie nun Frau Gertrud dies
that, ließ sie vor Schreck die Lampe fallen: denn ein schwarzer
Kerl in einer weißen Schlafmütze wollte in's Haus. Auf ihr
Schreien kam Hülfe. Der Schwarze lachte und sagte: „Macht
keine Narrenspossen, meine Herrschaft ist krank geworden und
will durchaus den Pfarrer sprechen." — „Wer ist die Herr=
schaft?" fragte Gertrud beherzt; „das muß wohl des Teufels
Großmutter sein." Sie wußte nichts von der Eigenthümerin
der Menagerie und dem Wohlgefallen, das diese schon auf
der Landstraße an Blasedow geäußert hatte. — „Jetzt macht
nur keine Umstände," sagte der Schwarze, der für einen Neger
fast das Deutsche zu richtig und sogar mit sächsischer Melodie
sprach. „Ich denke nun wol, daß es Zeit ist, den Pfarrer
zu rufen — in's Teufels Namen!"

Gertrud rief von unten die Treppe hinauf: „Blasedow!"
Ihr Gatte hörte nicht. Sie mußte zu ihm hinauf und ihn
erst wecken. Er wollte aber noch immer nicht hören, ob er
schon wach war. Er war schwer zu seinen Pflichten zu bringen.
Gewöhnlich kam er zu Sterbenden erst in dem Augenblicke
mit dem Abendmahl an, wenn sie schon todt waren. Er wäre
auch jetzt schwerlich aufgestanden, wenn ihm nicht die Worte:
Mohr, Menagerie, Satan, allmälig die heutige Landstraßen=
Begegnung in's Gedächtniß zurückgerufen hätten. Daß die
beleibte, geschminkte, grelläugige Dame krank geworden sein
sollte, that ihm recht leid. Er stand auf, kleidete sich an und
ging mit dem Neger, der also schwerlich echt war, in's Wirths=
haus, wo er erst rechts und links die Menagerie=Fuhrwerke
passiren mußte.

Die Scene, welche Blasedow jetzt hier erlebte und mit=
spielen mußte, hatte auf seine späteren Lebensschicksale eine
große Wirkung. Wir wollen nur rundweg eingestehen, daß
er sich hier geweigert hat, einen Heiden zu taufen, und daß

diese Unterlassungs=Sünde in späteren Jahren das Maß seiner Schuld beim Consistorium voll machte. Blasedow aber erzählte damals einem Freunde die Sache folgendermaßen: „Sehen Sie, ich komme hinein in das Zimmer und finde das genannte Weibsbild in einer dem griechischen Kunstprincip der Nacktheit splitterweg huldigenden krampfhaften Attitüde. Was ihr fehlte und wessen sie bedurfte, ist mir bis jetzt zu dieser Stunde noch nicht klar geworden. Ja, selbst wenn ich es durchschaut hätte, Herr, ich möchte es gar nicht wissen und am wenigsten wiedersagen. Ein junges Frauenzimmer goß ihr einmal über das andere wohlriechende Essenzen auf den Leib und schenkte ihr zuweilen aus einer Terrine ein, die mir weit mehr mit Punsch als mit Cremor Tartari gefüllt schien. Ich fragte: Aber mein Gott, was ist Ihnen denn, Madame? Sie stöhnte und warf mir einen Blick zu, der entweder vor Fieber oder einer sonstigen Gluth so brennend war, daß sothaner mehr als e i n e n Pfarrer, daß er den ganzen Klerus hätte anstecken können. Ich bekam eine Aengstlichkeit, die ich nicht beschreiben kann. Das junge Frauenzimmer verließ uns mit einer so verdächtigen Miene, daß ich in der That nicht wußte, sollte ich hier als Arzt der Seele oder des Körpers fungiren. Inzwischen war es das Gerathenste, ihren Puls zu fühlen, und diesen erkannte ich für aufgeregt im bedenklichsten Grade. Dennoch wurde mir fast schwindlich und ich sah mich genöthigt, neben dem Bett auf einem Stuhle Platz zu nehmen.

„Sie haben gewiß schon einmal jene Frauen bemerkt auf der Frankfurter Messe oder sonst, wo Wachs=Figuren oder Thiere oder Affen=Komödien gezeigt werden. Gewöhnlich sitzen sie vorn an der Kasse und nehmen die Eintrittsgelder in Empfang. Ihre Augen glänzen, Leidenschaft athmet jede ihrer Bewegungen. Die Wangen sind geschminkt. Die Finger sind mit Ringen vergoldet. Schwere goldene Ketten hängen um den Hals auf einen Busen herab, der etwas Grauenhaftes hat. So stellen Sie sich, in demselben Aufzuge, jedoch im Nachtkleide, meine Patientin vor. Ob sie mich hat verführen wollen oder nur prüfen, ob sie wirklich ein größeres Leiden verspürte, als das meiner Sprödigkeit, weiß ich nicht.

Genug, ich behandelte sie pathologisch und frug nachdrücklich, an welchem Theile des Körpers ihr etwas fehle?"

„Als sie mir darauf keine Antwort geben wollte und nur schwere Seufzer ausstieß, fürchtete ich, sie könnte mir, angereizt durch die unwillkürlichen Striche, die ich ihr, um den Puls zu fühlen, auf die Haut gab, unter den Händen somnambül werden. Der Contrast des Magnetismus mit der Herumführerin wilder Bestien und Affen war mir in diesem Augenblick so erschreckend, daß ich aufsprang und fortgehen wollte. Allein wie besessen von dem unglückseligen Rapport, in welchen sie sich durchaus zu mir versetzen wollte, schoß sie auf und hielt mich fest, wie Potiphar's Weib den Joseph. Ich erhob jetzt eine Donnerstimme und fragte sie: Was Sie im Kopfe hätte? „Um Gotteswillen, Herr Pfarrer," begann sie; „ich merke erst jetzt, daß Sie hier sind. Ach, ich habe Sie rufen lassen, weil ich doch wohl fühle, daß es bald an mein Ende geht. Es ist mir gottsjämmerlich schlecht. Ich leide an Magenkrämpfen und neige zu weit mehr Uebeln hin, als ich Namen dafür zu geben weiß."

„Mein Mitleiden erwachte und ich blickte voll Rührung auf sie herab. Sie deckte sich anständig zu und fing zu weinen an. Wie nun Frauen dieser Gattung immer in Extremen leben und von einer Leidenschaft zu andern überspringen, so bekam sie in dem Augenblick eine so gewaltsame Reue, daß ich Gott dankte, wenigstens, wenn auch nicht ihr selbst, doch meiner eigenen Angst mit den Floskeln helfen zu können, welche man bei langjähriger Praxis für solche Erweckungsmomente in Bereitschaft hat. Sie war überzeugt, in mir nun einen wirklich gottseligen Mann entdeckt zu haben, und dachte wahrscheinlich, da sie einmal die Gnade des Himmels jetzt in der Nähe und zur Hand hatte, sie auch nach Kräften einzuschlürfen und zu benutzen. Mitten unter Reuethränen gestand sie mir, daß sie drei Neger um sich hätte, von denen einer ein geborener Sachse und der andere ein Darmstädter wäre. Den ersten würde ich schon an seinem Accente, den zweiten an der absoluten Unfähigkeit, den Buchstaben R auszusprechen, erkannt haben. Der dritte aber sei wirklich echt und noch ein completer Heide. Sie fühle jetzt Gewissensbisse, daß dieser Mensch seit seiner Kindheit in ihren Händen und noch nicht getauft sei. Ich sollte ihn auf der Stelle taufen. „Ich habe," sagte sie, „den Lulu gekauft in Genua. Eigentlich erhielt ich ihn als Zugabe bei meinem besten Löwen, für welchen ich die Summe, die man forderte, zu groß fand. Da sagte der Thierbändiger, der jährlich einen Transport wilder Thiere aus den Barbaresken in die südlichen Häfen führt, er wolle mir den Lulu noch als Zugabe zu dem Löwen geben und das konnte ich schon annehmen. Wenn man für die Thiere einmal einen passenden Käufer findet, so kann man mit dem Neger noch immer verdienen. Man fügt einige alte Wallfischzähne, einige Seemuscheln und optische Kunststücke hinzu, meinetwegen auch den Schuh einer Chinesin, den man nur recht klein zu machen braucht, um sogleich die Illusion für sich zu haben; der Neger wird ummalt mit einer Draperie von Palmenbäumen und Paradies=Vögeln, er hält einen Köcher und Bogen und Pfeile in der Hand, ob er ihn gleich niemals gespannt hat. Es ist für die Welt; aber Kinder zahlen die Hälfte."

„Ich hätte über diese Beichte lächeln mögen, hütete mich aber wohl, dies zu zeigen. Denn sie hätte dann gewiß ihren Ton geändert und sich über die schlechte Rolle geärgert, die sie jetzt in der Reue vor mir durchführte. Ich ließ sie ungestört weiter sprechen. „Lulu," sagte sie, „ist Christ genug, wenn er es an meinem Lebenswandel und meinen frommen Thieren allmälig hat absehen können. So oft ich — Welche Sünde bei dem Glauben, ein gutes Werk zu thun! — so oft ich das Nachtmahl nahm in schwachen Augenblicken, nahm Lulu Theil. Er lachte zwar immer und der Prediger verwies es ihm; aber ich sagte, es käme von seiner inneren Freudigkeit. Offen gestanden, er wußte nicht, warum er aß und trank. Ich habe schreckliche Sünden mit dem Menschen auf dem Halse. Er hat das ganze Christenthum schon in sich, aber es ist und bleibt ein beschnittener türkischer Hund. Getauft ist er nicht."

„Man denke sich diesen Absprung von einer Circe zu einer abergläubischen und halb reuigen, halb verstockten Sünderin, in beiden Momenten die gleiche viehisch=plastische Natur und das mir immer deutlicher werdende hohe Alter, das sich hinter der Schminke und den falschen Zähnen versteckte! Ich werde mich da mit einer Negertaufe einlassen, dachte ich; sie quälte mich nur um ihrer Sünden willen und dies erregte zuletzt mein Mitleid. Ich sagte: Meine Werthe, darum werden Sie noch nicht in den Himmel kommen oder die ewige Verdammniß vermeiden, daß Sie einen Anderen vom Tode zu erretten glauben, indem Sie ihn taufen lassen. Es ist wahr, eine Schuld wird wenigstens getilgt, die auf Ihnen lastet; allein Sie scheinen diese Negertaufe als eine Sühnung für Ihre übrigen Vergehen zu betrachten. Das kann der Kirche nicht genügen. Alles Taufwasser, das ich da über den jungen Mann gieße, wäscht Sie selbst noch nicht rein. Ich würde mit der Taufe gern zur Hand sein; allein ich finde, daß diese heilige Handlung hier mit unlauteren Motiven verknüpft ist und halte demnach meine Segnung zurück."

Blasedow behauptete, daß er nun gegangen wäre, hat jedoch in seinen späteren Lebensjahren eingestanden, daß er schon damals sehr feindselig gegen die positiven Satzungen des Glaubens gestimmt gewesen wäre. Er wäre auch sehr bequem gewesen. Diese Weitläufigkeit, da in der Nacht Jemanden aus dem Stegreife zu taufen, die zur Handlung nöthigen Geräthschaften schnell herbeischaffen und nun gar den verschlafensten Menschen von der Welt, seinen Küster, wecken zu sollen! „Nein," sagte er zehn Jahre später, als er das Vorige erzählte, „da schien mir der Erfolg nicht belohnend genug dafür. Das Frauenzimmer war eine Aventurière. Hatte sie mich erst verstricken wollen, so konnte sie ja hernach die Absicht haben, mir einen Zopf zu machen. Sie heulte und schrie: sie könnte das Sündenleben nicht so fortsetzen; ich sagte ihr aber, um ihrer nur los zu werden: Liebe Frau, das Wasser macht es nicht. Ich besinne mich selbst nicht, ob ich getauft bin. Wie sollt' ich wissen, ob mich auch das Wasser des Pfarrers benetzte? Der mich getauft hat, war so kurzsichtig, daß er beim Abendmahle den Kelch immer nur auf's Gerathewohl hinausreichte und die Leute nicht wußten, ob sie den Wein nur riechen oder trinken sollten. Also, meine Gute, wer sich nicht selbst tauft, der bleibt ein Heide und Türke sein Leben lang. Daß man der Gemeinde den Leib Christi reicht, macht dieselbe seiner Herrlichkeit noch nicht theilhaftig. Das Reichen soll nur erinnern, daß Jeder suche, selbst suche, was im Glauben, in der Kirche freilich gefunden ist. Demnach machen Sie sich über den Neger keine Unruhe. Er ist alt und reif genug, selbst nach den Hesperiden=Aepfeln lüstern zu werden, wenn er die christliche Seligkeit dafür zu halten geneigt ist. Was Sie ihm geben wollen, würde vielleicht immer nur ein äußerliches Geschenk sein, dessen Werth er nicht zu würdigen wüßte."

Mit diesen Worten zog sich damals Blasedow zurück. Müdigkeit und Hunger hatten ihn so ergriffen, daß er sich nach seiner Wohnung sehnte. Der Trost, den er, allerdings ein Fuchs im Schafkleide, zu spenden wußte, schläferte die Dame allmälig ein, so daß sie tief seufzte und kein Wort verlor, indem Blasedow zur Thüre hinaushuschte. Das Kammermädchen (es war auf dem engen Gange finster) kam ihm zufällig in die Arme. Eiskalt überlief es ihn, als er so plötzlich etwas Warmes faßte. Es mußte wohl nur von der engen Localität und der Dunkelheit kommen: denn er drängte die Verführung sogleich von sich und hatte nicht ohne ein ihn verfolgendes leises Kichern endlich glücklich die Treppe erreicht. Frei athmete er auf, als er im Freien war, und lief mehr, als er ging, in seine Wohnung zurück. Es war ihm, als hätt' ihn der Satan untergehabt. Er machte auch, indem er nach Essen im Hause herumsuchte, einen Höllenlärm. Gertrud war schlecht genug, ihm zu sagen: „Wer nicht herunterkommt zu gehöriger Zeit, der mag hungern. Uebrigens des Nachts noch anzufangen, das ist recht Versündigung an Gott." — „Bedenke nur Deine Sünden!" entgegnete Blasebow; „Wer in Gott freudig sein will, wird es mit hungrigem Magen schwerlich sein können." Damit stieg er, eine Schüssel und ein Brod in der Hand, in sein Zimmer hinauf. Gertrud leuchtete ihm nach. „Ob ich falle," dachte er, „ist ihr sehr gleichgültig; nur fürchtet sie, wenn ich fehltrete, daß ihr die Schüssel zerschlagen wird. Deshalb leuchtet sie!" Blasebow war gegen seine Frau mißtrauisch im höchsten Grade. Er sagte oft: „Giftmischer giebt es in der Geschichte der

Staaten und der Schaffotte weit weniger als Giftmischerinnen. Die Frauen würden, wenn man die Aqua toffana so kaufen könnte, wie das Willer'sche Kräuteröl, schreckliche Verheerungen anstiften. Furcht und Grausamkeit halten sich in dem weiblichen Herzen das Gleichgewicht." Und Blasedow war gegen Gertrud so mißtrauisch, daß er oft fürchtete, sie würde ihn vergiften. Seine Hypochondrie schlug ihm das Leben, das er führen müsse, als einen schwarzen Trauerpfad aus. War mit seiner Frau eine heftige Scene vorgefallen und er aß allein, so lockte er erst immer die Katze in's Zimmer und setzte ihr von den Speisen vor, um zu sehen, ob sie nicht zuckte. Die Frauen schienen ihm aller Dinge fähig. „Ein Engel," sagte er, „fällt so leicht, und nun gar meine Frau, die nicht einmal ein Engel ist! Frauen, wie Alles, was schön ist, nehmen sich besser in der Entfernung aus. Sie sind auf die Mittelstraße in allen Dingen angewiesen, weil sie Gott gerade aus der Rippengegend des Mannes herausschnitt, aber doch stürzen sie aus Extrem in Extrem."

Unter ähnlichen Betrachtungen schlief Blasedow ein. Die Mohnköpfe, die Morpheus heute noch über ihn streute, waren mit Milch, Zucker und Brot gerieben gewesen, ein Essen, für welches ich gestehe keinen hochdeutschen Namen zu wissen. Den niederdeutschen aber behalte ich zurück, weil es in der Familiarität auch der komischen Romane eine Grenze geben soll.

Fünftes Kapitel.
Amtsbruderschaft.

Wir haben schon öfters des Pfarrers Tobianus erwähnt, eines benachbarten Freundes der Pfarrei in Kleinbethlehem. Jetzt sehen wir ihn mit einer kleinen Kalesche, von Sophien, seinem zehnjährigen muntren Mädchen, begleitet, in das vor uns bisher aufgespannte Gemälde mitten hineinfahren, eine große Staubwolke aufwühlend, ganz wie viele Nebenpersonen

in Dramen und Romanen auftreten und einen um so größeren
Lärm machen, je kleiner ihre spätere Rolle ist. Aber bei Leibe,
ich will das Interesse an Herrn Tobianus nicht gleich bei
seinem ersten Auftreten untergraben. Mag sich der Mann
entwickeln, mag er sich so breit machen, wie er neben seiner
unruhigen Tochter sitzt. Er dampft Tabackswolken aus der
Pfeife von Meerschaum. Er ist das lebendige Gegenbild zu
unserem noch schlafenden, unglücklichen Freunde, zufrieden,
überzufrieden mit seinem Loose. Er hatte nie in den ersten
Reihen gestanden und war nie durch den Alp des Ehrgeizes
um seine Nächte gekommen. Tobianus hatte sein Leben hin=
durch so gerechnet: Bekommt Der acht oder zehn, so bist Du
mit drei oder vier zufrieden! Tobianus ordnete sich jedem
stärkeren Willen, jeder höheren Fähigkeit unter. Alles, wo=
durch er sich übertroffen fühlte, fand an ihm seinen Lobredner.
Unwillkürlich und ohne Affectation pflegte er oft zu sagen:
„Wir andern gewöhnlichen Leute." Bei jeder Parteiung er=
klärte er sich für die Gemeinschaft mit Jenen, die das ge=
zügelte, bevormundete Publikum bilden. Wer hätte glauben
sollen, daß dieser Mann Umgang mit den classischen Musen
gepflogen und Plato und Demosthenes auf der Schule wenig=
stens, wenn nicht gelesen, doch buchstabirt hatte!

Tobianus sollte nun einen Gelehrten machen. Er war
eine Kugel in jenem geistlichen Rosenkranze, der im Fürsten=
thum Sayn=Sayn die Religion vorstellte. Doch auch in
diesem Berufe predigte er nichts Anderes, als was er den
Leuten vom Gesicht und dem Kanzelpulte vom Papier ablesen
konnte. Eine Predigt zu memoriren, hätte ihn um seinen
Verstand gebracht. Wie oft vergaß er nicht sein Papier und
wie oft mußte er nicht umkehren, nachdem er auf der Kanzel
schon das Eingangsgebet hergesagt hatte! „Ich habe das Gute
bei meiner Mittelmäßigkeit," pflegte er zu sagen, „daß ich
niemals aus dem Conterte komme. Meine Predigten haben
Hand und Fuß. Sie sind oft weit besser, als ich sie machen
kann." Man sieht, daß Tobianus hier nur von den Reden
spricht, die er hielt, nicht einmal von denen, die er machte.
Er nahm nicht selten Reinhard's und anderer Meister Pre=
digten mit auf die Kanzel mit dem Bemerken: „Ich meine

immer, es ist dem Zwecke weit angemessener, fremde Vorzüge einzuräumen, als den Mangel seiner eigenen auf halbe Weise zu bemänteln. Nur gegen Blasedow war Tobianus nicht so tolerant. Er erkannte seinen Geist an, er war weit entfernt, ihm den Vorrang streitig zu machen; allein er hielt ihn auch für eben so confus, als genial, für eben so unklar, als originell. Er stellte seinen kühnen Einfällen und Bestrebungen gewöhnlich die Bürgermiliz seiner eigenen krummbeinigen und blassen Gedanken entgegen. „Blasedow's Wahnsinn gegenüber," sagte er, „will ich den Katechismus als das Werk der tiefsten Weisheit vertheidigen. Besser nüchtern und schaal, als voll und betrunken. Besser auf einem Esel nach Jerusalem reiten, als in einem Luftballon, der in irgend einem Baume hängen bleibt. Besser ein besonnener Schüler, der gesunder die Lehren Anderer nachbetet, als ein fiebernder Prophet, dessen Ideen an Narrheit streifen." Da man also — Tobianus konnte bei seiner Trockenheit sogar Feuer fangen. Einem Don Quirote gegenüber fühlte er sich als Maulthier-Treiber stolz. Besser Hafergrütze, dachte er, als eine angebrannte Pastete.

Vorn auf dem Bock der Kalesche saß das ehrlichste Gesicht, welches jemals blonde deutsche Haare beschatteten. Dennoch bemächtigte sich dieser gutmüthigen und einfältigen Züge des Knechtes eine gewisse Schlauheit, als sie in die Nähe des Dorfes kamen. Peter Erich, der Kutscher, blickte einigemal rückwärts, und Tobianus bemerkte sein Lächeln, achtete aber nicht darauf, weil er wußte, daß man ihn als Witwer im Verdachte hatte, mit Frau Gertrud vertrauter zu sein, als der Mann derselben. Erst als Peter Erich anfing, über die Maßen langsam zu fahren, schalt er ihn und verwies ihm sein unpassendes Greiflachen. Da hielt Peter Erich sogar die Pferde an, stand von seinem Sitz auf und nahm seine Mütze ab. „Ach," stotterte er, „da soll im Dorfe jetzt mit einer ganzen Armee wilder Bestien auch ein Papagey angekommen sein, der ein wahres Wunderthier ist. Spricht Alles und versteht Alles, reist aber heute noch ab. Da sehen Sie, die Wagen sind schon bespannt; wenn wir rechts herum fahren am Wirthshause vorbei, könnte ich das Ding noch zu sehen bekommen." Als Tobianus nichts dagegen hatte, fuhr

Peter Erich, wie schnell es nur auf dem Landwege gehen wollte, dem Dorfe von der Seite zu, wo die Schenke lag.

Hier war die Menagerie eben im Begriff aufzubrechen. Die Pferde waren schon vor die langen Kästen gespannt, zwei Damen schrieen und lärmten umher und beaufsichtigten das Einpacken ihrer Garderobe. Auf dem offenen Kutschen= fenster der Seite des herrschaftlichen Wagens, welche zublieb, saß in der That das wunderbare Thier, von welchem Peter Erich durch Michel Meyer gehört, der den Abend vorher das Thier schon angehört hatte und Peter Erich unterweges begegnet war. Die kleine Sophie fürchtete sich, abzusteigen und dem grünen Vogel mit seinem verdächtigen krummen Schnabel und dem ängstigenden Krauen und Krakeln, welches Papageyen eigen ist, zu nahe zu kommen. Aber Peter Erich band seinen Gaul fest, stellte die Peitsche ehrfurchtsvoll hin und schickte sich mit besorgten Schritten an, den Wundervogel näher zu betrachten. Das Krächzen des Thieres erschreckte ihn sehr. Doch trat er näher und versenkte sich in staunende Bewunderung vor einem Wesen, das gefiedert war und doch dem Gerüchte nach sprechen sollte. Der Papagey betrachtete ihn eine Weile und sagte plötzlich: „Wie heißt Du?" Peter Erich zitterte am ganzen Körper und erdreistete sich, mit ehrerbietiger Stimme zu sagen: „Peter Erich." Der Papa= gey nahm ihn näher in Augenschein, brummte heimlich etwas vor sich hin und machte Peter Erich glauben, das Thier be= sänne sich auf alle schlechten Streiche, die er schon gemacht hätte. Jetzt brach der Vogel heraus: „Mach' Dein Com= pliment!" Wie Peter Erich das hörte, besann er sich erst in der größten Verlegenheit eine Weile. Kaum hatte der Vogel seinen Befehl wiederholt, so griff er an seine Kappe, nahm sie ab und machte in der That eine Reverenz bis tief zur Erde. Peter Erich zog sich dabei langsam zurück; der Schweiß stand ihm auf der Stirne, und obgleich To= bianus und Sophie aus vollen Leibeskräften, diese über den Vogel nnd jener über das gute ehrliche Schaf, lachten, konnte er doch immer noch nicht zur Besinnung kommen und fuhr in der festen Ueberzeugung, daß der Vogel ihn persönlich

gekannt hätte, mechanisch in die Pfarrwohnung von Klein=
bethlehem.

Menschen von unzureichender Bildung pflegen die Regun=
gen ihres Herzens mit großer Kunst bemeistern zu können.
Vielleicht ist es auch nur Apathie, vielleicht ist nicht einmal
eine Kunst dabei vorhanden. Mütter giebt es, die für ihre
Söhne das Leben lassen könnten und sie doch nie geküßt
haben, ja vielleicht kaum anders, als zankend mit ihnen
sprachen. Bei Ehegatten pflegt sich die Neigung oft hinter
Poltern zu verstecken. Sie wählen das Gegentheil ihrer
Empfindungen, weil sie für den eigentlichen Ton derselben
kein Instrument, keine äußere Form haben, und doch gewiß
sind, daß hinter dem Poltern unmöglich Ernst verborgen
sein kann. So sehen wir auch, daß Tobianus von Gertrud
einfach und kalt empfangen wird, und möchten das Gerede
der Welt für eitle Verleumdung erklären, wenn nicht die
Art, wie sich's Tobianus im Hause bequem macht, eine
Freundschaft verriethe, die sich sicher fühlt. Da wird sein
Pferd ohne Weiteres in den Stall geführt. Peter Erich
putzt den Wagen, alle Handleistung wird ihm gereicht. To=
bianus zieht einen Hausrock an, den er für immer in Klein=
bethlehem zurückläßt; er nimmt Pfeifen aus einem Wand=
schrank in der Hausflur; seine Tochter, ein wildes Kind,
kommandirt die etwas jüngeren Knaben; Erfrischungen
werden ihm in den Garten nachgetragen, wo er als wahrer
Hausvater die Bienenstöcke untersucht, die Fortschritte der
reifenden Baumfrüchte vergleicht, kurz, überall nach dem
Rechten sieht. Endlich läßt er sich unter einem großen
Akazienbaum, unter welchem Tisch und Bänke angebracht
waren, nieder und schlägt ein Buch auf, während Frau Ger=
trud Spargel absticht und ihm zuweilen von Obstbäumen
und Hecken, wo sie vorbei mußte, einige gute Proben auf den
Tisch legte.

„Nun, wo ist er denn?" fragte Tobianus endlich ganz
trocken. — „Wo ist er? Wo wird er sein? Er schläft noch,"
antwortete sie; „das Weibsbild mit den Thieren hat ihn die
Nacht zu sich kommen lassen. Ich weiß nicht, was er da ge=
sollt hat. Hungrig, wie ein Wolf, kam er zurück. Sehen

Sie, Tobianus, diese Spargel!" — Damit zeigte ihm Gertrud diese wunderliche Wurzelfrucht, die von den Menschen mit der gräßlichsten Tyrannei behandelt wird. Mit der üppigsten Lebenslust schießt sie auf, um nur Saamen zu produciren. Kaum darf sie sich auf der Oberfläche des Erdbodens erblicken lassen, um gleich wieder abgestochen zu werden. „Ich denke bei dieser Frucht," sagte einmal Blasedow, „immer an die Bestrebungen unserer Zeit, welche von der conservativen Partei so sehr gefürchtet und verfolgt werden. Man läßt sie nicht aufkommen, schneidet tief in den Schooß des Uebels hinein, trifft die Wurzel, und doch nicht den Beginn der Wurzel, bis man endlich, ermüdet von den vergeblichen Versuchen, dem Wachsthum freien Raum lassen sollte und finden würde, daß diese revolutionären Spargel eben nichts Anderes zeitigen, als S a m e n k ö r n e r für die Zukunft, nicht eine einzige bestimmte Thatsache, die sich in der Geschichte n i e s o o r g a n i s c h entwickelt, wie die Frucht und Blüthenkrone aus dem Pflanzenkeime."

Tobianus blieb beim Anblick der Spargel ganz kalt und ruhig und sagte blos: „So, so!" indem er in seinem Buche, welches ein ganz gewöhnlicher Leihbibliotheken-Roman war, fortlas. Gertrud ging an ihre Gartenarbeit zurück und fragte nach einer Weile: „Haben Sie denn auch vom Consistori so einen großen Brief bekommen wie er?" — „Ja freilich," lachte Tobianus; „nun müssen Sie sich in Acht nehmen, Frau Gertrud, daß Sie Ihren Jungen das Hampeln mit den Beinen beim Sitzen nicht mehr verbieten." — „O pfui doch," sagte Gertrud zusammenschauernd, „das bedeutet ja Glockenläuten und bringt immer Einen zu Sarge." — Tobianus lachte laut auf. „Da haben wir's: Sie treiben selbst den Aberglauben mit, Frau; und von u n s soll ja das Licht der Aufklärung kommen. Blaustrumpf ist schon unterwegs und will eine Visitationsreise im Lande machen, um alles Unkraut des Herenglaubens auszurotten. Alles Besprechen, alle Wahrsagerei, alles Traumdeuten — Frau Gertrud, nehmen Sie sich in Acht — ist jetzt verboten."

Indem sich diese aufrichtete und den Nachbar vor Verwunderung mit großen Augen anstarrte, öffnete sich die Garten=

thür und Blasedow stieg mit feierlicher Würde die Stufen in den Garten herunter. Er trug einen alten Morgenschlaf=rock von ehemals geblümt gewesenem Zeuge, vorn und hinten geflickt, eine Nachtmütze, wie sie die pommerschen Bauern tra=gen, keine Pfeife im Munde, eine lange hagere Gestalt, streng und abstoßend, mürrisch sogar, und auf die Blumen=beete nur deshalb sehend, um Tobianus wievon ungefähr grüßen zu dürfen. Auf der Stirn aber standen ihm die Ge=danken geschrieben: Da ist der Mensch, der Tobianus, schon wieder und liest wahrscheinlich den Hechelkrämer von Spieß. Es giebt doch Leute, die nur deshalb studirt zu haben schei=nen, um sich in ihrer Geistesbeschränktheit desto greller zu offenbaren. Denn hätten sie sich an die Masse gehalten, so würden sie auch in der Masse verloren gehen. Als Hechel=krämer könnte der Mann Achtung verdienen, als Geistlicher stellt er sich aber selbst an den Pranger. Wenn die Sprache nach irgend einem Talleyrand deshalb erfunden ist, um seine Gedanken zu verbergen, so scheinen dagegen bei Tobianus die Wissenschaften nur deshalb erfunden zu sein, um seine Gedankenlosigkeit herauszustellen. Nun retirirt er sich zwar immer hinter seine Bescheidenheit, wie alle die, die auf nichts Bescheid zu geben wissen; aber nicht dem Schwachen, nur dem Stolzen steht es schön, demüthig zu sein. Er ist zufrie=den — das nennen die Menschen eine Tugend! — zufrieden mit sich selbst. Wahrlich, er sollte sich gestehen, daß er nicht Ursache dazu hätte. Und dann die Collegen=Wirthschaft, das wir — wir — ja, sieh' Du nur her und streck' nur Deinen Hals, lach' nur, Kerl! Wenigstens ist sein Tabacksdampf ge=gen die Raupen gut. — „Guten Morgen, Herr College!" rief Tobianus herüber. Blasedow hob das Haupt vornehm in die Höhe, spitzte verächtlich den Mund, schielte ein wenig hinüber und nickte den Kopf, Alles nur wie von ungefähr. — „Haben Sie schon Ihren Text? Eine Trauung? Eine Kindtaufe? Was sagen Sie zu Blaustrumpf?" — Blasedow hörte nicht darauf und Gertrud warf dem Frager einen ver=weisenden Blick zu mit den Worten: „Ach, Herr Tobianus, reden Sie doch nicht mit ihm!" Blasedow nämlich verachtete alles Handwerksmäßige in seinem Berufe. So mechanisch er diesen trieb, so war er doch unfähig, jenen Schriftstellern zu gleichen, die, wenn sie zusammenkommen, statt über ihre Ideen, nur über den Buchhandel sprechen. Gertrud konnte das am heftigsten erzürnen. Sie sah darin eine Vernachläſſigung des Geſchäfts, eine heilloſe Verwilderung im heiligen Berufe. Sie glaubte, daß der Maſchiniſt und Lampenputzer im Theater das Meiſte zum Stück thäte, daß hinter den Couliſſen des Cultus die wahre Gottesnähe brauſen müſſe. „Wie gerne ſetzte ich ihm nicht,“ ſagte ſie zu Tobianus, „Sonntags immer ſeine Läppchen zurecht! Was wäre mir das für eine Freude, ihm Alles ſauber in die Hand zu geben, das Geſangbuch abzuputzen und überhaupt mit ihm geiſtlichen und gottgefälligen Staat zu machen. Aber er rennt immer wie ein Heide in die Kirche, wo er doch ſollte am feierlichſten auftreten. Was hilft mir alles reines Herzens ſein, wenn man nicht reinlich iſt! Gewöhnlich läßt er das Beſte, was er braucht, zu Hauſe, nämlich ſein Schnupftuch. Nun denken Sie ſich, wenn ich im Betſtuhle ſitze und höre, wie er oben ſchnauft und in Verlegenheit kommt. Ich möchte ihm immer am Klingelbeutel mein Sacktuch hinaufreichen. Und glauben Sie, Herr Tobianus, daß er ſtudirt, wie Sie und mein ſeliger Mann auch? Nie auch nur die Feder angeſetzt und ein Wort aufgeſchrieben! Sonnabends lieber im Walde gelegen, als ordentlich nachgedacht, was die Menſchen erbaut. Ich weiß nicht, ich bin nicht erbaut von ſeinen Redensarten. Und Keiner verſteht ihn: er ſpricht nicht für's Herz, auch für den menſchlichen Verſtand nicht einmal. Es iſt gerade ſo, als wenn er da oben allein ſteht und mit ſich ſelbſt ſpricht. Nein, da kann kein Chriſtenthum aufkommen, und 's wundert mich nur, wie ſich hier im Dorfe noch nicht Mord und Todtſchlag unter die Leute verbreitet hat.“

Indem war Blaſedow näher getreten und wurde von Tobianus auf's Neue über den Aberglauben angezapft. Gertrud, wie eine Spindel, die ihren Trill ausſchnurrt, mochte weder aufhören, noch ihre Vorwürfe auch gerade gegen Blaſedow richten. Sie ſprang demnach vom Lande auf die Stadt über und ſagte: „Wenn doch die Herren vom Conſiſtori ihre eigenen Perrüken ausklopfen wollten! Statt daß die Leute auf dem Lande zu viel glauben, sollten sie nur darauf sehen, wie sie in der Stadt schon gar nichts glauben. Ich hab's meinem Manne gesagt. Ich mag's nicht wieder in den Mund nehmen." Dabei wurde sie hochroth, ob vor Zorn oder Scham, ist schwer zu sagen. Sie packte ihre Spargel zusammen und ließ die Männer allein.

"Sie meint," sagte Blasedow mit lächelnder, ruhiger Miene, "sie meint die Verführung, die von den Friseurs in der Stadt ausgeht." — "Von den Friseurs?" fragte Tobianus erstaunt. — "Ja," fuhr Blasedow fort, "diese Leute haben seit einiger Zeit angefangen, statt der alten Haubenstöcke und Klötze, auf welchen sie ihre haarkräuslerischen Studien machen, sich den schönen Künsten anzuschließen. Ihre Aushänge-Fenster pflegen Köpfe zu enthalten, die mit nicht geringer Kunst aus Wachs bossirt oder gegossen sind. Sowohl an den Herren- als Damenköpfen nimmt Gertrud Anstand oder vielmehr, sie vermißt an ihnen den Anstand. Ich gestehe selbst, daß diese nackten Brustpartieen, diese Turbane und Lockentouren für Knaben von lebhafter Einbildungskraft, Knaben, die sich jene Geschöpfe, die sich — — kurz, meine Frau ist ein Narr. Sie will die Sitten des Jahrhunderts durch die Unterdrückung der Friseursköpfe wieder herstellen, sie sieht, so oft sie in die Stadt geht, in diesen schmachtenden Wachsaugen das größte Aergerniß ihrer Zeit. Auch die Herrenköpfe mit den wilden unternehmenden Backenbärten, der entblößten Brust, der Titus-Frisur, auch diese, sagt sie, stiegen den jungen Mädchen in den Kopf, wenn sie aus der Schule kämen und Alles begafften, was ihnen in den Weg kommt. Es ist bei ihr diese Ueberzeugung Fanatismus geworden, der an die Zeiten der Bilderstürmer erinnert; nur daß diese gegen die gemalten Tugenden, Gertrud aber gegen das gemalte Laster ihre Hand ausstreckt."

Tobianus war eine so beschränkte Natur, daß er nicht wußte, ob er lachen durfte. Doch that er's im Vertrauen auf die ironische Miene seines Collegen. Die Akazien waren gerade in der Blüthe, die Blumen rings würzten den blauen Himmel, Bienen summten in ihren Kelchen, Schmetterlinge suchten sich auf ihren etwas unbeholfenen und spielenden Unsterblichkeitsflügeln hier und da einen Ruheplatz. Man muß wissen, daß die Vormittage auf dem Lande die Nachmittage, selbst die Abende bei Weitem an Reiz übertreffen. Am Vormittage ruht über der Natur eine stille frische Feier: ist es, daß man in der Stunde, wo alle Thätigkeit der Menschen an der Arbeit ist, mit größerem Behagen die müßige Betrachtung der Natur genießt, oder duften und glühen die Farben noch frischer vom Thau der Nacht, oder sieht man die Natur selbst in einer stillen Thätigkeit begriffen? „Ich habe," äußerte wol Blasedow, „öfter das Reizende der F r ü h e beim Landleben fast immer nur in der Richtung der Sonnenstrahlen gefunden. Das Ankommen und Heraufsteigen der Sonne theilt sich allem von ihr gezeitigten Leben mit. Jeder Ton der Natur ist in jenen Stunden ein anschwellender, ein steigender, jede Pflanze streckt sich verlangend nach mir aus und lockt mich in den Kreis, wo sie duftet, wo sie wenigstens der Wind hin und her bewegt. Nach Tisch sind wir selbst in die Vegetation mit hineingerissen und fühlen zu schwer, wie wir dem Organismus der Schöpfung unsern Tribut zollen müssen. Gegen Abend endlich legt sich der Schleier der Melancholie und der wehmüthigen Reflexion vor mein Auge. Erst wenn Alles ruht von seinen Werken, fühl' ich, wie wenig ich that, fühle, was ich thun möchte. Ich bin einsam und möchte mich in ein Meer von Schmerz, Wehmuth und Vergessenheit stürzen." Blasedow ließ sich auf der Bank unter der Akazie nieder und veredelte durch die poetische Würde seines Auftretens wenigstens die Fragen des Tobianus, wenn auch nicht immer dessen Antworten.

Wie aus einem Traume auffahrend, fragte Blasedow: „Sind Sie Vater?" Tobianus verwunderte sich über die Abwesenheit seines Freundes und zeigte blos lächelnd auf den Hof hinaus, wo Sophie mit den Knaben des Pfarrers die Fahne auf dem Taubenschlage schwenkte und sich im Pfeifen, sogar mit zwei Fingern im Munde, übte. — „Ich beklage Sie," sagte Blasedow: „ein Mädchen ist eine Blase, die sich ephemer auf der Oberfläche des Lebens bildet und wieder verschwindet. Ihr Inhalt ist Luft; sie glänzt, wenn sie zufällig die Sonne der Schönheit bescheint. Ich würde zittern, der Vater eines Mädchens zu sein, weil es nur der Zufall selbst ist, den ich neben mir aufwachsen sähe. Welche Bestimmung können Sie einem Weibe geben? Geben Sie ihr einen Mann; mehr wünscht sie nicht."

Tobianus war über diese Bemerkungen in sichtbare Unruhe gerathen; er klopfte seine Pfeife aus und setzte sich in die Positur, die er immer annahm, wenn es galt, die heißen Ideen von Kleinbethlehem mit seinem nüchternen Jordanwasser zu begießen. Er hatte schon den Gemeinplatz, daß Mädchenerziehung auf die Kunst, einen Mann glücklich zu machen, lossteuern müsse, im Munde, als ihn Blasedow unterbrach: „Erlauben Sie, Frauen haben zwei Pflichten, und beide sind sich nicht selten zwei feindliche Brüder. Einmal soll sie einen Mann locken, und zweitens soll sie ihn fesseln. Dasjenige, womit sie lockt, das gerade ist oft das, womit sie später abstößt. Was helfen den Frauenzimmern alle fesselnden Eigenschaften, wenn sie noch Niemanden zwischen ihren Krallen haben! Was hilft ihnen das ungeheure Verdauungswerkzeug der Klapperschlangen, wenn sie jenen Ton nicht von sich zu geben wissen, welcher die Männer lockt, blindlings in ihr Verderben zu rennen! Nun sorgen Sie einmal blos für das Solide und sagen Sie sich dann, wenn die Zeit der Blüthe und der Reife eingetreten ist, ob Sie mit dem Soliden gerade so weit gekommen sind, daß Sie eine Last weniger auf dem Halse haben!" — „Mädchen brauchen nur Geld und eine glatte Schürze," fiel Tobianus ein. — „Geld," — sprach Blasedow gedehnt; — „Geld, Sie haben Geld, Tobianus: wenn Ihre Tochter mit diesem Leim einst auf den Vogelstrich gehen wird, dann kann es nicht fehlen. Allein dann wird die Noth immer eine umgekehrte werden. Dann liegt die Wahl in ihrem Schooße. Jetzt soll das Mädchen Verstand haben. Gut, sie hat ihn, sie wählt den Solidesten; gut, das ist dann ein Duckmäuser, ein Accuratessenmeister, der sich des Morgens den Leib mit kaltem Wasser wäscht, der nicht zu rasch ißt, um besser genießen und besser verdauen zu können; ein Frühaufsteher von der unerträglichen Sorte, der nur deshalb so viel Zeit gewinnen will, weil er viel Zeit braucht, seiner Um-

ständlichkeit wegen. Ihre Tochter wird des Mannes über=
drüssig werden. Sie wird ihre Angel nach Hülfe auswerfen,
ihre schmachtenden, wasserziehenden Blicke werden verstanden
werden. Sie wird erst mit ihren Leidenschaften in Brand
gesteckt und dann von dem Nachbar, der das Feuer ansteckte,
aus dem Unglück gerettet werden, mit fliegendem Haar, nur
die Dormeuse auf, und in dessen Armen zum Leben wieder
erwachend! Ihr Retter wird bald auch ihr Ritter sein."

Hätte Gertrud die Gewohnheit gehabt, Eierkuchen **ohne**
Schnittlauch zu backen, so würde diese Schilderung einer sich
lösenden Ehe nur in den verlegenen Worten des betroffenen
Tobianus eine Entgegnung gefunden haben. So aber ver=
mißte Gertrud das erwähnte würzige Kraut, war in den
Garten zurückgekehrt und hatte den größten Theil der Blase=
dow'schen Ansichten über Mädchenzweck und Frauenschicksal
angehört. Die Scene mit dem aufgelösten Haar hätte sie
aber beinahe vermocht, ihr eigenes zu zerraufen. Um sich in
ihrem Eifer nicht zu verwunden, klappte sie das Messer zu
und schickte ihrem tiefsten Unwillen erst einige Anrufungen
des Heilands voraus, um die folgenden, an Flüche grenzen=
den Redensarten weniger gotteslästerlich zu machen. Das
sagte sie auch selbst und fuhr fort: „Bei mir ist die Ver=
sündigung weit geringer, als bei einem Diener Gottes, der
auf solche Weise des Teufels Werke zu schildern weiß. Wer
so, wie Du, die Hölle malt, der muß schon einen tiefen Blick
hineingethan haben." Sie entlud sich ihres Unmuthes in Aus=
drücken, die unsere Darstellung mit den Redefiguren des
Junkers Siegfried von Lindenberg in allzu nahe Verwandt=
schaft bringen würden, wollten wir sie wiederholen. Nahm
sie doch nach Frauenart Alles, was Blasedow gesagt hatte,
als eine persönlich an ihr gemachte Erfahrung und eine An=
spielung auf den werthen Besuch an, der die Augen zu Boden
geschlagen hatte, sie aber auch in ihrer ganzen Verlegenheit
hätte zeigen können, da Blasedow nichts Böses argwohnte.
Dieser fuhr, unbekümmert um seine Frau, die er keines Blickes
würdigte, fort: „Mädchenerziehung ist kein Unding, aber ein
halbes Ding. Auch bei Knaben wird an der Erziehung immer
etwas fehlen; allein diese können es sich doch später noch

verschaffen. Das können Mädchen nicht. Sie erlangen niemals einen Horizont. Sie wissen sich keinen Gegenstand so zu objectiviren, daß sie ihn in seinem Zusammenhange verstehen können. Von Nichts verstehen sie den Werth. Ob Julius Cäsar stirbt oder sie sich mit der Nähnadel stechen, ist ihnen Eins. Auch reicht ihre Phantasie nicht hin, sich Entferntes und Vergangenes mit Liebe und Klarheit zu vergegenwärtigen. Wenn nicht die Lebensgeschichte des Heilands mit so vielen Wundern durchwirkt wäre, so würden sie ihn für einen jungen Beichtvater halten, der langes Haar trug und die weichsten Sammethände von der Welt hatte. Die Zärtlichkeit der Frauen für das Große mißt sich immer darnach ab, ob sie ihm wol mit einem gestickten Hosenträger einen Gefallen erzeigen würden. Ich habe in meinem Leben mit zwei Frauen Umgang gehabt: mit meiner Mutter und mit Dir, Gertrud; glücklicherweise habt Ihr Beide dasselbe Temperament und seid Euch gleich in Euren Tugenden und Euren Fehlern. Ich bin der ältere Bruder meiner Söhne, und Du bist unsere Mutter, Gertrud. Wir fünf Knaben sind jünger als Du, sind verständiger, auch wieder leichtsinniger als Du; wir lassen uns schmecken, was Du kochst, wir nehmen uns in Acht, unsere Unarten vor Dir zu zeigen, wir fürchten Deinen Zorn, wenn er anfängt, und lachen, wenn er zu Ende ist. Nicht wahr, Ihr Orgelpfeifen?"

Alle seine Kinder standen nämlich jetzt um ihn und lachten mit, weil er selbst lachte. Gertrud weinte, daß er ihr die Kinder abwendig machte und die magnetische Kraft ihres Mutterherzens abschwächte. „Nun," sagte Blasedow, „es sind meine Söhne. Sie sind mein Stolz, meine Zukunft. Du sollst ihnen noch am nächsten Sonntag ein reines Hemd anziehen, wäschst sie, reinigst sie noch einmal, dann sind sie mein. Der Augenblick der väterlichen Fürsorge und Deiner mütterlichen bloßen Nachsicht ist gekommen. Meine prophetischen Gedanken kommen zur Reife: in kurzer Zeit geht Jeder von ihnen, der Aelteste und der Jüngste, seiner Bestimmung entgegen. Kinder, Ihr müßt Euch tummeln und die Rockschöße immer in der Hand haben, um schnell an Eurem Ziele zu sein. Das Leben reicht weiter, als von hier an die

Gartenthür, und doch nicht weiter, als von hier bis zum Friedhof drüben. Rüstet Euch, daß Gott in Euch einziehe. Die Stunde der Weihe ist nahe herbeigekommen."

Damit wandte sich Blasedow und verließ den Garten nach hinten zu. Er griff in seine Rocktasche; wahrscheinlich suchte er ein Tuch, um sich eine Thräne zu trocknen. Gertrud weinte laut und sah ihm nach. Wie sie bemerkte, was er schon wieder vergessen hatte, wie sie ahnte, wozu er es eben brauchte, wie sie so selbst gelähmt war, nicht toben zu dürfen, hätte sie vor Schmerz vergehen mögen. Tobianus rauchte dabei gemüthlich seinen Meerschaumkopf und schüttelte verwundert seinen eigenen.

Sechstes Kapitel.
Begegnungen.

Blasedow ging nicht allein in den Wald. Ein zottiger Schäferhund, ein treues Thier, Wasser genannt (ein auf dem Lande üblicher Hundename, der entweder, wenn die Türken etwas tiefer nach Deutschland gekommen wären, von Vezier abgeleitet werden müßte, heißen doch andere Hunde Sultan, oder mit Azur zusammenhängt), sprang hinter ihm her und wedelte treuherzig mit dem Schweife. Wir dürfen dies Thier nicht aus den Augen lassen; thäten es doch auch die nicht, die wir bald kennen lernen werden! Der Wald war übrigens sicher. Sayn-Sayn befand sich bei seinem Aberglauben so gut, daß die Gefängnisse zuweilen Jahre lang leer standen. Die Regierung des Fürstenthums kam jährlich in Verlegenheit, wie sie es mit den in anderen Staaten üblichen statistischen Tabellen über die Criminalstrafen halten sollte; sie war überzeugt davon, daß diese Veröffentlichungen nach der Abschreckungstheorie Viele, denen es am Hals juckte, abhielt, sich den Strick zu verdienen. Sie half sich da, so gut sie konnte. Sie setzte auf's Gerathewohl in die Landesblätter, daß eine bestimmte Anzahl Verbrecher wegen Raub, Mord, Diebstahl zwanzig, oft noch mehre Jahre in's Zuchthaus gekommen wären; allein es war kein wahres Wort daran. Hatten sie einmal einen Verbrecher erwischt, vielleicht auf der Grenze, der sich im Fürstenthum Sayn=Sayn gesicherter glaubte, so machten sie mit ihm förmlich Staat. Sie führten ihn durch das Land in geschlossener Kette, gleichsam zur Schau und zum Beweise, wohin das Verbrechen führe. Nicht selten auch, wenn die Jahre durchaus nicht gedeihen wollten, ahmte man die auf kleinen Theatern bei Kriegs= und Krönungszügen übliche Sitte nach, daß man auch hier die Statisten der Gerechtigkeit hinter den Coulissen herumlaufen und mehre Male auftreten ließ, um ihre Zahl zu vergrößern. Als nach der Schlacht bei Jena die Franzosen nach Berlin kamen und ihren Einzug hielten, wollte ihre Anzahl kein Ende nehmen. Die Berliner, die Napoleon noch immer für einen Kaiser aus Pappendeckel hielten, behaupteten damals, die Regimenter marschirten um die Mauern und den Ober= und Unterbaum herum und kämen wieder einigemal zum Vorschein, um Angst einzuflößen. Mit dem Fürstenthum Sayn=Sayn verhielt es sich aber wirklich so, wie wir sagten. Wenn die alten Weiber in den Dorfstuben die Hände über dem Kopf zusammenschlugen über die Menge von solchem Ungeziefer, das nun geschlossen in's Zuchthaus käme, so kann man versichert sein, daß diese Vervielfältigung nur von einem Individuum ausging, welches in die Kreuz und Quere als abschreckendes Beispiel für alle Embryone von Uebelthätern herumgeführt wurde.

Wie Blasedow, eine Zeitlang in Nachdenken versunken, durch den Kiefernwald und sein sandiges Bette gegangen war, hörte er das Knallen einer Peitsche und das breitspurige Schleppen eines Wagens durch den mühseligen Sandweg von Kleinbethlehem nach Dreifelden, einem ansehnlichen Dorfe jenseits des Waldes. Endlich kam der Wagen näher. Von drei langgespannten Pferden gezogen, enthielt er das ganze Haus des Landraths, dessen Kinder, Frau, Hauslehrer, nur den Grafen von der Neige, den Landrath selbst, ausgenommen.

Gern wäre Blasedow eingelenkt. „Denn," dachte er, „wenigstens der Landrath meint es nicht zum Besten mit mir, weil ich ein Loos auf seine Güterlotterie ausgeschlagen habe. Ob durch Zufall oder Mitleiden, wie mag's nur gekommen sein, daß sie ihre Güter wieder gewonnen haben? Erst bringen sie ihre Ahnen unter den Hammer einer Auction, ja, wenn das noch; nein, sie machen ein Lottospiel, à Loos einen Thaler, aus ihrem Grund und Boden, aus Koppelwirthschaft, Patronat, Patrimonial=Gerichtsbarkeit, Alles zusammen von einem Juden in Entreprise genommen und nun Viertel=, halbe, ganze Loose, wer's Glück hat! Der Waisenknabe, der in der Residenz aus dem Rade gezogen hat, fühlte gewiß darin herum, wo er sich an einer Nadel stechen würde; daran soll der Hauptgewinn befestigt gewesen sein, so daß, indem er Au! schrie, die Gräfin beinahe vor Freude umgefallen wäre. Inzwischen hat dieser Glücksstich nur das bedenklich zusammengezogene gewesene Geschwür der Gläubiger aufgestochen. Die Güter sind nun schuldenfrei; vor den Creditoren, ich will's glauben, auch vor ihrem Gewissen haben sie Ruhe; allein sie wetteifern noch immer an Sparsamkeit mit den Kirchenmäusen, wenn sie auch thun, als hätten wir gemeinen Leute die Midasohren, sie aber die Alles vergoldenden Midashände. Wie mach' ich's nur, daß ich in einem Walde, der kein Gebüsch hat, ihnen aus dem Wege gehe." Doch inzwischen rief schon die Glockenstimme der Gräfin Sidonie ihn bewillkommnend: „Welch ein Glück, Herr Pfarrer!" — „Gnädige Frau Gräfin," erwiderte Blasedow, stillstehend und den Hut lüftend; „Sie haben in allen Dingen Glück. Doch mich zu treffen, ist kein so guter Treffer, wie der, welchen Sie neulich hatten." — Indem jetzt der Wagen anhielt und Blasedow bringend ersucht wurde, einzusteigen, grübelte er, wie er wol das Nadelholz der Fichten mit der Stecknadel ihres Glückes in Verbindung bringen könnte, ohne dabei besonders tief zu stechen. Er mußte sich bequemen, es sich im Wagen unbequem zu machen: denn eine ganze Horde gräflicher Schößlinge, die alle an dem Stammbaume derer von der Neige hinaufkrabbelten, wühlte in dem glücklicherweise ganz offenen Wagen. Auch Herr Ritter, ein junger

Candidat, der den Hauslehrer der Kinder und den Cavalier der Gräfin machte, wollte seinen Sitz Sidonien gegenüber nicht aufgeben. Es half nichts, der älteste der jungen Grafen mußte auf den Bock klettern, ein Arrangement, das Wasser dadurch wieder in's Gleichgewicht zu bringen suchte, daß er hinten auf den Tritt des Wagens sprang und zuweilen seine Vorderpfoten vorwitzig über die Lehne streckte, wobei die Schleife und eine Blume auf der gräflichen Haube nicht wenig in Gefahr war, geknickt zu werden.

Ich gestehe, hier in Verlegenheit zu kommen. Ich kann unmöglich die sich jetzt entspinnenden Scenen auf dem Rocken meiner Darstellung zu Fäden drehen, die Alles enthielten, was sich mir an Material darbietet. Ich muß deshalb vorausschicken, daß mit den größeren Gruppen, die ich hier aufführe, parallel laufen eine zahllose Menge kleiner Basreliefs am Fuß der Statuen, die gräflichen Kindertumulte nämlich, die hundert Verwicklungen naseweiser Bemerkungen, die vielen heimlichen Vorduelle und Aufschreie wegen einer möglichen Verwundung, die Streitschlichtungen, die öfters angebrachten Ohnmachten der Gräfin als letztes Rettungsmittel gegen die Erdreistungen dieser durch eine Lotterie und einen Nadelstich geretteten kleinen aristokratischen Canaille. Blasedow war nachsichtig, denn er gehörte zu den Bewunderern Sidoniens. Die Gräfin war auf dem Beresina=Uebergang aus der Jugend in das Alter begriffen, eine Frau, schön wie Rom, in ihren Erinnerungen und Resten. Ihre Stirn war hoch gewölbt, ihr Auge dunkel und noch schwarz von Augenbrauen umringelt, die Beugung des Nackens zum Busen herab — da waren noch so viel Trümmer alter Herrlichkeit, so viel Herculanum und Pompeji begraben, daß man vielleicht erstaunt wäre, hätte man Nachgrabungen anstellen wollen. Ein offenbarer, der Zeit zugefallener Tribut war eine Zahnlücke ganz vorn am Munde; doch auch hier wurde das Fehlende durch eine meisterhafte Koketterie gerade eine Breche, die der Muthige bei einem Eroberungsversuche hätte benützen können. Wenn Frauen erst in die Nothwendigkeit kommen, an sich etwas verbergen zu müssen, so haben sie die Einheit ihres Auftretens verloren und suchen durch gesteigerte Mittheilung und Hingebung die Angst zu mildern, die sie die Bewahrung eines lästigen Geheimnisses kostet.

„Sie ziehen sich zu sehr von der Welt und von Ihren besten Freunden zurück;" tadelte die Gräfin den Pfarrer. — „Es geht mir bei Ihnen zu geräuschvoll her, meine Gnädige;" bemerkte Blasedow, indem er dabei nur an den Lärm hungriger Kirchenmäuse dachte. — Sidonie verstand ihn anders. Sie glaubte, er spiele auf die tumultuarischen Scenen an, die früher durch den Besuch der gräflichen Creditoren veranlaßt wurden, und sagte: „Wir leben seit einiger Zeit selbst sehr zurückgezogen, besuchen die Residenz nicht mehr und pflanzen, so zu sagen, unsern eigenen Kohl. An der Hand meiner Kinder will ich in spätern Jahren wieder in die große Welt zurückkehren; jetzt habe ich mit Herrn Ritter, in dem Sie einen sehr wissenschaftlich gebildeten jungen Mann kennen lernen werden, die Sorge für die Ausbildung meiner Kinder zu meinem Tagewerk gemacht." — „Sie sind auch darin glücklich," bemerkte Blasedow, größtentheils ernsthaft, „daß Sie bei Ihren Kindern die Grundlage der allgemeinen Bildung zur Hauptsache machen können. Sie erziehen in ihnen Cavaliere, Sie haben nicht nöthig, auf einen bestimmten Zweck für die Zukunft zu sehen. Ihre Privilegien, Ihre Reichthümer erwerben Ihnen für Ihre Kinder ohnehin jenes böse und gute Ding, welches man Versorgung nennt und worüber wir Bürgerliche uns freilich schlaflose Nächte zu machen haben." — „Herr Pfarrer, es geht jetzt nur noch nach dem Talent," erwiderte die Gräfin mit vornehmem Lächeln; „der Adel ist durch sein Wörtchen von jetzt darauf angewiesen, gerade von sich selbst abzuhängen. Wir müssen uns auf die Poesie beschränken, welche für Manchen darin liegt, der Vergangenheit seines Namens bis in dunkle Zeiten nachzuspüren und am eigenen Herd zu sitzen. Wir sind im Staate nichts mehr, als was wir von der Reige sind." Reige war der ominöse Name des gräflichen Stammschlosses.

Als aber Blasedow wieder von der glücklichen Existenz der Bevorrechteten anfangen wollte, blickte Sidonie äußerst gnädig und drückte ihre zarte Hand auf den Mund des

Pfarrers, der, so groß seine Verehrung für die Reize der Dame war, doch zu entschieden demokratische Gesinnungen hegte, als daß er die Hand anders als nur leise angehaucht hätte. Sidonie mußte gewiß Fleisch von Luft zu unterscheiden und rettete den Zusammenhang ihrer vornehmen Rolle durch jenes eigenthümliche Auflachen, das man noch immer an Damen von Rang wahrgenommen hat, wenn sie eine ihnen unangenehme Empfindung zu verwischen suchen. „Sie essen mit uns," hieß es jetzt; „wir wollen den Wirth in Dreifelden um eine Suppe ersuchen. Wir haben die nöthigen Braten und Nachtische im Wagen. Dies Improvisiren der durch ihre Monotonie langweilig werdenden Genüsse reizt immer meinen Appetit. Unter einem Baume, in einer Schenke, bei offenem Wagen, während langsamer Fahrt, da hab' ich's lieber als im Zimmer zu Hause, mit den weitläufigen Gängen, wo die Tische von Speisen brechen und das Essen fast eine Beschäftigung wird."

Blasedow war es so, als lachte vorn der Kutscher. Er kannte die Verhältnisse genug, um sich den Mann unter vier Augen vorzustellen, wie er diese Rabomontade mit den von „Speisen brechenden Tischen" beurtheilt haben würde. Ironisch sagte er: „Das ist doch wieder ein Vorsprung, den die Aristokratie vor uns voraus hat, selbst das Dasein, das uns anderen Leuten eine Last ist, ihrerseits für eine Erholung zu nehmen. Sie lassen sich das Schwarzbrod in Dreifelden schmecken, als wenn ich bei Ihnen Torten genießen würde. Ein Schemel hat für Sie dieselbe Süßigkeit, wie für mich das Glück, auf einer Ihrer seidenen Ottomanen zu sitzen." Der Kutscher biß sich in die Lippen und die Gräfin, über und über roth, warf einen ihrer glacirt gewesenen Handschuhe dem Spötter auf den Mund und sagte: „Warten Sie, ich schicke meinen Mann über Sie!" Feierlich antwortete Blasedow, künstlich erschreckend: „Das lassen Sie nur, gnädige Frau; ich würde gern ein Loos genommen haben, aber ich ahnte, daß Fortuna Ihnen nichts abschlagen würde. Uebrigens sollte Ihr Herr Gemahl, statt mir zu zürnen, jetzt froh sein, daß ich mit ihm concurrirte. Ein Loos mehr würde den Treffer von ihm haben abwendig machen können, und wenn auch nur um eine Nadelspitze weit." Die Gräfin lachte übermäßig und sagte mit jener gewöhnlichen Wendung, die man braucht, um seine Verlegenheit zu verdecken: „Sie sind ein ganzer Mann: das muß man gestehen. Vortrefflich, Herr Pfarrer!"

Inzwischen war man vom Sand- auf einen Holzweg gekommen und stieg Dreifelden tüchtig in die Flanke. Die Gräfin nickte allen Vorübergehenden, obschon Niemand grüßte. „Wie beliebt Sie sind," bemerkte Blasedow; aber der Wagen bekam in dem Augenblick einen stillen Ruck, weil es über eine Rinne ging. Man war jetzt in Dreifelden und galopirte gerade auf den rothen Ochsen zu, der im Orte das beste und auch das einzige Gasthaus war. Blasedow konnte sich die Empfindungen des Wirthes zusammenreimen. Jetzt, dacht' er, fährt er auf, er hört einen Wagen herankommen. Wie ihn die Peitsche elektrisirt! Jetzt steht er an der Thür, kratzt sich aber, als er das gräflich von der Neige'sche Fuhrwerk bemerkt, getäuscht hinterm Ohre, weiß auch noch nicht einmal, ob er Platz (für uns im Zimmer vielleicht), aber, große Frage! ob Platz für die Pferde im Stall hat!

Der Ochsenwirth wurde jedoch nicht ganz richtig von Blasedow beurtheilt. Er rechnete theils auf die wiedergewonnenen Güter, theils auf die hohe Mittagszeit, die es den Herrschaften doch unerläßlich machen sollte, heute an seinem Tische Platz zu nehmen. Ehrerbietig sprang er hinzu und wollte den Schlag öffnen: doch der Kutscher, an ein vorläufiges Parlamentiren in solchen Fällen gewöhnt, stand schon unten und verglich die zwischen dem Wirth und der Gräfin gewechselten ungewissen Mienen. — „Ach, guter Mann," sagte die Gräfin, „nur die eine Frage! Können wir etwa im Garten auf eine gute Suppe, im Nothfall selbst bloße Milch und Brot dazu rechnen?" — „So frugal?" fragte der Ochsenwirth betroffen. — „Ja, ich will Ihnen sagen," antwortete die Gräfin und lachte, wie bei einer Huldbezeugung oder als wenn er gleichsam unentgeltlich mitessen könnte; „das Uebrige haben wir Alles bei uns!" — Dem Ochsenwirth wurde bei dieser Erklärung so zu Muth, als wär' ihm etwas in's Auge geflogen. „Im Garten?" stotterte er etwas derb; „ich danke Ihnen dafür, Excellenz, denn die kleinen

Junker möchten an meinen Himbeerstöcken, trotzdem, daß Würmer in der Frucht sind, wenig zu ernten lassen." — „Nun denn," entgegnete die Gräfin mit einem kategorischen Satze und zugleich auch ihren Fuß auf den Tritt des Wagens setzend und hinausspringend, „so machen wir's uns drinnen bequem." Das ganze Grafennest wurde bei diesen Worten flügge und sprang von allen Seiten aus dem Wagen heraus. Herr Ritter, der bis jetzt ein sehr malitiöses Lächeln beobachtet und der Gräfin zu secundiren, wenn die Bemerkungen Blasedow's fortgesetzt werden sollten, nicht übel Lust hatte, complimentirte mit dem Pfarrer, wem der Vorrang gebührte; endlich sprangen sie wie gekrönte Häupter bei solchen Gelegenheiten, wenn die Etikette unklar ist, zu gleicher Zeit auf beiden Seiten des Wagens heraus. Blasedow bestellte sich bei dem vor Zorn und Aerger kreideweißen Ochsenwirth eine vollständige Mahlzeit mit so viel Gängen, als nur gehen wollte. Theils Hunger, theils Hochmuth stachelten ihn, etwas draufgehen zu lassen. Die Gräfin verwies ihm zwar diese Verschwendung, da sie darauf gerechnet hätte, er würde ihr Gast sein; doch, meinte sie, man könnte ja theilen, ergriff den Arm des Pfarrers und ließ sich von ihm in die Wirthsstube des rothen Ochsen führen, wo der Tisch auf's Sauberste gedeckt war und die Junker sogleich anfingen, aus den Salzfässern zu naschen.

Man setzte sich auf etwas theatralisch angeordnete Weise: die Töchter neben der Mutter, die Knaben neben dem Hauslehrer, Blasedow gegenüber als Chor der nun kommenden magern Tragödie. Ihm schwammen bald die zartesten Fleischklöße in der dampfenden Suppe. Wie gern hätte er sie an die Kinder vertheilt! Gott, sein Gott war ja nicht der Bauch, er bürstete und hungerte nach ganz anderen Speisen, als sie ihm der rothe Ochsenwirth in Dreifelden vorsetzen konnte! Sein Leben war ja die größte Fasten- und Entbehrungszeit, die nur jemals einer Marterwoche von Zukunft vorherging. Er schämte sich, die Klöße nur anzusehen, und blickte zum Fenster hinaus, gleichsam, als wäre ihm noch die Suppe zu heiß.

Herr Ritter glaubte jetzt, daß es seine Pflicht sei, die gräf=

liche Familie an dem sybaritischen Landpfarrer zu rächen. Herr
Candidat Ritter legte jene Lanze, welche die Gräfin schon im
Walde empfohlen hatte, als sie von des Hauslehrers wissen=
schaftlichen Kenntnissen sprach, ein und versuchte, von wo aus
sich wol ein Pfarrer umrennen ließe, der vor beinahe zwanzig
Jahren die Universität besucht hatte und ihm weder etwas
von der Geistesphilosophie, noch von der Theologie des wissen=
schaftlichen Erkennens zu wissen schien. „Essen Sie doch
lieber warm, Herr Pfarrer!" bemerkte er; „die Kantische Philo=
sophie ist auch eine kalt gewordene Suppe, die Niemanden
mehr mundet." Die Gräfin rief den Kindern Ruhe zu, die
auch ohnehin der hereingetragenen Milchsuppe wegen erfolgte.
Sie dachte, jetzt würden sie Beide an einander gerathen.
Die Lanze des Herrn Ritter kannte sie, auch von Blasedow's
polemischen Talente war ihr der Ruf zu Ohren gekommen
— wenn man von den Ohren einer solcher Dame reden darf!
„Sie irren sich, wenn Sie mich für einen Kantianer
halten; ich bin ein Schüler Fichte's, wenn Sie doch etwas
darauf geben, daß man, um etwas Verstand zu haben, der
Schüler eines Andern gewesen sein muß." — „Die Wahr=
heit," sagte Herr Ritter, ganz roth geworden, „die Wahrheit
erfindet der Eine, und der Andere überliefert sie. Wir haben
die größten Meister gehabt, die sich die S c h ü l e r ihrer Vorgänger
auszugeben kein Bedenken trugen." — „Mein System ist
einmals dies," wiederholte Blasedow, „daß es keine Wahr=
heitsperle giebt, die man sich nicht aus dem Meere seines
eigenen Innern aufgefischt hat." — „Dann sind Sie ja noch
weit mehr ein Schüler Jakobi's;" fiel Herr Ritter ein und
sagte außerdem: „Auf diesem Standpunkte werden Sie des
beliebigen Meinens und Wähnens niemals ledig werden. Sie
werden immer nur Ihre eigene Philosophie in Taschenfor=
mat haben und weder überzeugen können, noch heute wissen,
was Sie gestern für wahr gehalten haben."

Der Pfarrer zerlegte ein vortreffliches Stück Rindfleisch;
die Gräfin war so weit gekommen, daß sie selbst aß, während
die Kinder zum Theil schon fertig waren. Ihre Spannung
war so außerordentlich, wie ihr Stolz auf Herrn Ritter, der
jedes seiner Worte mit einem vornehmen, wegwerfenden Ac=

cent ausstattete. Blasedow sagte in aller Ruhe: „Was Ihnen mißfällt, ist gerade meine Beruhigung. Fragen Sie mich über Gott, über die Natur, über was Sie wollen, ich werde mich hüten, Ihnen mit der Formel einer Schule zu antworten. Ich werde Ihnen immer nur antworten: Gut, daß Sie mich anregen, kommen Sie, wir wollen uns Beide besinnen und sehen, wohin wir mit unsrem dummen Verstande gerathen. So that es schon Sokrates." — „Daß Sie Ihren Verstand dumm nennen," bemerkte Herr Ritter, „ist ganz in der Ordnung und würde auch auf mich passen, wenn ich mir anders auf meinen Verstand etwas zu gut thäte. Mit dem Verstande würden wir Neuere in der Philosophie nicht mehr weit kommen: denn dieser alte, grämliche Gesell ist in dem Schlafrock der alten Philosophie, ja selbst im Schlafrocke Kant's sitzen geblieben. Der Verstand zügelt nur die Flüge, welche die Vernunft in das reine, weiße Licht der Ideen wagt. Sokrates erwähnen Sie nur gar nicht: denn jene antiken Unterhaltungen über abstracte Gegenstände waren dem kindischen Frohlocken gleich, das die Jugend ausstößt, wenn es ihr gelingt, irgend ein nicht zu tief liegendes Buchstabenräthsel zu lösen. Wir sind jetzt namentlich auch in der Theologie auf einem Standpunkte, wo man sich von der logischen Ordnung der Systeme nicht mehr trennen kann." — „Ich bestreite die Tiefe jener Ideen nicht," antwortete Blasedow, „von denen Sie natürlich im Augenblick, zwischen Suppe und Rindfleisch, möcht' ich fast sagen, wenn Sie nicht Milchsuppe äßen, nur die Oberfläche abschöpfen können; aber deuten Sie mir nur den Gebrauch an, den Sie von Ihren Ideen für die Kanzel machen werden. Sie verstehen mich recht: ich denke nicht daran, im Bereich der Wissenschaft nach dem Nutzen zu fragen; allein es kommt auf die Möglichkeit an, eine Ahnung der Wissenschaft auch in den Gemüthern der Gemeinde zu erwecken. Ich habe einen Prediger aus Ihrer Schule gehört, der beinahe der Stifter derselben ist, und bin über das kleine Nachmittagspublikum erstaunt, das er des Vormittags um neun Uhr hatte." — „Sie meinen den Consistorialrath Marheineke," entgegnete Herr Ritter. — „Allerdings," sagte Blasedow; „vergleichen Sie diesen Redner mit

Schleiermacher." — „Den ich gänzlich verwerfe," ergänzte Herr Ritter. — „Den Sie verwerfen!" rief Blasedow aus, indem er die kleine Figur des Candidaten mit der allerdings noch kleineren Schleiermacher's verglich. „Warum ziehen die Reden Schleiermacher's so gewaltsam an? Weil sie die Wahrheit in dem Momente finden, wo das Gemüth nach Aufklärung lechzt, weil der dialektische Proceß des Geistes, der nach Klarheit ringt, vor unseren Augen durchgemacht wird und die Zuhörer selbst von den Instanzen dieses Processes instruirt und auf's Tiefste ergriffen werden. Ich bin ein schlechter Landpfarrer gegen den Mann, ein Kothsasse, der nur die Taglöhnerarbeit in der Religion verrichtet; aber das nehmen Sie mir nicht übel, Ihre Formeln kann man in keine blühende, vom warmen Leben angehauchte Worte wieder auflösen." Herr Ritter zog die Lippen verächtlich und sagte: „Ob die Theologie in landwirthschaftlichen Dünger verwandelt werden soll, um das Feld der Religion besser zu befruchten, das entscheidet über das Schicksal der erstern nicht. Ich bin auch weit entfernt, meinen Beruf auf der Kanzel zu finden."

„Ja," fiel die Gräfin ein, „Herr Ritter bereitet sich für das akademische Fach vor. Herr Ritter ist auch nicht für das ewige Aufklären der Landleute und sagte gestern sehr witzig: man könnte doch die Religion mit der Kuhpockenimpfung nicht auf eine Stufe stellen."

Herr Ritter lachte selbst über seine „witzige" Bemerkung und trieb einige düstere Falten auf Blasedow's Stirne. In dem Augenblick erhob sich jedoch ein gewaltiger Lärm vor der Thüre. Man sah hinaus und konnte sich im Nu überzeugen, daß das ganze ländliche Mittagsessen der gräflichen Familie in der That zu Wasser geworden war. Denn des Pfarrers Hund hatte so lange an dem kalten Braten, der in der Tasche des Wagens mitgeführt wurde, herumgerochen und die weichste Seite durch das Papier hindurch zu ertappen gesucht, bis gerade in dem Moment, als der Kutscher kam, um die Milchsuppe des rothen Ochsen durch den Braten der Herrschaft zu vervollständigen, er mit seinem Raube gewonnen Spiel hatte. Er schleppte den Braten mit Blitzesschnelle davon, wahrscheinlich nicht aus Naschhaftigkeit (denn die würd' ihm

Gertrud bald ausgetrieben haben), sondern durch den Hunger und die Vergeßlichkeit Blasedow's zu dem Jugendstreiche veranlaßt.

Meine Feder ist unfähig, die Verwirrung zu schildern, welche durch dies hündische Bubenstück veranlaßt wurde. Die Gräfin und ihre Kinder waren außer sich, doch nur die erstere erstickte ihren Zorn. Herr Ritter hatte nicht übel Lust, den Pfarrer für sein Vieh verantwortlich zu machen. Dieser selbst lächelte und fragte, mit dem schadenfrohen Wirthe wetteifernd: „ob denn die gräfliche Familie einzig und allein nur diesen Braten im Schilde geführt hätte und sonst ohne alle andere Reserve gewesen wäre?" Die Gräfin stellte bei dieser Frage eine Caricatur vor. Stolz, die ungenirte Oberflächlichkeit und Gleichgültigkeit des aristokratischen Wesens, das Unglück selbst, ihr Geiz und die wirklich schwierigen Finanzen ihres Gemahls, der nun gar, wenn er an Ort und Stelle gewesen wäre, den Pfarrer für seinen Hund hätte über die Klinge springen lassen, alles Dies mischte sich zu einem Mienenspiel zusammen, das in Berlin von Madame Wolff charakteristisch auf der Bühne hätte ausgedrückt werden können. Dazu kam noch ein Entsetzensschrei, als der Wirth ein großes Stück Rindfleisch auf den Tisch brachte und es gerade vor die Gräfin stellte. Sie warf ihm zwei rollende Augen zu und war eben im Begriff auszurufen: „Um Jesu Willen, wer hat denn" — als Blasedow erklärte, „er halt' es für seine Pflicht, die durch seine Schuld gestörte Harmonie des gräflichen Mittagessens mit Hülfe des rothen Ochsen wieder herzustellen." Die Gräfin mußte sich jetzt Luft machen und konnte es auch. Sie lachte überlaut und sagte mit abweisender Verlegenheit: „wo er denn hindächte!" Blasedow zuckte die Achseln und die Gräfin kümmerte sich nicht weiter darum, sondern tranchirte, was sie vor sich hatte, und überließ die Bezahlung benen, durch die sie beinahe freventlich hier in Unkosten versetzt worden wäre.

Blasedow war arm und glaubte sich an der Repräsentantin der Landaristokratie mancher Gegenden rächen zu müssen. Er wußte, wie sehr man die Gräfin auf die Folter spannte, wenn man irgend einen Zug von Geiz und Bettelstolz erzählte, der auf sie hätte angewendet werden können, namentlich auf ihren Mann, der Landrath des Kreises, aber ein wahrer Aventurier war und keinen andern Umgang hatte als mit Juden. Jetzt, dacht' er, setz' ich wenigstens beim Nachtische, wenn es Aepfel giebt, eine Geschichte auf, die ihr den Appetit um so mehr verderben wird, da sie selbst, mir gleichsam unbewußt, eine Rolle darin spielt. Den Beschluß der Mahlzeit machte in der That ein Teller voll Aepfel. „Kennen Sie die Geschichte von dem Apfel und dem kunstliebenden Grafen?" fragte Blasedow die Gräfin. Sie erröthete und sagte kleinlaut: „Nein, aber das beste Dessert ist immer, wenn es etwas zum Lachen giebt." Dies die Gräfin. Blasedow erzählte nun: „Im hohen Norden lebte ein Bauer, was in Norwegen so viel als ein Edelmann ist, der für seinen Stand (denn auch Grafen sind selten große Musikanten) ganz vortrefflich die Violine spielte. Er hatte aber einen Sohn, der ihn schon in seinem zwölften Jahre bei Weitem übertraf. Der gute Mann bildete sich ein, daß die musikalischen Treibhauspflanzen im Süden eine Seltenheit wären, und schickte sich an mit seinem Sohne auf Reisen zu gehen und Concerte zu geben. Der kleine Norweger (Ole Bull war es nicht) fand Anfangs vielen Beifall und die Concert-Einnahmen waren sogar größer als die Reisekosten. Doch, je mehr nach Deutschland hin, desto mehr durchkreuzten sich die Wunderkinder, desto spärlicher wurden die Einnahmen. Die beiden Virtuosen mußten zusetzen, ja, sie darbten sogar, und der alte Bauer, der aber ganz wie ein Edelmann war, kam sich wie ein hungriger Wallfisch vor, der sich aus dem Meere in einen Fluß verirrte und aus Verzweiflung sich an's Ufer werfen muß. Die Concerte warfen kaum die Kosten ab, geschweige, daß die Kritik durch Bestechungen gewonnen werden konnte. Unter diesen Umständen mußte die ausdrücklich erfolgte Einladung zu einem Concert in unserer Nähe für die beiden Virtuosen ein blauer Tag nach so vielen grauen sein. Sie nahmen ihre Geige untern Arm und wanderten (schon längst zu Fuß) nach einem Städtchen hin, dessen Namen ich nicht zu nennen brauche, welches Sie ohnehin kennen werden." — „Wie soll ich das Städtchen kennen?" fragte die Gräfin, sich entfär=

bend. Blasedow, ohne sich stören zu lassen, fuhr fort: „Einen Tag nach dem ausdrücklich verlangten Concert begegnete mir der Musiker mit seinem Wundersohne, ein blondes, treuherziges Paar, auf der Landstraße. Wir wurden vertrauter und mit einem Strom von Thränen löste sich das beklommene Herz des Vaters, der mir die üble Lage, in der er sich befand, verrieth. Ich sah wohl, daß dieser Mann nicht zu jenen Armen gehörte, die ohne darben zu müssen, vor jedem anständigen Rock die Miene annehmen, als müßten sie verhungern, wie es auf Universitäten Adelige giebt, die gern ein Stipendium haben möchten und es in der That durch Mittel und Wege besonders aber durch keine Scham dahin zu bringen wissen, daß sie ein testimonium paupertatis erhalten und dann für weit ärmer behandelt werden als der Sohn des zurückgekommensten Handwerkers; der Musikant erzählte mir sein gestriges Unglück. Er war von einer Provinzialbehörde unseres Fürstenthums eingeladen worden, in der sogenannten Kreisstadt ein Concert zu geben. Wahrscheinlich sollte die Beförderung der Künste und Wissenschaften eine Rubrik in den Berichten an die Regierung bilden und das Concert sollte diese Rubrik ausfüllen. Der Saal einer lateinischen Schule, der ehemals der Schauplatz geistlicher, von den Scholaren aufgeführter Comödien war, wurde dem armen Norweger nicht einmal unentgeltlich gegeben. Beleuchtung, Casse, Alles kam auf seine Rechnung; doch selbst als die Zahl des Auditoriums kaum zur Deckung der nothwendigsten Ausgaben hinreichte, als der gute Mann nur in einer Loge dieselbe Behörde sah, die ihn eingeladen hatte, hier zu spielen, da ließ er den Muth nicht sinken, sondern vertraute auf Gott, auf seinen Jungen und das gräfliche Paar in der Loge." Gräfin Sibonie war an die Persiflage ihrer Vermögensumstände so gewöhnt, daß sie in dieser sie ganz nahe berührenden Anekdote anders nicht die Miene als zum Lachen verzog und Herrn Ritter nicht im Entferntesten den Verdacht einer hier als Nachtisch aufgetragenen Anzüglichkeit einflößte.

Blasedow fuhr fort: „Der Knabe spielte vortrefflich; das Publikum, etwas dumm, folgte blind dem Ah! und Oh!

von Entzücken, welches aus der gräflichen Loge verlautete. Klatschte die Gräfin, so fiel das ganze Beamtenpersonal, das ohnedies freien Eintritt hatte, mit einem wahrhaft conservativen Feuer, wie man auf Englisch sagt, ein und trieb den Knaben an, das Unglaublichste zu leisten. Sein Vater inzwischen putzte die Lichter, begleitete zuweilen seinen Sohn mit einem schnell zusammengerafften defecten Orchester und verlor keinen Blick von der gräflichen Loge, auf die um so mehr all' seine Hoffnungen gerichtet waren, als dieselbe in einem (bei uns hätte einer das gleich vermuthet) unentgeltlichen Entzücken schwamm. Endlich war das Concert zum Schluß gekommen. Der Knabe hatte Variationen von Beriot gespielt, die ganze Scheunen von Beifall ernteten. Das Publikum stand auf, um sich zu entfernen. Der Vater war wie festgebannt, um zu wissen, wie sich nun die gräfliche Loge benehmen würde. Wirklich, der Graf winkte beiden Künstlern. Der Vater nimmt den Sohn an die Hand und ehrerbietig treten sie an die Brüstung der Loge. Drei Ducaten wären ein Manna vom Himmel gewesen. Mit zweien schon hätte der Vater ruhig schlafen können. Er nimmt die übertrieben gnädigen Lobeserhebungen als schickliche Einleitung des kommenden Geschenkes hin. Der Graf spricht immer mit dem Kleinen, dessen blondes Haar und blaue Augen, dessen gebrochenes Deutsch auf jeden Andern mit Rührung gewirkt hätten. Er lobt sein junges Talent, seine kleinen Hände, seine kleine liebe Geige, seine langen blonden Locken sogar, er lobt immer nur das Winzige an ihm, drückt ihn recht absichtlich in eine Sphäre hinein — als würd' er einen recht guten Spielkameraden für die gräflichen Kinder abgeben, greift endlich in die Tasche und sagt: „Nun, ich muß Dir doch auch etwas geben, kleiner Mann! und giebt ihm — einen Borsdorfer Apfel!"

Die Erzählung dieses gräflich von der Neige'schen Mäcenatenthums machte auf seine Gattin noch lange nicht den empfindlichen Eindruck, als daß in diesem Augenblicke sogar Herr Ritter seine Lanze streckte und durch Gelächter die Pointe des Blasedow'schen Vortrags um Vieles greller hervorhob. Inzwischen waren schon die Kinder aufgebrochen,

Blasedow bezahlte die Rechnung für sich und das Stück Rindfleisch der Gräfin mit Zubehör; der Kutscher legte das Geld für die Milchsuppe aus, obschon er nicht gern heran wollte, vielmehr zwischen den Zähnen etwas von Nichtwiederbekommen murmelte. Herr Ritter war von der Geschichte so eingenommen, daß ihm Blasedow sogar haarklein das Geftöhn des Vaters erzählen mußte, als dieser mit dem Geßler'schen Landvogts = (Blasedow sagte: Landraths =) Apfel sein eigenthühmliches Tellziel verfehlt hatte. „Beide, Vater und Sohn leben jetzt in Stockholm," schloß der Pfarrer.

Die Gräfin war eine Minute abwesend, kehrte aber bald wieder zurück und betrieb den Aufbruch. Sie hatte den Borsdorfer Eris = Apfel vergessen, sie behauptete mit gewohnter Unerschrockenheit ihre Würde. Sie lud den Pfarrer ein, mitzufahren: „Wir wollen nun Ihr Feuer, nicht Ihren Wasser haben;" bemerkte sie sehr gnädig; allein Blasedow behauptete, einen andern Weg einschlagen zu müssen. „Nun denn," endete die Gräfin, „so versprechen Sie mir wenigstens recht bald Ihren Besuch. Ich wünschte so, daß sich Herrn Ritter's wegen die geistreichen Männer der Umgegend auf der Neige zuweilen träfen und, wenn Sie sich das Rauchen untersagen können, ein tüchtiges, auch für uns arme Frauen nützliches Gespräch mit einander führten. Ich will mich dabei ganz stillschweigend verhalten, so weit ich es beim Theemachen sein kann. Nun geben Sie mir die Hand, Pfarrerchen; ich halte Sie beim Worte."

Indem trieb der Kutscher die Pferde an und Blasedow war allein. Er ging verstohlen aus dem Dorfe, weil er fürchtete, bei den Dreifeldern wegen des Umgangs mit der anspruchvollsten Familie im ganzen Fürstenthume in schlechten Credit zu kommen. Endlich hatte er den Steg erreicht, der ihn nach Kleinbethlehem zurückführen sollte. Er mußte aber stillstehen und die Hände zusammenschlagen; dann ging er und blieb wieder stehen, indem er sein Haupt schüttelte. Hätte er einen warmen und redlichen Freund gehabt, so würd' er sich gegen ihn in diesem Augenblick gewiß folgendermaßen ausgesprochen haben: „Mir ist es ein Traum; aber diese Menschen leben ewig darin! Heilige Natur, wo ist eine größere

Gleichmacherin als Du bist! Hätten sie auch nur die leiseste Ahnung von Deiner Größe und ihrer eigenen Nichtigkeit, sie würden niederfallen und anbeten, sie würden jedes Wort, das aus ihrem Munde kommt, wie die eingelernte, nicht aus dem Herzen sprießende Phrase des Schauspielers ansehen. Mir käme der Wind gespenstisch vor, der das Echo eines solchen Treibens in mein Ohr leitete! Und was trägt nicht Alles der menschliche Körper! Wie sinkt er nicht unter der ewigen Erregung ihrer lügnerischen Gedanken, ihrer gaukelnden, ja gaunernden Einbildungen zusammen! Ach, ich glaube, er thut's des Abends, des Nachts, wenn sie in ihr Lager sinken und die Schminke von den Wangen waschen, wenn sie sich die falschen Busen abschnallen und Niemanden mehr vor sich haben, der sie prahlen hört, als sich selbst, dies ihnen so wohlbekannte Sich selbst."

Am Gebüsch, in welches jetzt Blasedow trat, sprang ihm Waser freudig entgegen und schien ihn bitten zu wollen, es mit ihm gnädig zu machen. Blasedow liebkoste ihn und sagte: „Sei ohne Sorge!" — Indem blickten durch einzelne Lichtpunkte des Waldes die grünen Fernsichten von Wiesen und Feldern herüber, die tiefer als das Gehölz lagen, dessen Rand er nur bestreifte. Die Sonne war schon tief herabgesunken und blitzte hie und da von den Fensterscheiben einzelner Meierhöfe ab. Auch auf einem fernen Punkte, den Fenstern seiner Kirche, schimmerte die große Kugel. Er konnte zu Haus erst eintreffen, als sie schon herabgerollt war. Dies allmälige Zufallen der Augenlider der Natur, die geheimnißvolle Stille, die noch feierlicher dadurch wurde, daß der Rand des Waldes und der Abhang ganz im Schatten lag und nur in der Ferne die ebene Gegend von den Sonnenstrahlen glänzte, umschlich auch unsres Freundes einsames und ringendes Innere. „Es giebt einen Frieden," dachte er, „o, wer ihn nur hätte!" Es war ihm, als zögen sich magische Kreise um seine Schritte, als säh' er sich entrückt aus diesen so friedlichen Sphären, die ihn nur deshalb zur Wehmuth zu stimmen schienen, weil er ahnte, daß sie nicht die Grenzen seines Daseins, „ach, sage ich es nur heraus," dachte er, „die Grenzen meiner Leiden bilden werden." Die Idee, daß er sein Lebensloos falsch gegriffen, beschäftigte ihn fortwährend. Er wollte etwas sein, wenigstens mehr, als er war; er wollte etwas leisten, eine Arbeit der Woche, nicht blos eine Arbeit des Sonntags, wo die Anderen ruhen; allein er sagte heute, wie so oft: „Ich bin eine Kartoffel. Ich bringe meine Früchte nur nach Unten, nach der Erde hin. Das Beste von mir wird man erst wieder aus der Erde wühlen müssen. Eitler Traum, an die Schönheit einer Blume, einer an der Sonne meiner Zeit reifenden goldenen Frucht zu denken! Zum Maulwurf und zur Kartoffel bin ich der Dritte."

Als aber sein Inneres ganz still und seine Stirn ganz nachdenklich wurde, da dachte er an seine Kinder, mit denen er etwas Großes vorhatte. Er ging mit dem Gedanken um, Kleinbethlehem in ein romantisches Schnepfenthal zu verwandeln und mit Salzmann, seinem Namensverwandten Basedow und Pestalozzi um die Krone wahrhaft tüchtiger Menschenerziehung zu wetteifern. Für diese Krone, um sie aufzuhängen, gab es bei ihm nicht blos den Kopf, sondern auch einen Haken am Kopf, einen Sparren, einen Sporen nebenbei, der nun bald unsrer Geschichte in die Weichen gesetzt werden und sie selbst beschleunigen wird.

Siebentes Kapitel.
Der Brief und die Gespenster.

Blasedow kehrte verspätet nach Kleinbethlehem zurück. Er hatte unterwegs einen Aufenthalt in einem abgelegenen Vorwerke, einen Besuch bei einer Kindbetterin, die nächstens taufen lassen wollte. Er hat sich uns gewiß längst als ein Mann von Gefühl gezeigt. Man konnte ihn auflösen, freilich nur wie Bittersalz, das immer einen festen, körnigen Bodensatz zurücklassen wird. Allein nicht Alles drang in die Poren seines Gemüths, noch gar, daß er jenen Tropfstein-Menschen geglichen hätte, die sich immer feucht anfühlen, die immer eine

gewisse Nässe der Empfindungen aussickern. Er war weit
mehr ein Krystall, in welchen sich durch ein Wunder der
Erbbildung ein kleiner Tropfen Wassers eingeschlichen hatte
und den man, wenn man ihn als Linse in ein Vergrößerungs=
glas gebracht hätte, wahrlich als das rechte Hülfsmittel würde
erkannt haben, um das Winzige und das dem gewöhnlichen
Auge Unsichtbare in der Form der Erhabenheit zu zeigen und
die Entfernung des Firmamentes uns näher zu bringen. Dieser
eine Tropfe durchrieselte nicht sein ganzes Wesen. Er war
weit mehr nur unter gewissen Umständen jener Zugängliche
und Anschmiegsame, wie wir ihn in einigen Momenten be=
obachteten. Sonst war sein Wesen spröde und haushälterisch
mit sich selbst. Wäre er z. B. bei jenem Besuche der Kind=
betterin etwas mittheilender und herzlicher gewesen, hätte ihm
der Schutzengel, der zu Häupten des Kindes saß und es be=
wachte, bis es getauft wurde, nur einen einzigen verklärten
Blick abgewinnen können, er würde geglaubt haben, weit
mehr die Rolle eines Komödianten, als die eines Geistlichen
zu spielen.

Es war schon Nacht, als er in seinem Dorf ankam. Die
Leute saßen in ihren Hütten und waren hie und da um ein
weißes Tischtuch mit dem Nachtessen beschäftigt. Manchmal
hörte er, daß gebetet wurde. Wasser war schon einigemal an
die Pfarrwohnung gerannt und wieder zurückgekehrt. Jetzt
stand Blasedow vor seinen eigenen Fenstern und konnte in
das Zimmer blicken, wo seine Familie beisammensaß, „so
traulich, so heimlich, so unabhängig von mir," gestand sich
Blasedow; „wie schön Tobianus da meine Stelle vertritt!"
Und dieser saß da in der That, wie der Hausvater angethan,
im langen Schlafrock, die Brille auf der Nase, die Nacht=
mütze darüber gezogen, und hielt einen Brief gegen den
grünen Lichtschirm und las ihn mit lauter Stimme vor.
Gertrud haftete, soll man sagen, an den Worten oder an
dem Munde des Lesenden und schien, die Hände im Schooß
zusammengelegt, sagen zu wollen: „Was er so schön liest!"
Blasedow wenigstens las ihr nie etwas vor, am wenigsten
Briefe, die sie sich von ihrem ältesten Knaben vorbuchstabiren
ließ. Oscar hieß der älteste, aber der beste Leser war es nicht,

zumal bei Geschriebenem und den Handschriften, mit denen Gertrud in Verkehr stand. Es kam wol, daß Oscar eine Phrase vorlas, die ohne Sinn war und die Gertrud, die selbst nicht lesen und ihren Namen nur durch drei Kreuze bezeichnen konnte, so hinnehmen mußte, obschon sie darüber eine schlaflose Nacht hatte und dann sich am Morgen die Stelle noch einmal vorlesen ließ. Oft vergingen einige Tage, bis Gertrud durch prophetisches Grübeln auf die Ahnung des Richtigen kam und dann zu Oscar lief, ob es nicht an der und der Stelle heißen sollte, statt „Seebach's Sümpfe": „sechs Paar Strümpfe."

Blasedow bog das Weinlaub, das die Wände des Hauses bedeckte, zurück und konnte sich an einer Scene, die ihm Schmerz und Freude verursachte, nicht satt sehen. Er war verdrängt, er war aber auch ersetzt. Man konnte ihn entbehren, das gestand er sich, und es tröstete ihn, daß man ihn nicht vermissen würde, wenn er ginge. „Wenn ich ginge!" — sagte er nachdenklich; er träumte sich in das Gewühl der Weltstädte hinein, er dachte an Amerika. Er hörte deutlich die hölzerne Wanduhr im Zimmer picken. Sie schlug Neun; Niemand sah sich nach ihm um, das Essen dampfte auf dem Tische, der Brief mußte lang sein: denn Tobianus näselte ihn noch immer vor. Zuweilen setzte auch Tobianus ab und erklärte eine Stelle deutlicher, als sie vielleicht ausgedrückt war, wobei Gertrud nickte und die Kinder aufmerksam zuhorchten. Nur Oscar, das aufgeweckteste aller seiner Kinder, schien sich an dem Vortrage zu langweilen und sprang auf, als er hörte, daß Wasser an der Hausthür kratzte und Einlaß begehrte. Er ging auf den Zehen hinaus und machte dem Vater auf. Dieser trat mit Stock und Hut in's Zimmer, sagte auf keinen Fall guten Abend: „es versteht sich von selbst," pflegte er zu sagen, „daß ich Keinem einen schlechten wünsche;" und machte es sich bequem. Die Vorlesung war durch diese Ueberraschung plötzlich unterbrochen. Es mußte mit dem Brief eine eigene Bewandtniß haben: denn Tobianus legte ihn unter den Teller, nahm seine Brille ab und schien Gertrud zuzuwinken, daß er die Lectüre des Briefes ein andermal beendigen wollte.

Wie wir jetzt die ganze Pfarrei an dem wirklichen Brote des Lebens (mit den hohenpriesterlichen bloßen Schaubroten hielten sie es nicht) arbeiten sehen, könnte es nichts schaden, wenn wir uns mit einigen Personen bekannt zu machen suchen, die in ihren jungen und alten Tagen immer im Vorgrunde dieser Denkwürdigkeiten stehen werden. Dies sind Blasedow's Jungen. Es sind ihrer vier. Alle haben sie poetisch-romantische Namen: Oscar, Amandus, Theobald und Alboin. Blasedow hatte über diese Namen vielen Streit, nicht etwa mit der Regierung: diese mischte sich nicht wie die Preußische früher bei den Juden in die Vornamen ihrer Unterthanen; wol aber mit Tobianus und Gertrud, der unglücklichen Mutter, die sich so zu äußern beliebte: „Mein Heiland, man möchte ja bei solchen Komödiantennamen für meine christlichen Kinder glauben, sie rührten, Gott verzeih' mir die Sünde, von einem Prinzen her." Tobianus unterstützte zwar nicht gerade dies Motiv ihrer Verzweiflung, bemerkte aber doch, daß man die Kinder durch solche Namen zwar in der Stadt auszeichnen könnte, allein auf dem Lande hinderte die vornehme Bezeichnung an der Vermischung mit den Bauern- und Pächter-Familien, es käme mit einem Worte eine Prätension in die Familie, die dem Herrn Collegen nur die Ausübung seiner Amtspflichten schwieriger machen würde. Gertrud sprang sogar von der Vorstellung von Prinzen zu Hunden über und meinte, wenn sie künftig eines ihrer Kinder rufen sollte, so müßte sie in ihren Sünden immer daran denken, ob nicht statt ihres eigenen Kindes ein Hund käme: denn das wären weit eher Namen für Hunde als für christliche und außerdem Pfarrers-Kinder. Auch die Rücksicht auf die Verwandten und Nachbarn mischte sich in ihre Opposition. Sie sagte, daß auch dann alles gute Vernehmen mit der Umgegend hin sein würde: denn Niemand würde bei einem Kinde Pathe sein wollen, dem man nicht den Namen des Gevatters gebe: Peter, Daniel, Friedrich, Wilhelm und ähnliche unserm Herrgott wohlgefällige und wahrhafte Heiligennamen.

Allein Blasedow ließ sich in solchen Dingen keine Vorschriften machen. Er taufte seine Kinder selbst und konnte ihnen ja einen Namen auf die Stirn sprengen, den er wollte.

Die Zuhörer und Gertrud selbst waren dann auch gewöhnlich von der heiligen Handlung so zerknirscht, daß sie über die wunderlichen Namen, die den Knaben gegeben wurden, mit andächtiger Rührung hinwegsahen. Im Uebrigen erklärte er: „Meine Kinder müssen mich schon durch das Glockenspiel ihrer Namen mit Sanftmuth anklingen. Ihr Name ist ihr Heiligenschein. Je höher man sie zu stellen weiß, desto höher werden sie selbst klimmen. Ich erleichtere ihnen durch ihre Vornamen schon den Weg, um sich einen guten Zunamen zu erwerben. Was haben sie wol, woran sie sich zuerst halten können? Sich selbst, nur den Laut, wie sie gerufen werden. Ist aber dieser Ruf gewöhnlich, so werden sie nie begreifen, wodurch sie sich vor Anderen, die ebenso heißen, wie sie, auszuzeichnen haben." Dies bestritt zwar Tobianus. „Je mehr Peter und Hansen es giebt," sagte er, „desto mehr werden die besseren unter ihnen ringen, sich durch Thatsachen der Gediegenheit aus der Masse und Menge zu erheben." Aber Blasedow lächelte damals, wie er immer zu thun pflegte, wenn Tobianus ein Körnchen gefunden hatte oder wie ein Hahn auf seinem gewöhnlichen Mist eine Perle. Er entgegnete: „Eifersucht will ich in meinen Kindern nicht wecken. Wenn ich überzeugt wäre, daß aus dem bloßen Bestreben, die Anderen zu übertreffen und eine Folie zu haben, etwas Gutes entstünde, so dürfte ich ja allen meinen Kindern nur einen Namen geben, Jakob: dann würden sie schon ringen, um zu zeigen, wer der rechte Jakob ist." Er schloß: was überhaupt Erziehung wäre, wolle er ein Andermal sagen.

Nachdem nun soeben die Kinder zu Bett gegangen waren, ohne Unterschied des Geschlechts mit der kleinen Sophie, kam Tobianus auf dasselbe Thema und erinnerte den Pfarrer an jene Erklärung, die er ihm noch schuldig wäre. Blasedow sagte: „Es wird Ihnen doch nichts nützen, oder Sie müßten Lust haben, sich noch einmal zu verheirathen. Erziehung, lieber Freund, liegt Ihnen fern, ob ich gleich nach meiner Theorie glaube, daß Sie vortrefflich erzogen sind, ich aber nicht. Nämlich Sie sind geworden, was Sie gerade sein können; ich aber das, was zu sein ich niemals gewünscht habe." To=

bianus lachte und entgegnete: „Dann muß Ihr Amandus
Bäcker werden: denn er hat nicht übel Lust dazu."

Blasedow schlug seine Augen auf und warf sie so grell
auf Tibianus, daß dieser seinerseits erschrak, während ihn
doch nur der Andere beleidigt hatte. Blitze zuckten aus Blase=
dow's Augen; doch seine Augenbrauen verfinsterten sich nicht,
kein Donner schien durch sein Gemüth zu rollen: es war
das Blitzen eines Sonnenstrahls, der zum ersten Male Kraft
hat, sich durch das Morgengewölk durchzubrechen. Blasedow
hatte mit der linken Hand unwillkürlich das Brod und mit
der Rechten das Messer ergriffen. In dieser Stellung ver=
harrte er eine Secunde und sagte dann mit unbeschreiblich
komischem Ernste: „Amandus Bäcker? Das beweist: er ist
zum Bildhauer geboren."

Dies sprach er aber leise, so leise, daß man draußen auf
der Hausflur etwas rascheln hören konnte. Gertrud, die eben
die Bemerkung aussprechen wollte, ob denn aber auch ein
Bildhauer so viel Brod wie ein Bäcker zum Leben hätte,
schrak innerlich zusammen: denn Blasedow's Benehmen war
gar zu feierlich und Tobianus' Verlegenheit ängstigte sie selbst.
Dazu der Brief und überhaupt Alles, was sie heute schon
erlebt hatte. Sie mußte wenigstens an die Thür', um zu
sehen, was draußen vorginge. Indem ist es ihr, als flüsterte
es von Neuem. Sie denkt doch, daß Alles schon zu Bett ist,
sie sieht nach der Uhr und ergreift die Thürklinke. Jetzt ver=
nimmt man ein starkes Rauschen, wie von weiten Gewändern;
Gertrud tritt etwas vor und rennt mit dem Schrei: Herr
Jesus! wieder in das Zimmer zurück. Sie behauptet, zwei
weiße Gestalten, nicht groß, aber auch nicht klein, im Dunkeln
gesehen zu haben, und sagt leichenblaß, es müsse ein Unglück
geschehen sein. Die Männer lachen, Blasedow aus Spott,
Tobianus aus Furcht. Der Erste nimmt ein Licht und ent=
deckt draußen nirgend etwas. „Daß aus Dir noch ein Geister=
seher werden wird," bemerkte er zurückkommend, „in Deinen
alten Tagen, hätte ich nicht geglaubt." Hätte er von der Wahl=
verwandtschaft, die zwischen Tobianus und Gertrud bestand,
etwas gemerkt, so würde er wahrscheinlich von dem magne=

tischen Einfluß des Erstern auf die Letzte gesprochen haben;
so aber erklärte er nur, daß sie närrisch wäre, und ging zu Bett.

„Wenn nur Petern nichts angekommen ist? seufzte Gertrud. Tobianus zog den Brief unterm Teller vor und sagte:
„Er ist also in Belgrad angekommen." Und nun las er den
Schluß des Briefes vor, der recht herzlich an seine Mutter
geschrieben war, des Stiefvaters aber mit keinem Wort erwähnte. Blasedow wollte von einer allzu ausgedehnten Verwandtschaft und Freundschaft nichts wissen. Es waren Dolchstiche für Gertrud, wenn er mit Beziehung auf Peter sagte:
auf weitläufige Verwandte gäb' er nichts. Blasedow wollte
aber nur Nadelstiche geben: denn — Peter war früher geboren, ehe sein Vorgänger die Mutter geheirathet hatte.

Endlich nahmen beide Nachbarn und Gastfreunde Abschied. Tobianus bekam, wenn er in Kleinbethlehem schlief,
sein eigenes Bett auf dem Canapee gemacht. Gertrud schlief
in der Nähe der Kinder. Die heilige Nacht löst alles Leid.
Es ist schon spät. Der Wächter ruft die elfte Stunde ab.

Achtes Kapitel.

Basreliefe.

Es war der Rüsttag des Sabbaths angebrochen, der Studirtag der Geistlichkeit, Sonnabend. Tobianus war schon in
aller Frühe wieder abgereist und Gertrud lieber gleich aufgeblieben und an eine Arbeit gegangen, die an jedem Wochenschluß dieselbe war. Während nämlich Blasedow oben über
das Brod des Lebens nachdachte, pflegte unten Gertrud das
wirkliche zu backen. Unten waltete mehr als ein Leib Christi;
oben fegte die memorirte Sonntagspredigt den alten Sauerteig aus der Christenheit aus; unten konnte der Sauerteig
nicht alt genug sein: je mehr Fäulniß, desto lockerer und
bauerhafter das Gebäck.

Blasedow mußte sich nie recht in der Zeit zu orientiren.
Er irrte, wenn er ein Datum suchte, zwischen den Kalender-

tagen wie ein Abenteurer umher, der, wenn auch keine Menschen, doch die Zeit todtschlägt. Fast alle seine Briefe datirte er auf's Gerathewohl und bekam nicht selten Antworten, worin es unter dem 10. April hieß: Ihren Brief vom 12. April habe ich richtig erhalten. Hätte er kein so feuriges Temperament gehabt, hätte er aus Phlegma nicht ante-, sondern postdatirt, so würde er sich durch den russischen Kalender haben helfen können; allein so hatte Gertrud vollkommen Recht, wenn sie sagte, er lebe wie ein Heide in den Tag hinein und würde nicht einmal wissen, wann Sonntag wäre, büke sie nicht den Tag vorher. Eine Spur von Mehl, das beim besten Willen im Hause zerstreut wurde, war der Ariadnefaden, womit sich Blasedow wöchentlich aus dem Labyrinth des Kalenders rettete.

Heute aber war selbst eine Mehlverschwendung, die alle seine Kinder zu Pierrots machte (da sie durchaus zusehen wollten und gern die Gelegenheit zum Naschen wahrnahmen), nicht im Stande, ihm die Vorstellung des kommenden Sonntags besonders bringend zu machen. Er dachte: „Die wahre Kunst des Predigens besteht darin, so kunstlos wie möglich zu sein. Je mehr ich über mein Thema nachdenke, desto klarer wird es mir, aber desto dunkler meinen Zuhörern. Eine überdachte in je drei und drei Theile gebrachte Rede kann unmöglich so viel wirken, als eine Betrachtung, wo man, ohne abwesend zu sein, sich gehen läßt. Je mehr ich meditire, desto reifer sind freilich meine Gedanken; allein meine Dreschergemeinde weiß mit vollen goldenen Aehren der Abstraction nicht umzugehen. Weit lieber ist es ihr, sie hört das Gras selbst erst wachsen. Ich werde mir einen Text nehmen und ihn in allen möglichen Wendungen eine halbe Stunde lang umschreiben. Vielleicht wirkt das besser. Wenigstens können sie dann nicht mehr sagen, daß ich vom Text abschweife. Je öfter man diesen Leuten dasselbe sagt, desto reicher scheint ihnen der Inhalt an Gedanken. Die eigentliche Erbauung besteht für sie darin, daß man einen Stein nach dem andern, jeden von demselben Caliber, aufträgt. Den Mörtel, der das Ganze bindet, liefern die Bibelsprüche, welches denn freilich meine Stärke nicht ist."

Nach diesem letztern Eingeständniß hätte Blasedow mehr

Besonnenheit haben und sich einige Stunden Nachdenkens nicht verdrießen lassen sollen. Allein auf der Wage seiner Entschlüsse war die eine Schale so gewichtvoll belastet, daß sie ihn selbst, seine Berufstreue und Amtspflicht, wobei man bei ihm noch immer nicht an eigentliche Verwilderung denken konnte, gänzlich in die Höhe zog. Blasedow hatte dem großen Worte, daß Amandus ein Bäcker werden wollte, eine halbe schlaflose Nacht gewidmet. Er sah voraus, daß ein Knabe, der beim Teige im Backtroge die Idee eines Bäckers bekäme, beim Anblick eines Marmorblocks und eines Meißels nicht mehr ausrufen würde: Auch ich bin ein Bäcker, sondern: ich bin ein Phibias! Für die Zukunft des Einen war er jetzt ohne Sorge. Er hatte vier Söhne und wurde so heiter, daß wir, wenn die Sonne, wie der Mond, auch in vier Vierteln aufginge, sagen könnten, bei Blasedow wäre jetzt die Sonne in den Neumond eingetreten.

Es fiel wie Schuppen vom Auge unseres Helden. Die Zukunft lockte ihn wie ein fernes Posthorn, von welchem man weiß, daß es uns etwas Erwartetes bringen wird. Er stand, wie er am Morgen in seinem Schlafrock durch Haus und Hof waltete, zuweilen wie gebannt still und verlor sich in bunte Visionen, aus welchen ihn nur die sich durchkreuzenden Mägde, die hier das Vieh fütterten, dort scheuerten, dort den Teig kneteten, weckten. Er hatte glücklicherweise wasserdichte Stiefel an, als er sich auf einen Düngerhaufen zurückzog und unten den feinsten Sinn des Geruches zurückließ und aufschoß wie die Blume aus dem Mistbeet, eine exotische Blume aus der Traumwelt, brasilianischer Mohn, ein langer, glut=vollblühender Cactus. Das Antlitz der Sonne zugewandt, träumte er, auf einem Fuße stehend, wie ein indischer Fakir, von dem, was war, ist und sein wird, blickte dabei zwar nicht auf seine eigene Nase, wie jener Fakir, wol aber mit einer stummen abwesenden Andacht auf die Nase der ersten Küchenmagd, die ein großes Gefäß im Hofe putzte und er=staunt von ihrer Arbeit aufblickte und unverwandt auf dem verzückten Pfarrer ihre von der gebückten Stellung ganz rothe, an sich vollblütige Nase ruhen ließ. Erst als Blasedow den Boden unter sich wanken fühlte, räumte er dem Haushahn

seinen Platz und ging in sein Zimmer, um sich zum ersten
Versuche der geistigen Taufe eines seiner Kinder anzuschicken.

Bald stand er mit Hut und Stock vor der Küche, wo es
am heutigen Backtage nicht so laut herging wie sonst. Zwar
standen die Kinder um den Trog herum, wo Gertrud mit
nackten Armen, an Kraft eine Riesin, in der zähen Masse
waltete. Allein Gertrud dachte an ihr gestriges Gesicht und
wollte für ein Unglück, das ihr bevorstände, wohl so gut wie
gut sagen. Die Kinder schwiegen aus Gier; denn sowie
sich Gertrud umwandte, benützten sie den Augenblick, um
etwas vom rohen Teige, gräßlich zu sagen, in den Mund
zu stecken. Indem ruft Blasedow dem Zweitältesten, Amandus. Amandus sieht sich betroffen um. Er macht das verdrießlichste Gesicht, als er hört, daß er mit dem Vater in's
Feld gehen solle. Gertrud sah Blasedow groß an. „Es ist
ja Sonnabend!" sagte sie und schien ihn damit an den
Sonntag zu erinnern. Blasedow sagte aber, er wisse wohl
und Alles sei schon in Ordnung und Amandus solle nur
auf der Stelle nachkommen. Amandus dachte, hier gilt es
einen raschen Entschluß. Vor den sichtlichen Augen seiner
Mutter griff er in den Trog, nahm eine ganze Faust voll
von dem Teige und flüchtete sich damit. Gertrud, den Tod
des Jungen und die Erfüllung des gestrigen Spukes leibhaft
vor Augen sehend, läuft ihm nach; da er aber flink zum
Hause hinaus ist, fällt ihr ein, daß die drei anderen Knaben
die Gelegenheit benutzen würden. Sie denkt: Einer sind
nicht Drei! und wendet sich schnell um, schnell genug, um die
Drei, die inzwischen nicht faul gewesen, in der Küche noch
abzuschließen und Jedem die Hand voll Teig, die sie sich
inzwischen mit Blitzesschnelle angeeignet hatten, wieder abzujagen. Das Ganze war das hurtige Werk einer Minute.
Gertrud gerieth in äußersten Zorn und theilte zu den Ohrfeigen, die Jeder ohnehin bekam, noch in drei gleichmäßigen
Dritteln die vierte Tracht ihrer Entrüstung aus, der Amandus glücklicherweise entronnen war.

Inzwischen war es auch dem Knaben nicht gelungen,
seinen Raub auf einmal zu verzehren. Blasedow hatte
draußen auf ihn gewartet und ergriff seine Hand und sagte

ihm, er sollte hübsch und nett neben ihm einhergehen und den Kopf zusammennehmen. Er freute sich, daß der Junge über und über mit Mehl bestreut war, und dachte sich um so mehr in die Vorstellung seiner künftigen plastischen Meisterschaft hinein. Das zuweilen von ihm bemerkte verstohlene Essen des Jungen verbat er sich und schlug ihm sogar, da er nicht hören wollte, auf die Hand. Amandus mußte sich daher begnügen, in der Rocktasche hinten mit stummer Resignation sein Gebäck zu kneten, das denn allerdings zu dem Gespräch über die Bildhauerkunst, das Blasedow beginnen wird, eine recht passende Beschäftigung war.

Der Morgen entfaltete wieder alle im fünften Kapitel aufgezählten Reize. Die schöne Natur auf dem Lande ist etwas Andres, als das, was man gewöhnlich schöne Natur nennt. Wollte man Euch Dichtern glauben, wie Ihr uns die freie Luft, den Vogel und die Blume schildert, so würde man sich immer bitter getäuscht fühlen, wenn man in Wahrheit einmal anstatt Zimmerluft Gottesluft einathmet. Die Dichter schildern nur im Festkleide, als wäre die Natur so eitel, daß sie mit Wahl und Absicht hier eine Nelke, dort einen Vogel vor die Brust und in's Haar steckt. Die Natur hat ihren Sonntagsstaat, das ist wahr: sie ist manchmal feierlicher, glätter als sonst, sie ist reinlicher. Allein sie hat ihn nicht immer vor. Sie hat nicht immer die Glacéhandschuhe an, in welchen sie manche Lyriker schildern. Es kommt bei der Natur auf dem Lande weit weniger auf die Farbe, als den Duft an. Die Dichter schildern nur die gemalte Natur, sie geben reizende Landschaften, aber doch immer nur Landschaften, sie glauben die Natur nicht anders schildern zu können, als indem sie sich selbst in Maler verwandeln. Gemälde wissen aber nichts von dem Duften der Natur. Was sie Duft nennen ist Farbe. Die Natur hat aber einen noch weit größern Reiz im Geruch, als in der Farbe. Diese Frische, wer kann sie schildern? Wer hat sie geschildert?

Ich gestehe es, obwohl mit der größten Schüchternheit, daß Blasedow in Betreff dieses Themas längst die Absicht hatte, einmal eine Rettungsapologie des Pfarrers Schmidt in Werneuchen zu schreiben. Denn Blasedow glaubt, daß dieser Mann die Natur in ihrer echten, unverfälschten Wahrheit besser geschildert hat als Goethe, der ihn als Apollo der Musen und Grazien in der Mark verspottete, als Uhland, der in dem Rufe steht, vorzugsweise ein Dichter der Natur zu sein. Ich rede von Italien, auch von der Schweiz nicht; allein wie die Natur von Schmidt in Beziehung auf die Mark Brandenburg geschildert ist, so, konnte Blasedow nicht leugnen, würde auch Fürstenthum Sayn=Sayn zugestehen müssen, daß es in seinen eigenthümlichen Naturreizen vollkommen getroffen wäre. Sand sogar hatte Blasedow noch überall in Deutschland gefunden. Staub ohne allen Zweifel in Italien auch. Frösche finden sich in allen Sümpfen und Sümpfe giebt es außerhalb der Mark und Sayn=Sayns sogar noch weit mehr, als innerhalb. Man hat über die Poesieen des Pfarrers Schmidt eine falsche Ansicht und verwechselte sie mit den Voß'schen Gedichten, die bei Weitem, was die Naturschilderung anlangt, tiefer stehen, als die des Werneucher Schmidt.

„Es wird in Deutschland so viel nachgebetet," sagte Blasedow zuweilen, „daß der, der seinen eigenen Weg geht, für einen nach Originalität süchtelnden Narren angesehen wird." Man möge über Blasedow's gesunde Vernunft den Stab brechen; allein was dieser einmal gegen Tobianus über den Feldprediger Schmidt sagte, scheint die Rede eines besonnenen Mannes und eines feinen Kenners der wahren Natur zu sein. Tobianus brüstete sich mit seiner Kenntniß der Gemeinplätze. Er konnte die Natur, die ihn umgab, nicht genießen. Wollt' er sich eine Vorstellung über die Schönheit der Natur machen, so mußte er sich erst eine Landschaft zusammensetzen, wobei Italien und der Orient eine größere Rolle spielten als seine Heimath. Was war ihm schöne Natur ohne ein griechisches Tempelchen? Blasedow durchschaute die Rüge der Feldprediger Schmidt'schen Poesieen und sagte damals: „Daß ich zur Idylle des Landlebens geboren bin, ist unwahrscheinlich; wenigstens wäre ich lieber eine Matrose und hätte versucht, allmälig bis in den Mastkorb der Admiralität zu klettern, als daß ich Candidat wurde und es nie werde weiter bringen, als höchstens dazu, einmal Ihr Superintendent zu werden, Tobianus! Nun ja, Sie scheinen selbst

sagen zu wollen: daß es damit gute Wege hätte. Ich glaub'
es selbst und beneide den Vorzug nicht, den man Ihnen
vielleicht geben dürfte. Da ich aber nun einmal auf die Na=
tur angewiesen bin und sie mir nicht so wie meine Haare von
der Stirne wegscheiteln kann, so finde ich noch immer, daß
Schmidt die pittoreske Seite der deutschen Landpfarrer am
besten gezeichnet hat."

Da sich überhaupt Blasedow an jenem Sonnabend be=
sann, wie sein plastischer Unterricht mit Amandus in's Werk
gerichtet werden sollte, so wollen wir diese Pause benutzen,
um hier in der That seine Meinung über den Feldprediger
Schmidt ausführlich einzuschalten. Er entwickelte sie folgen=
dermaßen: „Man hat viel zu überspannte Begriffe über länd=
liche Natur und selbst von ihren Schönheiten kennt man
nicht den eigentlichen Werth. Der Spaziergänger ist hier
nur ein Eilwagenreisender. Wer die Natur schätzen will, muß
in ihrem Schooße leben. Das Landleben ist von Schmidt
mit dem Wohlgefallen, das auch dem Kuhmist ein Arom ab=
zugewinnen versteht, durchgekostet worden. Man kann ver=
sichert sein, daß das Naturkätzchen, das er schildert, sich nicht
geleckt und geputzt hat. Er schildert keinen Baum, ohne daß
man darauf auch die Raupe kriechen sähe. Er schildert keinen
Topf Milch, in dem nicht auch eine Fliege läge." Diese
Wahrheit mag nicht delicat sein; aber warum sie deshalb auch
unpoetisch ist, „begriff" Blasedow nicht. „Wenn Schmidt einen
Spaziergang macht, welche unübertreffliche Wahrheit weiß er
über seinen Weg zu verbreiten," fuhr er fort; „der Abschied
von seiner Frau, die Perrüke, die sie ihm gestutzt hat, das
Grüßen der Bauern über die Hecken, das Flattern der Bie=
nen und Schillebolde um ihn her, die richtige Zeichnung alles
Dessen, was für nachgiebige Seelen das Landleben so reizend
macht, scheint mir einen weit größern Beifall zu verdienen,
als ihn Schmidt bisher errungen hat. Man denke sich den
Pfarrer, wie er endlich eine kleine Anhöhe erklommen hat.
Oben steht eine Schafheerde und dabei ein Rollwagen, in
welchem der Schäfer sich vor Regen zu schützen pflegt. Es
zieht ein Gewitter heran, sagte der Schäfer und zeigte drüben
hin nach Potsdam. Wie er diese Annäherung zeichnet, glaubt

man es wirklich schon tröpfeln zu hören. Schmidt findet seine Zuflucht im Walde bei einem Köhler. Das Weitere läßt sich gar nicht so wieder erzählen. Das Wort **Röhricht**, von Schmidt ausgesprochen, hat für mich einen unendlichen Reiz, ebenso **Bruch**, **Gehöft**, **Buchenwald**, **Eierkuchen**. Dies Alles scheint von Poesie entblößt zu sein. Allein was ist zuletzt Poesie, als eine wohnliche, heitere Erregung der Gefühle, namentlich eine heimische Erregung derselben!" — „Ich bin den Schmidt'schen Idyllen," sagte Blasedow, „so blind gefolgt, daß ich mir von Kindheit an kein größeres Glück, als das des Landpfarrers träumte. Allein so sind die menschlichen Neigungen. Ein Grundton bleibt bei ihnen unveränderlich und brummt von den Anfängen des ersten Nachdenkens her, während die Melodie mit den Jahren so variirt, daß man schon im zwanzigsten Jahre ganz andere Arien singt als im achtzehnten. Ich behielt die gemüthliche Neigung zur Idylle, während Alles, was mit meiner Ueberzeugung und Willenskraft zusammenhängt, einen ercentrischen Flug bekam, so daß ich wol die Reize der Entsagung kenne, sie aber nie über mich gewinnen werde, ich meine, auf die Länge nicht." — „Will man die Unterordnung der Natur, ihren Totaleffect sondern und poetisch lichten," sagte Blasedow ferner, „so muß man es machen, wie Schmidt, oder, was dasselbe ist, wie eine Ziege, die heilsame und schädliche Kräuter durch Instinct von einander zu trennen weiß. Bei ihm laufen die Blumen und Bäume nicht durcheinander. Er ist Kenner der Gewächse genug, um von ihnen, wenn auch nicht gerade als Botaniker, zu sprechen, aber doch zu wissen, um welche Zeit z. B. die Camillenstaude blüht. Diese lyrischen Poeten, die wir jetzt von Tag zu Tag an der Ofenwärme unsres politischen Bärenhäuterlebens ausbrüten, sprechen nicht selten von den Reizen des Monats Mai und rechnen Blumen dazu, die erst im Herbst blühen. Diese Fehler rüg' ich nicht aus Pedantismus. Nein, weil ich daran nur sehe, daß das Entzücken an der Natur bei diesen jungen und alten Hänflingen nicht von dem freien Felde herstammt, sondern aus einem messingnen Drahtbauer, wo sie zwar auch Hanf essen, ihn aber schon gequetscht erhalten. Schmidt copirte nur die Natur. Wenn er seine Frau auf einem kleinen Kahne über einen Bach fährt, wo er kaum durch das Schilf hindurch kann, wenn er einen Brief bekommt in dem Moment, wo er in einem noch unbelaubten Baume sitzt und die Zweige desselben stutzt, während seine Frau die Hühner füttert, wenn er mit zugeknöpftem Rock und breitkrämpigem Sebaldus Nothanker'schen Hute unter einer Eiche während des heftigsten Regens in der Jungfernhaide steht oder mit übereinandergeschlagenen Beinen vor einem Waldbache auf einem Baumstumpfe sitzt und das Buch aus der Hand verliert vor Entzückung über den Finken, der aus dem Gehölze so lustig schlägt — ja, Tobianus, da soll mich der Kuckuk holen, wenn Schmidt es nicht richtiger trifft, wo mein Herz sitzt, als all' die neuen Poeten, die Sie sich, närrischer Mann, haben so sauber einbinden lassen, die immer vom Vogel in der Luft singen und ihn selbst nie gehört haben, ja nicht einmal wissen, wo die Lerchen im Winter bleiben. Sehen Sie, und was so respectabel an dem Mann ist, er lebt noch und hat nie mehr ein Zeichen von sich gegeben. Er sang sich aus und schilderte soviel, als er wußte, seine Natur. Er hat nie polemisirt gegen seine Gegner, er wurde nicht halsstarrig wie die Nicolais, als man sie nicht rühmen wollte. Er hört noch allabendlich die Frösche quaken und denkt nicht einmal an das Heer von Kritikern, die ihn so oft als Stichblatt ihres Witzes benutzt haben."

Man wundre sich über diese Blasedow'sche Apologie nicht! Man findet oft Menschen, die hochpoetisch sind, die einen ganzen Bienenschwarm lyrischer Gedanken, in sich den süßesten Honig webend, verbergen, und deren Begriffe vom Schönen durchaus nicht an das Sublime streifen, während dagegen die Oberflächlichen nicht Worte und Farben genug haben können, ehe sie ihre Bewunderung poetischer Leistungen auszudrücken vermögen. Das größte Talent gefällt sich und spiegelt sich wieder in einem Wassertropfen, während die Mittelmäßigkeit immer einen Ocean ausschüttet, um die Menge zu berauschen. Da ich mir aber nicht denken kann, daß nicht jeder meiner Leser von Blasedow mit Vergnügen hört, wie zart, trotz seiner rauhen äußern Nußschalennatur, doch sein innerer Kern war, so verschmäh' ich auch diese Gelegenheit nicht, in die Jugend unsres Helden zurückzublicken und eine Erzählung wiederzugeben, die er damals, als er vom Feldprediger Schmidt sprach, an Tobianus über seine erste Predigt richtete. Lassen wir nichts unbemerkt, was uns Vertrauen zu unserm Manne einflößt. Wir werden leider noch früh genug wahrnehmen, daß sein ganzes zukünftiges Schicksal auf Thorheiten gegründet ist.

„Ich war kaum vier Monate von der Schule," erzählte Blasedow, „kaum entwöhnt von den sogenannten Brüsten des classischen Alterthums, als ich in mir den Luftballon meines Ehrgeizes, der wenigstens so hoch steigen wollte, als eine Kanzel ist, nicht mehr zurückhalten konnte. Je leerer der Kopf, desto höher will er hinaus. Ich hatte mich noch ungewiß zwischen dem Christenthum und dem Alterthum gehalten und ließ mich während eines Semesters mehre Male aus einer Facultät in die andere überschreiben, weil es bald hieß: für dies Stipendium muß man Philosoph, bald: für jenes muß man Theologe sein. Ich hatte die Kirchengeschichte gerade bis zur ersten Christenverfolgung gebracht und in der Einleitung in die Bibel bis jetzt nur gelernt, welche Bücher unecht waren. Die echten ließ der Professor zurück und wurde am Schluß des Semesters so in die Enge gebracht, daß er in der That seine Vorlesungen mit dem Bedauern schloß, er hätte uns freilich nur die Unechtheit der Bibel während des Halbjahres bewiesen, woll' es aber unserm eigenen Studium dringend anempfehlen, uns um die echten Bestandtheile derselben selbst zu kümmern. Das Evangelium Matthäi hatte ich von einem Gelehrten erklären hören, der es mit seinem ätzenden Verstande in lauter verbrannte Trümmer verwandelte und uns Allen, als er seine Vorlesung später schloß, vorkam, als stieg' er wie Scipio von dem Aschenhaufen des ehemaligen Numanz herab. Das war Schleiermacher. Was mußt' ich von der Homiletik? Dennoch wollt' ich predigen.

„Ich begab mich eines Morgens in die Umgegend von .... in das Dörfchen Schwarzensee, welches aber lieber Weißensee hätte heißen sollen, der vortrefflichen Schafmilch wegen, die man dort auf guten Cichorienbecoct erhalten konnte. Ich suchte den Pfarrer auf und bat für den nächsten Sonntag um seine Kanzel. Er bewilligte sie mir unter zwei Bedingungen. Erstens, daß ich meine Predigt vom Probst Reuter unterschreiben ließe, zweitens, daß ich ihm erlaubte, ein wenig zu lachen. Ich wurde roth, weil ich dachte, daß die letzre Bedingung mir galt. Nein, sagte er, ich lache nur, weil Sie keine Zuhörer haben werden. Er wollte damit sagen, daß er selbst keine hätte. Ich versprach also, mir selbst eine Gemeinde mitzubringen."

„Meine Predigt war schnell hingeworfen. Es war eine kühne Abhandlung über das Nosce te ipsum. Ich wollte zeigen, daß der Reue die Selbsterkenntniß vorangehen müsse, und war ehrlich genug, die Predigt aus meinem innersten Herzen herauszuschreiben. Es waren Rousseau'sche Selbstbekenntnisse, die ich auf die Kanzel von Schwarzensee bringen wollte. Ich war erst achtzehn Jahre alt, hatte aber schon Manches erlebt und war in der That ein Enthusiast für das Christenthum. Ich riß mir das Kleid meiner Selbstgerechtigkeit vom Leibe und zeigte mich in jener christlichen Blöße und Armuth, die lieber verhungern und erfrieren will, als prächtige Kleider tragen und kostbare Speisen genießen. Das jugendliche Werk übergab ich dem Probst Reuter."

„Aber wie ritt dieser drüber her! Mensch, Mann, junger Mann, sagte er mit etwas lispelnd westphälischer Stimme, solche Dinge wollen Sie auf eine christliche Kanzel bringen? Wo ist die Eintheilung? Wo ist erster, zweiter, dritter Theil? Groß A, klein a, lateinisch A, dann griechisch α und sofort? Diese Verwirrung kann Ihnen unmöglich bewilligt werden. Denn, gesetzt auch, Sie hätten Ihr Thema statt zu variiren nicht carikirt, so muß der Gemeinde doch klar werden, wo Sie Ihre Ruhepunkte haben. Die Ruhepunkte des Predigers sind die Erweckungspunkte des Zuhörers. Wo Sie einen Absatz machen, macht die Aufmerksamkeit der Zuhörer einen Ansatz. Was Sie da geschrieben haben, flimmert Jedem, der es lesen oder hören soll, vor den Augen. Arbeiten Sie es jedenfalls um!"

„Ach, alle selbsterbauten Triumphpforten waren mit dieser pröbstischen Erklärung eingerissen. Die schönen Selbstlobsfestons, die sich über sie hinzogen, verwelkten. All' meine Unsterblichkeit verwandelte sich in eine vom Lehrer roth angestrichene Schülerarbeit. Ich hatte allerdings mit so großer Aufrichtigkeit gegen mich selbst in meiner Predigt gepredigt, hatte mich an den langen christlichen Demuthshaaren mit meinem Plato- und Sokratesstolze im Staube der eingestandenen Unzulänglichkeit aller Selbstrechtfertigung geschleift, daß sich eine Dorfkanzel, von diesen Predigtwolken eingehüllt, in den Dreifuß der pythischen Göttin würde verwandelt haben, in ein unauflösbares Räthsel. Ich bemitleidete jedoch den Probst Reuter, der mir noch ganz mit dem alten Geschirr der Wolf'schen Philosophie das Christenthum aufzuzäumen schien. Meinen Firsternhimmel ahnte er nicht, meine Sonnen zogen sich in anderen als Krummacher'schen Parabeln über das Firmament."

„Dennoch begann ich die tropische Pflanzenpracht meiner erotischen Abhandlung zu säubern. Der Unterschrift des Probstes opferte ich als Unkraut alle duftenden Phantasieblüthen, alle wilden Cactus, die ich in meinem Garten gepflanzt hatte. Ich setzte an ihre Stelle ländliche, perikopische Gänseblümchen. Gegen das Ende zu, wo ich wie ein rasender Ajax am meisten gegen mich gewüthet, wo ich meiner stoischen Selbstgenügsamkeit den Todesstoß versetzt und aus meiner klaffenden Wunde einen ganzen Glockenwald von Hyacinthen hatte hervorklingen und duften lassen, schnitt ich die herrlichen Blumen oben ab, so daß nur noch die Zwiebeln unten zurückblieben, die auf den Gebrauch der Schnupftücher in der Gemeinde wirken sollten. Ich verflachte meine idealische Schweiz, die dem Probst Reuter wie eine Sammlung logischer Pockennarben erschienen war. Ich warf meinen Rigi in den Züricher See, steckte von Meile zu Meile eine rothe Fahne der logischen Feldmeß- und Disponirkunst auf und klopfte zum zweiten Mal auf den kahlen Dornbusch, aus welchem das rothe Antlitz des Probstes leuchtete. Allein er war verreist. Meine Predigt hätte nicht gehalten werden können, wenn ich nicht Muth gehabt hätte, Christi wegen eine Lüge zu wagen."

„Der Pfarrer von Schwarzensee hatte schon fest auf meine Kreuzesabnahme für den nächsten Sonntag gerechnet. Er ahnte nicht, daß er einem Schismatiker ohne pröbstisches Visa seine Kanzel, seinen Talar und seine Bäffchen einräumte. Er hatte auf meine Logik gerechnet, das Visa als erhalten vorausgesetzt und sich in's freie Feld beurlaubt. Ich fuhr am Morgen des verhängnißvollen Tages in einer großen Familienkutsche, in welcher alle meine Angehörigen Platz genommen hatten, auf den Richtplatz hinaus und grüßte alle Welt nach Art hoffnungsloser Delinquenten. Meine Schwestern und Tanten empfanden heute zum ersten Male eine Art heiliger Scheu vor mir und äußerten zu öfteren Malen die Besorgniß, daß ich vielleicht selbst welche hätte. Kurz vor Schwarzensee stieg ich aus, zog noch einmal meinen unvidimirten Paß zur Reise auf die Kanzel hervor und überlas einige Stellen, die ich nicht gut memorirt hatte, weil meine Schwestern den Puppenkopf, vor welchem ich die Rede einstudirte, einige Augenblicke selbst brauchten. Damit ich jedoch nicht vom Dorfe aus als noch in meiner geistlichen Toilette und Sonnabendsarbeit begriffen beobachtet würde, ging ich die Landstraße rückwärts voran. Ich mußte endlich die Nähe des Dorfes berücksichtigen und ergab mich denn blindlings meinem Gedächtnisse, indem ich, unbekümmert um die Spottgrüße und Ahasverssatiren einiger akademischer Freunde, mein Kreuz in die Pfarrwohnung hinauftrug. Hier erwartete mich längst der Küster. Nach dem Visa meiner Predigt fragte Niemand, als höchstens mein Gewissen. Ich schlüpfte in die äußeren Zeichen meines Amtes hinein, hätte aber beinahe Unglück gehabt mit jener großen Mütze, die, einem umgekehrten Suppennapfe ähnlich, doch weit lieber den Namen eines Hutes verdient hätte. Diese Mauerkrone kommender Verdienste war für meinen Kopf viel zu groß und für die Thätigkeit meines erhitzten und memorirenden Verstandes viel zu schwer. Nicht ohne Besorgniß, ich möchte das Gleichgewicht meines Oberkörpers und dazu die Mütze selbst verlieren, setzte ich mich in Bewegung. Indem ich hinten aus der Pfarrwohnung schritt und mich durch die Gräber des Kirchhofs in die schon im vollen Glockenspiel begriffene Kirche begab, hatt' ich meine Noth, mit dem Kopfe hin und her zu balanciren. Diese equilibristische Beschäftigung nahm meine Aufmerksamkeit so in Anspruch, daß ich nicht einmal vor der Kirchenthür daran dachte, mich von der Bürde zu befreien, sondern wie ein jüdischer Hoherpriester zog ich mit meinem Pfannendeckel durch die Kirche hindurch, die glücklicherweise zu klein war, als daß ich mich unterwegs noch hätte besinnen und in der Nähe des Altars nun gar noch auffallenderweise erst entblößen können. Der Küster sagte nichts zu dieser jüdischen Neuerung, als ich hinter die spanische Wand, welche die Sacristei vorstellte und mit ländlichen Frescogemälden geschmückt war, trat, sondern er spielte schon tapfer auf der Orgel herum, obschon noch kein Ton vernommen wurde. Mir wurde himmelangst, wie ich den Mann so vergeblich in das lautlose Nichts hineintasten sah. Endlich war aber von hinten (denn nun bemerkte ich bald auf einer Leiter zwei flachshaarige Bauernbuben, die hinten die Stricke zogen) Luft in die Pfeifen gekommen und ein taumelnder Rhythmus bemächtigte sich allmälig der musikalischen kleinen Maschine. Ich hatte vielleicht acht Zuhörer gezählt. Der Chor würde auch ganz ausgeblieben sein, wenn nicht ein Schulknabe, der wahrscheinlich ein Stipendium genoß, das „Vom Himmel hoch, da komm' ich her!" aus irgend einem entlegenen Winkel des Schiffes, wo ich ihn nicht sah, dreist hervorgekräht hätte."

„Auf der Kanzel hätte ich beinahe ein Unglück gehabt. Ihr Pult war nämlich ein so einfaches Brett, daß nicht einmal eine Leiste rings herum ging und mein Manuscript um ein Haar mit dem langen Priesterrockärmel hinunter gefegt worden wäre. Schon der Gedanke, daß dies hätte geschehen können, brachte mich in die größe Verwirrung. Wie sollte ich mich bei einer begeisterten Stelle halten, und wo die Arme? Konnte ich zum Himmel emporsteigen, ohne dabei ein wenig mit den Flügeln zu klatschen? Ich hatte mir ungemein viel Wirkung von einer Glanzstelle versprochen, wo ich den rechten Arm weit in die Kirche hinausstrecken wollte, um gleichsam als Schatzgräber das geweihte Erdreich von Menschenherzen unter mir zu beschwören und eine Vorstellung vom jüngsten Gericht zu erwecken, zu welchem rechter Hand ein

Engel, der die Hauptverzierung der Orgel bildete, schon die
Posaune blies. Diese Geberde mußte ich aufgeben, weil sie
mich nicht nur um meine Predigt, sondern auch um das Ver-
zeichniß von Brautpaaren hätte bringen können, die gesonnen
waren, in den Stand der heiligen Ehe zu treten. Dennoch
erholte ich mich, als ich erst in voller Anstrengung war. Die
Rede zündete wie ein Blitz all' das verfaulte Holz, das ich
mir von Christenseelen aus der Stadt mitgebracht hatte; ja
einer Cousine, die sich ganz abseits gesetzt hatte, zerfloß ihr
irdischer Mensch in so viel Rührung, daß ich selbst nur um
so härter wurde, theils um mich zu wappnen, theils,
weil mir's so gut gelang. Sie liebte mich und gestand mir
später, daß ihre Thränen weit mehr mir, als sich selbst gegolten hätten."

„Ich hatte geendet und den acht bis allmälig zwölf Fischen,
die in meinem Petrinetze zappelten, die Freiheit gegeben.
Die Orgel spielte ein Recitativ, welches man, weil keine
Ordnung darin war, wahrscheinlich für eine Bach'sche Fuge
hatte halten sollen. Die Armenbüchse vor der Thür verwandelte sich in meinen Augen in ein ganzes Spital Lahmer
und Blinder, so daß ich fast all' mein Hab und Gut hinein-
geworfen, wenn ich mir nicht **eingebildet** hätte, mein Rock
läge in der Pfarrwohnung. Ich hatte vergessen, daß ich ja
den Talar nur **übergeworfen** hatte und keineswegs mit den
Hemdärmeln darin stak. Der Pfarrer war noch immer von
seinem lustigen Urlaub nicht zurück. Ich aber lief spornstreichs,
um in die Familienkutsche zu kommen und mich noch recht an
der Verheerung zu weiden, die ich soeben unter meinen An-
verwandten gestiftet hatte. Meine Cousine, die ich doch am
meisten zerknirscht, sprach mir Muth auf dem Wege der Selbst-
besserung, den ich nun einschlagen dürfte, zu. Sie ermunterte
mich, meine Fehler einzusehen und nach meinen Worten nun
auch zu handeln. Die Sonnen, die sich in ihren Thränen
spiegelten, verwandelten sich aber bei Alledem in goldene
Fingerringe. Sie gab sich das Ansehen, von der christlichen Märtyrerkrone zu sprechen, und dachte im Grunde
dabei an die bräutliche Myrthenkrone und an meine ledige
Hand."

„Acht Tage nach diesem geistlichen Debüt," schloß Blasedow seine Erzählung, „konnte ich das Glück haben, relegirt zu werden. Ich hatte die Kanzel bestiegen ohne Reuter als geistlichen Vorreuter. Ich hatte den Talar und die weißen Bäffchen erschlichen und wurde in einen weitläufigen Religions=proceß verwickelt, der zwar nicht mit dem Holzstoß Hussens endete, aber doch damit, daß, wenn Huß bekanntlich eine Gans bedeutet, der Pfarrer von Schwarzensee von Gänsen ein Paar in die Probstei schicken mußte, um sich selbst von der Strafe zu befreien, die nun auch gegen mich gemildert wurde. Das am Spieß prasselnde Gänsefett genügte dem Probst Reuter, der etwas braten sehen wollte und zu meinem Glück dasjenige Opfer vorzog, das sich mit Anstand verzehren ließ."

Wir sind durch Mittheilung dieser Jugendanekdote unsers Freundes so sehr von seinen gegenwärtigen Schicksalen ab= gekommen, daß wir, um das Ebenmaß der Erzählung wieder herzustellen, wol genöthigt sind, ihrem ferneren Verlaufe ein neues Kapitel zu widmen.

Neuntes Kapitel.
Phibias Amandus Blasedow.

„Amandus!" rief Blasedow seinem Sohn.

Dieser hatte gerade ein Stück seines Raubes rund genug geknetet, um es mit Behagen zu verschlucken, und mußte sich auch, um dabei unbemerkt zu bleiben, nicht anders zu helfen, als daß er seinem Vater zurief: „Ach, sieh', Vater!" Dabei zeigte er auf einen Fleck in die blaue Luft, der aber gar keiner war und am wenigsten ein Vogel. Blasedow sah hin und bemerkte nur eine fliegende Mücke (mouche volante), einen Täuschungspunkt seiner schwachen Augen, der mit Blitzes= schnelle wie ein Vogel aus der Luft herabfuhr, sich im Walde verlor und doch nichts war, als ein bloßer Blitzableiter des

Donnerwetters, das Amandus befürchtet und glücklich genug
vermieden hatte. Als indeß Blasedow nur einen Vogel —
und eigentlich nicht einmal diesen — gesehen hatte, begann er:
„Amandus, wie viel Sinne hat der Mensch?" Der Befragte
nahm die seinigen zusammen und sagte: „Fünf!"
Blasedow dachte, daß die Redensart: er kann nicht fünf
zählen, wahrscheinlich von den fünf Sinnen herrühre. Er
dachte ferner: Hätte ich fünf Söhne, so würde ich sie nach
den fünf Sinnen erziehen lassen. Jeder müßte einen beson=
deren Sinn vorstellen, eine Kunst oder Wissenschaft, die gerade
die vorzügliche Blüthe eines Sinnes wäre. Alle Brüder
bildeten dann zusammen die höchste Potenz eines einzigen
Menschen, sie würden sich wechselseitig in ihren Leistungen
unterstützen können, wie ja die Sinne nicht selten unter ein=
ander ihre Thätigkeiten vertauschen. Blinde riechen die Farben.
Taube sehen den Schall. Das Unglück der meisten Menschen
kommt daher, daß sie sich einbilden, sehend zu sein, und auf
Alles doch mit wahrhafter Blindheit losgehen. Wüßten sie
ihre Blindheit, so würden sie suchen, ihren Verstand auf ein
anderes Organ zu stützen, wie Somnambüle, denen ihr Ver=
stand nicht mehr im Kopfe bleiben will, diesen in die Gegend
werfen, wo wir unsere Verdauungswerkzeuge haben.

Wir überraschen Blasedow bei diesen Gedanken auf einer
Schwäche, die er sich selbst nicht gestehen will. In
dem großen dunkeln Abendhimmel von Hoffnungen, der ihm
die Zukunftssonne seiner Söhne verhüllt, tastet er noch mit
seiner Erziehungslaterne. Er fängt mit den fünf Sinnen
an und hat alle Aehnlichkeit mit jenen Philosophen, die erst
denken, indem sie streiten, mit jenen Schriftstellern, die erst
Ideen haben, indem sie diese schon auf dem Papier entwickeln.
Er hätte so gern aus seinen vier Söhnen fünf gemacht, wenn
es nicht zu spät gewesen wäre. Er mußte das Theilungs=
princip je nach den fünf Sinnen aufgeben, das er so gern
beibehalten hätte, weil er ganz für die Idee war, daß Einer
in der Welt nicht mehr Alles tragen könne, daß die größte
Universalität aus der größten Einseitigkeit erzielt werden
müßte, wie schon die Gebrüder Müller aus Braunschweig be=
wiesen, welche ihre ganze Lebenslaufbahn nach den vier Saiten

der Streichinstrumente eingerichtet haben und mit einander so groß geworden sind zum und durch Quartettspielen. Ja, Blasedow, obschon seinem Namen nach mehr für die Flöte und das Fagott bestimmt, war nur überhaupt kein hinlänglicher Musiker oder es kümmerte ihn die moralische Erziehung nicht so sehr als die spirituelle; sonst würde er sich gesagt haben: Aus Deinen vier Kindern lasse wenigstens vier halbweges Musikanten werden, damit sie in ihrem Alter wissen, wie viel Verträglichkeit dazu gehört, um Lebenslang seinen Onslow und Spohr zu spielen, nämlich vierfach. Und er würde nicht unrecht gethan haben, da sich vier Brüder leicht erzürnen (obschon nicht so leicht, wie vier Schwestern) und in ihrem Alter noch viel öfter. Bedürfte jedoch einer des andern, wenigstens um alle Montage das zur zweiten Natur gewordene Quartett zu spielen, so würden sie sich einander ertragen und vielen Dingen durch die von Colofonium schwitzenden Finger sehen. Blasedow war leider unmusikalischer, als sein Name. Hätte Paganini vier Söhne gehabt, er würde wahrscheinlich Jeden gelehrt haben, auf einer Saite zu spielen, so daß nach Art der russischen Hornmusiker, ihrer Vier für Einen gespielt hätten, was freilich weit weniger künstlich und angenehm ist, als wenn es einmal eine Geige auf ein ganzes Quartett ankommen ließe.

Mit solchen zerbrechlichen Rohrstielen von Ideen tappte Blasedow in der Zukunft seiner Kinder herum. Er betrachtete sie dabei wie vier Bälle zum Escamotiren oder wie mathemathische Größen, wo man seinen freien Willen hat, bald mit vier Strichen einen Kreis, bald ein Viereck zu zeichnen, bald mit ihnen einen Satz aus der Stereometrie, bald aus der Trigonometrie zu beweisen. Die Ueberzeugung von einer organischen Gesetzgebung in dem kleinen Vernunftstaate eines jeden seiner Kinder, die Ueberzeugung von einer nothwendig zu respectirenden Grenze einer anderweitigen und wenn auch noch so unmündigen Freiheit kannte er nicht. „Wohl dem," sagte er, wie schon öfter, „welchen man nicht an eine volle Tafel setzt in seiner Jugend, wo er wählen kann hundert Dinge, von denen er nur nascht und sich verdirbt! Ach, bis zu welcher Vollkommenheit könnte es Jeder in seinem Fache bringen, wenn er von Jugend auf nur für eins bestimmt würde! Wer bei den Alten ein großer Mann werden wollte, zerdrückte schon in der Wiege Schlangen." Und dann sprach er laut: „Wie viel ist vier Mal vier?" „Sechzehn," rief Amandus.

„Keine organische Zahl," beklagte sich der Vater, vor sich hin brummend. „Das Schicksal will sie trennen. Sie sollen jeder für sich stehen. Die Zahl vier ist in der Musik nur eine scheinbare Einigkeit und kommt auf die heilige Sieben zurück: eine Aussicht, die bei meiner b ö s e n Sieben nicht vorhanden ist. Aber vier Elemente giebt es und nach diesen vier Temperamente, auch viererlei Arten von Wahnsinn, Blödsinn, Narrheit, Wahnsinn, Tollheit. Blödsinn ist gleich dem Phlegma und der Erde. Narrheit ist gleich dem Sanguinismus und dem Feuer. Wahnsinn ist gleich der Melancholie und dem Wasser. Tollheit ist gleich dem Cholerismus und der oben, ganz leeren und unbewußten Luft."

Jetzt hätte Blasedow auf Amandus schließen müssen; doch ward ihm selbst angst, da er für jeden gescheidten Gedanken, den er jetzt etwa finden konnte, gleich einen entsprechenden Wahnsinn gefunden hätte. Er ward über die allzu große Fruchtbarkeit seines Witzes so unmuthig, daß er sich recht freute, eine Gelegenheit zu haben, sich zu fassen. Er faßte aber auch Amandus, dessen fortwährende verstohlene Geberden ihm mißfielen, und schlug ihm mit einem grünen verblaßten Regenschirm auf die Finger, die zwischen der Rocktasche und dem Munde eine für den Vater nachgerade störende Correspondenz unterhielten. Während Amandus wie ein scheues Pferd auf die Seite sprang und sich auf die Hinterfüße setzte und Blasedow: Oho! rief, gleichsam, als wollte er ihn lehren Mienen machen, entdeckte der Vater auch die plastische Masse, die Amandus bei sich trug, indem er die Rocktasche des Jungen untersuchte. Blasedow zitterte, aber nicht vor Wuth, sondern vor Freude; denn es schien sich ihm Alles bestätigen zu wollen, was er über die Anlage des Knaben zur Bildhauerei vorausgesetzt hatte. Er nahm das corpus delicti und knüpfte daran die unmittelbare Unterweisung, die er dem

Genius seines Kindes schuldig zu sein glaubte. „Daß Du von Jugend auf in Deinem Fache erzogen werdest," begann er, „ist für Dich wichtiger, als für Andere. Komm her und halte Dich still, Amandus! Der Bildhauer bedarf mehr, als jeder andre Künstler, von Jugend auf eine Gewöhnung an plastische Anschauungen. Das Todte soll Dein Auge erwecken und das Lebende tödten. Nur in dieser Mitte hält sich die Aufgabe Deiner Kunst. Alle Deine Statuen und Gruppen, Amandus, sollen lebendige Erinnerungen sein, aber vom Tode. Der rechte Künstler der Unsterblichkeit bist Du: Du giebst uns die Vernichtung und die Ewigkeit des Menschen, Du giebst uns jenen geheimnißvollen Schlummer, der nach dem Tode in den Menschenaugen walten würde, wenn diese irdische Hülle ihnen bliebe. Dein Meißel rettet das fleischliche Kleid der Schöpfung nicht, um dem Gesetz der Zerstörung zu trotzen, sondern, weil er keine andre Hülle hat, um die Unsterblichkeit einzuschließen. Ewigkeit aber schlummert in den Gebilden Deiner Kunst."

Hier war Blasedow von den begeisterten Begriffen übermannt, die er mit Allem, was nicht seine eigene verfehlte Laufbahn war, verknüpfte. Er setzte sich in das Korn, nicht achtend einiger hundert Aehren, die er zerdrücken würde. Amandus drückte er dagegen an sein Herz. Die vollen Hoffnungs-Aehren schwankten über ihren Häuptern. Ceres, die geheimnißvolle, so vieler Metamorphosen fähige Göttin, flüsterte ihren Segen zu dem Opfer, das hier in ihrem Schoße den alten Göttern und Altären gebracht wurde. Blasedow sprach weiter zu Amandus: „Ach, mein Sohn, an welche Welt pochst Du mit Deinem Knabenfinger! Deine Sinne werden schwindeln, wenn die Pforten aufrauschen und Du in dem luftigen Tempel idealischer Schönheit wandeln wirst. Alles, was Du siehst, weiß Dein Auge mit schneller Herrschaft abzugrenzen. Die Gewänder, welche die blühenden Formen der Schönheit verhüllen, nimmst Du mit einer Hand ab, die darum nicht frevelt. Frei ist Deine Phantasie von den bleiernen Gedanken, welche die Menschen niederbeugen und ihren Rücken krümmen; Du wischst jenen Ernst von ihrer Stirn, den prosaische Rücksichten darüber gehaucht haben;

Du wählst unter Tausenden, und die, welche Du verwirfst, kannst Du sofort entadelte Menschen nennen, da Du ja warlich auch die Leidenschaft, den Schmerz und den Leichtsinn verstehst, aber nicht e i n e n Zug jener Leidenschaft, die sich mit matten und gesenkten Augenlidern in die Nähe mürrischer Gedanken kauert. Ach, mein Sohn, das wahrhaft Menschliche wirst Du überall entdecken, wenn Du dem Göttlichen nachforschest. Alles, was Du höhern Ursprungs finden wirst, wird auch eine Blüthe der Humanität sein. Denke Dir Deinen Gott, finster zürnend, denk' ihn Dir holdselig lächelnd: immer wird Dein eigenes Antlitz die Spuren der Phantasie tragen und aus D e i n e n Augen wird sich das Ideal in andere hinüberspiegeln. Wirst Du einen Laut der Marktsprache des Lebens verstehen? Sie werden Dich zu ihren Spielen einladen, zu Spielen in dumpfen Zimmern, an Tischen, auf Sesseln, wo sie sich bücken und lauschen, daß Keiner dem Andern dessen Hoffnung aus den Karten sehe; sie werden Dich rufen zu ihren Festen, Festen in Sälen, die nur deshalb geräumig sind, damit sie die Monotonie ihrer Tänze im Kreise hundertfach wiederholen, sie werden Dich rufen zu ihren Göttern in qualmenden Wänden, ohne Zulaß der freien Himmelsbläue; Du wirst ihre Lockung nicht verstehen, Du wirst ein Schatten unter ihnen wandeln, gedrückt, gestoßen von ihrem Lärm, Du wirst um Hülfe rufen für die weinende, verschmachtende Psyche Deiner Seele, Du wirst fliehen, weit, weit an die Ufer des Meeres, auf die höchsten Felsengipfel, wirst die Hülle Deiner civilisirten Zeit von Dir werfen und mit einem Gruße an die silberfüßige Mutter Thetis wie Achilles in die Wellen springen. Du missest die Tiefe des Meeres, Du tauchst empor und schüttelst die Fluth aus Deinem lockigen Haar. Dein Arm rudert Dich durch das schwankende Element, die Brust ist wohlig angespült von den Wellen, die Deine kreisende Bewegung erzeugt, aus tiefstem Sitze der Lungen athmest Du seelenvolle, schwellende Gesundheit auf; Dein nackter Rücken glänzt auf der Fluth, wie die Flossen der Fische im Sonnenschein; der Schiffer, der vorüberfährt, weidet sich, an den Mast gelehnt, an Deinem kecken Streite mit der trotzenden, aber leicht überwundenen Natur. Ach, mein Sohn, ich bin ein Krüppel, ich gehöre dem Zeitalter des Flanells an — was kannst, wirst und sollst Du muthig in die Welt blicken!"

Daß Blasedow etwas verstimmt von seinem Aehrensitze aufstand, lag nicht so sehr darin, weil Amandus sagte: „Wir haben ja kein Wasser hier." Denn Blasedow entgegnete, man könnte auch in dem Waldbache, an welchem sie bald sein mußten, schwimmen lernen. Das aber verletzte ihn, daß nun Amandus sagte, die Mutter litte es nicht, weil Blutigel in dem Wasser wären, und er thäte es auch nicht um hunderttausend Thaler. Nicht die Blutigel saugten an seinem Blute, sondern der kaufmännische Vergleich machte ihm wund, die spanische Fliege der Geldkrämerei, von der er jetzt stillschweigend zu sich selbst sagte: „Sie wird den Kindern schon von frühester Jugend hinter's Ohr gesetzt und muß ihnen die Wasserblasen eitler Hoffnungen ziehen. Hunderttausend Thaler! Ach, wenn die Jugend doch die Dinge früher kennen lernte, als den Preis, um den sie nur zu haben sind! Wenn ihr doch Alles gehörte, was sie verlangt, und nicht auf jedem Zettelchen, das neben den Blumen des Lebens steht, auch gleich der Haarlemer Zwiebelcours vermerkt wäre? O Menschen, versagt doch Euren Kindern weniger, als Ihr Euch versagt! Gebt ihnen mehr, als Ihr Euch selbst erlaubt, oder laßt sie wenigstens nicht verstohlen zur Seite blicken mit leerem Munde, während Ihr den Eurigen stopft! Eine Erziehung, die auf Entbehrungen gegründet ist, war in Sparta möglich, wo die Eltern dieselbe bittere Suppe aßen, wie die Kinder. Bei uns aber macht sie die Jugend nur lüstern und bereitet die Verschwendung des Alters vor. Denn wer rächte seine jungen Tage nicht an seinem Alter? Wenn Kinder schon mit dem Gelde spielten, so würden sie nicht als Männer damit spielen! Legt man ihnen gar einen vorläufigen Schuldentilgungsfonds in Sparbüchsen an, so werden sie nicht nur niemals welche machen, was freilich immer die beste Bezahlung der Gläubiger ist, sondern sogar Geizhälse werden. Wer schon früh lernt, aus wie viel Kreuzern der Gulden besteht, wird auch für seinen Ehrgeiz und seine Verdienste sich gewöhnen, statt mit Kronen, lieber mit Kronenthalern sich belohnt zu sehen."

Inzwischen war es so heiß, daß Amandus gern in den nahen Wald gegangen wäre. Allein Blasedow verweigerte es, weniger der Blutigel wegen, als aus folgender Erklärung: „Dem Dichter, dem Maler gönn' ich gern den stillsäuselnden Waldfrieden," sagte er. „Dir nicht, Amandus: auch Phidias war ohne Zweifel lieber auf freiem Felde, als im Walde. Die Nymphen, die Dryaden werden von Dichtern besser geschildert, als von bildenden Künstlern, da sie Geheimnisse sind, nicht Offenbares. Pan, der große Pan ist der Inbegriff jener Naturmystik, die nach dem Verlauf der Kunstgeschichte mit dem Flor der Malerei enden mußte. Dein Tempel ist frei und luftig; Du mußt Raum haben, Dich auszudehnen. Des Bildners Religion ist der Mensch, er hat sogar Gott in Menschen verwandelt, er hat nicht den Beruf, jene Vorstellungen, wie der Volksaberglaube sich die Gottheit denkt, wiederzugeben. Der Dichter malt den Göttern Flügel, er folgt den Eingebungen seiner Phantasie, die nicht die erhaltende Geisteskraft, sondern die zerstörende und schaffende ist. In lyrischer Aufeinanderfolge jagen sich bei ihm die Attribute. Was weiß er nicht Alles vom Bacchus zu erzählen! Wie viel Widersprechendes liegt in dem Mythus dieses Gottes; nur bei dem Bildhauer ist Bacchus stets derselbe Götterjüngling, der aus Indien kam und einen gewissen seelenvollen Ausdruck in seinem Wesen hat, der uns so auffallend scheint, weil uns im Wein ein anderes Träumen liegt, als das Träumen dieses Götterknaben. Das Träumen des Bacchus, mein Kind, ist das Sinnen über seinen Ursprung, das Sinnen nach Indien hin; Bacchus ist fremd unter uns, wie auch der Wein, im Glase perlend, das stille Sinnen zu enthalten scheint über die wunderbare Metamorphose, die ihn von der Rebe bis in diesen Kreis fröhlicher Menschen brachte, die das Wunder dadurch zu ehren glauben, daß sie es in vollen Zügen schlürfen und, statt es geheimnißvoll zu kosten, sich damit berauschen. Bacchus ist der einzige Gott des Alterthums, dessen Gedanke auch von einem Dichter ausgegangen sein könnte, der einzige Gott waldigen Ursprungs, während alle übrigen vom Felde sind, vom Sonnenschein, von der freien Luft. Es giebt keine Plastik ohne Fernsichten. Die menschliche Gestalt, von Dir wiedergegeben, bedarf keiner Draperie. Sie würde dann auch nur unbeholfen sein. Du sollst nur herumgehen um das Schöne. Der Maler braucht nur Beleuchtung, braucht nur eine Seite. Großer Gott, weil wir in unserm Jahrhundert zwar Manches haben, das schön ist von zwei Seiten, aber krumm, lahm, blind oder sonst mangelhaft auf der dritten, so hat unsre jetzige Bildhauerei auch ihre Zuflucht nehmen müssen zur Draperie. Sie hat von der Malerei den Faltenwurf entlehnt. Mein gutes Kind, hier sind wir an einer übeln Stelle angekommen."

Amandus verstand diese Bemerkung von einem Graben, vor dem sie standen, und meinte, daß er schon hinüber springen wollte, wenn nur der Vater zuerst ginge und ihn dann drüben auffangen wollte. Dieser aber sagte: „Wir wollen nach Hause gehen. Wir können ja dabei an diesem Ufer bleiben." Er sagte das mit Wehmuth: denn das Meiste was er sagte, er verstand es wohl, verstand Amandus nicht; doch hindert das nicht, dachte er: von diesen meinen Vorträgen muß doch etwas in ihm zurückbleiben, je öfter ich sie wiederhole. Er wiederholte aber gerade das Vorige nicht, sondern fuhr fort: „Und der Faltenwurf ist es nicht bloß, sondern ganz falsche Anschauungen schleichen sich in die Bildhauerei ein. Der christliche Heiligenschein, mit welchem man die Malerei umgeben hat, ist auch über die Plastik gezogen worden. Himmel, ich lass' Euch Euren Gott! Du aber, Amandus, wirst um so christlicher und künstlerischer sein, je mehr Du die Weisung befolgst: Du sollst Dir kein Bild von mir machen! Man hat nun Jesus auch neben den vaticanischen Apollo stellen wollen, einen marmornen Jesus, eine Gestalt, so verkörpert, so menschlich trotz ihrer Erhabenheit, einen Jesus, der seine zweite Natur in sich trägt. Dem Gläubigen ist Jesus ein Hauch, ein Kleidessaum, den er im Vorübergehen berührt und davon gesund wird. Die Halbheit der Malerei konnte allein die Heerschaaren, die Fürsten und die Engel des christlichen Himmels wiedergeben, weil sie durch die meisterhafte Abrundung ihrer Unvollkommenheit am ehesten die Ahnung eines neuen andern Lebens weckt. Aber die hohe Vollkommenheit der Plastik weckt nur die Ahnung des allgemeinen, abgeschlossenen Menschenschicksals: denn der plastische Künstler bewahrt eben seine Gestalten vor diesem Schicksal. Christus aus Marmor, der Christus des Thorwaldsen, ist nicht mehr der Heiland der Welt, sondern der Rabbi von Nazareth. Nur das Antlitz des Herrn, gerade so wie es abgedruckt ist im Schweißtuch der heiligen Veronica, interessirt den Gläubigen; alles Uebrige an seiner Gestalt dient nur zur Erweckung menschlicher Vorstellungen. Der Maler legt allen Ausdruck in das Antlitz, die Gewänder fluthen anmuthig, eben, ohne herausgeforderte Beurtheilung hinunter. Da aber mußt Du, als Bildhauer, nichts übersehen, Du mußt Jesum ganz menschlich fassen, und Du bist der größte Skeptiker an seinem himmlischen Theil, wenn Du ihn allen Ansprüchen gerecht machst. Wer möchte Maria, wer möchte einen Engel des Himmels im Marmor ausdrücken? Gerade der mystische Enthusiasmus erzeugt hier etwas Heidnisches. Du brauchst deshalb, Amandus, nicht zu erschrecken. Ja, Du sollst Heide sein in Deiner Kunst, Du sollst Deine Religion darin finden, daß Du in Gott die menschlichen Verwandtschaften aufsuchst. Suche überall den Charakter nur in seinem einfachsten Ausdrucke! Werde kein Affe der Schöpfung, sondern ahme nur ihren höchsten Gebilden nach und schaffe das, was sie vergessen hat. Schmiege Dich an Dein Zeitalter an, aber hänge Alles, was es Dir bietet, erst Tage lang in die freie Luft: denn ohne vorhergegangenes rein künstlerisches Nachschaffen der Schöpfungen unsrer Zeit, ohne Umgestaltung und Vereinfachung kannst Du nichts von Deinem Jahrhundert brauchen. Die Religion ist Dir verschlossen: so halte Dich an große Thaten und Charaktere, halte Dich an die Geschichte und die Ideen. Wir stehen in den Präludieen großer Ereignisse; ein erhabenes Lied spannt sich auf die Saiten der Zeitharfe. Laß den Maler bei dem Drama, Du, Amandus, folge dem Epiker: denn Heldensänger werden auferstehen in der Heldenzeit. Die Tage einer neuen Iliade brechen an. In meinem Haupte liegen sie, wie in den Alpen schon die Marmorstatuen, mit denen Du sie verherrlichen wirst. Phidias schuf Götter, die zu Menschen wurden, mein Sohn. Du wirst glücklich sein, denn Deine Menschen wirst Du zu Göttern machen!"

Blasedow hatte diese letzten Worte gesprochen mit gen Himmel gewandten Augen. Er bemerkte erst spät, daß er nicht früh genug geschlossen hatte: denn Amandus war auf einem kürzeren Wege in die Pfarrwohnung (im Dorfe waren sie längst) geeilt. Blasedow hatte den größten Theil seiner Betrachtungen nicht blos in den Wind, sondern auch in die Luft gesprochen. Zufällig Anwesende mußten ihn für abwesend halten. Als er dieselbe Entdeckung machte, war er zu hoch in den Wolken, als daß er sich geärgert hätte. Es giebt Regionen, wo man weder von der anspritzenden fremden Galle, noch von seiner eigenen berührt wird. Blasedow befand sich ganz in der Stimmung, wo sich Christus für einen Backenstreich dadurch rächte, daß er noch die andere Wange hinreichte. Riesengroß und majestätisch, wie die Sonne, zog er durch die Stiere, Widder und Steinböcke des Thierkreises von Kleinbethlehem. Ihm war wohl und selig und er seufzte tief aus seiner klopfenden, an eine schönere Zukunft glaubenden Brust.

Zehntes Kapitel.

Thee und Butterbrot auf der Neige.

Der Sonntag (von welchem Tage ich nicht weiß, schließt er überhaupt oder beginnt er die Woche) wusch die Hände und Herzen der Bewohner Kleinbethlehems von den Werktagsresten rein. Blasedow that in der Kirche sein Mögliches (Tobianus that immer noch mehr, als sein Mögliches, weil er nämlich fremde Predigten ablas), um im Lichte der Religion die Entbehrung darzustellen wie den größten Reichthum. Er rieb das harte Holz der Gemeinde am etwas weicheren seiner Worte (er war kein großer Redner) und brachte wenigstens einen erbaulichen Rauch aus dieser Friction hervor, wenn er auch Keines Gemüth entzündete. Er predigte nur über die Episteln, weil er gewohnt war, der Bequemlichkeit wegen seine Texte zu umschreiben und er sich bei dem Evangelio nicht gut vorstellen konnte, wie sich eine Geschichte mehrfach sollte umschreiben lassen. „Die Menschen sind am glücklichsten," sagte Blasedow, „wenn sie immer wieder in ihre Heimath zurückkommen. Führt man sie im Zirkel umher, so haben sie am ersten das, wonach sie trachten, die Beruhigung. Sie wollen zwar Alles lernen; allein sie halten nur das für wahrhaft neu, was sie schon einmal gewußt haben."

Blasedow hatte nicht vermuthet, daß jener neuliche olympische Siegesapfel, den er einer modernen Atalante, der Gräfin Sidonia, im Wettlaufe des Witzes unter die Beine warf, ihn in ein so vertrauliches Verhältniß zu ihr führen würde. Er wußte auch noch gar nicht, ob er die Einladung annehmen sollte. Die Aussicht, mit dem ritterlichen Grafen oder auch mit Herrn Ritter in eine Fehde verwickelt zu werden, dafür schien ihm der Siegespreis einer Tasse Thee nicht lockend genug. Allein Gertrud bot ihre eigenthümliche polternde Ueberredungskunst auf, um ihn doch zu der Nachmittagswanderung auf die Neige zu bewegen. Sie griff den Hochmuth ihres Mannes an und sagte nicht ohne Grund: „Wenn sie auch nichts Anderes haben, so haben sie doch noch ihren Namen." Sie meinte ferner, daß dieser vielleicht noch so viel werth wäre, wie der Blaustrumpf's, und daß Blasedow's Zukunft ohne die Sonne der Gunst schwerlich zur Reife kommen würde. Er leugnete dies aber und bemerkte bitter genug für seine Frau: „Er hätte nur zwei Möglichkeiten noch, entweder den Regen einer gräflich von der Neige'schen Theevisite oder die Traufe eines langen Zankabends mit seiner Frau." Mit dieser Erklärung machte er sich denn in der That auf den Weg.

Dieser Weg aber führte ihn über Dreifelden an dem rothen Ochsen vorüber, wo es noch heute einen Tanz geben konnte und dazu schon die Instrumente der Dorfcapelle gestimmt wurden. Blasedow wollte eben am Fenster den Wirth zum rothen Ochsen grüßen, als er bemerkte, daß es dieser gar nicht war. Der Fremde aber nahm den Willen schon für die That und riß das Fenster auf, sich dem vorüberwandelnden Worte Gottes vom Lande kenntlich zu machen.

Blasedow besann sich auch gleich und sagte: „Ei der Tausend, Herr von Lipmann!" — „Ja, Pfarrerchen," rief der Fremde, der es aber, ob er gleich ein Jude war, schon so weit gebracht hatte, doch als Fremder kein Schutzgeld mehr zahlen zu dürfen, und sogar baronisirt worden war. „Wir sind's wirklich! Kommen Sie her, kommen Sie herauf, Männchen! Nun, wie geht's Ihnen denn, Herr Pfarrer!" Blasedow ging auch wirklich in den ersten Stock des rothen Ochsen, wo ihm Herr von Lipmann, fürstl. Sayn=Sayn'scher Hofagent, sogleich den besten Platz auf dem Sopha einräumte und ihn nach der vertraulichen und protectionssüchtigen Art der Juden behandelte wie seinen besten Freund. „Herr von Lipmann," sagte unser Held, „Sie werden ja in der Umgegend der Neige so rar, wie die Ducaten! Sonst wurde gar kein Hase geschossen, daß Sie ihn nicht gleich beim Genick gehabt hätten."

„Nun ich ihn hab' herausgezogen aus der Patsch," fiel Herr von Lipmann ein, „nun ich die Güterlotterie für den verwegenen Mann riskirt und mir alle meine Freunde in Staatspapieren zu Feinden gemacht habe von wegen der Concurrenz und der Verderbniß, die in die Börse kommt bei den vielen Lotterieen, die blos das Geschäft untergraben! Wie konnt' ich aber anders zu meinem Geld kommen? Der Herr Graf hat gezogen von mir eine jährliche Apanage auf — straf' mich Gott — zweitausend Brabanter des Jahrs, und, um nur etwas davon wieder zu haben, mußt' ich ihm auch noch die Güter verwalten und hinter der Oeconomie, hinter Forst= und Landwesen hersein und nach dem Rechten sehen. Ich hab' an dem Geschäft mit der Lotterie, wozu ich gezwungen war, meine Mühe und Versäumniß nicht bezahlt bekommen. Jetzt hat er durch eine Finte, die ihn, wenn ich kein so guter Mensch wäre, auf die Galeeren bringen könnte — ich scherze nur; wir haben keine — mich noch um einen ansehnlichen Wechsel betrogen. Deshalb bin ich hier und will ihm heute noch zu Leibe gehen."

Blasedow fiel erschrocken ein: „Heute noch, Herr von Lipmann, heute giebt der Graf einen großen Gesellschaftsthee?" — „Thee?" entgegnete der Hofagent; „was Thee? Werd' ich ihm Zwieback einbrocken dazu! Was Thee? Ich habe Vollmacht in der Tasche und Beweis, daß er falsche Wechsel hat ausgestellt auf Banquiers in meinem Namen und auf seine Ordre, Wechsel auf Paris, wo die meisten von denen Loosen noch sind abgesetzt worden, was noch mein Glück war, da ich mir in Deutschland alle Staatspapiere auf den Leib gezogen habe durch diese verdammte Lotterie, alle meine guten Correspondenten und geschwornen Makler."

Herr von Lipmann deutete mit diesen Bemerkungen Verhältnisse an, die Blasedow zu wenig Financier war zu verstehen. Daß aber Herr von Lipmann sogar verzweifelt that und ihm alle Glieder so schlaff am Körper hingen wie die goldene Uhrkette auf dem wohlgerundeten Bäuchlein, schien ihm lächerlich, wenn er die ungeheuren Glücksgüter dieses Mannes in Erwägung zog. „Herr Baron," sagte er, „Sie übertreiben! Sie haben uns ja doch Alle in der Tasche. Was Sie an einem Einzelnen einbüßen, gewinnen Sie am Ganzen wieder. Sie übernehmen eine Anleihe des Staats, Sie emittiren Canalactien und Eisenbahnbillets und behalten die Hälfte davon für sich. Sie unternehmen ein kleines Geschäft mit Spanien und lassen sich für die Vorschüsse, die Sie geben, eine Provision zu gut schreiben, die Ihnen immer den Rücken deckt. Die Völker brauchen ja immer Geld, wenn ihre Häupter dabei etwas verdienen können. Herr von Lipmann, ich muß gestehen, ich habe allen Respect vor Ihrem Genie!"

„Ob ich ein Genie bin," sagte der Hofagent, „weiß ich nicht; aber mein Sohn ist eins, und meine Tochter kann ihm beinahe das Wasser reichen. Mein Sohn studirt, Herr Pfarrer; wenn Sie in die Residenz kommen, besuchen Sie mich, überzeugen Sie sich, was ein Knabe von fünfzehn Jahren leisten kann, wenn's nicht an den Eltern liegt. Meine Tochter ist ein Jahr älter, aber es ist das nämliche Blut. Sie singt, sie componirt, sie spielt Variationen (von Kalkbrenner) einzig. Wir Väter haben's geschafft. Nun, unsere Kinder werden's anwenden. Ich habe mit alten Büchern angefangen und Schildereien und mein Sohn wird selbst welche schreiben und von meiner Tochter ist eine Landschaft schon auf der Kunstausstellung ausgespielt worden. Mein Sohn sollte mit Gewalt auf's Geschäft; ich habe sein Genie verkannt, ich habe eine große Sünde gethan, bis ich mit Herrn Itzig gesprochen."

Blasedow bedauerte, Herrn Itzig nicht zu kennen. Herr von Lipmann verwunderte sich darüber und bemerkte: „Was? Sie kennen Herrn Itzig nicht? Herr Itzig ist ein College von Ihnen. Er ist der größte Feind von Talmud und hat sich vor zwei Jahren bei uns mit dem neuen Gottesdienst etablirt. Er predigt lauter Liebe, Glaube und Hoffnung und hält Vorlesungen über die schönen Künste und Wissenschaften, das Billet ein Carolin. Der kam eines Tages zu mir und sagte: Herr von Lipmann, Sie sind grausam; Sie wollen unterdrücken das Genie von Ihrem Sohn. Guido wird in sich vereinigen: Heinrich, Michel und Meyerbeer, er ist ein Astronom von Wissenschaftlichkeit, ein Dichter von einem Gelehrten, ein Klavierspieler von einem Componisten. Herr Itzig, sagt' ich, setzen Sie sich; wenn es Gottes Wille ist, daß mein Geschäft künftig von meinem ersten Kassirer soll fortgesetzt werden, so machen Sie ein Genie aus meinem Sohne! Und nun bitt' ich Sie nur, Herr Pfarrer, besuchen Sie mich und lassen Sie sich vorspielen von meiner Tochter eine Oper, von meinem Sohn beclamiren ein Trauerspiel. Sie werden sagen: Herr von Lipmann, Sie sind ein glücklicher Vater!"

Blasedow's Ideen streiften etwas nahe an die des Hofagenten. Ihn rührte das Entzücken eines Mannes, der im Schmutze der Gewinnsucht aufgewachsen war und sich doch noch so viel Adel des Herzens bewahrt hatte, daß er den Vorzug der freien Geistesbildung vor dem Wucher fühlen konnte. Er drückte die Hand des Hofagenten, der ihn aufforderte, mit ihm dem Glase zuzusprechen und zu sagen, ob es einen besseren Wein gäbe, als den Herr von Lipmann aus seinem Keller mit sich führte? Als nun der Hofagent im Detaillobe seiner Glücksgüter sogar auf seinen Garten gekommen war und erklärt hatte: er hätte im vorigen Jahre Tulpenzwiebeln gesetzt, von denen das Stück tausend Gulden kostete, sprang Blasedow auf und sagte: „Herr von Lipmann, haben Sie Mitleid mit dem Grafen! Es ist, weiß Gott! ein böser Schuldner; allein wer einmal in die Minusregionen hineingerathen ist, aus dem kommt sein Lebtag kein Plus mehr heraus! Es ist mir um die Frau zu thun, die allerdings eitel ist, aber kein schlechtes Herz hat und innerlich viel ausstehen mag!" Blasedow mochte sogar Angst haben, daß der heutige Besuch des Hofagenten auf der Neige zu betrübenden Gewaltthätigkeiten führen könnte; allein Herr von Lipmann firirte ihn scharf und rüstete seine Haut gegen jeden Angriff. „Die Frau?" sagte er; „der Frau will ich schenken ein golden Armband, kostet mehr, als was ich heute noch von ihrem Mann heraushaben muß; allein es nützt nichts! Sie verkaufen Alles; sie haben verkauft meine goldene Dose, die ich ihnen nicht einmal geschenkt, sondern blos bei ihnen vergessen hatte. Er hat verkauft das goldene Taufbecken, was ich geschenkt habe wegen der Aufklärung, da er meine jüdische Gegenwart bei der Taufe von seinem zweitältesten Kinde nicht gescheut und dem Junker Gustav Adolph Nathan sogar einen von meinem Namen gegeben hat. Er hat verkauft den ehrlichen Namen, den ich ihm verschafft habe durch die Lotterie mit meinem eigenen Nachtheil an der Börse, wo man haben will Metalliques und nicht schlechte Partialobligationen von bankerotten Ritterschaftsgütern. Er hat eine Geschichte gemacht von einer Stecknadel, die ihm an Leib und Leben gehen könnte, wenn ich wollte Untersuchung anstellen und ihn fragen, wo er den unschuldigen, bethörten Waisenknaben gelassen hat, dem er sein übermenschliches Glück, seine Güter wieder zu gewinnen, verdankt. Herr von Blasedow, lassen Sie mich ausreden, der Graf ist ein gefährlicher Mensch. Ich will ihn nicht an den Pranger, aber an den Bettelstab bringen."

Herr von Lipmann war so in Eifer gerathen, daß er in ein krampfhaftes, von einem langen Ja! Ja! begleitetes Zucken und Nicken des Kopfes verfiel. Blasedow wurde über die Leidenschaft des Mannes unruhig und besann sich, daß er Eile hätte. Als er sich empfahl, bat ihn der Hofagent bringend, seine Nähe zu verschweigen. Wie kann ich auch davon sprechen, dachte Blasedow, da ich gar nicht wüßte, wie ich bei der Vornehmheit dieser Menschen die Einleitung dazu treffen sollte! Die ibealistische Richtung des Hofagenten beschäftigte ihn mehr, als die Gefahr des Grafen, und dennoch sagte er zu sich: „Sein Enthusiasmus für das Edle ist nicht der rechte. Die Juden haben ihre eigenen Gedanken dabei, wenn sie sich mit dem Ruhm und den schönen Künsten befassen. Sie sind stolzer auf die Person, die sich den Wissenschaften hingiebt, als auf den geförderten Gegenstand. Sie wollen gerechtfertigt sein, sie wollen die Christen auch an geistigen Gütern überflügeln, wie sie sie schon an materiellen überflügelt haben." Blasedow wußte dabei nicht einmal, daß Herr von Lipmann eine Handelskrisis voraussah und einen Sturz des Anleihewesens besorgte, er hatte sogar vergessen, wie oft ihn dieser in der Zeit, als die von der Neige'schen Güter auf Rechnung des Hofagenten administrirt wurden, gefragt hatte: „Was sagen Sie, Herr Pfarrer? Was hat Goethe verdient? Was kann wol der Faust gekostet haben?" Blasedow wußte damals nur, daß Milton das verlorene Paradies für sechzig Gulden verkauft hatte. Als Herr von Lipmann diese Summe hörte, kniff er die Augen zusammen und sagte, künstlich schielend: „Sechzig Gulden? Machen Sie keinen Spaß!" In der That, Herr Hofagent, hatte Blasedow geantwortet, fünf Pfund Sterling. Der Banquier flüsterte ihm spöttisch zu: „Hören Sie, dann war in der That das Paradies verloren!" Um so mehr verwunderte sich Blasedow, daß Herr von Lipmann jetzt doch mehr auf die Zinsen der Unsterblichkeit geben mußte, wenn er seinem Sohne gestattete, Verse zu machen. Herr Itzig mußte ein gewaltiger Redner gewesen sein, wenn er so die früher so ernsten Scrupel des Geschäftsmannes hatte überwinden können: denn auf Thatsachen hatte sich doch auch dieser nicht stützen können, da im Gegentheil dichtenden und componirenden Israeliten bis jetzt ihr Ruhm mehr gekostet, als eingetragen hat. Exempla odiosa.

Blasedow kam auf der Neige nicht ohne Besorgniß an, die erträumte Annehmlichkeit dieses Abends möchte sich in eine für den Grafen gefährliche Katastrophe auflösen. Zunächst hatte er aber nur seine Freude daran, zu sehen, wie Tobianus ihn im Vorzimmer, wo einstweilen Herr Ritter die Gäste empfing, anlächelte. Wenn sich zwei Bekannte unwissentlich, aber nach vorhergegangener Einladung bei einem

Dritten finden, so pflegt die erste Begrüßung in einer Miene zu bestehen, die man nur erwähnen, aber nicht schildern kann. Der feierliche Aufzug ist es wol zunächst, die erwartungsvolle Voreinrichtung, der schwarze Frack, den aber nur Tobianus, nicht Blasedow trug, welche in dem Antlitz zweier sich so Begegnender ein Lächeln hervorruft. Tobianus hatte eine gebrannte Halskrause vor der Brust, auf welcher ihm jedoch Blasedow die gelben Spuren der Tropstein=Gebilde seiner Nase nachwies. Er hatte ein ostindisches gelbseidenes Taschentuch außerdem lang genug heraushängen, um von Blasedow über eine Mode verspottet zu werden, die längst veraltet war. Tobianus hatte indessen in Herrn Ritter, dem er eine unbedingte Huldigung schenkte, bereits einen Verbündeten erhalten, was denn Blasedow, der wol mußte, wie selten junge Männer in der Familiarität mit älteren die Grenze zu halten verstehen, vermochte, von seinen Scherzen abzulassen. Nachdem sich noch mehre andere Personen der Umgegend, alle in festlichem Aufzuge, versammelt hatten, erschien endlich der Graf, eine Figur, auf deren Aeußeres wir nach so vielen Präliminarnachrichten über ihr Inneres gewiß einige Neugier zu befriedigen haben. Der Graf war aber sonst ein ganz einnehmender Mann; es paßte sein aufgeschossener Wuchs vollkommen zur Pappelgröße Sidoniens. Sein Haar ging schon etwas in graue Schattirungen über, worin er selbst wohlweislich nicht die Folgen der Sorge zugestehen wollte und sich also schon bequemen mußte, sie dem Alter zuzuschreiben. Er war ein starker, obschon sehr schmächtiger Fünfziger. Seine Mienen waren freundlich und sogar grüblerisch, was Blasedow sich aus dem Sprichworte: „Noth lehrt beten!" erklärte. Man schrieb diese nachdenkliche und träumerische Art des Grafen seinen ernsten Landraths=Pflichten zu, während dies freilich nur der ostensible Grund war. Das Kapitel der „Mittel und Wege", wie man im englischen Parlamente das Budget nennt, hatte diesen in seiner Jugend gewiß sehr anziehenden Cavalier früh aufgerieben. Er hielt sich jedoch durch feine und gewandte Manieren aufrecht und schleuderte sich durch eine künstliche Lebhaftigkeit in eine Uebertäubung seiner mißlichen Gefühle und grübelnden Reflexionen hinein. Ueber=

haupt ließ sein Aeußeres nur für den einen Schluß übrig, der sein Inneres bereits kannte. So giebt es Personen genug, an denen die glatte Ebene Kobi auf ihren Mienen nicht verräth, wie viel tausend Fuß hoch sie über der Fläche des Meeres, über uns andere harmlose und gewiegtere Menschen und den stillen sorglosen Meeresspiegel derer, welche ihren Platz zur Genüge ausfüllen, hinaus liegen. Wie oft sah nicht Blasedow schon Personen, die hinter dem glatten Theatervorhange ihrer Mienen ganze Schicksals=Tragödien verborgen hatten und nicht selten mehr als bloß gemalte Coulissen=Verzweiflung! Wie oft hatte er nicht gefunden, daß gerade nicht allein bei den Schnellfüßigsten später der hinkende Bote des Gerichtes kam, sondern daß man auch bei den ebensten und ausgeglättetsten Begegnungen nicht ahnen mochte, wie sie auf einem Stücke Kirchhof vor sich gehen, nur daß die Hügel und die Kreuze fehlen und die Trauerweiden längst vertrocknet sind. „Ach, Mensch," betete er einmal auf der Kanzel, ohne daß ihn jedoch Einer verstanden hätte, „tritt mit Vorsicht auf und schone selbst das, was Du nicht siehest: denn es kommen immer auf einen Fröhlichen sieben Trauernde, auf jeden frohen Tag kommt mehr als eine durchweinte Nacht! Auf allen Deinen Wegen schlummert etwas Verborgenes, eine Vergangenheit, die unwiderbringlich ist, eine Zukunft, die mit heißer Sehnsucht erwartet wird! Denke, daß in jeder Hütte, an der Du vorübergehst, ein Pilger Deiner harren kann, daß Dein Bruder, den Du in so vielen Jahren nicht sahest, an Dir vorüberzieht auf der Landstraße, daß jede Ecke, um die Du Dich wendest, Dir eine Ueberraschung gewähren kann!"

Tobianus wurde aber weit mehr vom Grafen ausgezeichnet als Blasedow. Der Graf setzte gleichsam auf alle Knöpfe des Frackes, den der Erstere trug, die Krone seines Wappens, so daß er einem freien Manne wie ein Lakai vorkommen mußte. Blasedow ging gemeinschaftlich mit Herrn Ritter in das Gesellschaftszimmer. Sie hatten sich Beide umschlungen, obschon mehr wie zwei Disputanten, die eben noch Arm in Arm und in deutscher Sprache lachend auf den Katheder schreiten, um oben in lateinischer Sprache kein gutes Haar an sich zu lassen. Sidonie waltete in weißem Battist hinter dem kleinen Vesta-Altare, auf welchem das Wasser siedete, wie Herr Ritter sagte, das Vehikel des Thees. Sie hielt es mit ganz entgegengesetzten Neigungen, als ihr Gatte. Sie zog Blasedow in ihren engeren Ausschuß und eröffnete ihm freiwillig eine Rennbahn der Unterhaltung, wo sie in liebenswürdiger Herablassung mit ihrem Schützling um die Wette lief. Jeder steckte erst, wie in einem Conventikel, sein kleines mitgebrachtes Wachslicht auf, ehe sich eine allgemeine Lichtglorie über die ganze Gesellschaft legte und der Graf Gelegenheit hatte, dieselbe ganz allein zu beherrschen. Er entwickelte seine Bildung, die Blasedow in ihren Grundzügen längst kannte. Er brauchte Tobianus dabei als Puppenkopf seiner Reden, die er darum nicht weniger an Alle richtete. Seine Philosophie war eine weltmännische Mischung der Stoa und der epikurischen Gärten. Er, der so viel in seinem Leben hatte darben müssen, entblödete sich nicht, die Theorie des Ueberflusses gewissermaßen die seinige zu nennen. Seine Moral wäre stoisch und seine Lebensart epikurisch, bemerkte er. „Ich ziehe den Genuß dem Stolze aller Entbehrungen vor," sagte er, indem er magere Brötchen zu seinem Thee verzehrte.

Tobianus kam schon gleichsam athemlos mit einem Gemeinplatze angelaufen, um ihn für das hohe Pferd, auf welches sich der Graf schwingen wollte, als Steigbügel hinzusetzen. Blasedow ahnte dies und riß ihm die Erniedrigung, die zuletzt die Gesellschaft im Ganzen traf, aus der Hand und sagte: „Wenn Ihre Grundsätze, Herr Graf, stoisch sein wollen, was die Pflichten, und epikurisch, was Ihre Rechte und Privilegien anlangt, so muß ich mich darüber wundern, weil ja die ganze Lehre der Stoiker auf jene Gleichgültigkeit gebaut ist, die aus dem Mangel und der Entbehrung hervorgeht." Der Graf sagte nichts darauf, weil er nicht die Miene annehmen wollte, auf einen Mann zu hören, der sich geweigert hatte, in seiner Güterlotterie mitzuspielen. Im Gegentheil wandte er sich zu Tobianus, der zehn Loose genommen hatte, und sprach mit ihm weiter im Stillen, dem Candidaten Ritter die Abfertigung der Opposition überlassend. Dieser erhob auch, zum großen Entzücken Sidoniens, seine bewährte Lanze und sagte: „Ich weiß nicht, wie man nur noch über jene einseitigen Systeme

der alten Philosophie aus den Zeiten des Verfalls stolpern
kann, über Systeme, die auf eine bloße „Beliebigkeit" der
Individuen berechnet sind und keinen innerlichen Urgrund,
keine metaphysische Wahrheit ansprechen dürfen!" Blasedow
wandte sich zur Gräfin: „Nun sehen Sie, wie jetzt Alles
wieder auf seinem eigenen Loche pfeift! Die Schuld dieser
streitsüchtigen Unterhaltung trifft nur den Grafen und den
ganz in Widerspruchseifer gerathenden Tobianus. Sehen Sie
nur, wie ihm vom Thee und dem Grafen der Kopf roth
wird!" Allein Tobianus wurde nur über die Beistimmung
so erhitzt. Er gerieth ganz in Feuer vor nichts als Billigung
und Lob. Einmal über das andere winkte er den zu laut
Redenden Ruhe zu, so daß man wirklich hören konnte, wie
der Graf folgendes Gemälde seiner moralischen Pflichtenlehre
mit weltmännischer Gewandtheit und Wahl der Ausdrücke
entwerfen konnte: „Ich gehe davon aus," sagte er, „daß
Reichthum auch nur dann ein Glück ist, wenn man Maximen
befolgt, als hätte man ihn nicht. Ich bin Herr meiner Wünsche,
ich bin sogar der Diener derselben, ich kann sie erfüllen. Allein
ich nehme an, die äußern Dinge gehörten mir nicht, ich gebe
sie verloren und ziehe daraus zunächst Ruhe und Seelenstärke.
Kann man glücklicher sein, als wenn man, wie ich, vermögend
ist und doch davon den Schein vermeidet? Ich strebe nach
der Ruhe der Weisen. Was mich aufbringt, das verschieb'
ich auf eine andere Zeit. Das, wornach ich trachte, muß von
Natur mein sein: so kann ich es auch nur mit Zufriedenheit
vermissen. Bei all' meinem Vorhaben rechn' ich auf Zufall
und Hinderniß. Was uns unglücklich macht, ist nur der
Begriff, den wir von den Dingen haben. Auch gehen die
Dinge alle ihren Gang, ohne daß man sie ändern kann.
Die Meinung des Volkes verachte ich. Was ist der gute
oder böse Leumund? Ich kenne mich selbst nicht einmal, wie
werden es Andere! Ich strebe nur darnach, mich zu ergründen. Was soll ich gegen die thun, die keinen Trieb dazu
haben können? Ich bin überall Sieger, wenn ich mich in
keine Streitigkeiten einlasse. Ich gehe auch ungern zu Anderen,
weil ich damit aus meinem Vortheil herauskomme. Wer mich
wünscht, suche mich! Was soll ich auch fremde Klagen hören?"

Mögen sie meinen Trost oder mein Mitleiden in Anspruch nehmen, ich höre nicht darauf, weil Klagen überhaupt unweise sind. Freunde dürfen von mir verlangen, was ich von ihnen auch fordern würde; doch bedarf ich ihrer? Ich bedarf ihrer nicht. Ich w ä h l e meinen Umgang: denn Umgang steckt an. Nochmals, Verleumdungen, die mich treffen, glaub' ich dadurch am besten zu widerlegen, daß ich sie selbst noch vergrößere u. s. w."

In dieser Art philosophirte der Graf und wühlte damit Blasedow's innerste Eingeweide um. Die goldene Krone der epiktetischen Moral schien sich ihm in einen Armensünderstrick zu verwandeln. Er sah an diesen Grundsätzen, daß sie die Frucht der äußersten Entbehrung gewesen sein mußten, und staunte über die Verwegenheit, aus dem System der gefühlvollsten Menschenwürde ein System der unempfindlichsten Dickfelligkeit zu machen. Er dachte: Der Lehrer dieser Grundsätze war ein unglücklicher Sklav, dem ein gemeiner Liebling Nero's das Schienbein zerschlug. Wenn er die Menschen verachtete, seinen Ruf und selbst die Götter, wer kann ihn verdammen? Allein — „Herr Graf," fuhr er auf, „Sie scherzen mit einer Philosophie, die unmöglich die Ihrige sein kann, oder mit Tobianus, der Ihr nächster und vielleicht gläubigster Zuhörer ist. Es giebt zwei Wege, zufrieden zu sein: entweder man hat Alles und entsagt, oder man hat Nichts und giebt sich zufrieden, weil man nichts vermißt." Blasedow konnte unmöglich hinzufügen: „Sie werden in wenig Augenblicken von Herrn von Lipmann aus dem Sattel Ihrer Maximen gehoben werden."

Der Graf haßte unsern Helden; allein jetzt mußte er ihn wol einer Antwort würdigen. „Wenn ich reicher bin, als daß ich Stoiker zu sein brauchte," sagte er, „warum sollte ich nicht die Grundlage meiner entsagenden Maximen von Epikur hernehmen?" — „Epikur hatte täglich einen Thaler zu verzehren," fiel Blasedow ein und setzte durch die Anwendung dieser bekannten Thatsache auf die nicht minder bekannte, daß der Graf nur auf eben so viel täglich angewiesen war, alle Anwesende in Erstaunen. Dieser wandte sich auch ab von ihm und fuhr in seinen Disputationen nur gegen die ihm zunächst Sitzenden fort. Blasedow aber sagte zur Gräfin: „Wohin sollte es wol mit der Menschheit kommen, wenn sich die Glücklichen und Begüterten einer solcher Empfindungslosigkeit hingäben, wie sie von Ihrem Gemahl als sein höchstes moralisches Gut dargestellt wird? Sollten nicht die Thränen der Unglücklichen und Bedürftigen, wenn sie das Bollwerk so schlechter Principien nicht fortschwemmen, nach und nach den Stein eines so harten Herzens aushöhlen? Wenn der Arme seinen Stolz darin findet, zu hungern, ohne gebemüthigt zu werden, soll ihn der Reiche in diesem Stolze bestärken und nicht vielmehr seinen Menschenhaß durch Gaben der Liebe und des Mitleids zu untergraben suchen?"

„Sie verkennen sein Herz," klagte Sidonie empfindlich und Herr Ritter versuchte, im Bewußtsein seiner klaren Gedanken, die des Grafen nur als unklar darzustellen. „Sie müssen," sprach er leise zu Blasedow, „den Dilettanten an Sr. Excellenz übersehen. Ich bin fest überzeugt, seine Philosophie ist keine andere, als welcher Goethe alle seine Schriften und sein ganzes Leben gewidmet hat. Der Graf scheint in seinem Leben viel vom Zudrang der Massen belästigt gewesen zu sein und sich gegen das Lästigste, was uns im Umgang mit Anderen nur begegnen kann, gegen Zumuthungen haben schützen wollen. Möchten wir doch alle Menschen darauf hinführen können, nichts vom Andern zu begehren, als was dieser ihnen freiwillig bietet! Das Lauern, Lungern und Erwarten von Anderen ist eine der traurigsten Erfahrungen, die man im Leben machen kann. Wie gern, will der Graf sagen, möcht' ich Protector sein; allein, giebt man der Annäherung eines nicht verwandten und auf ungleicher Stufe mit uns stehenden Menschen erst einen Finger hin, so wird er uns bald die ganze Hand nehmen. Die Großen sind gezwungen, sich abzuschließen, weil sie sonst Jedermann gebrauchen würde. Der Graf möchte Viele, denen er begegnet und die wol der Hülfe bedürftig sind, protegiren; allein warum ihn zwingen und anreden und in Verlegenheit setzen, da nicht immer Ort und Stunde glücklich gewählt sind! Sehen Sie, dies scheint mir die eigentliche Grundlage dessen zu sein, was der Graf mit dem originellen Instincte eines philosophischen Laien über die

philosophische Moral sagen will! Es macht seinem Herzen alle
Ehre, daß er das, was zunächst nur als **vornehme Ent=
fernung** und **Abweisung** auftreten sollte, aus einem höhern
Principe herleitet und auf die courante Wahrheit begründet:
Was Du nicht willst, daß Dir die Leute thun, das thue ihnen
auch nicht!"

Die Gräfin begleitete diese von ihr wohlverstandenen Worte
des Erziehers ihrer Kinder mit einem Blick, der über die
ganze Oberfläche der Gesellschaft wie der Strahl der auf=
gehenden Sonne hingleitete. Blasedow wurde in der That
davon geblendet und nahm, was ihm Sidonie an trockenem
Zwieback darbot, mit einer gewissen unterwürfigen Scheu hin.
Im Innern seines Herzens fingen die weißen Birken seiner
Natürlichkeit und seiner von der Freiheit des Waldes ge=
wiegten Seele zu weinen an, so daß er die Zweige hängen
ließ und in unhörbaren Lauten also zu sich flüsterte: „Ach,
nicht die Vorurtheile, die Stände und der Bettelstolz betrüben
mich, sondern nur die Ideen, denen sich unsere Jungen hin=
geben, und die gleißenden Worte, womit sie sich aufzuputzen
wissen. Auf der Stirn der Unmündigen schon furchen sich
Reflexionen ein. Sie reden weiser als die Weisen, sie machen
uns den Vorwurf der mangelnden Welterfahrung; sie, die
wir kaum noch auf unserm Schooße hüpfen und sich schaukeln
ließen, verweisen uns bereits unser leichtsinniges, unbe=
wachtes und gläubiges Herz! An die Stelle des Enthusias=
mus ist der Zweifel getreten. Die Kränze der Freude welkten
schnell über Häuptern, die ach! eben so schnell welken werden.
Für die Schönheit der Irrthümer tauschen sie die regelrechte
Gestalt der Wahrheit ein. Und wenn sie diese nur fänden!
Wenn ihre Formeln nur Leben brächten in ihre vertrocknenden
Herzen! Der unreife Kern wird nicht bleiben und die Blume
ist schon längst abgeblüht. Klag' ich die Eltern oder die
Erzieher, klag' ich die Luft und die Temperatur an? Wo
auch der Wurm Zugang gefunden haben mag, er hat das
Mark aus den Sehnen der Jugend gefressen. Sie sind älter
als wir, als wir, die wir sahen, wie sie geboren wurden!"

Der Graf hatte die Melancholie, die sich, wie wir sehen,
eines Widerspenstigen unter seinen Gästen bemächtigte, benutzt,

um ohne Widersprüche seine Ideen zu entwickeln. Es war
eine seiner Eigenheiten, daß er fortwährend Raisonnements
pflegte und sich in Theorieen verlor. Er war durch die Zer=
rüttung seines Besitzstandes gezwungener Weise Projecten=
macher geworden und hatte immer Neues auf's Tapet zu
bringen. Wer hätte nicht zu jener Zeit, als sich diese Vor=
gänge entwickelten, ihn in öffentlichen Blättern stets im Vorder=
grunde gefunden, wenn es galt, eine neue mechanische, techno=
logische oder Agriculturerfindung anzuempfehlen! Er hatte
viel Papier verschrieben, um die Menschheit und sich auf einen
grünen Zweig zu bringen. Er hatte sich allen Zeitungs=
redactionen furchtbar gemacht durch seine unaufhörlichen un=
verlangten Einsendungen. Durch Niemanden sind so viel
Actienunternehmungen in neuerer Zeit angeregt worden, als
durch den Grafen von der Neige. Ja sogar zwei eigenhän=
dige Erfindungen seines industriösen Kopfes waren ihm ge=
lungen und hatten ihm nicht nur ein Patent eingebracht,
sondern sogar einen ansehnlichen Gewinn, den Niemand ver=
schmäht, am wenigsten er. Er hatte eine neue Art Maus=
falle und eine verbesserte Kaffeemaschine zusammengesetzt. Die
erstere zeichnete sich durch die Schnelligkeit aus, mit welcher
die Maus, hat sie nur erst den Speck angerührt, verloren ist.
Die zweite enthielt eine artige Vorrichtung, zum Kaffee auch
sogleich die Milch zu sieden, durch Umstürzen der Maschine
den ersteren zu filtriren, ja, sogar den Mechanismus so einfach
auseinanderzulegen, daß er für Reisende, die sich in Gast=
höfen, wie der Graf zu thun pflegte, ihren Kaffee selbst sieden,
von einer außerordentlichen Bequemlichkeit war. Einige an=
dere Entdeckungen, die der Graf machte, wollten ihm weniger
glücken und er begnügte sich nur, in den öffentlichen Blättern
anzukündigen, daß er auf dem Wege wäre, bald wieder
etwas Neues zu haben. Sparöfen, Schornsteine mit Klappen,
Kamine, die nicht rauchen: in diesem Fach verrieth er eine
seltene Behendigkeit und war darin auch für etwas angesehen.
Da er aber unbeständigen Charakters war, so wechselten auch
seine Neigungen. Sidonie sagte: „Er ergreift Alles mit
einem wunderbaren Eifer und läßt es wieder fallen, wenn
er auf ein kleines Hinderniß stößt." Sie wollte damit sagen,

daß er die Ausdauer des Plebejers doch nicht besäße, trotzdem, daß er dem Plebejer in's Handwerk fiel. Seit einiger Zeit beschäftigten den Grafen die neuen Theorieen über Volksverarmung und Bürgerrettungs-Institute. Er handelte soeben (natürlich nur im Interesse der Menschheit) das Kapitel über die Armencolonieen ab und bewies zur dankbaren Anerkennung jedes Freundes der Volkswohlfahrt, daß nur diese Colonieen das Radicalmittel zur Ausrottung des Bettels abgäben. „Ich würde mit Freuden," sagte er, „dazu zwanzigtausend Thaler vorschießen, wenn ich die Erlaubniß von der Regierung erhielte, in unserm Fürstenthum eine Armencolonie zu gründen. Meine mehrfachen Vorschläge sind aber noch immer ohne Erfolg geblieben, weil es wol nicht heißen soll, wir hätten unsrer vielen Armen wegen eine Colonie für sie im Lande anlegen müssen. Lieber duldet man den Bettel, als daß man an seine Stelle eine neue Vermehrung unsres Nationalreichthums stellte." Der Graf setzte das Verfahren, das er bei seiner Armencolonie befolgt wünschte, umständlicher auseinander, als es seiner Gattin lieb war. Er sagte: „Jede angesiedelte Bettlerfamilie bekommt ihren Antheil an Land; allein jede muß auch selbst für den zum Anbau desselben erforderlichen Dünger sorgen. Ich befolge darin ganz die Vorschriften, die van der Bosch von den Chinesen entnommen hat. Ich gebe jeder Familie zwei Kühe oder, was eben das sagen will, eine Kuh und zehn Schafe, bedinge jedoch, daß die Ansiedler selbst noch für ferneren Dünger zu sorgen haben, indem sie Haidekraut und Gras zu Streu benutzen und mit den thierischen Abgängen vermischen. Aussaat, Handwerkszeug, erste Lebensbedürfnisse, Alles schieß' ich aus meinen eigenen Mitteln oder im Wege einer Actienvereinigung vor, so daß die Familien bei allmäliger Rückzahlung der erhaltenen Vorschüsse schuldenfrei werden. Diese Armencolonieen sind das einzige Mittel, den einreißenden Pauperismus zu heben und eine ungefähre Gleichheit im Volke herzustellen. Denn eine mathematische Gleichheit werden wir doch nie erreichen, um so weniger, da sie auch gegen die Bestimmungen über den Unterschied der Stände, welche einmal die Natur festgehalten wissen wollte, verstößt. Diesem großen

Werke, die Völker auf friedlichem und die aristokratisch=
monarchische Ordnung nicht gefährdendem Wege einem besseren
Ziele zuzuführen, die Völker durch materielle Erleichterungen
ihrer drückenden Umstände zu beglücken, hab' ich bereits einen
großen Theil meines Vermögens gewidmet und will auch das
Ganze daran setzen, weil man nirgends segensreichere und
sicherere Zinsen ziehen kann, als vom Schweiße eines dank=
baren und mit seinem Loose zufriedenen Volkes."

Tobianus und einige Unterbeamte der Umgegend mußten
den Ort und die Person bedenken, um sich nicht einer Freude
zu überlassen, die ihnen bereits das Herz abdrückte. Der
Erstere leidet, dachte Blasedow, ohnedies am Ueberfluß fauler
Capitalien, an einigen tausend blanken Heckthalern, die er
noch nicht gewußt hat in eine gut procentirende Ehe zu ver=
heirathen. Wenn der Graf an seiner verbesserten Mausefalle
noch etwas Neues und kürzeren Proceß Machendes auf dem
Wege einer Actienverbindung hätte zu Stande bringen wollen,
so wartete Tobianus nur darauf, um sich sogleich zu unter=
zeichnen. Die Gemüther der Zuhörer hatten übrigens bei den
national=ökonomischen Vorträgen des Grafen von dem edeln
Metallhintergrunde derselben eine so magnetische Einwirkung
bekommen, daß sie zwar nicht ein geheimnißvolles S t r e i ch e n
durch das Zimmer rauschen hörten, wol aber ein klingendes
E i n s t r e i ch e n, einen in baare Realitäten sich verdichtenden
Niederschlag ihrer Einbildungskraft. Es tröpfelte von der
Decke und den Wänden herab mit langen Zehnthalerstalaktiten
und in eine phantastische Baumannshöhle aus krystallisirten
und metallisirten tropfbaren Ideenflüssigkeiten schien sich das
Zimmer um so mehr verwandelt zu haben, als der Graf,
ein rüstiger Erz= und Schürmeister, die Fackel seiner Projectir=
kunst, d. h. der Kunst, Pläne zu entwerfen und Risse zu
machen, recht in die Höhe hielt, um das phantasmagorische
Wunder, Wind und Wasser in Geld zu verwandeln, in desto
schönerer und beinahe durchsichtiger Beleuchtung zu zeigen.
Für Blasedow wurde das Zimmer eine H u n d s g r o t t e, in
welcher ihm der Athem verging. Allein die Uebrigen sahen
nichts als blendende Stalaktitenwände, so schön und glänzend,
als sie sich in der Höhle von Montferrat finden. Verwandelt

sich der Carlsbader Strubel nicht auch in Steine, die weltberühmt sind? Finden sich in den alten römischen Wasserleitungen nicht die berühmten Canalsteine? Allein die Zapfen, welche der Graf von seinem der Industrie und dem Ackerbau gewidmeten Tempel herabhängen ließ, waren nicht blos ordinäre Kalksinter, sondern vor den Augen der Gesellschaft überzogen sie sich bald mit metallischen Oryden und gaben den Anblick von alten Stollen, die sich mit der Zeit, vor Wiedergeburt und unermüdlicher Schöpfungskraft der Natur, grün und gelb färben und neue Metalle ansetzen. Doch dauerte diese Verwandlung nur einige Minuten; der Schacht stürzte zusammen, da der wahre **Metallkönig** erschien, Herr von Lipmann.

Blasedow hatte diesen Moment zuerst mit banger Besorgniß erwartet, später sehnte er sich nach ihm, als dem Augenblick, wo der Vorhang des Industrietempels zerreißen, die Gräber der alten Schulden und Lotterieumtriebe sich öffnen und seine Erlösung vollendet sein würde. Das Ungewitter zog mit dem bescheidenen Rollen eines Einspänners herauf, der im Hofe der Neige einfuhr, aber von der Gesellschaft überhört wurde. Indem stürzt ein Dienstbote herein und flüstert dem Grafen etwas in's Ohr, so daß dieser erbleichte, aufsprang und, ohne ein Wort zu verlieren, sich in's Nebenzimmer entfernte. Es war die höchste Zeit, daß er den Moment benutzte: denn soeben trat auch Herr von Lipmann ein und richtete, wie Macbeth, alle seine Aufmerksamkeit auf den leer stehenden Stuhl, nur mit dem Unterschiede, daß Macbeth eine Person sah, die Herr von Lipmann zu vermissen schien. Die Herrin des Hauses hatte die Fassungskraft verloren, weil sie sich einen solchen Ueberfall an dem hellen, lichten Tage dieser Theevisitte nicht geträumt hatte. Sie erhob sich matt mit mehr Verleugnung ihres Stolzes, als man ihrem Stolze hätte zutrauen sollen, und ersuchte Herrn von Lipmann den Sessel einzunehmen, welchen sie in angenehmer Vorahnung seines Besuches für ihn allein hätte leer stehen lassen. Herr von Lipmann, von den vielen Menschen etwas geängstigt, folgte der Aufforderung mechanisch, mochte aber kaum die gebundene Wärme des enthusiastischen Grafen

in dem Polster verspürt haben, als er schon merkte, daß hier
nicht nur die Anwesenheit des Schuldners geleugnet, sondern
sogar verborgen gehalten werden sollte. Herr von Lipmann
gab indessen viel auf Bekanntschaften. Er sah gern Fremde,
um sie seinem Herzen näher zu bringen oder wenigstens ein=
zuladen, ihn seiner talentvollen Kinder und seiner Tulpen=
zwiebeln wegen zu besuchen. Er war in all' seinen Angriffs=
operationen gelähmt, so lange ihm die anwesenden Personen
nicht Name für Name vorgestellt waren. Israeliten sind durch
die Unbill alter Zeiten mißtrauisch gegen alle Welt und halten
es doch gern mit ihr, dachte Blasedow, wie er das ängstliche
und freundliche Forschen des Hofagenten bemerkte; sie halten
sich immer nur für Pilger im Westen und glauben, wenn's
ihnen auch noch so wenig nöthig ist, nicht Freunde genug
haben zu können. Die Gräfin war eben so klug, wie Blasedow.
Sie vermied es, dem Hofagenten die Anwesenden zu nennen;
oder fürchtete sie, ihren Umgang in ein schlechtes Licht zu
stellen, wenn sie hier einen Pächter, dort einen Steuerein=
nehmer und zwei Pfarrer, diese wenigstens als studirte Leute,
dem Herrn von Lipmann zugestanden hätte? Dadurch erhielt
indessen ihr Mann einen großen Vorsprung, wenn er in der
That nicht wieder erscheinen durfte. Herr von Lipmann freute
sich wenigstens, durch Blasedow mit den Uebrigen anknüpfen
zu können, wenn sich auch dieser nicht aus Mitleid mit der
Gräfin entschließen konnte, als Helena den Schiffskatalog der
versammelten Helden aufzuzählen. „Um Vergebung," fragte
Herr von Lipmann seinen Nachbar Tobianus, „worin machen
Sie Geschäfte?" Auf diese Weise orientirte er sich allmälig
in der Gesellschaft und erst bann, als er sie vollständig über=
sehen konnte und überzeugt war, in Finanzsachen könnte ihm
hier Niemand die Stange halten, rückte er der Gräfin mit
der schroffen Frage nach dem Grafen zu Leibe. Sie ent=
schuldigte ihres Gatten Abwesenheit. Er hätte sich schon am
frühen Morgen in Geschäftssachen entfernt. Als die Scene
diese Wendung genommen, waren die Anwesenden trotz ihres
Aufenthaltes auf dem Lande zartfühlend genug, ein leicht er=
rathenes Geheimniß zu schonen und aufzubrechen. Die unter=
gehende Sonne am Himmel mußte als Vorwand dienen,

die untergehende Sonne des Grafen von der Neige nicht bis in den Anbruch einer unheimlichen Finsterniß zu verfolgen. Die Gräfin verlor alle Besinnung, als man sie nur unter dem Schutz des Herrn Ritter, dem Hofagenten gegenüber, verließ. Sie hatte schon längst nach ihrem zweiten Sohne, dem Pathen des Millionairs, Gustav Adolph Nathan, gerufen, um diesen als Blitzableiter des vom Berge Sinai herabrollenden Ungewitters zu benützen. Leider flammte auf diesem Sinai nicht blos das mosaische Gesetz, sondern auch der allgemeine deutsche Civilproceß. Blasedow hatte die Edelfrau gern und war tief gerührt, wie er so leicht und behaglich aus dem Hause trat und drinnen eine so reife Bombe zurückließ, von der es ihm auch bald vorkam, als zerplatze sie schon hundert Schritte hinter ihm. Tobianus rückte wie eine Katechismushälfte (die nur aus Fragen besteht) an Blasedow heran und schoß auf ihn mit einem ewigen Was ist das? — Pelotonfeuer ein; allein dieser würdigte ihn keiner Antwort, höchstens daß er ihm erwiderte, er wolle lieber allein nach Hause gehen. Tobianus begriff nicht, wie bei vornehmen Leuten gemeine gewesen sein konnten, ohne hernach die Köpfe zusammenzustecken und das Erlebte mit plebejischer Medisance wiederzukäuen. Allein Blasedow sah sich genöthigt, sein gewöhnliches Kunstmittel zu ergreifen, um Tobianus abzuschütteln. Er brauchte nämlich immer ein Buch, um ihn zu bannen: ein Buch, das er selbst schreiben wollte. „Dann freilich, lieber College," pflegte Tobianus regelmäßig zu sagen, „muß ich Sie allein lassen, weil ich selbst wünsche, daß Sie etwas herausgeben und dazu alle nur mögliche Muße als Brütezeit Ihrer Gedankeneier benutzen." So trennten sie sich auch heute. Blasedow aber lief spornstreichs nach Hause und sprach nur zuweilen, wenn er Milzstechen bekam und etwas einhalten mußte, zu sich selbst: „Nur zu gut seh' ich jetzt, wie jeder Mensch um mich her sein Stück Biographie am Fuß hat und hinken muß, um damit fortzukommen. Muß ich nicht eilen, endlich den Riß des Gebäudes, womit ich mich trage, in Ausführung zu bringen? Die Zeit ist im Abrollen begriffen. Jedes Blatt, das vom Baume fällt, ist eine Pendelschwingung, die den Weiser der Ewigkeit in Bewegung setzt. Führ' ich nicht ein Leben wie im Orient, wo man niemals eine Uhr schlagen hört?" Und gleichsam als käm' er mit dem Dampfschiff aus Alexandria nach Marseille, so hatte er die ängstliche Empfindung der zurückkehrenden Levante=Reisenden, die plötzlich nach dem harmlosen Dolce far niente des Ostens wieder alle Uhren picken hören, in jedem Zimmer, auf Kirchen, an den Thoren, öffentlichen Gebäuden, in der Tasche jedes Menschen, dicht am Herzen, die ewige Erinnerung an die Flucht der Zeit und an den Werth jeder verlorenen Minute. So konnt' er daheim auch kaum mit Ruhe schlafen, weil ihm jeder Moment unersetzlich schien. Am nächsten Morgen wollte er seine pädagogische Theorie mit Gewalt angreifen und seinen Kindern statt Marmorkügelchen den ganzen Erdball in die Hände geben.

Elftes Kapitel.

Oscar, der Schlachtenmaler.

Blasedown war sein Erziehungsprincip jetzt erst klar geworden. Die Phidias=Bestimmung seines Amandus brachte ihn darauf, wie man zu einem gegebenen Durchmesser leicht Kreise und Tangenten ziehen kann. Er wollte seine Kinder nicht wie Glasbläser von sich werfen, die ihren Gebilden erst durch einen kühnen Schwung die gewollte Form geben. Sondern er sagte zu sich selbst: „Wozu haben die Eltern anders Schaden gelitten, als daß die Kinder davon klug werden?" Blasedow legte sich gleichsam auf den Erdboden, um zu lauschen, was die nächsten Jahrzehnde über Europa hereinbringen würden. Er hörte lange Zeit nur ein dumpfes Gemurmel, bis ihm die Töne immer verständlicher wurden und er ausrufen konnte: „Ich habe Licht." Sein Erziehungs=princip ging von dem Lauf aus, den ihm die Geschichte in Kürze zu nehmen schien. Er verglich alle Zeitungen miteinander, die er mit Tobianus gemeinschaftlich hielt, und sagte: „Wir gehen einer großen Katastrophe entgegen. Die große Schlange, welche das Welten=Ei umringelt wird sich bald wieder häuten. Drei Jahrhunderte von der Reformation entfernt und nichts als eine französische Revolution, die noch dazu besiegt ist?" Blasedow rechnete auf einen großen Fehler, der sich in der Zeitenrechnung finden würde, auf ein nicht aufgehendes Facit und einen daraus entstehenden Decimalbruch der bisherigen gesellschaftlichen Verhältnisse. Blasedow war kein Apokalyptiker; er dachte, der beste prophetische Bengel, der die Offenbarung Johannis erläuterte, ist der Preßbengel. Aus den Sonnenfinsternissen machte er weniger Schlüsse, als aus den Verstandesfinsternissen, die ihm in ihr letztes Viertel bereits eingetreten schienen. Der große Komet, den er im Jahre 1834 erwarten durfte, würde nach ihm weit mehr die Köpfe, als die Erde versengt haben. Alles, was er Neues entdeckte, waren ihm Kräuter und Vögel und rothe Menschen aus einem neu entdeckten Amerika. Die grüne Insel Guanahani schien ihm manchmal schon unmittelbar vor den verlangenden Augen zu schwimmen; wenigstens waren bis jetzt seine Kinder noch in ziemlich indianischer Verwilderung stehen geblieben.

Blasedow's Ansicht war die von einer großen Reaction der Natur gegen die Kunst, der Leidenschaft gegen die Klugheit, der verfehlten Praxis gegen eine altkluge Theorie. Ob die Revolution, welche er von der Kirchthurmspitze Kleinbethlehems zuweilen signalisirte, eine moralische oder blos politische und materielle sein würde, das getraute er sich nicht zu bestimmen; „allein," sagte er, „die Mauer um unsern Kirchhof bleibt nicht ewig so niedrig und nicht ewig werden über unseren Gräbern da unten" — er sprach nicht in der Allegorie, sondern nur beispielsweise, weil er's gerade von dem Kirchthurm gut sehen konnte — „nicht ewig werden nur Maulbeerbäume auf unserm Kirchhof stehen der Seidenwürmer wegen und blos, um Seide zu spinnen. Nicht ewig wird dicht am Grabe die Industrie ihre Spinnmaschinen aufschlagen, ja, aus der Ruhe der Todten selbst ihr Gebein gesammelt werden, um nur Stiefelwichse daraus zu machen. Nicht ewig wird dieser Jahrmarkt mit seinen Marktschreiern und Possenreißern Welt und die Geschichte dazu heißen. Sondern es kommt ein Tag der Erlösung, wo sich endlich die feindseligen Elemente der Moral und der Natur, des **fordernden** Staates und der **leisten** sollenden Gemeinde, der Kirche, des Glaubens und der Wissenschaft" — hier stockte Blasedow: denn sein Herz fing so an zu schwanken und bewegt zu werden, wie die Glocke neben ihm, an welcher soeben der Küster unten die Stränge zog, nur mit dem Unterschied, daß diese laut, sein Herz ganz still wurde. Es war nicht blos Wonne, was ihm die Sprache raubte, sondern eben so viel Besorgniß, daß er sich geirrt haben konnte. Blasedow war auf die Katastrophe gefaßt, nur wußt' er nicht, ob sie sich mit wedelndem Schweife zu unseren Füßen legen würde oder wild und schnaubend heranstürmen. Ihm konnt' es jedoch gleichgültig sein, ob sich der kommende Herbst an den Weintrauben erlaben würde, wie sie vom Stocke kommen, oder erst an dem gährenden Most, welchen die Weinbergsherren mit ihren Füßen erst ausstampfen und durch die Kelter bringen. Er hatte die Absicht, seine Kinder auf Krieg und Frieden abzurichten, wie es von den Vögel-Virtuosen die Dompfaffen gewöhnlich auf Alles sind, ausgenommen aber wol auf geistliche Lieder.

Blasedow rechnete auf keine einzelne Periode, in welcher sich die Erziehung seiner Kinder bewähren sollte, sondern auf eine Reihenfolge von Ereignissen. Er hatte, um ja recht schnell an's Ziel zu kommen und die höchste **Meisterschaft** zu erzielen, für Jeden nicht blos einen Zweig, sondern ein einzelnes Blatt ausgesucht, auf dem er sein Leben lang pfeifen sollte. Nur dem Bildhauer, als einem Künstler, für welchen die Gegenwart keine rechten Voraussetzungen mehr hat, erlaubte er allgemein und erschöpfend zu sein. Oscar war der Aelteste und bestimmt, in den **Kämpfen**, die Blasedow kommen sah, sein Glück zu machen. Indem ihn sein Vater für die **Schlachtenmalerei** ausschließlich erziehen wollte (und sich dabei für die Anfangsgründe auf einen Lakirer in der Nähe verließ), sollte er gleichsam die Vorpostengefechte des Jahrhunderts, die kleinen Streifcorps=Affairen der Tendenzen, die von der Landstraße abweichen, und zu=

letzt die großen Völkerschlachten malen, von denen allen Blasedow schon Pulver gerochen hatte. „Siegt die Sache des Volks, woran kein Zweifel," fuhr Blasedow fort, „so wird Amandus zu thun bekommen. Während sich Oscar auf den blutigen Lorbern der Schlachtfelder, die nebenbei von ihm verewigt sind, ausruht, streift Amandus seine Hemdärmel auf und hackt aus Marmor die Verherrlichungen des Friedens, Bürgerstatuen und Mauerkronen auf den Häuptern verdienter Nettelbecke und Nathusius, verdienter Gotzkowski und sonstiger Patrioten, die nun nicht mehr mit Undank, sondern wenigstens mit einer Bildsäule in den großen Wal= und Ehrenhallen der Nationen bedacht werden dürften. Da aber auch dann," schloß der besorgte Vater weiter, „noch immer die Hydra der Reaction nicht um ihren letzten aufgeschossenen Pilzkopf gebracht sein wird, sondern die Herakliden des neuen Jahrhunderts immer zum Kampf gerüstet sein müßten, wo also noch immer eine kleine Ueberfalls= Affaire und Fourage=Streifpartie mit etlichen Carabiner= schüssen für Oscar's Schlachtenpinsel abfallen wird, so hab' ich auch Theobald und Alboin, Beide für den natürlichen Lauf der Dinge, wie dieser ja zu allen Zeiten war, bestimmt, indem der Zweite die Waffen" (Waffeln waren jedoch beiden Knaben noch das Liebste) „der Satyre tragen soll, der Erste aber darnach trachten, sich als Volksdichter aus dem Stegreif auszuzeichnen." So hat uns Blasedow hiermit endlich die Nummern gesagt, auf welche er in der Zufallslotterie der Bestimmung seiner Kinder mit dem festen Vertrauen gesetzt hatte, es würden große Loose und keine Nieten darauf fallen. Oscar war jetzt unwiderruflich zum Schlachtenmaler, Amandus zum Bildhauer, Theobald zum Volksdichter und Alboin zum satyrischen Schriftsteller bestimmt.

Oscar war ein hochaufgeschossener Junge mit den klüg= sten Augen von der Welt. Gewandt und verwildert, da er in seinem jetzt dreizehnten Jahre kaum nothdürftig lesen und schreiben konnte, hatte er sich doch schon eine Lebenstheorie angeeignet und war vielleicht zu keiner Bestimmung so wenig geschickt, wie gerade zur Malerei in Oel. Dennoch zeichne= risches Talent besaß er, wenn auch nur mit Kohle, und weit

mehr zur Caricatur und zum Hogarth hinneigend, als zum
Raphael. Mit Michel Angelo möcht' er das Ungeheuerliche
gemein haben. Auch war er hauptsächlich wol nur zur
Frescomalerei bestimmt, da er wenigstens seine meisten Cari=
caturen an die Wand malte. Thierstücke gelangen ihm nicht
selten, ob er sich gleich, was er als Schlachtenmaler hätte
thun müssen, weit weniger mit Pferden, als mit Hunden
und Eseln beschäftigte. Gertrud hätte ihn am liebsten zu
einem Kohlenbrenner bestimmt, damit er sich die Kohlen selbst
hätte schwelen können, wie sie sagte, die er ihr aus dem
Kamine zu stehlen pflegte. Das ganze Dorf aber stimmte
dem Vater bei, wenn auch mit größerem Schmerz, als dieser
Freude empfand, da Oscar keine Wand im Dorfe ohne Zeich=
nung ließ, wenn ihn nicht gerade ein Weinreben=Spalier
daran verhinderte. Am liebsten zeichnete er den Satan, was
um so auffallender war, da sein Vater gerade am meisten
gegen diesen predigte. Wo Blasedow den Satan fortjagte,
setzte ihn sein Sohn wieder hin, und Blasedow hinderte dies
nicht, da ihm gerade die Kirchhofmauer mit Oscar's Höllen=
cartons das Unterpfand seiner Talente war. Er wird schon
lernen, dachte er, an die Stelle Beelzebub's als Schlachten=
maler den Generalfeldmarschall der feindlichen Posten oder
irgend ein gekröntes Haupt zu setzen, das in's Gedränge
geräth. Blasedow war so gewiß, als hätt' er das Horoskop
seines Jungen gelesen. Oscar's Lehrer wohnte auf der
Neige, das heißt, in dem zu diesem Schloß gehörigen Dorfe
und hieß Schönfärber. Allein er war gerade nur in Oel=
farbe bewandert und hatte die gräfliche Kutsche als ein ewiges
Denkmal seiner Kunst von Zeit zu Zeit frisch anzustreichen.
Schönfärber war ein schlichter Landmann, hatte aber während
seiner Soldaten=Dienstzeit durch das Lackiren der Tschakos
eine solche Kunstfertigkeit in allen Gegenständen der niedern
Oel= und Lackmalerei sich erworben, daß er es schon wagte,
die Kutsche anzustreichen, und sich sogar mit dem gräflichen
Wappen darauf befaßte, obschon es sechzehn Felder hatte.
Schönfärber's Versuch war nicht mißlungen zu nennen. Er
hatte als Artillerist zu oft eine weiße Bombe, die eben zu
platzen im Begriff ist, vorn auf seinen Tschako malen müssen,

als daß er nicht das gräfliche Wappen, welches ohnehin gleich=
sam auseinanderzufallen drohte, in eine hübsche Einfassung
von Hermelin hätte mit sanften Pinselstrichen hineinlegen
sollen. Sothanes Wappen, in welchem außer zwei Buchen=
kerne knuspernden Eichhörnchen auch ein Einhorn figurirte,
und ringsherum der Orden des goldnen Bließes, welchen
ein früherer Ahn getragen hatte und der jetzt auf den Handel
mit Schafwolle, den der Graf trieb, eine zarte Deutung zu=
ließ — ich sage, dieses Wappen hatte Schönfärbern einen
solchen Ruf und ohnedies Muth gemacht, daß er in der Um=
gegend alle Kirchenwände mit Frescogemälden anstrich, die
aber, da er nicht wußte, daß der Kalk naß sein mußte, bald
nach der ersten Malerei wieder verschwanden, was ihm ein
hübsches Geld einbrachte, da er sie immer wieder auffrischen
mußte. Indem Schönfärber unter F r i s c h m a l e r e i blos eine
F r i s c h drauflosmalerei verstand, hatte er sich den Ruf eines
L a n d = R a p h a e l s in der ganzen Umgegend erworben. Zu
diesem führte Blasedow seinen Sohn: denn, dachte er, das
Technische muß doch die Grundlage bilden, und, wenn er
auch nicht malen lernt, so lernt er doch Farben reiben und
sich seinen Pinsel selbst zustutzen. Den höhern Genius will
ich dann schon selbst wecken.

Als Blasedow mit Oscarn zu Schönfärbern kam, war
dieser gerade mit einem sogenannten S t i l l l e b e n beschäftigt,
das aus mehreren neben einander liegenden Würsten, Bäcker=
waaren, Gläsern und Fässern bestand und als Wirthshaus=
schild in ein nahegelegenes Dorf locken sollte. Wenn Ge=
mälde überhaupt dasjenige, was sie vorstellen, bis zu einer
täuschenden Aehnlichkeit wiedergeben sollen, so konnte man
das betreffende, das beinahe vollendet war, unter die classischen
setzen, da Alles, was Schönfärber auf ihm anbrachte,
s p r e c h e n d ähnlich zu nennen gewesen wäre, wären es nicht
stumme und leblose Gegenstände gewesen. Eine langjährige
Uebung hatte dem Maler ein so hohes Selbstbewußtsein ge=
geben, daß er ordentlich zu Blasedow sagen konnte: „Herr
Pfarrer, Jeder muß klein anfangen. Soll Ihr Sohn es
einmal weiter bringen, so muß er ganz meine Schule durch=
machen. Ich fing mit Tschakolackiren an, und das muß er

auch. Er muß mir die weiße Bombe, die eben platzen will, ganz so genau hinmalen können, wie ich es mußte, und zwar aus freier Hand ohne Lineal. Haben wir das erst, dann wollen wir weiter sehen." Blasedow schüttelte den Kopf; weil er es aber hauptsächlich auf Schlachten abgesehen hatte, dachte er: platzende Bomben und Granaten, Tschakos und Patrontaschen mögen nicht ohne Nutzen sein, wenn sie Oscar malen kann. „Schönfärber," fuhr er fort, „zeigen Sie ihm, was Sie können. Haben Sie auch Pferde, die Sie malen können?" Schönfärber sah den Pfarrer pfiffig an und meinte: „Eigentlich sollt' ich's Ihnen nicht verrathen; aber, da das Schild, was ich hier male, gerade zum weißen Roß ist, so will ich Ihnen auch zeigen, wie ich's auf die kürzeste Manier herausbringe!" Damit zeigte er dem Pfarrer einen großen Kasten von ausgeschnittenen Würsten, Engeln, Brödchen, Posaunen, Gläsern, Wolken, Pferden, Messern und Gabeln, alle von steifem Papier, die der Maler nur anzulegen brauchte, um gleich mit einem Pinselstrich drüber her die ganzen Figuren auszudrücken. „Das sind ja Schablonen," bemerkte Blasedow erstaunt. „Gerade so," bemerkte Schönfärber beifällig, „wie sie die Stubenmaler haben, weil's so kürzer geht, und Alles accurat herauskommt." Oscar hatte sein blaues Wunder, diese Künste zu durchschauen, und Blasedow seufzte tief auf, indem er sich mit dem Gedanken tröstete: Das Technische ist vor Allem einmal die Grundlage. Er machte mit Schönfärbern einen Preis aus, wofür dieser Oscarn täglich eine Stunde geben sollte. Schönfärber behauptete, daß der Junge in acht Tagen Alles los haben würde, wobei Blasedow beinahe der Schlag gerührt hätte. „Nein, nein," sagte er, „Schönfärber, übereilen Sie sich nicht. Er soll's aus dem Grunde lernen und auf's Geld kommt mir's nicht an. Durch die Schablone soll er auch nicht zeichnen lernen, sondern Alles aus freier Hand: das bitt' ich mir aus, Schönfärber!" Dieser war unschlüssig, ob er auf eine solche Parthie eingehen durfte, sagte dann aber: „Nun, wenn er aus freier Hand gezeichnet hat, leg' ich die Schablone darauf, damit wir sehen, wo er's getroffen hat und wo nicht." — „Das allenfalls," bemerkte Blasedow

und ging, indem er Oscarn ermahnte, wie er sich bei Schön=
färber zu benehmen hätte.

Als sie Beide bei ihrem Heimgang einen kleinen Hügel
hinaufstiegen, fiel es Blasedow recht schwer auf's Herz, daß
Oscar durch diesen Unterricht, so nothwendig ihm derselbe
schien, von seiner Hauptbestimmung, von den Schlachten,
wenig erlernen würde. Nicht einmal Vorpostengefechte, dachte
er, wird ihm Schönfärber, wenn dieser auch Artillerist ge=
wesen, beibringen können. Unter diesen Umständen ereignete
sich, als sie den Hügel erreicht hatten, eine Scene, die dem
bekümmerten Vater als Beispiel der nothwendigen Supple=
mente zu Schönfärber's Unterricht wie gerufen kam. Unten
am Fuß des Hügels hatte sich eine große Heerde Gänse ge=
lagert. Wasser, Blasedow's Hund, von Muthwillen getrieben,
stürzte den Hügel hinunter und fuhr wie ein Hagelwetter
unter die schwerfälligen Thiere. Blasedow, von einer selt=
samen Ideenverbindung ergriffen, zieht Oscar an sich und
sucht ihm bei diesem Vorfall die Anschauung einer Home=
rischen Erinnerung zu geben. Er verglich Wassern mit dem
rasenden Ajax und die Gänse mit den fliehenden Trojanern.
Er zeigte ihm, wie sich unten in der skamandrischen Ebene
die Gruppen der erschrockenen Schaaren bildeten, und verglich
das Toben des Helden mit dem Sturmwind, der die Fluthen
des Meeres aufwühlt. Blasedow hoffte, daß sich Oscarn auf
diese Weise die Schlachten anschaulich machen würden. „Hui,
hui, Telamonier," rief er, „rechts und links! Sieh, Oscar,
was da Leben ist! Das ist mehr als Ajax; da denke Dir
jede beliebige Schlacht, eine bei Chalons, eine bei Leipzig,
immer müssen sich solche Gruppen im Vorgrunde bilden,
immer mußt Du einen Haupthelden sich vorn plastisch ent=
falten lassen und mir nicht gar die Thorheit haben, im Vor=
grunde, wie das so üblich, gekrönte Häupter zu zeichnen, die,
aus der Schußweite entfernt, in den Kugelregen hineinsehen
und blos mit Ordonnanzen umgeben sind, die den Triumph=
wagen gut schmieren, falls er gebraucht werden sollte oder
Reißaus nehmen muß." Oscar freute sich höchlichst an der
Scene, was seinem Vater noch größere Freude machte.
Wasser trug soeben im kecken Uebermuth eine Gans aus den

dichten Schwaben heraus: „Da, Junge," rief der Alte, „eine Gefangennehmung! Wie die Regimenter stutzen, der feindliche General ist mitten aus ihnen herausgenommen, so Vandamme bei Culm, Franz I. bei Pavia. Mein Junge, betrachte nur die Entschlossenheit unsrer Partei; sie bringt ihren Raub in Sicherheit, das Gewimmel der Schlacht hört auf, die Reihen halten Stand, das Geschütz schweigt, man ahnt, daß etwas geschehen ist,' was dem blutigen Tag eine neue Wendung geben muß."

Inzwischen hatte sich das Schicksal in Gestalt des Gänsejungen auf den Weg gemacht, um dem Räuber die Eroberung des feindlichen Anführers abzujagen. Der Hirt der zerstreuten Heerde hatte schon vom nächsten Bache, in dessen dunkler Fluth er sich badete, den Seinigen Muth zugerufen, so daß diese „mit den Flügeln jauchzten", wie Homer sagt, und durch ein volltönendes Geschrei ihre Hoffnung auf die erwartete Entscheidung zu erkennen gaben. Der Gänsejunge hatte sich nur leider in demselben Bache gebadet, von dem, wir bereits mit allen Sayn-Sayn'schen Chirurgen und Apotheken wissen, daß er zahllose Blutegel enthält, und so mußte der Rettungsengel ein Gefühl, das ihm erst ganz sanft gethan hatte, jetzt mit einem gewaltigen Entschlusse abbrechen und die Blutegel, welche ihm an den Füßen saßen, bis auf die Köpfe abreißen, die er drin lassen mußte, womit er sich gefährliche Wunden machte. Es hätte nicht viel gefehlt, so würde der Succurs die Stelle des rasenden Ajar, wozu er weit mehr Ursache hatte als Wasser, übernommen und diesen mächtig zerzaust haben; so aber flüchtete der Räuber, nachdem er den feindlichen General unterwegs abgesetzt hatte, den Berg hinauf, wo Blasedow seelenvergnügt war, den Stifter so vieler Unordnung zu empfangen. Denn, dacht' er, den werb' ich öfter brauchen können, um Oscarn das Urplötzliche in den Situationen der Schlachten, Streifcorps-Ueberfälle und ähnlicher Kriegsgott-Offenbarungen zu enthüllen. Oscar war auch für Wasser eingenommen und hatte Humor genug, um an seines Papas Unterrichtsmethode Spaß zu haben.

Dieser benutzte Alles, was ihm nur Streitsüchtiges in den Weg kam, um der Phantasie des Schlachtenmalers Nahrung zu geben. Statt zu versöhnen, wo es Zank und Haber gab, statt eine Heerde Schafe, die von einem zottigen Hunde zur Ordnung zusammengebissen wird, zu bemitleiden, stellte dieser pädagogische Seelenhirt seinem Sohn alle Vorfälle dieser Art als Studien nach der Natur hin und pries ihn glücklich, daß er auf dem Lande lebte, wo die Natur und die Leidenschaft noch nicht unter der allmächtigen Zuchtruthe der Polizei ständen. Jeden Lärm im Hause oder im Dorfe mußte der Schlachtenmaler benutzen, um sich daraus Gruppen zu bilden. Oft wünschte Blasedow, es bräche im Dorfe einmal ein allgemeines Handgemenge aus oder wenigstens, um ein Bild der Unordnung zu haben, der Kirchenchor bräche ein und einige andächtige Christen stürzten in das Schiff hinunter. Alles von dieser Art war ihm erwünscht, wenn sein ältester Sohn nur gerade zugegen war. Dieser durfte keinen Sonntag vorübergehen lassen, ohne dem Vater zu erzählen, was er im Kruge für Scenen erlebt hatte. Die Beredtsamkeit und malerische Auffassungskraft des Schlachtenmalers entzückte Blasedow. Es waren immer homerische Scenen, die Oscar von Zweikämpfen und allgemeinen Aufständen zu erzählen wußte; ein abgerundetes Ganze, das der Bericht Oscar's einrahmte, und wobei der Vater dachte: Fehlt auch noch der Farbenschmelz, so rechne ich diese einfachen Erlebnisse gerade für Tischbein'sche Umrisse aus dem Homer, wobei er zeichnen lernt.

Blasedow opferte sich seinen Kindern seit einiger Zeit mit Leib und Seele. Er lebte nur in ihrem Leben. Er machte sich zum Gerüst, an welchem sie ihre Zukunftsgebäude aufmauerten. Er behandelte Keinen mit dem Andern überzwerch, sondern gab Jedem die Welt und die Wissenschaften so zubereitet, wie sie ihm gerade dienlich sein konnten. Während er die Geschichte vortrug, machte er sie bei dem Volksdichter zu einem Epos, bei dem Satiriker zu einer Elegie; bei dem Bildhauer sprach er nur über die Periode des Friedens, bei Oscar über die des Kampfes. Dem Bildhauer schilderte er die Thaten und Begegnisse der alten Zeiten als eine sanfte Harmonie mit obligater Flötenbegleitung der schönen Künste, dem Schlachtenmaler als einen wilden Fugensatz mit contrapunktirtem Kanonenlärm und Trompetenge=

schmetter. Wie Garrik das Alphabet hersagen konnte, vorwärts, wo Alle lachten, und rückwärts, wo Alle weinten, so benutzte auch Blasedow die gleichen Themen, um je bei Diesem oder Jenem die entgegengesetzten Wirkungen hervorzubringen. So schilderte er beim Bildhauer Alles objectiv, beim Schlachtenmaler Alles subjectiv. Dort ließ er die Massen walten, hier die Einzelnen, die sich auszuzeichnen suchten. Er zeichnete dem Einen die französische Revolution als eine Nothwendigkeit, dem Andern als eine wilde Anomalie. Beim Bildhauer mußte Alles zur Ruhe streben, beim Schlachtenmaler Alles aus ihr heraus. Jetzt ging die Krone auf Leopold über, sagte er mit Sanftmuth bei Amandus; jetzt griff des Thronerben vor Erwartung schon erstarrter Arm nach der Erbschaft des Diadems: so sprach er über Geschichte mit dem Schlachtenmaler. Diejenigen Helden, welche in Gegenwart des Bildhauers verflucht wurden, segnete er, wenn an den Schlachtenmaler die Reihe kam. „Das ist der große Uebelstand unsers Schulwesens," sagte Blasedow, „daß man allen Wissenschaften Universalität zu geben sucht und sie auf derselben Leier abspielt, mögen nun Löwen oder Esel, Murmelthiere oder Füchse dem pädagogischen Orpheus zuhören. Wer ein Pfaff werden soll, muß Cromwell verfluchen, wer ein Staatsmann, ihn ja segnen. Macchiavell, Gregor, Karl V., Luther, Alle sind sie prismatisch geformt und werfen sieben verschiedene Lichter wenigstens je nach den sieben freien Künsten, die es giebt."

Auf die Phantasie des Schlachtenmalers ließ Blasedow alles Wissenswürdige wie flimmerndes Nebelgewölke herabgleiten. Nur zuweilen blitzte der Sonnenstrahl irgend einer großen Thatsache durch den Pulverdampf hindurch, der Donner eines Pulverwagens, der in die Luft gesprengt wird. Dann lichteten sich plötzlich die Parthieen und Epochen und man sah Schaaren aufgestellt von Erlebnissen und gerüsteten Wahrheiten. Der Schüler orientirte sich, er brauchte das Fernrohr, er zählte die aufmarschirten Truppencorps, signalisirte die Heerführer und die großen Beweißsätze, die an der Spitze der Jahrhunderte mit gezücktem Degen voraussprengen. Blase=

bow sorgte dabei, daß ihm immer der Trompeter der gesunden Vernunft zur Seite blieb und die Signale hinausblies, um zu wissen, daß der Phalanx seinen Plänen gehorcht. Ha, oft kam die Botschaft, daß dort drüben die Bataillone wankten und schleunigst eine Verstärkung gebracht werden müßte, weil die Lüge und Bosheit ihren Pferden die Sporen gäben und die Flanken der Wahrheit durchbrechen wollten. Jetzt stürzten Beide in den Pulverdampf. Sieg oder Tod! gähnt der Todtenkopf auf ihrer Standarte. Drauf! Dran! Dorthin, wo mein Schwert blitzt! Weicht nicht, Ihr ermüdeten Märtyrer der Freiheit und des Lichtes! Haltet Stand: wir führen Euch Ersatz zu, Sokrates auf einem Schimmel, Plato auf einem Bläßen, Hurrah! Das ganze Alterthum mit seinen unumstößlichen Dioskuren-Wahrheiten, die nie sterben, sondern nur abwechselnd und immer wieder zum Leben erstehen. Sieg! Sieg! Die Geschichte hat ihr Palladium wieder. Die Nebel verziehen sich und die Säcularhymnen der Begeisterung und des Dankes steigen von den Herzensaltären zu den Sitzen der Götter auf!

In diesem Genre etwa wurde Blasedow's ältester Sohn unterrichtet. Der Vater lag manchmal ermattet auf dem Schlachtfelde seiner phantastischen Vorträge. Er gab diese angreifenden Lectionen immer zuerst, weil auch ohnedieß Oscar zu Schönfärbern hinüber mußte. Nachdem sich Blasedow erholt hatte, ließ er den Bildhauer kommen und den Volksdichter, weil Beide die Friedensmission hatten und die Dankgefühle nach überstandenen Titanenkämpfen in marmorne Gebete und populäre Dudelsacksgesänge verwandeln mußten. Erst, wenn Blasedow nach dem Allen über sich selbst lachen mußte, kam der satyrische Schriftsteller in den Unterricht, der dann die Freiheit hatte, sich über die ganze Welt lustig zu machen. Wir müssen hierauf noch zurückkommen und nehmen uns daher lieber die Zeit, zu bemerken, daß Blasedow einen Weg einschlug, um seine kriegerische Erziehung Oscarn einzuflößen, der dem gescheidten Jungen mißfiel. Denn Blasedow pflegte keine denkwürdige Affaire in der Geschichte zu erwähnen, die er nicht durch plastische Anschauungen im Kleinen nachgeliefert hätte. Oscar war zu alt, um an einem Spiel

mit bleiernen Soldaten Geschmack zu finden, wie er denn
überhaupt weit mehr Neigung zur Bestimmung seines jüngsten
Bruders hatte, als dieser Ahnung von der seinigen. Der
Mutterwitz, der die jüngsten Kinder auszuzeichnen pflegt, und
die Altklugheit, die sie nicht selten entstellt, gaben Blasedow
Vertrauen zu seinem Vorhaben, gerade diesen für die Satire
aufzuziehen, obschon der Schlachtenmaler immer sagte, daß
die bleiernen Soldaten dem gehörten. Genug, es half ihm
nichts. Blasedow trug ihm die Geschichte nie anders vor,
als mit dem Nürnberger Hülfsapparat. Es waren freilich
nur preußische Freiwillige, bayerische Chevaurlegers und nackt=
beinige Schotten, die er in der Eile zu commandiren hatte;
sie mußten aber Alles vorstellen, was gerade die Jahreszahl
mit sich brachte. Hatten die Preußen kaum bei Marathon
mitgefochten, so wurden sie bei Cannä schon wieder in's Feuer
geführt. Die Bayern drückten die Griechen aus, nicht des=
halb, weil sie etwa aus Erinnerung an König Otto von
Blasedow dafür gehalten wurden, sondern blos, weil die In=
fanteristen dort Helme trugen. Spielen wollte Blasedow
nicht, sondern blos jene Schlachtordnungen nachmachen, die er
bei Polybius und seinen Erklärern und den anderen zeitge=
nössischen Autoren erwähnt fand. Kurz, der Treffliche unter=
ließ nichts, was seinen Kindern von Nutzen sein konnte. Er
stieg vom Kothurn seiner Bildung herab, um mit ihnen zu
denken und zu fühlen, wie der Baum, der nach Oben hin
verdorrt, während er an seinem Fuße neue Schößlinge treibt.
Gertrud blickte die neuen Unterrichtsscenen mit Staunen an
und war froh, daß die Kinder endlich mehr geistigen Honig
zu weben anfingen, als sie früher natürlichen genascht hatten.
Kein Mutterherz ist so eifersüchtig, daß es verlangen sollte, die
Kinder lägen immer bei ihr vor Anker; sondern es freut sich,
wenn die flügge Brut ihre Segel aufzieht und hinausfährt
und sich Kenntnisse sammelt, die sie ihnen nicht geben kann.
Nur will sie dabei die Kinder nicht aus den Augen verlieren.
Das war das Einzige, was ihr Angst machte. Ihr Sohn
erster Ehe war in Ungarn; aber sie war darüber öfters
weniger betrübt, als über ihre Kinder, die im Nebenzimmer
saßen, und von denen sie nicht mehr wußte, wo sie anlanden

würden. Tobianus konnte ihr auch keinen Aufschluß, sondern höchstens seine Brille geben. Er schüttelte den Kopf und sagte, „er wüßte nicht, wo Blasedow wieder den seinigen hätte." Dennoch lag in dem Eifer ihres Mannes etwas, was Gertrud beruhigte. Bescheidene Menschen halten Alles für tief, was sie sich nicht erklären können. Auch schien es ihr, als müßte noch die Zeit kommen, wo sich die Haselgerte, die sie bisher über ihren Kindern geschwungen, in eine Wünschelruthe verwandelte. Und in diesem Glauben hütete sie sich wohl, indem Blasedow jetzt die Ruthe zu führen schien, an ihrer geheimnißvollen Kraft einen irdischen Zweifel zu hegen.

Zwölftes Kapitel.
Theobald, der Volksdichter.

Ein wahres Glück, daß vor zwei Jahren im Fürstenthum Sayn-Sayn ein gewaltiges Viehsterben geherrscht hatte: denn wie hätte Theobald anders einen Lehrer in der Poesie finden können! Blasedow wollte gerade nicht, daß Theobald bei dem Schäfer Schumacher im Dorfe, sich alle Vorkenntnisse zu einem zweiten Homer (das öftere dormitare hatte Theobald schon gemein mit dem guten Homer) erwerben sollte; er wollte auch hier nur das Technische von Schumachern abgesehen wissen, den Ton, die Volksweise, in welcher Schumacher Glück gemacht hatte.

Es verhielt sich mit Schumachern und dem Viehsterben folgendermaßen: Die Rinderpest war ohne Zweifel von Ungarn her hereingedrungen. Gertrud leugnete dies nicht, ihr Sohn erster Ehe wanderte noch nicht einmal im Salzburgischen, sondern hatte eben erst die große Glocke in Erfurt gesehen. Das Viehsterben fing in den Hundstagen an, ohne jedoch den Hunden zu schaden, was gerade im allgemeinen Wunsch gelegen hätte, wenn auch nicht in dem der Finanzkammer, die

eben eine Hundesteuer auszuschreiben im Begriffe stand.
Schafe und Rinder fielen wie getroffen von den Pfeilen des
„Silberbogners" Apollo. Gertrud fürchtete, sie müßte den
Tod haben, da ihn die Hälfte ihrer Ställe schon hatte und sie
sich ohnedies über Blasedow's Benehmen nicht zufrieden geben
konnte. Denn dieser, statt die Angelegenheit auf die Kanzel
zu bringen und einen Cyklus von Rinderpest=Predigten zu
halten, wie wenigstens Tobianus that, versuchte sich in phy=
sikalischen Experimenten bei dem schrecklichen Vorfalle und
hätte nicht übel Lust gehabt, den Ansteckungsstoff von den
Thieren auf die Menschen zu übertragen. Denn, wie die
Natur einen solchen Unterschied mache zwischen ihren Ge=
schöpfen, daß das, was den Canarienvögeln nichts anthat,
doch Rindern und Schafen den Tod bringt, wie der Mensch
ungehindert durch das Miasma hindurchschreitet und nur des=
halb verschont zu bleiben scheint, damit er das Unverschonte be=
graben kann, das war für ihn Stoff zum Nachdenken genug.
Allein bis zur Poesie brachte er es doch nicht, wie Schu=
macher, der Schäfer. Diesen nämlich machte das Viehsterben,
wie einst Boccacion die Mailänder Pest, zu einem ausge=
bildeten Volksdichter. Schumacher war schon lange in dem
Ruf, nicht nur weissagen zu können und Frostbeulen zu cu=
riren, sondern das auch Alles in Versen besingen zu können.
Aus jedem Rohre, das er am Bache, wo er seine Heerde
tränkte, finden konnte, schnitt er sich eine Pfeife für seine
ländliche Pansflöte und erklimmte den Parnaß der Sayn=
Sayn'schen Dichtkunst, wenn auch kriechend und auf allen
Vieren. Schumacher hatte mit Hans Sachs das Handwerk
nicht gemein, da jener nur das hieß, was dieser war; allein
Beide schnitten sich doch die poetischen Stoffe wie Fahl= und
Sohlleder zurecht und schlugen die Formen, die sie wählen
konnten, über die Monotonie ihrer Leisten=Tabulatur. Die
Poesie war hier einem stark riechenden Schnittlauch zu ver=
gleichen, welchen sich die Bauern der Umgegend in ihren sonn=
täglichen Eierkuchen buken. Schumacher war schon berühmt
und wurd' es durch das Viehsterben noch weit mehr.

Wenn man an die Dichtkunst von je die Zumuthung ge=
stellt hat, daß sie ihre Blumen nicht blos auf freiem Felde

und im Walde solle schießen lassen, sondern noch weit kräftiger und schöner aus Landstrichen, die mit dem Dünger der jedesmaligen historischen Thatsachen versetzt sind, aus der rationellen Landwirthschaft der Tendenzen und Zweckbestimmungen, so kann man nicht leugnen, daß unter den Blumen, die Schumacher zeitigte, Mist und Objectivität genug lag. Er glich auch darin schon Göthen, daß er mit diesem sagen konnte, seine Gedichte hätten alle nicht der Form, sondern des Stoffes wegen gezogen. Schumacher hatte von der Poesie die Vorstellung der Steinmetzkunst, welche groben und massiven Steinklumpen durch vieles Hämmern allmälig die Form von Treppenstufen, Futtertrogen, Brunnenwasser-Behältern und Spülichtsteinen giebt. Er gründete seine Poesie auf ein warmes, lebendiges Interesse, das wenigstens seine Person am Leben hatte, nämlich auf den guten Absatz der Frostsalbe, die er erfunden, der Quirle, die er aus Lärchenholz auf dem Felde schnitt, während die Lerche und er selbst dazu sang, der vielen kleinen Industrieen also, die er mitten unter dem freien Himmel trieb. Er hielt sich in seiner Schafhürde Traum- und Gebetbücher, er verkaufte das Blaustrumpf'sche Gesangbuch so gut wie das altchristliche alte, welches durch dies neuchristliche verbannt werden sollte (aber wol nicht anders, als mit Feuer und Schwert hätte ausgerottet werden können). Schumacher hielt auch einen Vorrath von weltlichen Arien, wenn junge Leute aus der Umgegend gerade daran waren, sich zu verlieben; kurz, er faßte alle höheren geistigen Beziehungen und manche empfindliche leibliche der Umgegend in seinem Gram zusammen, den er selbst in seinen anmuthigen Gesängen preisen und empfehlen konnte. Für ihn blühte nicht blos die Rose der Dichtkunst, die er pflückte, sondern auch die Gesichtsrose, die er besprechen konnte. Vereiterungen konnte er mit wunderbaren Aezmitteln heilen und wurde oft meilenweit geholt, wenn sich die Brust von Kindbetterinnen entzündet hatte. Konnte man wol sagen, daß dieser Volksdichter ohne jene realistische Grundlage war, welche Goethe und die neue Kritik bei der Poesie voraussetzt?

Allein nun kam das Viehsterben und damit in Wahrheit ein Moment, wo Schumacher die Kraft seines innern Men-

schen erproben mußte. Er sah seine fette Heerde vor den
Augen hinwelken und die grüne Weide sich in einen Schind=
anger verwandeln. Er fühlte die ungeheure Wissenslücke
seines Hirnes, als auch nicht ein einziges Mittel seiner wan=
dernden Feldapotheke, nicht ein Spruch aus den alten Be=
schwörungs=Formularen helfen wollte. Dies war der kri=
tische Augenblick, wo Schumacher dem Entrikschäfer zu gleichen
anfing und einer an Robert Burns' Namen streifenden Be=
rühmtheit sich gewärtigen konnte. Denn, wenn sich die Pest
bei seinem Vieh nicht unwahrscheinlich u n t e r der Zunge ver=
breitete, wie einige Aerzte sagen, so kam i h m die Begeiste=
rung jetzt a u f die Zunge. Er griff in seinen, von tiefen
Seufzern aufgeblasenen ländlichen Dudelsack und preßte, theils
mit den Fingern, theils mit dem Arme, so schwermüthige
E l e g i e e n ü b e r d i e f ü r s t l i c h S a y n = S a y n'sche L a n=
d e s s e u c h e aus ihm heraus, daß das Fürstenthum in dem
Augenblick, wo ihm so viel Rinder und Schafe g e s t o r b e n
waren, wenigstens den Trost hatte, wie ihm dafür ein Dichter
g e b o r e n wurde. Schumacher, der ohnehin nun keine Heer=
den mehr weiden konnte, benutzte diese Freistunden und ging
zuletzt sogar in die nächste Stadt Mispelheim, wo das be=
rühmte Mispelheimer Wochenblatt gedruckt wurde. Dort ließ
er seine Elegieen auf die Landesseuche einrücken und wurde
für den Drucker und Redacteur des Mispelheimer Wochen=
blattes, der Beides in einer Person war, ein Syrupstiel zum
Anziehen von ganzen Fliegenschwärmen von Abonnenten.
Schumacher besang jedes einzelne Stück seiner Heerde und be=
stattete es mit dem grünen Zweig (auf welchen jetzt wenigstens
das Mispelheimer Wochenblatt kam) s e i n e r E l e g i e e n.
Die Redaction setzte ihm an jedem Mittwoch als Honorar
sein Lieblingsgericht vor, worüber sich Schumacher sehr naiv
in der fünfzehnten Elegie auf die Landesseuche so ausdrückte:

> So lang beim Wochenblatt noch Mittwochs Erbsen quillen,
> Wird niemals nicht kein Trost mein klagend Herze stillen.

Der Ruf von Schumacher's Elegieen verbreitete sich fast so
schnell, wie die Pest, die er in ihnen besungen hatte. Selbst
in der Residenz wußte man eine so frische Naturgabe zu

schätzen und Blaustrumpf hatte alle Ursache, sich über die Lebensumstände des neuen Volksdichters in Kenntniß zu setzen, da er ihn bei der zweiten Auflage seines Lexikons nicht mehr übergehen durfte.

Schumacher stand wie Hercules am Scheidewege. Auf der einen Seite die brüllende neu angekaufte und wieder completirte Viehheerde von Kleinbethlehem und auf der andern die lockenden Einladungen eines Dichterclubs, welcher ihn wahrscheinlich zu einem in seiner Manier singenden Zeisig abrichten und ihn künstlich zum Naturdichter dressiren wollte. Schumacher entschied sich für die Reizung seiner Eitelkeit. Er wanderte zu Fuß in die Residenz und erschreckte seine neuen Gönner schon durch das Alter, in welchem er sich befand. Statt eines schwärmenden Hirtenjungen, den sie sich mit der Schalmei unterm Arme vorgestellt hatten, meldete sich ein alter Schäfer, der wenigstens dreimal so alt war, als sein Hund, der schon keine Haare mehr hatte. Die lyrische Schule hatte einen Ceremonienmeister an der Spitze, der einen eigenen Musen=Almanach herausgab und sich ein Vergnügen daraus machte, junge lyrische Talente aufzuziehen und in die jugendlichen Knospen aus lauter Enthusiasmus hineinzublasen, um sie nur schnell zu erblättern und in die Schlachtreihen der Coterie einzuführen. So hoffte er auch in Schumachern ein Talent zu entdecken und ihn alsbald beim Publikum einführen zu können. Er lud ihn zu einem großen Thee ein, wo sich Blaustrumpf, alle Geistliche und Professoren der Residenz und viele strebenden Kräfte nebst einem angehenden Buchhändler, der dabei sein Glück zu machen hoffte und schon die heftweise Herausgabe der Schumacher'schen Gedichte (mit Stahlstichen) berechnete, zusammenfanden. Schumacher hatte alle seine Reime mitgebracht und wurde aufgefordert, zu lesen. Muth hatte er, weil er, ganz wie Goethe, sich auf die Stoffe verließ. Er dachte, wenn die Arznei nur wirkt, dann ist die Etikette darauf eben blos — Etikette. Schumacher setzte sich auf allgemeines Begehren in Positur und las nun hoffentlich, wie der Dichterkreis erwartete, Gedichte vor, wo man sich schon freute, hier doch einmal wieder etwas aus dem unmittelbaren Leben in und mit der Natur zu vernehmen. Sein erstes Gedicht war jedoch weder eine Frühlingsahnung, noch ein Abendsonnenspaziergang mit schwärmenden Maikäfern und flatternden Dämmerungsfaltern, sondern eine Ode auf die von Schumachern selbst erfundene Frostsalbe. Er rühmte die Bestandtheile derselben, Terpentin und Hirschtalg, warf allerdings einige Feldblumen in den chemischen Tiegel und schloß mit einer Anpreisung seines Fabrikats, wie er sie wörtlich auf die steinernen Gefäße zu kleben pflegte. Die ganze Gesellschaft entfärbte sich vor Bestürzung; allein der Oberceremonieenmeister winkte geheimnißvoll mit der Hand und ließ sich also vernehmen: „Sie scheinen also, Herr Schumacher, hauptsächlich mit der poetischen Mystik sich zu beschäftigen? In Ihrem Gedichte liegt in der That eine tiefsinnige Allegorie verborgen. Sie mischen die drei Naturreiche zusammen, um ein Arcanum gegen die erfrorne Menschheit, also gegen die kalte Zeit, in der wir leben, zu entdecken." Alles stimmte in die Deutung des Ceremonienmeisters ein und pries ein Jahrhundert glücklich, das sich immer mehr mit dem dreizehnten zu vermählen schien. Nur Blaustrumpf rückte mit dem Stuhle und schien den Irrthum der Gesellschaft widerlegen zu wollen. Ihn unterhielt aber der Sayn=Sayn'sche Robert Burns selbst so sehr, daß er die Augen ganz klein und spitz zusammen drückte und nur vor Aufmerksamkeit zuweilen blinzelte, indem Schumacher schon wieder ein neues Gedicht begonnen hatte. Es war auch hier wieder recht eigentlich ein salbungsvoller Gegenstand, den er behandelte, nämlich ein Hymnus auf sein Hühneraugenvertreibungsmittel. Hier fing er auf ganz sinnige Weise an, sprach vom Weltlauf und dem kleinen Zehen, wo Jeden heutiges Tags der Schuh drücke, ging dann wieder über auf die Kräuter, die er zur Aufweichung der Leichdornen entdeckt hätte, und schloß diesmal sogar mit einer Preisangabe, indem er erklärte, sein Mittel in einzelnen Parthieen, aber noch lieber dutzendweise ablassen zu wollen. Dem Ceremonieenmeister ward es jetzt zu bunt. Er bekam einen feuerrothen Kopf und drehte sich auf seinem Stuhl, wie Jemand, der eine Leibesnothdurft unterdrücken muß. Endlich, als Schumacher geendigt hatte und eine nur von dem lauten Bravo Blau=

strumpf's unterbrochene ängstliche Stille auf allen diesen poe=
tischen Gemüthern lag, forderte er den Naturdichter auf, der
Gesellschaft einmal eine Reihenfolge von Titelüberschriften
seiner Gedichte mitzutheilen, woraus sie sich ja dann etwas
Beliebiges wählen könnte. Jetzt blätterte Schumacher in
seinen schmutzigen Papieren und theilte folgende Titel mit:
Elegie an eine verreckende Kuh; Epistel an
einen Barbier, der mir das Handwerk legen
wollte; Satyre auf einen durchreisenden Mau=
sefallenhändler und zugleich Ode auf mein
Mäuse= und Rattengift; der Scharfrichter und
der Schäfer, ein poetisches Zwiegespräch über
die Heilkunst der Pferde und der Menschen;
Satyre auf einen durchreisenden Raupenver=
tilger und zugleich Ode auf meinen selbstge=
zogenen Kraustaback als probates Mittel gegen
die Raupen; Klagen über den Verdienst;
Schimpf= und Schandgedicht auf zwei Hand=
werksbursche, die nicht Vernunft annehmen
wollten; die Wanzen, und was dagegen hilft,
ein Lehrgedicht in drei Gesängen... Weiter aber
durfte Schumacher nicht lesen; die Gesellschaft fuhr auf und
entsetzte sich über diesen unreinen Bruder in Apoll. Man
ballotirte ihn schon mit funkelnden Augen aus dem lyrischen
Theesalon heraus und tröstete den Ceremonieenmeister der
Schule, der verzweifeln wollte über seinen Mißgriff und nicht
wußte, wohin er vor dem Oberpriester der Schule, einem all=
gemein anerkannten Balladendichter, sein sündiges Auge ver=
bergen sollte. Da warf sich aber Blaustrumpf in's Mittel,
umarmte zum allgemeinen Erstaunen den Schäfer und sagte,
so, daß es alle hören und sich darnach richten konnten: „Treff=
licher Mensch, unübertrefflicher Dichter! Mann, Du bist be=
rufen, die Würde der Dichtkunst aufrecht zu erhalten. Du
verbindest Dein außerordentliches Talent mit dem Wohl der
Menschheit; Du hilfst mir den Aberglauben bekämpfen.
Deine Gedichte athmen die reine gesunde Vernunft, Du hast
in der Dichtkunst die Stellung, die Mörder mit seinem „Tho=
masius oder über die Grenzen des natürlichen Menschenver=

standes" in der Philosophie einnimmt! Deines Bleibens ist aber nicht in den Städten, sondern, wie Johannes, ziehe hinaus in die Wüste, predige und lehre unter den Deinigen die Wahrheit, die Vernunft, die Aufklärung, benutze Dein herrliches Talent als ein echter Volksdichter nicht für die Befestigung des Aberglaubens, für die falsche Vergötterung der Natur, die Schwebelei in haltlosen Schmetterlingsempfindungen, sondern wirke auf den Verstand, die Fassungskraft und die natürliche Einsicht der Masse; rechne auf meine Unterstützung und kehre zurück in den Schooß der Natur, welcher Deine Heimath ist, Du echter Pindar unsers Jahrhunderts!" Damit nahm Schumachern der Consistorialrath unterm Arm, führte ihn zur Thür hinaus und miethete ihm auch sogleich einen Sitz in der Landkutsche, die zweimal in der Woche in die Provinz fährt. Der Naturdichter kam gerade zur rechten Zeit in Kleinbethlehem wieder an, wenn er nicht seine Stelle von einem Andern besetzt hätte finden wollen.

Blasedow kannte alle diese Vorgänge und konnte sich dennoch entschließen, seinen Sohn Theobald, der ein Volksdichter werden sollte, bei dem Schäfer einzuführen. Er sagte zu sich selbst (denn wem hätt' er's wol sagen sollen!): „Er soll kein Dichter werden, wie die Strasburger Gänse nur dadurch so groß in ihren Lebern sind, daß sie sich im Koben nicht bewegen dürfen. Wozu dienen die von romantischen Flittern blitzenden Haarnetze in einem Lande, wo die Weiber Tücher um den Kopf tragen oder Hüte drauf! Auch Schande jener Lyrik, die sich mit den Muränen vergleichen läßt, welche die alten Römer quälten, um sich an dem Farbenspiel ihrer Zuckungen zu ergötzen oder die sich wol gar selbst quälen, um originell zu sein. Ich bin heilig überzeugt, daß die Dichtkunst ermuntern soll. Blickt sie uns wie das erstorbene Auge der Auster an, die sich in dem Gallert ihrer Empfindungen wälzt, so werden die Kenner und Feinschmecker, die eine solche vornehme Dichtkunst genießen, immer noch erst die Citronensäure ihrer raffinirten Beigeschmäcke darauf tröpfeln lassen müssen, um einen Mischgeschmack zu erzeugen. Was unsre poetische Literatur in den Gemüthern des Volkes nicht heimisch werden läßt, ist ihre eigene Heimathlosigkeit.

Die Alpen, die gen Himmel ragen, der Schneesturz, der herniederfällt, die Cypresse, die Myrte, das Alles kann man nur auf Reisen oder in Treibhäusern kennen lernen, davon wird eine kleine Zahl Eingeweihter, die sich nach Italien sehnen, aber nur das Geld dazu nicht haben, gerührt. Aus dieser künstlichen Natur muß die Dichtkunst allmälig heraus. Dies kleine Tempelchen, wo sich durch die Fenster Epheu und Weinlaub ranken, wo oben durch eine Laterne, die jener des Diogenes gleichkommt, weil sie bei Tage scheint, eine Laterne von Thränen, die sich in der Sonne brechen und das bunte Segel des Regenbogens aufziehen, leuchtet, wo man vor der Pforte sich an „scharfgeschliffenen Diamanten" und solchen Ausdrücken die Stiefel abkratzt, liegt so versteckt im Walde, daß es Niemand finden kann. Die ganze Natur und Dichtkunst läßt sich's viel zu viel kosten: es sind die prächtigsten Gewänder, die angezogen werden, immer die schönsten Bilder- und Allegorieen-Costümes, echte Perlen, gesammelt in Thränenkrügen; ja, diese prächtige Welt, welche auf dem g r ü n e n G e w ö l b e jener Theeclique, wo Schumacher in die Fenster einer Soirée geflogen war wie eine Fledermaus, gewöhnlich ausgebreitet liegt, wer rührt das an, wen rührt es! Wer auf die Menge mit seiner Begeisterung wirken will, muß nicht höher steigen, als die Lerche. D i e steigt hoch genug, aber nie höher, als daß sie g e h ö r t werden kann. Wer drüber hinausgeht und vom Horst des Aaren spricht, der kann sich auf einem Felsen plötzlich ohne Rückkehr finden und muß sich von der Kritik gefallen lassen, daß sie ihn (aus Menschenliebe) herunterschießt. Der wahre Dichter, der nur die Nation zu beglücken strebt, steigt auch weit besser in die Erde, als in die Luft. Die Sprache der Sterne entziffern wir nicht, der Mond steht als ein Siegel auf dem postrestanten Briefe des Himmels, und Was hindurch schimmert und vom geheimnißvollen Inhalte verlautet, ist Religion, keine Dichtkunst mehr. Wunderbarer wird die Menschheit bewegt, wenn sie an die Erdrinde von u n t e n h e r pochen hört. Bergleute und Pfarrer, Beide sind schwarz gekleidet, Beide rutschen auf dem Schurzfelle des Handwerks in geheimnißvolle Tiefen; allein jene sind dem Volke noch immer merkwürdiger. Dies sinnige

Deuten des Alltagslebens, dies kunstvolle Entwickeln des poetischen Ariadnefadens in dem Labyrinth unsrer lärmenden und gefahrvollen Zeit, dies rüstige Heben der aufgestreiften, nackten Hände und Dichten nach dem hämmernden Begleitungstakte der Praxis — darin liegt der Zauber, dem die Menschen nachlaufen werden, Jung und Alt, Mann und Weib, darin die neue Mär, der sie zuhorchen wollen des Abends auf dem Marktplatze unter den Linden. Wie in der Musik die Harmonie die Melodie verdrängt hat, so streben unsere Dichter jetzt auch nur nach gewaltigen Tonmassen, nach dem Septimenaccord der Zerrissenheit sogar; allein die Menschen wollen von der Dichtkunst nicht erschüttert sein, sondern ihr im Gedächtniß weich betten und sie gleichsam als frische Maienzweige und grüne Pfingstwonne in ihre dumpfen stockigen, wenn auch eben erst ganz frisch mit Sand bestreuten Stuben hängen. Der Dichter sollte heutiges Tags nur nach Melodie streben: er braucht nicht viel mehr, als das Hülfsmittel des Dreiklangs; wozu die Kunststücke des Contrapunktes und des Contrastpunktes, der die Empfindungen zu Epigrammen darauf macht! Geht doch hinaus, ihr Zwitscherer in den Papagenokästen der Musenalmanache, geht doch mit der goldnen Harfe, von der ihr singet und saget, hinaus auf's Land und greift in die Saiten! Werdet Ihr auch in die Herzen greifen? Werden die Delphine Euch forttragen, wenn Ihr von den Dorfmusikanten aus dem Schiff des Wirthshauses geworfen werdet? Werden die Kraniche des Jbykus Euch eine Genugthuung bei der Polizei verschaffen? Ihr modernen Poeten seid gute brasilianische Goldwäscher. Ihr schlammt aus dem Sande der Flüsse die Körner wol heraus; Ihr entdeckt die Silberadern von Quito, indem Ihr die Sträuche aus der Erde reißt und gediegen Silber aus den Wurzeln schüttelt; Ihr entdeckt Kremnitz, indem Ihr sogar aus dem Magen eines Hirsches Goldkörner herausscheidet; allein Ihr versteht den Stoff nicht zu b e n u tz e n, Ihr könnt aus allen Euren Hesperidenäpfeln nicht einen kleinen Verlobungsring löthen, den Hans an Gretens Finger steckt: das wäre Poesie — Volkspoesie!"

In dieser Art wurmte und phantasirte Blasedow fort und

überredete sich, daß Theobald ohne Schumachern nicht gedeihen
könnte. Den Genius, dacht' er, will ich selbst wecken. Ohr=
feigen und den Staar für die Schönheit der Dinge stech' ich
ihm schon. Tonfall und Wahl der Worte ist meine Sorge.
Für den Klang will ich schon das grobe Trommelfell seines
Ohres in den Resonanzboden einer Laute verwandeln. Allein
daß er jede Schildkröte, wie einst Apoll, ergreift und die
Höhlung derselben in eine Lyra verwandelt, daß er aus Frosch=
schenkeln dazu ein Plektrum macht und aus Schafsdärmen
sich die beiden Saiten wirbelt, das kann ihn nur Schumacher
lehren, der selbst ein Schäfer und in seiner Art ein Dichter
ist! Blasedow rechnete darauf, Theobald sollte sich bei Schu=
machern an den Boden der Natur legen und von ihm die
Töne derselben deuten lernen. Er sollte nicht die Dichtkunst
von einem Schäfer lernen, obschon Apoll einst selbst die
Schafe des Admet weidete, sondern nur tüchtige und prak=
tische Beobachtungen machen. Die Einsamkeit draußen auf
dem Felde schien dem besorgten neuen Pestalozzi die Mutter
des dem Dichter so nöthigen Tiefsinnes zu sein. Schumacher
kannte alle Kräuter der Haide und der Wiese, er mußte jeden
Baum zu nennen und hatte tausend Geschichten zu erzählen,
die er den geschwätzigen Krähen abhorchte. Er war weit mehr
innerer, als äußerer Dichter, gerade in dem umgekehrten Ver=
hältniß seiner medicinischen Kenntnisse, da er mit diesen mehr
äußerlich, als innerlich curirte. Blasedow beschloß, ihm seinen
Sohn in die Lehre zu geben.

Theobald war ein flinker Bursch, der in der That ein
außerordentliches Gedächtniß und eine lebhafte Einbildungs=
kraft hatte. Nicht selten sprach er Stunden hindurch in
Versen so lange, bis es ihm Gertrud verbieten mußte. Sie
gab das Meiste auf ihn und setzte in seine Zukunft ein so
großes Vertrauen, daß sie, wie ihre Ausdrucksweise war, dachte,
der Schlag sollte sie rühren, als Blasedow erklärte, er wollte
den Jungen bei Schumachern, dem Dorfhirten, in die Lehre
geben. Allein noch nicht genug, Blasedow fügte sogar, um
sich und ihren Schreck darüber zu verbessern, hinzu, Theobald
könnte auch ein Handwerk lernen, da es dem Dichter immer
angemessen wäre, wenn er sein griechisches Dichterfeuer

in einem ausgehöhlten Schäferstabe oder sonst einem Vehikel
trüge, wie ja auch die edeln Metalle nicht rein gefunden
würden, sondern nur als Erz in Verbindung mit erdigem
Gestein, und der Apostel Paulus ohnedies den Vorhang des
neuen Bundes, da der alte zerrissen war, nicht blos figürlich,
sondern auch im Webstuhl hätte wieder flicken können, da er
ein Teppichfabrikant war, so gut wie die Tyroler. Und, fügte
Blasedow hinzu, je gemeiner und roher das Werk der Hände,
desto feiner und edler das des Geistes, wie auch Metalle und
ganz harte Körper weit besser elektrische Leiter sind, als Lein=
wand oder zartes, warmes Tuch. Gertrud wollte jedoch von
keiner andern Leiter hören, als auf welcher Theobald die
Kanzel besteigen konnte. Blasedow kehrte sich nicht daran,
sondern erklärte die Ohnmacht, in welche sie fiel, für unmäch=
tigen Widerspruch und ging.

Als Vater und Sohn draußen vorm Dorfe die freie Aus=
sicht nach der Gemeindewiese hatten, bedauerte jener, den
Schlachtenmaler nicht mitgenommen zu haben. Denn, siehe!
ein gewaltiges homerisches Treffen wickelte sich aus der Per=
spective heraus, ein Zweikampf, der mit dem des Hektor und
Achill sich wenigstens entfernt, und zwar etwa noch um tausend
Schritte, vergleichen konnte. Blasedow ärgerte sich, nicht etwa
über die Störung, daß Schumacher gerade im heftigsten Hand=
gemenge mit einem ihm noch Unbekannten begriffen war, wol
aber, daß der Schlachtenmaler gerade um diese Stunde bei
Schönfärbern sein mußte und ihm eine nicht unzweckmäßige
Studie nach der Natur verloren ging. Er hätte gern um
Hülfe gerufen, nämlich, daß man den beiden Raufbolden so
lange in der Fortsetzung ihres Kampfes geholfen hätte,
bis der Schlachtenmaler zurückgekommen oder gar geholt
wäre; allein wie sollten die beiden Menschen es aushalten,
da sie sich schon beide genug zugesetzt zu haben schienen!
Indem Blasedow und Theobald ihre Schritte beflügelten, be=
merkte man die Aufführung eines Buches aus der Ilias.
Denn Schumacher stand mit einem großen Enterhaken, ganz
wie die alten Griechenfürsten, auf seiner zweirädrigen Schaf=
hürde und vertheidigte sich als ein antiker Cavalerist gegen
einen Hopliten, der auf Leben und Tod auszugehen schien

und mit einer Schlinge Schumacher's Hund wie einen herren=
losen bereits eingefangen hatte und ihm die Kehle zuschnürte.
Ein Grausen bemächtigte sich Blasedow's, als er den Gegner
des Schäfers erkannte. Es war der große Unbekannte der
Umgegend, der Namenlose, der Abdecker, der zwar noch Nie=
manden geköpft hatte, aber schon einmal Jemanden a u ß e r=
h a l b des Fürstenthums gerädert. Blasedow's Blut erstarrte
zu Eis. Er hielt inne und zitterte, Theobald in die Nähe
dieses Unehrlichen zu führen. Indem ward es ihm aber auch
klar, daß des Volksdichters Vogel der Rabe ist und eine seiner
schauerlichsten Pflichten die, verweste Verbrecher vom Rade
loszuflechten. Er hörte Bürger's Lenore an sich vorübersausen
und sah mit grellen Augen eine Kindesmörderin auf dem Gal=
gen stehen, die im Wahnsinn lachte. Er hörte das monotone
Lied eines Bänkelsängers, dessen Bild auf Jahrmärkten den
Tod durch das große Schwert eher zu einer Lockung, als zu
einer Abschreckung macht, dies Singen und Sagen von Mord=
thaten, das einen so geheimnißvollen Eindruck auf die Ge=
müther hervorbringt und Mörder in Volkshelden verwandelt.
Er hielt sich an Theobald, der sich an ihm hielt, besann sich
eine Weile, schüttelte seine kalten Glieder und schritt rüstig
vorwärts.

Am Kampfplatze angekommen, trieb sein Zuruf die Geg=
ner auseinander; aber Schumacher tobte, daß ja sein Hund
am Verenden sei. Der Nachrichter ließ den Strick nach und
hätte das Thier, das sich mühsam erholte, sonst erwürgt ge=
habt. Beide Partheien drängten sich an den Pfarrer heran,
um sein Urtheil zu hören. Blasedow wehrte sich den un=
heimlichen Gast vom Leibe und fragte nach der Ursache des
Streites. Es fand sich, daß sich die beiden medicinischen Pfu=
scher einander in das Gehege ihrer Praxis gekommen waren.
Schumacher durfte nur auf Menschen, der Andere auf das
Vieh speculiren. Das Verhältniß hatte sich aber gerade mit
der Zeit umgekehrt und eben versuchten Beide, es wieder in's
Gleichgewicht zu bringen. Blasedow lag auf der Folter und
stand eine Seelenangst aus, die ihm die Sprache raubte.
Endlich aber ermannte er sich und fuhr den Fremden an, sie
allein zu lassen, da er mit Schumachern zu reden hätte. Der

Mensch ging nun, nachdem er den Hund auf wunderliche Art manipulirt und ihn darauf auf die Füße gebracht hatte. Die Schimpfreden Schumacher's verfolgten ihn; doch blieb er dabei still und schritt rüstig seiner Wege.

Blasedow setzte sich in's Gras und konnte lange nicht reden. Der Gedanke, daß Theobald, als Volksdichter, bei Niemanden passender in die Schule gehen würde, als bei dem grausen Wächter und Wirth des Rabensteines, durchschauerte ihn mit einer Gewalt, die dem Schäfer Besorgnisse und Theobald Weinen machte. „Ach," dachte Blasedow, „wie ernst ist das Lebensziel, wie schwindelnd der jähe Abhang, der zu ihm hinführt! Schleichen nicht finstere Schatten zu jeder Stunde hinter uns her und langen mit gespenstischen Händen? Wenn ein Kind kaum noch an einer Fensterbrüstung mit den Blumen spielt, stürzt es hinunter. Für jeden Menschen kann eine erschütternde Trauerpost immer schon unterwegs sein. Gräßlich! Gräßlich!" Blasedow's Lippen bebten, sein Auge blickte wie im Fieber, es bemächtigte sich seiner eine starre Empfindung, die er nicht anders zu lösen wußte, als wenn er sich in irgend einer Gewaltthätigkeit hätte äußern können. Er ergriff seinen Knaben, ließ den Schäfer, der ihn für wahnsinnig hielt, stehen und lief, so schnell Theobald nur konnte, nach Hause zurück. Er schloß sich den ganzen Tag ein, aß und trank nichts, sondern blieb auf dem Sopha lang hingestreckt, in einer Erstarrung aller seiner Gedanken und Gefühle. Ach, so muß es Menschen sein, die irgend eine schwere That im Schilde führen, einen Selbstmord, eine gewaltsame Trennung von den Jhrigen, Menschen, die auf einem Verbrechen ertappt zu werden fürchten. Das muß der Uebergang zur Verrückung der Vernunft sein. Gott erbarmte sich aber und sandte dem wunderlichen Manne, mit dessen Schicksal wir uns beschäftigen, als Tröster den Schlaf und dazu gute Träume.

Dreizehntes Kapitel.

Alboin, der Satyriker.

Als Blasedow die Schrecken der ersten Träume überwunden hatte und in die zweiten kam, die, ungleich der zweiten Periode der Geburtswehen, leichter sind, als die ersten, und auflösen und dem Schlafgott volle Gewalt lassen, wenn sie auch gerundeter und deutlicher sind, hatte er sich in eine so lange Traumreihe verwickelt, daß er bis zum hellen Morgen schlief. Und noch war nicht einmal der fünfte Act seiner Träume in eine allgemeine Schlußgruppe aufgelöst, als er schon von einem lauten Rufen an die Fenster seines Zimmers hinauf geweckt wurde. Indem er aufwachte, war sein erster Gedanke: Alboin, und sein zweiter: die Satyre: er hatte aber nicht Zeit, über die Art, wie er den Unterricht seines letzten Sohnes anknüpfen sollte, in Verlegenheit zu kommen: denn man rief ihm noch einmal. Als er, aufgesprungen, Herrn Ritter hinter den herabgelassenen grauen Vorhängen (weiße gab ihm Gertud nicht, da sie ja doch bald grau würden!) wahrnahm und noch zwei junge Männer mit ihm, dacht' er, die Satyre böte sich ja ordentlich von selbst dar, wie ein Eber, der gerade an's Messer läuft. „Herr Pfarrer, stören wir?" rief Herr Ritter, der wahrscheinlich unter dem Wir seine Begleiter nicht mit inbegriff, sondern nur sich selbst und Alles, was er vorstellte, in der Eile pluralisch zusammenraffte, wie Könige und Recensenten. „Keineswegs!" sagte Blasedow durch das halbgeöffnete Fenster und rieth den Herren, einstweilen auf dem grünen Rasen vor dem Hause zu spazieren oder in den Garten zu gehen, bis er selbst käme — „und Alboin," fügte er heimlich hinzu. Diesem rief er die Stiege hinunter, zog sich schnell an und eilte dann, sich über den Besuch der Herren zu freuen, wenigstens es ihnen so zu sagen.

„Diese beiden jungen Studenten," sagte Herr Ritter, als Blasedow mit Alboin im Garten war, wohin sich die Ankommenden verfügt hatten, „besuchten mich, weil ich eine Abhandlung geschrieben habe über die metaphysischen Anspie=

lungen in der Walpurgisnacht des Goethe'schen Faust. Es sind strebende junge Talente, die sich wahrscheinlich vor dem deutschen Publikum einst noch geltend machen werden und alle Zeichen tragen, daß sie es verdienen."

„Es sind vielleicht zwei junge Schriftsteller," bemerkte Blasedow künstlich erschreckend, „welche mich in ihren Heine'schen Reisebildern als Folie ihres Witzes auftreten lassen wollen?"

„Keineswegs," verbesserte Herr Ritter, „über Heine und seinen Anhang sind die jetzigen Bestrebungen auf den deutschen Universitäten bereits wieder hinaus. Die Zeit geht rasch. Das Neueste ist den nach uns Kommenden schon nicht mehr neu genug. Diese jungen Männer, Herr Schmeißer und Herr Püsser, sind mit mir heilig davon überzeugt, daß wir für die meisten Resultate, die unsre Zeit zu haben glaubt, die Begründung noch einmal prüfen müssen, und seien Sie versichert, Herr Pfarrer, wir haben noch ein großes Feld vor uns, ein Feld, das nur zum Tummelplatz für Kinderspiele bisher gedient hat und welches wir von Grund aus umackern, beflügen, besäen und beernten werden."

Blasedow bereute, daß er sich nicht hatte verleugnen lassen. Er hoffte erst, wenn keine Belehrung, doch Satyre von den unklaren dialektischen Gährungen des Herrn Ritter als einen Schaum abzuschöpfen, der sich an der Sonne des Witzes recht bunt und kaleidoskopisch ausnehmen würde; allein, dachte er jetzt, wiewol zu spät, dieser moderne Galimathias regt nicht einmal die Lachmuskeln auf, wie es, wenn man neugebornen Kindern am Munde kitzelt, kein Lachen ist, in das sich die Lippen verziehen, sondern Krampf. Man hört nur eine wilde Jagd von Redensarten an sich vorübersausen, Gerippe verfaulter Ideen von ehemals, Embryone von jetzt, die aus dem Mutterleibe zu früh geschnitten sind, eine gräßliche Freischützenscene, wo man, wenn Samiel die gesunde Vernunft vorstellen könnte, gern ausrufen möchte: „Samiel, hilf, nämlich mir und ihnen!"

Inzwischen waren die beiden jungen Studenten, Schmeißer und Püsser, zu Anfang ehrerbietig und nicht ohne Unschuld. Sie dankten artig, wenn ihnen etwas geboten wurde (und

Gertrud bot Alles, was sie hatte und sich so in der Frühe schickte!) Die jungen Leute konnten ihre Jugend nicht mit Füßen treten und mußten noch zuweilen darüber stolpern, was erwachsenen Knaben so schön steht! Je mehr sie sich aber, mit Hülfe Ritter's, in ihren modernen Ideenjargon verkauderwälscht hatten, je mehr sie die Fährte der Universität rochen und unter die Luftpumpe der Facultät geriethen, desto mehr gebärdeten sie sich mit wunderlich=ängstlichen Manieren und kamen in eine apostolische Pfingstsprache hinein, die wenigstens Blasedow nicht mehr verstehen konnte. Die Entfernungen eines Katheders vom andern waren ihnen die Meridiane der Welt. Die Wissenschaften der Jahrhunderte schienen ihnen in Gestalt einiger wenigen Professoren verkörpert; sie schwuren dabei jedoch auf Niemanden, sondern hatten an jedem einen Fehl bemerkt, eine Lücke, die sie auszufüllen dachten.

„Wir gehen," sagte Ritter ganz keck, „einer Zeit entgegen —" Hier stockte er, weil, wie Blasedow bemerkte, er sich schämte zu sagen: „wo wir junge Männer an die Stelle der ausgestorbenen alten treten werden." Blasedow forderte ihn auf, dies ganz dreist einzuräumen, und Schmeißer räumte es ein, wobei Püffer die Augen niederschlug und Ritter anbetete: denn Ritter, so stolz er war, hielt viel von den beiden jungen Männern, und dies schon deshalb, weil sie selbst von sich so viel hielten und, indem sie sprachen, weder grammatikalische Fehler machten, noch sich in Anakoluthe verwickelten. Die Zukunft floß beiden Studenten glatt von der Zunge. Sie waren um so gewisser in ihren Hoffnungen, als sie in sich den Speculanten in der Philosophie mit dem Dichter vereinigten.

Es kam die Rede auf einen Lehrer der Geschichte, dessen Ruhm und, daß auch die Bücher, die ihm denselben verschafft hatten, schon in alle lebenden Sprachen, sogar in eine todte, die römische, übersetzt waren. Schmeißer schmiß Alles um. Er sagte: „Er giebt uns freilich allgemeine Gesichtspunkte und verweist uns in Betreff des Details auf die Bücher; allein seine Gesichtspunkte haben keine innere Nothwendigkeit. Sie sind ein Aggregat von dürren Lebenserfahrungen, wie

Püsser einmal so schön gesagt hat: nur das schiene ihm bewiesen, was er als einen d ü r r e n Ast vom Baum des Lebens b r e ch e n kann."

Püsser blickte verschämt nieder, als ihn sein Freund Schmeißer so hochherzig, wie eine Autorität, citirt hatte. Er übernahm den Faden des Gesprächs und führte ihn so fort: „Wie dieser Lehrer in der Geschichte nichts als Unordnung sieht, so hat ein anderer, der uns die Philosophie vorträgt, dafür einen Begriff von Ordnung, der bis an's Mathematische streift. Es paßt die ganze Fülle von Erfahrungen bei ihm in eine einmal fertige Form hinein, so daß Schmeißer einmal sehr witzig gesagt hat, dieser Mann scheine ihm ein weit größerer Gelbgießer, als Philosoph zu sein."

„Ganz vortrefflich," rief Ritter; „und unterscheiden Sie dabei nur, daß seine Gußform ein blos äußerlicher Schematismus ist. Seine Kategorieen haben keine innere Nothwendigkeit: wie auch Einer von Ihnen Beiden vorhin schon so treffend bemerkt hat, es gäbe zwei Nothwenigkeiten, ein Muß und ein Soll. Das Soll ist das u n m ä ch t i g e Muß, möcht' ich hinzufügen. Das Soll ist ein beliebiges Muß, während das Muß immer das nothwendige Soll."

„Wissen Sie wol, Schmeißer," bemerkte Püsser, „daß Sie" (die jungen Leute hatten so viel Hochachtung vor einander, daß sie sich nicht einmal buzten) „bei irgend einer Gelegenheit den Gegensatz zwischen Sollen und Müssen anders und zwar unendlich tief gefaßt haben?"

„Ach, Sie meinen in Leipzig, als wir nach Gohlis gingen?" bemerkte Schmeißer.

„Ja, Sie hatten damals geäußert: das Sterbenmüssen wäre die Nothwendigkeit der Natur, und das Sterbensollen die Nothwendigkeit der Freiheit."

„Kann sein," entgegnete Schmeißer. Ritter aber fand diesen Ausspruch so geistreich, daß er Blasedow triumphirend anblickte und ihm gleichsam sagen wollte: Das sind wir, die Kinder der neuen Zeit, des neuen Jahrhunderts! Blasedow wußte dabei nicht, wo aus noch ein; er bewunderte die Hochachtung, welche diese drei Menschen vor einander hatten, wie sicher sie ihrer künftigen Unsterblichkeit waren und wie sie sich einander als Autoritäten citirten. Vom Speculiren war jetzt das Gespräch auf die Poesie übergegangen und es ergab sich, daß beide junge Männer, gleich den alten Philosophen, ebensowohl Dichter, wie Weise waren. Schmeißer sagte: „Wenn ich auch wol geläufiger im Combiniren von Begriffen bin, so übertrifft mich doch Püffer an Dichtergabe. Er hat schon Ausgezeichnetes in diesem Betracht geleistet, wie wir denn überhaupt namentlich im Felde der Poesie einen blühenden und kräftigen Nachwuchs bei der jetzt studirenden Jugend zu erwarten haben. Bedeutende, ganz bedeutende Talente werden sich in kurzer Zeit aufgeschwungen haben. Die jetzigen Stimmführer ahnen nicht, daß die Verschwörung gegen ihre Macht ihnen schon mit spottendem Blicke gegenübersteht. Püffer hat unter Anderm einen neuen Faust geschrieben, einen Faust im Lichte unsrer Zeit, der Aufsehen macht. Einige Bruchstücke, die er mir davon vorgelesen (er ist heimlich damit), übertreffen die Auffassung, wie selbst Goethe bei diesem bedeutenden Stoff verfahren ist."

Püffer blickte bei dieser Bajazzo=Lobpreisung seiner Doctorkünste mit verschämtem Stolze zu Boden, soweit nämlich die Veriergläser in der Brille, die sowol er, wie Schmeißer, sein Kritiker pränumerando, trug, es zu sehen zuließen. Blasedow dachte, daß ein Faust nach Goethe noch eine Iliade nach Homer wäre, hatte aber nicht den Muth, einen so gescheidten Gedanken laut werden zu lassen: denn diese drei Herren hatten seine anspruchlose Erscheinung längst in die Tasche gesteckt oder benutzten ihn gleichsam wie ein leeres Glas, auf welches sie ihre Spieldosen mit den abgerichteten Zukunfts=Melodieen legten, damit es einen helleren Ton gäbe. Ritter war für den neuen Faust ganz eingenommen und hätte davon gern eine Scene gehört, allein Püffer meinte, es müßte ihnen dazu einmal eine passende Stunde kommen; auch wäre eine einzelne Scene, die er aus dem Zusammenhang reißen müßte, unverständlich. „Ich habe übrigens," fuhr er denn doch fort, „die Faustsage mit dem indischen Mythus zu verbinden gesucht oder wenigstens Faust als eine Gottheits=Incarnation geboren werden lassen, damit ich nämlich nicht die Noth habe, woran Goethe scheiterte, Faust in die Hölle kommen zu lassen, während er doch unserem Gefühle nach alle Ansprüche auf den Himmel hat. Ich lasse Faust wandern und es bleibt ziemlich unklar dabei, ob er nicht auch zu gleicher Zeit den ewigen Juden vorstellt. Bei Harun al Raschid geb' ich ihm eine Zeitlang die Stelle eines Hofnarren und drücke damit den in der Literaturgeschichte nicht nachweisbaren orientalischen Humor, den Humor der träumerischen Phantasie, gleichsam die Negation von Tausend und eine Nacht aus, wie wir nur den abendländischen Narren haben, nämlich den Narren bei Shakespeare, bei den Deutschen Till Eulenspiegel, den Narren des Verstandes. Faust wird Christ in Rom und muß sogleich seine weltgeschichtliche Bedeutung in den Kämpfen der Ghibellinen und Guelfen fortsetzen, Kämpfen jedoch, die ich in einem solchen Hellbunkel lasse, daß sie auch das Nibelungenlied mit in sich aufnehmen und Faust wieder als Hagen erscheinen lassen können, während Siegfried die noch nicht zum Durchbruch gekommene Natürlichkeit und Unbefangenheit des Gemüths ausdrückt. Hierauf entwickelt sich die Reformation und erst mit ihr nimmt die Wirksamkeit Mephisto's auf Faust zu. Mephisto lass' ich in verschiedenen Metamorphosen dem von seinem Leben und Wissen jetzt erst wahrhaft müden Denker gegenübertreten. Der Teufel naht sich ihm erstens als Guttenberg. Sie erfinden zusammen die Buchdruckerkunst. Dann als Berthold Schwarz. Sie erfinden zusammen das Pulver. Endlich als Luther. Sie stiften zusammen die Reformation. Ich kenne die Anfeindung, welche diese Combination finden wird; allein ich weiß, wer Faust ist, ich weiß, wer Luther ist; die Gegensätze des abstrakten Verstandes erzeugen nur den Witz, keine Poesie. Die Gegensätze, nach welchen meine Dichtung strebt, sind organische, sind Vernunft-Gegensätze, sind solche, die ohne die Negation nicht gedacht werden können. Jetzt zeigt sich Mephistopheles immer mehr in seinem wahren Lichte. Es ist der kalte, nüchterne und hohnsprechende Verstand, der Faust auf den Fersen sitzt. Faust flieht vor ihm und weiß kein anderes Rettungsmittel, als daß er sich in den Strudel der Sinnlichkeit wirft. Diese Sinnlichkeit macht ihn wieder zu Don Juan; doch ist er nicht jener gedankenlose, leichtsinnige und blos mit einer trivialen Moral aufgefaßte Don Juan der Oper, sondern, dem Byron'schen sich annähernd, ein Spiritualist in der Sinnlichkeit, der, statt durch die Sinnlichkeit in die Hände Satans sich hineinzuspielen, durch sie gerade aus ihnen sich herausbringt. Faust, als Don Juan, bahnt sich den Uebergang zu seiner letzten Metamorphose, nämlich der, daß er Dichter wird und sich selbst dichtet. Er überwindet sich und die Welt und steigt als entfesselter Gott wieder zu seinen Höhen empor, von welchen er herabgekommen ist."

Selbst Blasedow konnte nicht umhin, dieser verworrenen Inhaltsanzeige wenigstens das Lob einer Consequenz zu ertheilen, die Polonius selbst in Hamlet's Wahnsinn entdeckt hatte. Die beiden Anderen, Schmeißer und Ritter, sprachen so vergnügt von diesem Riesengedichte, als hätten sie selbst Theil daran, wie es denn ein schöner Zug an allen Dreien war, daß sie sich untereinander nicht beneideten, sondern nur lobpriesen. Jeder war gleichsam eine kleine Handausgabe des Andern, ein Register, das er neben dem Folianten seiner eigenen Ideen noch recht gut in der Tasche tragen konnte. Wer sich selbst vergaß, brauchte sich nur im Andern aufzuschlagen: dann hatt' er's gleich, was für ein großer Mann er war oder werden mußte. Püffer wußte alle Gedichte Schmeißer's auswendig; und, wenn dieser den Muth verlor, was jedoch selten der Fall war, so hielt ihm jener das Gesammtbild seiner Erscheinung objectiv mit ganz fertigen Conturen vor: denn sie hatten sich Beide schon längst in ihrem Charakter, in ihren Wünschen und Bestrebungen abgeschlossen. Sie pflegten sehr oft in ihrer ersten Natur und in dem, was ihnen schon zur zweiten geworden wäre, zu kramen und schlossen den Widerspruch gegen ihre Verschanzungen und Lebenslaufgräben mit dem kurzen und spitzen Fallgitter ab: So bin ich nun einmal!

Blasedow litt erst bei diesem Wetter, wo der Barometer doch immer nur dieselbe Temperatur anzeigte, mehr, als wenn er gefallen und gestiegen wäre, wie schädlich dies Letztere sonst auch Rheumatikern zu sein pflegt. Doch später verwandelte sich ihm der Schmerz über die Altklugheit unsrer Jugend in eitel Vergnügen, um so mehr, da Alboin zugegen war, von

welchem er erwartete, daß er Stoffe für die Satyre bald zu
unterscheiden lernen würde. Denn die drei jungen Männer
fingen allmälig an, sich in Cirkeln zu bewegen und auf die
weisen Aussprüche wieder zurückzukommen, welche sie schon
einmal zu fällen die Herablassung gehabt hatten. Blasedow
dachte an Asmus omnia secum portans und holte Athem, als
er sah, daß die jungen Unsterblichkeits-Candidaten den ihrigen
verloren hatten. Er berührte sogar hin und wieder eine
Frage, auf welche er hören mußte, daß darüber ihr Urtheil
noch nicht abgeschlossen wäre. Als Blasedow wenigstens nach
den Bausteinen fragte und den Grundriß sehen wollte, wiesen
sie jede Antwort zurück und erklärten, es gäbe in unserer
Zeit viele Dinge, die noch kein Urtheil zuließen. Sie meinten
dies aber, wie Ritter ergänzte, ganz objectiv, da urtheilen
nur so viel wäre, als die Dinge in ihre Ur-Theile, in ihre
urspünglichen Theile auflösen, d. h. man könne nur über
Ganzes und Fertiges Urtheile fällen, und jene Erscheinungen,
an die Blasedow in der neuern Philosophie und Poesie erinnerte, wären alle nur halb und unvollendet. Kurz, in dieser
Art tanzten die drei Unsterblichen vor Blasedow ihren pas
de trois, indem sie nicht aus ihren Fugen wichen, niemals
einen falschen Tritt versuchten, nie sich verwickelten, sondern
immer da blieben, wo sie wußten, daß sie groß, fertig und
„bedeutend" waren. Auch ihre Sprache hatte nichts von der
jugendlichen Hast, die ein Ziel vor Augen hat, es im Nu
erreichen will und sich in einen Wirrwar von Anakoluthieen verwickelt. Sie trugen das, was sie sprechen wollten, gleichsam
vor und recitirten es. Alles das beschäftigte die Aufmerksamkeit
Blasedow's, aber noch mehr zwei Federmesser, die Püsser und
Schmeißer in Händen hielten und damit erst ganz leicht ba-
lancirten. Es fiel Blasedow auf, daß sie Beide zu gleicher
Zeit den Gedanken hatten, mit Solinger Federmesser-Stahl-
klingen (mit denen sie auf Hieb und Stoß wahrscheinlich besser
fochten, als mit krummen Säbeln) zu fechten und gleichsam
ihren Reden selbst zu secundiren. Allmälig ermüdete den
jungen Männern der Arm von dem Waffenspiel und sie legten
ihn mit Vorbedacht auf den Tisch, der ein ganz schlechter war
und im Garten Wind und Wetter trotzen mußte. Wie in

Gedanken verſunken, ſenkten Beide ihre ſcharfen Inſtrumente, dieſe Schnepper, mit welchen ſie dem Zeitgeiſt zur Ader laſſen wollten, in das faule Holz des Tiſches und ſchnitten nach Studentenart, dachte Blaſedow erſt, und aus Zerſtreuung irgend ein Symbol hinein. Galeerenſklaven, Wilde und Studenten haben eine Aehnlichkeit, dachte immer nur der Herr des Tiſches; die Erſten tättowiren gern ihre Haut, die Letzten die Pulte, die nicht einmal ihnen gehören. Plötzlich aber verbeſſerten ſich Püſſer und Schmeißer, zogen ihre Meſſer zurück, klappten ſie zu und ſteckten ſie ein. Ritter aber, der ſchon während des rylographiſchen Verſuches Blaſedow leiſe zugewinkt hatte, die beiden Künſtler nicht zu ſtören, brach jetzt in einen lauten Glückwunſch an Blaſedow aus, indem er ſagte: „Ein Stammbuchblatt für Sie, Herr Pfarrer!" Blaſedow, recht unwirſch darüber, brummte: „Wenn das ſeine Frau ſähe!" Allein Ritter pries ihn glücklich: denn die beiden jungen Männer machten Alles berühmt, womit ſie ſich abgäben, und dieſe Anfangsbuchſtaben zweier ſo viel verſprechender Namen würden, wenn er ſie einſt auch nur als Facſimile lithographiren ließe, ihm ein ſchönes Geld einbringen. Blaſedow ſchlug ein Gelächter auf, was ſonſt ſeine Natur nicht war, und bat die jungen Männer mit ſpöttiſcher Miene, ihm lieber alle ſeine Möbel mit Erinnerungs-Einſchnitten zu verſehen, weil er auf dieſe Weiſe ſeinen alten Hausrath am lohnendſten würde in die Verſteigerung bringen können. Indeß fühlten ſich die jungen Leute nicht von dem Spotte getroffen, ſondern blickten mit Genugthuung, indem ſie Abſchied nahmen, auf einen Ort, von welchem es dermaleinſt heißen konnte, daß ſie dort geſeſſen, ſie dort gegeſſen und getrunken hätten! Sie blickten mit Rührung auf die rylographiſche Verewigung ihres kurzen Aufenthaltes in Kleinbethlehem und ſchritten dann mit Herrn Ritter zum Garten hinaus der Zukunft und der Unſterblichkeit entgegen.

Blaſedow ſchlug die Hände über dem Kopf zuſammen und ſelbſt Alboin lachte, als ſie allein waren. „Warum lachſt Du?" frug der Vater. — „Ei," ſagte Alboin, „der Eine hat ſein Sacktuch vergeſſen." — Alſo noch eine Reliquie! mußte ſich Blaſedow geſtehen. Er ließ Alboin das Sacktuch unter

dem Tisch aufgreifen und fand ein gesticktes P darin und die
Zahl 6. Also sechs Sacktücher im Ganzen, dachte Blasedow,
und doch opfert er eines davon der Erinnerung? Aus Liebe
zum Ruhm putzt sich der junge Mann nicht die Nase! In=
zwischen fing sich in Alboin der Mutterwitz an zu regen und
gab sich in kindischen Ausstellungen an dem Besuche zu er=
kennen. Blasedow fand, daß Alboin's Maßstab, da er der
Jüngste war, die Verzärtelung und die mütterliche Medisance
war; allein er dachte, irgendwo muß die Lust am Widerspruch
anfangen. Die größten Komiker auf der Bühne sind im
Leben unumgänglich. Die Laune vor den Coulissen ist nur
die momentane Erstickung der Launen hinter ihnen. Die
meisten satyrischen Schriftsteller hatten Eigenheiten, die keine
Verträglichkeit mit ihnen zuließen. Wer war eigensinniger
als Voltaire und wer verwundete heftiger? Gute Menschen
können keine Satyriker sein, da ein Satyriker nicht in den
Zug kommt, wenn er nicht Alles tadelt.

Blasedow grübelte, wie er seinen Sohn, ohne daß dieser
verdürbe, doch hinlänglich schlecht werden lassen konnte, um
einen guten Spötter aus ihm zu machen. „Die Aufgabe ist
ungeheuer," sagte er sich, ja, er gestand sich sogar, daß er
Anderen nichts davon gestehen durfte. „Ein Humorist will
nichts heißen," fuhr er fort. „Wer immer vom Teufel nur
die Maske vornimmt und selbst im Spotte zeigen will, was
für ein reiner Engel er ist, wer die Insecten nicht mit spitzer
Nadel aufsteckt und nicht ausharren kann, bis sie sich ver=
zappelt haben, wer immer wieder auf jede Verletzung und
Verwundung, die er sich aus Muthwillen erlaubt, sein gutes
Herz, wie ein ganzes Füllhorn von Blumen, ausschüttet und
jeden Backenstreich durch hundert Küsse wieder abbittet: das
ist kein Satyriker, das ist ein Humorist. Alboin aber soll
ein Satyriker werden. Er soll die Menschen durch seine lose
Zunge nicht unterhalten, sondern sie beunruhigen. Jede Thor=
heit eines guten, jede Bosheit eines schlechten Herzens soll
in ihm ihre unversöhnliche Rüge und ihren Pranger finden.
Sein Symbol muß nicht die Biene sein, die zwar sticht, aber
auch Honig giebt, sondern der Skorpion. Keine der Wunden,
die er schlägt, darf heilbar sein, es sei denn, daß man ihn

selbst ergriffe, zerstampfte und auf die wunde Stelle einriebe. Selbst wenn man ihn auf den Rost bringt und mit glühenden Kohlen peinigt, darf er nicht nachgeben, sondern er muß, gerade wie der Skorpion auch, nur mit seinem eigenen Stachel sich selbst tödten. Die Aufgabe, die ich mit Alboin zu lösen habe, streift an Versündigung; allein folg' ich nicht der Natur meiner Kinder? Geb' ich nicht Jedem das, was er will und was er vertragen kann?"

Blasedow war Kenner des menschlichen Gemüths genug, um zu wissen, daß die Satyre und der Witz überhaupt nicht die Blume ist, welche von der grünen Pflanze des Geistes gen Himmel strebt, sondern das graue vertrocknete Samenkorn, welches aus der Blume befruchtend zur Erde fällt. Er wußte, daß nur Phantasie dazu gehörte, das eroberte Paradies zu dichten, allein Spleen und Humor dazu, das verlorene Paradies darauf folgen zu lassen; daß die Satyre keine Mitgift der Natur ist, sondern eine Reaction der Nothwendigkeit gegen die Freiheit, das Product der Erfahrung und Verneinung. Dann müßt' ich aber lange warten, gestand er sich, bis Alboin seine Geißel über die Thorheiten und Gebrechen des Jahrhunderts schwingt! Erst den ganzen medicinischen Cursus durchmachen, die Pathologie der kranken und die Materia medica der gesunden Vernunft, bis er wagen darf, dem rheumatischen Leiden der Zeit eine satyrische Fontanelle zu setzen, das ist lange! Blasedow fühlte, daß er seinen jüngsten Sohn nicht in gerader Richtung zum gewünschten Ziele bringen konnte, sondern sich begnügen mußte, in ihm die Prädisposition zur künftigen Verhöhnung des Schlechten und Lächerlichen zu wecken. Er schlug dazu eine Methode ein, die von seiner Kenntniß des Menschen ein schönes Zeugniß ablegte.

Sein Grundsatz wurde der, in seinem Jungen früh den Zwiespalt der menschlichen Natur und den Widerspruch der gegenseitigen Verhältnisse, in welchen wir leben, zur Klarheit zu bringen. Er wußte recht gut, daß aus einem zufriedenen Gemüth nichts Beißendes kommt und daß die Wanzen, wenn sie hungern, am empfindlichsten stechen. Blasedow lockerte die Knospenseele des Knaben und sein noch ganz mit grünen Blättern bedecktes Selbstbewußtsein früh auf und trieb ihn aus jener Einseitigkeit heraus, in welcher die organische Natur sich nur zu entwickeln pflegt. Er versuchte mit seinem Zögling im Geistigen Alles, was Aerzte im Körperlichen so gern mit Menschen versuchen würden, wenn sie nur Jemanden dazu fänden, der es litte, trotz der besten Bezahlung, Arsenik z. B. zu schlucken und gleich ein Gegengift hinterher, eine ansteckende Materie sich in offene Wunden zu streichen und für die Vermehrung der Wissenschaften seine Lebenszeit zu vermindern oder für acht Groschen Trinkgeld einigemal am Rande des Abgrundes herumzuklettern. Die Aerzte, dachte Blasedow ohnehin öfters, sollten sich gegen die bei Mördern und Brandstiftern immer noch übliche Todesstrafe erklären oder wenigstens das Henkeramt an sich zu bringen suchen. Was könnten sie nicht leisten und entdecken wenn ihnen die Verurtheilten zu physiologischen und Medicinal-Experimenten überlassen würden, etwa zur Scalpirung einzelner Theile an ihrem Körper, um zu sehen, wie sich die Muskeln bei Lebenden bewegen? Würde nicht jeder Todtschläger Gott danken, wenn ihm statt der Knochen, die beim Rädern zerschlagen werden, blos die Adern geöffnet würden und er durch Unterbinden derselben gerettet werden könnte, wenn er nur tapfer die Zähne zusammenknirschte, wie jener englische Matrose, der sich diesem Versuche aussetzte und dafür nichts haben wollte, als blos tüchtig Durst und dann mehrere Quart Spiritus? Und wie viel Kräuter sind nicht da, von denen man bis jetzt nur weiß, daß sie Hunden und Katzen giftig sind, aber dem Menschen vielleicht gar nicht, wenn es nur Einer probiren wollte! Blasedow's Moral war fest genug, um sich in geistigen Dingen Experimente dieser Art zu erlauben, bei seinem Sohne wenigstens, dem er eine Zukunft dafür geben wollte. Er zog ihm methodisch das Fell wenigstens seiner Phantasie über die Ohren, ließ ihn manches verbotene Gift kosten und mehr wissen, als für des Knaben Alter passend war. Er tauchte ihn bald in siedendes, bald in Eiswasser, um ihm jenen Indifferentismus beizubringen, jene kalte Gleichgültigkeit, die der Rückhalt aller Satyre sein muß. Er setzte Preise aus auf die beste Lüge, die Alboin

vorbringen würde, wenn auch die Wahrheit, wie z. B. ge=
naschte Kirschen, auf seinen Lippen sichtbar war. Er wurde
bevorzugt und zurückgesetzt, geschlagen und geliebkost, je nach
dem Stadium, in welchem sich die Dressur des Vaters befand.
Am liebsten hörte er aus dem Munde des Jungen Verleum=
bung. Seine beklagenswerthe Erziehungstheorie sagte ihm: Je
mehr der Junge fühlt, was dazu dient, Andere in ein falsches
Licht zu stellen, desto mehr wird er einst lernen, der Welt und
ihrem Treiben das Wahre aufzustecken. Alboin, unter diesen
Umständen der Abscheu des Dorfes und der ewige Hirsch der
mütterlichen Parforcejagd mit knallender Peitsche, fand bei
Blasedow immer gute Aufnahme, Mitleid für Verfolgung, Ent=
schuldigung für Anklage, Nüsse und Aepfel für verdiente
Prügel.

Blasedow schauderte oft, wenn er den Abgrund sah, in
welchen Alboin hineingeführt wurde! Allein der Gedanke,
hier einen Taugenichts in den Eingang der Posilipp eingehen
und dort am Ausgange einen Satyriker herauskommen zu
sehen, gab ihm Muth, eine Erziehung durchzuführen, die bis
zum Frevel ging. Absolut schlecht, tröstete er sich, wird er
auch nicht! Das Gute in seinem Gemüth wird nur zurückge=
drängt und einstweilen festgebunden. In Zukunft ist all' die
Bosheit verraucht und nur die Spottlust und die Menschen=
kenntniß übriggeblieben. Werden nicht schon Diejenigen die
besten Erzieher, die in ihrer eigenen Jugend verzogen sind?
Blasedow arbeitete gleichsam an einem künstlichen Satan in
seinem Jungen, wie sich der Maler die Fenster verhängt, um
gerade ein passendes Licht zu haben, oder am Gemälde selbst
Schatten aufsetzt, die er später wieder wegnimmt. Ohne den
Geist, der stets verneint, ist keine Satyre möglich. Diesen
Dämon citirte Blasedow und dachte: Besser, ich ruf' ihn, als
er kommt von selbst! Es war dies ein Verfahren, gerade wie
man für eine Glocke die Form aufmauert und letztere wieder
fortnimmt, wenn der Guß gelungen ist.

Blasedow hielt Rabener für keinen Satyriker. Er nannte,
wenn man die Satyre einer Pastete vergleichen wollte, Swift
das Füllsel derselben und Rabener nur ihre trockene, noch dazu
angebrannte Brotrinde. Satyre ohne Witz, Spott ohne Lachen

ist ein Salat, dem der Essig fehlt. Deshalb war auch der Vater bedacht, in seinem Sohne vor allen Dingen den Sinn für das Komische und Lächerliche zu wecken. Er bot alle seine Erfindungsgabe auf, Situationen zu veranstalten, wo Alboin lachen mußte. Ja, er gestattete es wohl selbst oder that wenigstens, als bemerkte er's nicht, wenn ihm Alboin einen Esel bohrte oder einen Zopf drehte oder ihn wol gar an der gepolsterten Stuhllehne am Schlafrocke feststeckte. Es war die größte Behaglichkeit in ihm, wenn ihm das durchtriebene Kind einen Aerger verursachen wollte. Ihm gab alles Das Hoffnung, was sie Anderen würde genommen haben. War Gertrud's Strickknäul zur Erde gefallen, so bückte sich Alboin, es zu holen, verwickelte sich aber absichtlich so hinein, daß er am Strickzeug alle Maschen und Gertrud's Augen bis zur mänadenhaften Entrüstung aufriß. Blasedow pochte bei diesen Unarten das Herz vor freudiger Bewegung. „Er wird, er wird!" Dieser Ausruf erstickte auf seinen Lippen. Wenn Alboin schrie, ohne eine Thräne zu vergießen, und Gertrud gerade deshalb welche vergoß, weil der verstockte Knabe nicht einmal mehr weinen könne, so dachte Blasedow: die Verstellung ist die Mutter des Witzes; wer in den Gebärden, die er macht, immer auch mit seinem Herzen ist, wird nie ein Künstler, geschweige ein Satyriker! Der Junge war dem Vater oft nicht einmal verschlagen g e n u g. Dann brütete er mit ihm zusammen Kuckukseier aus und hieß sie ihn in die Nester seiner Brüder legen. Er zeigte ihm, wo die besten Pfirsiche standen und im Herbst die besten Weintrauben und hob ihn selbst auf die Mauer, um in fremde Gärten zu springen. Dann aber lief er fort und kam mit den Besitzern des Gartens wieder, um den Dieb gefangen zu nehmen, so daß Alboin an der Beurtheilung menschlicher Verhältnisse irre werden mußte, wenn er in seinem Vater erst den Genossen und dann den Richter seiner schlechten Streiche sah. Wenn unter diesen Umständen nicht ein Kind aus seiner Innerlichkeit herausgerückt wird, dann hätte es nur eine Schlafmütze sein müssen, und das war Alboin nicht.

Nach diesen Vorstudien der künftigen satyrischen Laufbahn stieg der Erzieher eine Stufe höher. Der Sinn für das

Lächerliche war bereits ausgebildet genug: nun kam es darauf an, in dem angehenden Swift auch das cholerische Temperament zu entwickeln und ihm einen Zorn und Ingrimm gegen die Menschheit im Allgemeinen beizubringen. Blasedow schloß bereits oben richtig, daß nur Derjenige ein guter Spötter sein könnte, der selbst Blößen genug dafür darböte, und führte dies so weiter: Je mehr er leidet, desto mehr rächt er sich; so wie ihm der Spott selbst geschmeckt hat, so brockt er ihn später auch Anderen ein. Zu diesem Ende fing er, wenn er früher eine inflammatorische, anreizende, sthenische Methode gebraucht hatte, jetzt eine asthenische und deprimirende an. Er untergrub plötzlich den Uebermuth seines Jungen, ohne ihm jedoch das gewohnte Asyl zu entziehen, wenn er irgendwo die Flucht ergreifen mußte. Er kam ihm nie mehr zur Hülfe und tröstete ihn auch nur mit einem Spott, der früh die Gesinnung des Knaben erbitterte. Widerfuhr ihm etwas (und es widerfuhr ihm genug, da er Wenige in Ruhe ließ), so knüpfte Blasedow allgemeine Betrachtungen über Weltlauf und Menschenschicksal an. Alboin sammelte so viel Galle, daß Gertrud Tobianus zu Rathe zog, indem dieser sich mit einer ländlichen Apotheke und hinreichenden Dispensationskenntnissen versehen hatte, eine Folge des guten Cursus in der Pastoraltheologie, den er in Halle gehört. Blasedow war mit den depurativen Mitteln, die ihm diese beiden Aerzte verordneten, zufrieden: denn er wußte, wie empfindlich und reizbar Leidende werden, wie lieblos sie die Ursachen ihrer Krankheit in Anderen suchen und wie geeignet das Krankenbett der Kinder ist, sie früh an Reflexionen zu gewöhnen, die ihrem Alter vorangeschritten sind. Blasedow trieb diese asthenische Methode bis auf's Aeußerste. Nachdem Alboin einige Jahre alle nur mögliche Freiheit und Zügellosigkeit genossen hatte, demüthigte er ihn zuletzt und machte ihn zum Gespött der Welt. Eines Tages klebte er sich aus alten Zeitungen (was Tobianus sehr übel nahm, da er diese zu sammeln pflegte) einen förmlichen Harnisch zusammen, ein Costume, wie es etwa die Pest- und Cholerawärter, aus Wachstaffet zu tragen pflegen. Einen Jahrgang der Sayn-Sayn'schen Landeszeitung (sie erschien jedoch nur wöchentlich einmal und brachte alle Nachrichten in dem Moment, wo sie längst widerrufen waren) verbrauchte er dazu. In diesem Aufzuge sollte Alboin hinfort nur noch gesehen werden. Blasedow hatte die Adler-Vignette der Landeszeitung so angebracht, daß die papierne Spottgarderobe wie ein Lakaienanzug aussah. Gertrud wollte sich das Haar zerraufen, als sie sah, welchen Hanswurst Blasedow aus dem Jungen machte; aber dieser sagte: Rousseau hätt' in seinem Leben nicht sein bei aller Weichheit zuweilen sehr herbes Wesen bekommen, wenn er nicht einmal in einer Bedientenlivree gesteckt hätte; auch Voltaire wäre bei Friedrich dem Großen mehr Kammerdiener als Kammerherr gewesen. Alboin sträubte sich Anfangs gegen den Scherz nicht; da er aber zuletzt die Zeitungstracht immer trug und immer dieselben politischen Nachrichten auf seinem Rücken gelesen werden konnten, so fingen die Leute im Dorfe bald an, seinen Aufzug lächerlich zu finden und das auch zu sagen. Blasedow bemerkte auch mit Freuden, daß sich Alboin, je mehr er verspottet wurde, desto mehr absonderte und innerlich ergrimmte. Könnt' ich nur einen Juden aus ihm machen, dachte Blasedow, oder müßt' ich seine Eltern an den Galgen zu bringen oder mich wenigstens in einen Abdecker zu verwandeln, so würde der gesellschaftliche Paria schon Witz und Bitterkeit genug in sich sammeln. Blasedow wäre indessen fähig gewesen, etwas zu stehlen oder sich wenigstens für einen Todtschläger **auszugeben**, um Alboin jene Verachtung zuzuziehen, den heißen Sand- und Steinboden, aus welchem die spitzen Dornen und Disteln der Satyre wachsen. Glücklicherweise, als Alboin's Harnisch eines Tages von einem heftigen Gewitterregen aufgeweicht war und Frankreich, England, Italien, alle stehenden Rubriken der Landeszeitung nach und nach ihre Allianz aufgaben, kam er auf den Gedanken, seinem Jungen eine körperliche Auszeichnung zu geben. Er dachte an Aesop's Buckel und dessen scharfe Fabeln: und, gleichsam als würde der Witz schon folgen, wenn nur erst der Buckel da wäre, schnallte er ihm unter dem Hemde ein künstliches Polster an und band ihm die Hände so, daß er nicht versuchen konnte, es abzunehmen. Gertrud wollte gegen so viel Tollheit Gewalt brauchen; aber Blasedow erhob sich riesengroß und ergriff sechs Teller auf einmal, indem er mit fürchterlichem Blicke sagte: „Entweder Dein Gesundheitsgeschirr oder mein Wille!" Gertrub entschied sich für die Parthie, welche ihr die wohlfeilste schien, und Alboin mußte ein viertel Jahr lang als Aesop im Dorfe figuriren. Blasedow schützte bei Leuten, die sich über den gepolsterten Rücken verwunderten, eine orthopädische Anordnung und einige Drüsen im Rücken vor; er erklärte das Kissen für ein Kräuterkissen. Alboin mit seinem stolzen Namen war eine Caricatur geworden. Man lachte ihn aus, wo er sich sehen ließ. Nur Blasedow nahm ihn, wenn er weinte, zu sich auf's Zimmer und auf den Schooß und lehrte ihn, wie die Menschen noch weit größere Gebrechen hätten, als er. Er führte ihn in das Gewirr der Leidenschaften ein, aus welchen sich die Charaktere zusammensetzen, und zeigte ihm die Galläpfelabnormitäten, die sich selbst auf grünen Waldesblättern bilden. Ja, er ging so weit, seinen jüngsten Sohn über alle übrigen zu erheben und mit ihm gemeinschaftlich über die Bestrebungen derselben zu spotten. Er sagte zu ihm: „Was malt Oscar? Schlachten, wo die Hauptsache, der Kanonendonner, nicht gemalt werden kann. Was ist Theobald? Ein Volksdichter, der keine Noten singen kann. Und was selbst Amandus mit seinem Thone jetzt und Marmor künftig? Was ist Marmor, der Stein, Anderes, als nach den neueren geognostischen Entdeckungen ein Amalgam verwester Infusionsthierchen, die Ewigkeit also eine Verwesung, der belvederische Apoll ein Schinbanger von mikroskopischen Panzerwürmchen? Und was bist Du selbst, Alboin Swift, mit all' Deinem Spott und Ingrimm? Ein Affe, der sein Gegenüber im Spiegel rasiren will und sich selbst den Hals abschneiden wird." In der That, wenn Blasedow zuweilen den Deckel vom Topfe, worin jedes seiner Kinder seinen Bildungsproceß durchgohr, abnahm und in das Gewühl von Form- und Zügellosigkeit hineinblickte, ward es ihm oft, als hätt' er schon den Verstand verloren und wie Viele würden sich nicht in seiner Umgebung gefunden haben, die ihm eine solche Ueberzeugung gern bestätigt hätten.

Vierzehntes Kapitel.
Recapitulation.

So haben wir nun die Grundzüge gezeichnet jener wunderbaren Erziehung, welche Blasedow ihrem Principe nach schon in der schlesischen Preisaufgabe zu lösen gesucht hatte, die er aber jetzt erst mit festem Eifer in ein zusammenhängendes System brachte. Er wollte dem natürlichen und anfänglichen Menschen die Zukunft mit vollen Händen in den Schooß werfen. Er machte seinen Kindern den zukünftigen Ernst vorläufig zum Scherz. Er ließ sie ihrem Fache so entgegenreifen, wie Prinzen und Könige schon immer das sind, was sie einst werden sollen, Prinzen nämlich und Könige. Unter den vielen Erziehungs=Systemen, welche unser Jahrhundert trotz seiner großen Bildung immer wieder neu entdecken zu müssen glaubt, war das seinige einzig. Er verzichtete sogar auf die Ausbreitung seines Evangeliums, weil er behauptete, bloße Apostel seiner Lehre könnten immer nur die Hälfte, d. h. gar nichts von dem thun, was darin der Messias thäte. Denn seine neue Heilordnung für die Kinder bestand darin, daß die Kinder aus den Schulen herausgenommen werden müßten und jedes für sich einen eigenen Seelsorger hätte, „weil ja," sagte er, „erstens Kinder keine Bienen sind, die nur massenweise ihren Honig weben und es gar nicht des Anfangens für werth halten, wenn sie nicht gleich ein Honigkloster mit hundert Wachszellen aufbauen können, und weil zweitens diejenigen Kinder am leichtesten fortkommen, die das Handwerk ihres Vaters lernen." Blasedow sagte: „Erziehungsmethoden muß es geben so viel, als es Kinder oder zukünftige Berufe giebt." Er verlangte für jede Pflanze einen eigenen Gärtner oder wenigstens ihre eigene Behandlung und Pflege. Blasedow war überzeugt, daß es in dieser Sache nur darauf ankäme, sich Zeit zu nehmen. Man müsse aushalten und er hielt treulich aus.

Wir können unmöglich den Verlauf dieser vier verschiedenen Erziehungs=Cursus verfolgen, wie anziehend es auch sein möchte, Blasedow's Ansichten über die schönen Künste und Wissenschaften, denen er seine Kinder widmen wollte, zu vernehmen. Ja, es kann selbst für den Liebhaber des Grotesken kaum etwas erfunden werden, was ihm so viel Erschütterung für das Zwerchfell abwürfe, als dieser aus ernsten und kindischen Elementen zusammengesetzte Unterricht. Blasedow machte es mit seinem, wie mit dem Clavier-Unterricht, wo man den Kindern, die kaum die Octave greifen können, kein Duodez-Piano hinstellt oder sie nur Compositionen ohne Octave spielen läßt; sondern die Töne müssen heraus, sollten es auch die Gelenke aus den Fingern. Eine Zubereitung der Wissenschaften für Kinder war ihm ein Unding, oder wenigstens sagte er: „Von diesem mit dem Schleim pappelnder Ammen und Kindswärterinnen angefeuchteten Brei bleibt bei den Kindern wenig zurück. Es geht ihnen Alles wieder dünn weg und man muß in späteren Jahren noch einmal von vorn anfangen." Blasedow erklärte, die Wissenschaften seien den Kindern und überhaupt den Menschen nichts Natürliches; es müsse dabei immer Zwang stattfinden. Träte aber dieser Zwang, statt mit der Ruthe, mit einer Puppe auf, so würden die guten Stoffe nur unnütz verschwendet, ja beschwerten auch das Kind mit Säften, die zu stark seien für das noch dünne und hellrothe Blut. Seine pädagogische Physiologie bestand also darin, den Kindern vom Rostbeaf der Wissenschaft und Burgunder der Kunst die größten, ganzen und wahren Portionen vorzuhalten. Erst würden sie lecken, dann kosten, sie würden einige Bissen verdauen. Sie würden mit der Zeit nach mehr verlangen, als man ihnen Anfangs geboten. So erzählte er denn auch nie: Sieh einmal, lieber Engel, da gab es einmal ein Volk, die nannten sich die Römer und waren sehr kriegerisch und hatten einen König, der hieß Julius Cäsar; sondern im Gegentheil, er nahm, als er dem Schlachtenmaler Unterricht gab, Niebuhr zur Hand und sprach von Rom als von einer ewigen Thatsache; er schämte sich, die Geschichte der Römer wie Zwieback einzubrocken und mit der Milch eines gemüthlichen Märchentons aufzuweichen. Er sprach mit jedem Kinde über sein künftiges Fach ohne allmälige Annäherung, sondern trat mitten hinein in die Verwirrung der Objecte, indem er sich auf die Spürkraft der Jugend verließ, die sich schon Licht und Luft machen würde, wenn sie rings nichts als Bäume um sich sähe und Gesträuch. Homer, Shakespeare, Lessing, da machte Blasedow nie einen Unterschied, geschweige, wenn er mit dem Schlachtenmaler oder dem Satyriker darüber sprach, obgleich sechs Jahre reichlich zwischen diesen beiden Jungen in der Mitte lagen.

Wir haben im vorletzten Kapitel wol zu verstehen gegeben, daß Blasedow an den Schrecken der Scharfrichterei sich gewöhnen würde, wenn es sich darum handelte, in Theobald, dem Volksdichter, den Sinn für Ballade zu wecken. Ja, so schwer es ihm wurde, so gab er dem Unterricht Linke's, so hieß der Nachrichter, vor dem Schumacher's doch den Vorzug. Gertrud erfuhr davon und wollte sich das Leben nehmen; erst die Erklärung, daß Theobalden, als er zum ersten Male Linke's Wohnung betreten, der Hals mit dem Schwerte leise geritzt worden wäre, diese Genugthuung, die man im Volksglauben dem Rabenstein geben mußte, um vor ihm sicher zu sein, beruhigte sie. Theobald mußte sich alle Geschichten, die er von Linke erfuhr, alle Lieder, die dieser zu singen pflegte, aufschreiben. Blasedow war unerbittlich, daß ihn nicht sein eigenes Zittern und nicht einmal das seines Jungen rührte. Seine Methode war ihm heiliger Ernst und er hatte zu viel Vertrauen darauf gesetzt, als daß er nicht in jedem Gange, den Theobald zu Linke machen mußte, einen Schritt weiter rechts zum bereinstigen Volksdichter=Parnaß erblickt hätte. Theobald machte noch keine Verse: denn Blasedow sagte: „Man leiert sich leicht in einen Ton hinein, der später nicht mehr auszurotten ist. Diejenigen Dichter, die schon im vierzehnten Jahre Verse machten, sind keine großen Dichter geworden oder mußten sich vom lyrischen Gebiet in andere Gattungen werfen. Die Dichtkunst ist nicht die Braut, nur die Tochter des Genius. Sie kann sich nur vermählen mit dem Bräutigam der Reflexion. Die echte hinreißende Poesie begleitet auch seltener die erste, als die zweite Liebe, wie auch Cäcilia, die Heilige der Musik, kein Kind ist, sondern eine reife Jungfrau, die entweder noch keinen Geliebten gefunden oder den, den sie hatte, durch den Tod verlieren mußte." So wollte also Blasedow in Theobald lieber die Sehnsucht nach Poesie, als diese selbst wecken. Poesie, die Fähigkeit, sich in Reimen auszudrücken, ist nichts Seltenes, aber die Sehnsucht darnach und die echte ohnedies — darauf zielte der Schütze hin. Wie oft faßte er nicht seinen künftigen Homer an der Hand und sagte ihm: „Mein Sohn, die Poesie ist gegenwärtig bei allen europäischen Nationen, die selbst welche oder den Sinn dafür haben, in Widerspruch mit sich selbst gerathen." Theobald hatte gerade eine neue Jacke und Alboin seinen Zeitungspanzer bekommen. Blasedow fuhr während eines Spazierganges fort: „Die Dichtkunst überall ist an sich selbst irr geworden, indem sie selbst zugegeben hat, daß sie eine neue Welt nicht schaffen könne. Die gegenwärtige deutsche, französische und englische Literatur zeigt uns, wie verlegen sie ist um ihren Inhalt, um ihren Zweck, ihre Wirksamkeit. Unser Maschinen- und Erfindungs-Zeitalter hat den Gedanken erzeugt, daß sich auch die Literatur den Entdeckungsreisen anschließen müsse, den polytechnischen Gesellschaften und ähnlichen Instituten, die um jeden Preis etwas Neues aufbringen wollen. Die Miß- und Mistgeburten der neuen Romantik sind diese halbfertigen Leibesfrüchte einer in solcher Weise an der Vergangenheit verzweifelnden Literatur. Und ich frage Dich, Theobald, hat nicht selbst Goethe den Unfug dadurch begonnen, daß er manche Gattungen in der Poesie ineinanderschmolz und geglaubt hat, aus solchen Mischungen könnten sich specifische neue Gattungen herausscheiden? Die Folge dieser Verwirrung kann Dir nur zu gute kommen: denn wir sehen immer mehr, daß sich das krampfhafte Productiv-Vermögen in der Literatur auf die breite Basis des Romans zurückzieht und dadurch der wahren Beruhigung der Aufregung in die Hände arbeitet, einer Beruhigung, die nur im Epos liegen wird." Ein ander Mal sagte er ihm: „Im Ausdruck, Theobald, Einfachheit! Der Gedanke giebt den Ausdruck. Das Wort, mit Schmuck überladen, erdrückt den Sinn. Der Sinn muß der schmucke, stattliche Bannerträger eines Gedichtes sein, nicht das Wort. Ein Büschel auf dem Haupt eines Rosses schmückt das Thier mehr, als die kostbarste, mit Gold gestickte Schabracke. Der gute Dichter nennt ein Bett:

ein Bett; der schlechte nennt das Bett: des Schlummers
Lagerstätte. Der gute Dichter sagt: Gieb mir die Hand: der
schlechte: Reich' mir Deine Rechte! Der Schmuck und das
Hauptbild des Gedichtes, die Allegorie und das Symbol
müssen im Ganzen liegen; beim Volksdichter zumal, der von
Allen gesungen werden will und überhaupt gesungen. Ich
sage nicht, Theobald, daß jedes Gedicht singbar sein muß,
daß ein Gedicht keinen Werth hat, das man nicht in Musik
setzen kann: es giebt Gedichte genug, die ihre Musik in sich
selbst tragen und durch Töne überladen werden würden;
allein Deine Gedichte sollen in Musik gesetzt werden, d. h.
Du mußt die Musik nicht vorwegnehmen, Du mußt nicht
Ausdrücke gebrauchen, die schon die Stelle der Musik vertreten,
Du mußt sparsam mit Bildern sein und die Composition die
blühenden Bilder sein lassen. Was ist z. B. musikalischer
als die Nachtigall? und ein Lied, worin die Nachtigall singt,
eignet sich so schwierig für die Composition; es ist schon eine
Ueberfüllung, das schöne Wort Nachtigall, das allein einen
ganzen Glockenwald von Accorden in unser Ohr duften und
klingen läßt, durch Gesang auszudrücken. O, wie ist die
Sprache und der Geist, der sie belebt, ein unendlich Feines!
Du wirst Dir noch viel die Ohren stutzen müssen, um für
diese Wunder der Kunst, Natur und Geschichte empfänglich
zu werden." Und dann sagte er ihm auch wol: „Heutiges
Tages, mein Sohn, will man in der Dichtkunst immer nur
die Originalität sehen. Laß Dich dessen nicht irren. Die
Zeiten ändern sich, die Nerven beruhigen sich. Heute soll aus
jedem Gedicht etwas Eigenthümliches herausspringen, weil
man eben an das Alte und Ewige nicht glaubt und immer
eine neue Erfindung, eine neue Dampfvorrichtung selbst in
idealischen Dingen entdecken will. Aber sei getrost: schon
morgen will ich nachfragen und bin gewiß, man wird mir
und Dir einräumen, daß keine Originalität origineller ist,
als die Schönheit. Wie viel Gedichte haben sich nicht be=
merkbar gemacht, weil sie originell sind! Allein, sind sie nicht
auch schön, so dürften sie bald vergessen sein. Das wahr=
haft Schöne ist originell. Das einfachste Gedicht, zart und
sinnig durchgeführt, ist originell."

Und so sprach Blasedow mit seinem dritten Knaben Stunden lang und wiederholte sich so oft, bis dieser in der That Einiges davon begriff und sich in solche Anschauungen, wie sie Blasedow nur leider nicht entwickelte, sondern gleich fertig hinstellte, doch allmälig hineinzudenken anfing. Dem Bildhauer gab er die besten Aufmunterungen, indem er sagte: „Die Zeit, Amandus, wo man die Verdienste durch Dummheiten, die Erinnerung an große Männer durch Flanelljacken für Gichtbrüchige in Stiftung von Lazarethen ehrte, wird mit der allmäligen Auflösung des immer noch nicht ganz entbundenen Zopfes der Menschheit enden. Wer wird noch ferner das Copernicanische Sonnensystem dadurch ehren, daß man zwölf Knaben jährlich in Thorn einmal die Nase putzt, ihnen ein neues Hemd auf den Leib zieht und Thorner Pfefferkuchen schenkt? Ich rechne stark darauf, daß sich der Geschmack für das wahrhaft Schöne in kommenden Jahren besser anläßt, und daß die Menschen, je kleiner sie zu werden scheinen, doch manche Größe an Todten werden zu schätzen anfangen. Ich bin überzeugt, Amandus, daß ich keinen Beruf für Dich passender wählen konnte. Die Menschen werden immer träger werden, ohne jedoch gerade Rückschritte in geistiger Bildung machen zu wollen. Im Gegentheil, sie werden nach Gelegenheiten geizen, um sich wenigstens dadurch Verdienste zu erwerben, daß sie die der Anderen anerkennen. Der Sinn für das Große wird sich nicht mit der Kraft dafür verlieren, sondern steigern, es muß doch eine Betünchung der Schande geben. Dixi et salvavi animam meam, kann Jeder sagen, der ohne lesen zu können, doch für die Errichtung eines Guttenberg-Denkmals Geld hersteuert. Wer Goethen und Schillern Denkmale setzt, kauft sich gern damit einen Ablaß, die Schriften dieser Geister zu studiren. Die Denkmäler werden die katholische „Fülle der guten Werke" werden, opera operata, aus denen heraus der Papst oder das Gewissen Dispens ertheilen, um zu thun, was man will, und Gott, Schiller und Goethe einen guten Mann sein zu lassen. Je schlechter unsre neue Literatur wird, desto mehr werden der alten Denkmäler gesetzt werden." Und wieder ein ander Mal sagte Blasedow: „Gieb Acht, der steigende Sinn für

Denkmäler giebt noch mehr Denkmäler, als nöthig wären! Die Fürsten und Minister werden bald auf den wissenschaftlichen Ruhm eifersüchtig werden, den man jetzt so geflissentlich zu ehren anfängt. Man wird bald nicht anders noch Concessionen zu öffentlichen Statuen erhalten, wenn man nicht (wie Du ja vom Brotbacken weißt, wo immer noch Teig genug übrig bleibt, um eine Puppe daraus zu backen) verspricht, auch den regierenden Landesfürsten gleichsam als eine Nachgeburt des in Stein zu verewigenben Local=Homers und Local=Sophokles aushauen zu lassen. In solchen Fällen tröste Dich mit dem Alterthum, wo Du finden wirst, daß wenigstens auf öffentlichen Beschluß hin selten Diejenigen abgebildet wurden, welche es verdienten, und weit öfter Solche, die keine Hoffnung hatten, anders, als durch Stein oder Erz, auf die Nachwelt zu kommen. Wie Demetrius in Athen im Nu durch breitausend Bilder hat geehrt werden können, erklärt sich auch kaum anders, als durch eine Form, aus der die Bilder wie zinnerne Soldaten oder Münzthaler hervorgingen. Also tröste Dich, es waren nicht Alle Alexander und Pindare, welche die alte Plastik zu verewigen hatte, sondern oft nur ihre Lieblinge und Sklaven und gute Gevatter. Agesilaus sagte sogar: Hab' ich Großes gethan, so brauch' ich kein Denkmal; hab' ich nichts gethan, so helfen mir alle Denkmäler der Welt nichts! Diese lakonische Ansicht reißt nicht ein, mein Sohn; laß uns nur erst die ganze deutsche Literatur und Kunst verewigt sehen, so wird man Eifersucht genug erweckt haben und die Menschen bald davon überzeugen, daß gerade Diejenigen, welche keine Kunde von ihrem Dasein verdienten, des Denkmals bedürftig sind. Dein Verdienst wird babei die beste Rechnung machen."

Ein Hauptmittel Blasedow's, den Satyriker für den Witz empfänglich zu machen, bestand darin, daß er ihm komische Schriften zu lesen gab und ihn während dessen beobachtete. Sowie die satyrische Arznei wirkte und sich die Gesichtszüge des Knaben zum Lächeln verzogen, befahl er, das Buch zuzuschlagen und sprach mit Alboin die Ursachen durch, die ihn vermocht hatten, gerade hier zu lachen. Freilich lachte Alboin noch weit öfter über Dinge, die gleichgültig waren, als über das wahrhaft Witzige; doch war es Blasedow schon hinreichend, ihm dasjenige, was ihm komisch dünkte (und später traf er schon das wahrhaft Witzige), in die einzelnen Factoren zu zerlegen und ihm zu zeigen, wie hier der Contrast oder der Nonsens oder sonst eine rhetorische Figur dem Lesenden wie ein Flaum in die Nase kitzelte. Es entging Blasedow nicht, daß die Grundbestimmung des Lächerlichen auch in der Schmerzlosigkeit und Behaglichkeit liegen müsse und so hätte er gern gewünscht, ein künstliches Mittel zu finden, um Alboin auf unschädliche Weise Schmerzen zu verursachen und ihm dabei den Don Quirote in die Hand zu geben. Er fragte Tobianus öfters und in allem Ernst, ob er in seiner Haus=Apotheke kein Mittel hätte, künstliches Leibschneiden (aber ohne Stuhlgang) zu erregen, weil gerade nichts so sehr zur Unbehaglichkeit stimmt, als Bauchgrimmen. Allein Tobianus trug sich nicht mit erfolglosen Mitteln und konnte sein Experiment nicht ausführen, wie wichtig es ihm auch gewesen wäre, Alboin zu zeigen, wie man den Witz als Mittel gegen Unterleibsbeschwerden anwenden könnte. Blasedow ging in diesem Unterricht so methodisch zu Werke, daß er nach einander eine Woche nur für das Launige, die zweite für den Witz schlechthin, die dritte für das Humoristische, die vierte für das Naive, die fünfte für das Bizarre und Barocke bestimmte. Namentlich für diese beiden letzten Begriffe ließ Blasedow seinen Schüler selbst die Beispiele suchen. Um ihn für das Bizarre zu erziehen, hätt' er ihm freilich nur die Tollheit seiner eigenen Erziehungsmethode eingestehen sollen; er sagte ihm aber: „Bizarr ist alles Außerordentliche, das Du in's Lächerliche ziehst und barok alles Gewöhnliche." Er gab z. B. Alboin auf, die Kleidung zu beschreiben, welche Julius Cäsar trug, als er den Pompejus besiegte. Alboin hatte nicht antiquarische Kenntnisse genug, um das Costume der damaligen Zeit richtig einzuhalten; doch mußt' er schriftlich eine vollständige Garderobe Cäsar's entwerfen, die denn freilich barok und lächerlich genug war. Er trug ihm unter Anderem einmal auf, als ihm seine Beinkleider zerrissen waren, sich in einem Briefe deshalb an den heiligen Geist zu wenden und ihm frei und offen sein gegenwärtiges Bedürfniß einzugestehen.

Dieser Brief fiel in Tobianus' Hände, circulirte in Abschrift
bei dem ganzen Sayn-Sayn'schen Klerus und trug nicht we=
nig zur Entwicklung der späteren Schicksale unsers Helden
bei. Alboin mußte Gespräche zwischen dem Landesvater und
der Katze des Hauses aufsetzen, Briefwechsel zwischen zwei
Spazierstöcken, er mußte die schönsten Gedichte parodiren, in=
dem ihm Blasedow die Anleitung dazu gab. Auch trug er
ihm nicht selten auf, gewöhnliche Gegenstände in goldne Prunk=
kleider zu hüllen und einen Spaziergang durch Kleinbethlehem
zu beschreiben, als wenn er durch die Residenz ginge, die er
schon kannte. Er mußte sich dabei auf Stelzen heben und
wie ein Dorfmonarch herablassend sein. Er mußte die Heu=
wagen mit Staatscarossen vergleichen und die Kühe eine neue
Art gehörnter Pferde nennen. Selbst für die Ironie suchte
Blasedow nach Anknüpfungen, obgleich ihm nicht gelingen
wollte, diese höchste Potenz des Witzes schon dem Jungen ein=
zuimpfen. Es trat noch Alles derb und grob auf in diesen
wunderlichen Geistesspielen. Sehr beliebt war bei ihm auch
diese Uebung, hundert Dinge zu einem Ganzen zusammenzu=
mischen und dabei die Wahl des Passenden zu vergessen. Er
trug ihm z. B. auf, eine Schicksals=Pastete zu backen, wozu
Alboin alle nur möglichen Begriffe zusammenraffte, die in
ihrer Verbindung Lachen erregten. Ueber die Satyre endlich
selbst sagte er: „Wenn Witz und Caricatur durch alle Künste,
durch den Ton so gut, wie durch die Farbe, können ausge=
drückt werden, so ist Satyre nur durch das Wort, nur durch
die Poesie zu üben. Der Zweck der Satyre ist, die Thorheit
zu geißeln; allein nicht Alles darfst Du strafen. Den Irr=
thum erreicht die Satyre nie. Du kannst auf das Ver=
brechen keine Satyre machen, Du kannst einen Dieb nicht per=
sifliren. Regierungen, die sich vor der Satyre fürchten,
pflegen den Schriftstellern zu sagen: Werft Euch auf passende
Gegenstände! Damit meinen sie, man solle Satyren auf die
Galeeren schreiben, Satyren auf die Zucht= und Armenhäuser!
Doch ist dies Feld so sehr ohne Satyre, daß wenn allerdings
z. B. ein Gourmand persiflirt werden kann, man sogleich da=
mit aufhören muß, wenn er sich den Magen verdorben hat.
Wo man sich mit seinen Irrthümern, Thorheiten und Ver=

brechen schon die Finger verbrannt hat, da würde die Satyre mit dem glühenden Brandmal=Eisen nur den Henker verrathen. Nimmermehr wirf also Deinen Stachel dahin, wo die Polizei schon den ihren hingeworfen hat. Die Satyre, mein Sohn, hat über alle Gattungen des Lächerlichen als Mittel zu gebieten; allein Du mußt Dich wol hüten, einen chirurgischen Schaden durch die Klystierspritze der leichten Ironie oder eine hysterische Frauenzimmergrille mit der Knochensäge des verwundenden Spottes heilen zu wollen. Einen Irrthum des erhitzten Verstandes thust Du am besten und heilst ihn durch lauliche ironische Aufschläge. Du mußt, um z. B. den Pietismus lächerlich zu finden, diese, man kann wol sagen, schwierigste Aufgabe der Satyre, Dich nicht mit dem Pietismus selbst einlassen, wie hier rohe Hände zu thun pflegen, sondern Du darfst nur, um siegreich zu Werke zu gehen, einen Weg einschlagen; Du mußt alle Intention des Spottes fahren lassen und vom Princip des Pietismus ausgehen, führst dies dann in begeisterter Art durch, kommst immer höher und höher, näherst Dich der Vorhalle der göttlichen Ideenwelt, siehst im Triumph einer wahrhaften Vernunft- und Gefühlsreligion die Himmel vor Dir aufgethan und blickst nun, im Vollgenuß göttlicher Seligkeit, mit jenem Lächeln, das ja auch Christus seinen Gläubigen nicht untersagt hat, auf den Irrthum zurück, der weit, weit hinter Dir geblieben, Dir vergebens auf Deinen Sinai hinauf nachklettern wird und dessen eitle Bemühungen Du jetzt erst mit großherziger Herablassung bemitleiden kannst. Dies ist der einzige Weg, wie die Satyre dieser falschen Schöpfung, dieser Pseudo=Organisation dem Pietismus beikommen kann. Vor allen Dingen hüte Dich, in der Satyre zu stark aufzutragen, wenn es sich nur um Irrthümer handelt oder um Handlungsweisen, deren Zwecke sonst offen und ehrlich sind. Schön und sanft ist jene Satyre, wo sich der Schalk im Dichter die Erfolge einer zu verspottenden Absicht selbst ausmalt und sie natürlich anders erfindet, als der Zweck jener Absicht war. Kann man einen Arzt, dem viele Kranke sterben und der doch ein eigenes System in der Medicin haben will, heftiger und zugleich harmloser verwunden, als wenn man all' die glücklichen

Kuren beschreibt, die ihm gelungen sind, und ihn darstellt als Jupiter Soter, den Erretter? Oder gesetzt, ein Vermöglicher schützte vor, er gäbe den Armen deshalb nichts, weil sie durch Almosen nur im Betteln bestärkt würden, so würdest Du eine Satyre auf diesen Mann nicht besser einrichten können, als wenn Du die großen und eblen moralischen und nationalökonomischen Folgen schildertest, die der hochherzige Gedanke des Vermöglichen Dir zu haben schiene! Ueberhaupt muß die Satyre, selbst wenn sie die Gebrechen ganzer Zeitalter geißelt, immer komisch zu bleiben suchen, weil die Menschen sich auch eher deshalb bessern, wenn sie lächerlich, als wenn sie als schlecht dargestellt werden. Das Mittel aber, um immer komisch zu bleiben, liegt darin, daß Du Dich an nichts hältst, als an die Consequenzen der Thorheiten. Stelle nie die Motive in Abrede, sondern entwickle nur die Folgen, der Contrast des Wahren und Falschen wird sich dann bald von selbst ergeben."

Und an diese Vorschriften knüpfte Blasedow nun immer Uebungen an. Er ging die verschiedenen Zeitalter und Stände durch, um ihre Widersinnigkeiten zu entdecken. Er befahl Alboin, Bücher anzulegen über die Lächerlichkeiten der Aerzte, der Soldaten, der Advocaten, der Fürsten, der Hofmarschälle, der Liebhaber, der Sängerinnen, der Geistlichen u. s. f. Jede Woche mußte Alboin zwei Satyren machen. Er führte ihn dabei in verwickelte Situationen ein. „Denke Dir," sagte er ihm, „Du schriebest ein Journal und haßtest einen anmaßenden Schauspieler. Wie würdest Du das anfangen, ihn zu verspotten?" Er gab ihm dann die Themen ungefähr so an: Herr N. N. erwirbt sich nicht blos um die Literatur, sondern auch um die Geschichte die größten Verdienste. Ihm verdankt nicht blos Schiller, daß er verstanden, sondern auch Wallenstein, daß er nicht vergessen wird. Wir würden keine rechte Vorstellung mehr von einem gewissen Tasso haben, wenn ihn Herr N. N. nicht spielte u. s. w. Diese Schemata, die Blasedow seinem Sohn über die Recensenten, Prahler, Geizhälse u. s. f. sammelte, waren jenen Schablonen zu vergleichen, über welchen Oscar zeichnen lernte.

Und Oscar, der Schlachtenmaler — wie weit rückte dieser

Bataillen=Raphael vor! Blasedow machte bei diesem eine bittere Erfahrung: denn, nachdem derselbe mehrere Jahre lang gezeichnet und gemalt hatte und seines Vaters Anleitung und Unterricht genossen, ergab es sich, daß er kein Auge für die Farbe hatte, sondern Alles grau in Grau sah. Die schönsten Gemälde, die er betrachtete, kamen ihm wie Chodowiecki'sche Kupferstiche vor. Hätt' er Domenichino's Johannes ansehen können, er würd' ihn für die Müller'sche Copie desselben gehalten haben. Oscar zeichnete artig; allein von der Farbe sprach er wie ein Blinder und mischte sie untereinander, blau und grün. Beides konnte er nicht unterscheiden, wie wir Anderen bei Licht auch. Blasedow war erzürnt genug und hielt die Sache für Verstellung; er war gewiß, daß der Schlachtenmaler, falls hier wirklich ein organischer Fehler an seiner Pupille vorläge, sich doch wenigstens durch eine gute Anordnung seines Farbekastens orientiren könnte, wie sich Blinde in einem Zimmer leicht zurechtfinden, falls es in der Verfassung bleibt, wie diese einmal von ihnen ertastet worden ist. Möglich daß sich der Fehler legt. Wir können abwarten.

Wir schließen nun hiemit die Betrachtungen, die wir dem Erziehungssysteme Blasedow's ausschließlich gewidmet haben, und kommen auf den ferneren Verlauf unserer Memoiren zurück.

Fünfzehntes Kapitel.
Das architektonische Frühstück.

Wir müssen aber um mehrere Jahre zurück. Wir haben, von Erziehungsträumen gewiegt, uns allmälig in eine Zeit verloren, die für unsre Geschichte noch lange nicht angebrochen ist. Wir knüpfen an den letzten Besuch, den Blasedow von Herrn Ritter und den beiden jungen Unsterblichen empfangen hatte, wieder an und setzen hier gleich ein Billet her, welches Blasedow in Betreff eines andern Besuchs von Tobianus kurz darauf erhielt. „Lieber College," schrieb dieser ungefähr, „Consistorialis Blaustrumpf ist auf dem Weg, um in die Furchen, die sein letztes Circulair gezogen hat, seinen Samen zu streuen. Es sollen große Predigersynoden im Werke sein und allgemeine Maßregeln ergriffen werden, wo sich irgend noch abergläubischer Ansteckungsstoff vorfindet. Die unsicheren und verdächtigen Gegenden werden cernirt werden, und wer weiß, da in meinem Dorfe Alles gesunde Vernunft ist, ob nicht der Cordon gerade mitten durch uns Beide gezogen und mein Besuch bei Euch abgeschnitten wird. Denn, so lange der Rumor in Eurem Hause nicht beseitigt und auf eine natürliche Ursache zurückgeführt ist, wird Euch Blaustrumpf schwerlich den Desinfectionsschein des natürlichen Menschenverstandes ertheilen." Als Blasedow dies Schreiben erhielt, sagte er: „Spukt es denn jemals anders, als wenn Tobianus hier ist? Ist er nicht der rechte elektrische Leiter, der uns immer das dumme Zeug des Abends in's Haus bringt?" Gertrud schämte sich, daß es nur spukte, wenn Tobianus im Hause war. Sie glaubte, daß ihre Gedanken, die auf Tobianus Rechnung machten, entziffert und vom Himmel oder von ihrem ersten seligen Mann, der um so eher im Himmel sein mußte, als er bei ihr auf Erden schon genug in der Hölle gewesen war, gestraft würden. Wir müssen auf diese unheimlichen Vorgänge später zurückkommen.

In der Residenz (deren Namen wir erst im zweiten Theile, wo sie der alleinige Schauplatz ist, verrathen wollen) rüstete sich Blaustrumpf in der That zu einer Inspectionsreise. Die Darmstädter Kirchenzeitung und Tobianus hatten also richtige Nachrichten gebracht. Blaustrumpf wollte im Lande theils gegen den Aberglauben predigen, theils, durch Umgang mit den gemeinen Leuten selbst, praktisch die Philosophie der Spinnstuben, wie er den Aberglauben nannte, widerlegen. Mördern, seinen Schwiegersohn, hätte er gern mitgenommen; allein, da dieser des Schwiegervaters Predigten an der Hof- und Stiftskirche übernehmen mußte, so steckte er nur dessen Thomasius ein, das vielerwähnte Werk, zu welchem Blaustrumpf das Geld, die Ideen, ja sogar seine Tochter, die gleichsam als Preis auf die beste „Abgrenzung der gesunden Vernunft" stand, hergegeben. Das Buch wollte nicht flott werden und hatte, wie der Verleger Mauser sagte, weit eher Anlage zum Rückgange eines Krebses, als vorwärts. Blaustrumpf aber bot Alles auf, ihm Bahn zu machen und zu seinem Gelde zu kommen. Er packte auch diesmal fünfzig sauber gebundene Exemplare in den Reisewagen, dicht neben seinem Flaschenkorb, um, wie er sagte, auch von diesem edeln Champagnerwerke zuweilen den Kork springen zu lassen und für die feurigen, lauteren Ideen desselben hier und da en gros oder détail Liebhaber zu finden, d. h. nach dem Laden= preise mit dem gewöhnlichen Buchhändlerrabatt, 33⅓ Procent. Blaustrumpf rechnete auf mehrere Wochen, nämlich vom Ernte= fest an bis beinahe Martini. Doch die letzte Minute noch, die er in seinem heimischen Wirkungskreise war, wandte er für seine hohe Aufgabe an und predigte. Freilich war auf diese Predigt ein Dejeuner gesetzt, das ihm zu Ehren von der Oberbaudirection veranstaltet worden. Blaustrumpf wollte den Reisewagen um zwei Uhr vorm Gasthof zum Fuchsen (wo man jedoch in der Stadt noch am wenigsten geprellt wurde) anfahren lassen, um mit der ganzen gebundenen Wärme und fliegenden Hitze eines so interessanten Frühstücks in die vier Wände des Wagens zu kommen und gleich Gelegenheit zu haben, angenehm zu schlafen, was er sich gern gestatten durfte, da er in der Umgegend der Residenz nicht mehr zu wachen brauchte, sondern hier dem Aberglauben längst mit Stumpf und Stiel den Garaus gemacht hatte. Blaustrumpf's Mittel waren kräftiger Art: er hätte, wie man sonst die Hexen verbrannte, jetzt gern Diejenigen verbrannt, die noch an Hexen glaubten. Die Polizei wurde ohnedies in der Nähe des Fürsten kräftiger verwaltet, als da, wo er's nicht sehen konnte oder nichts zu fürchten hatte. Die Landjäger er= hielten vom Consistorium ihre speciellen Instructionen, nament= lich für die unheimlichen Tage und Nächte, Walpurgis, Jo= hannis, drei König, St. Andreas und ähnliche, wo, wie Blau= strumpf sagte, noch immer der Katholicismus im Bunde mit dem Satan aus den Sitten des Landvolkes hervordunkle. Dunkelmann war einer seiner Lieblingsstrafwörter, und doch hieß (ironisches Spiel des Zufalls!) sein Küster an der Hof= und Stiftskirche Dunkelmann, was Blaustrumpf in Dankel=

mann verwandelt hätte, wäre nicht das Turnierbuch des Landes dagegen gewesen, da es ein adeliges Geschlecht dieses Namens gab.

Der Zusammenhang der Predigt, des Oberbaudirectoriums und des Frühstücks war folgender: Die Landesregierung beabsichtigte, die Residenz nach den Anforderungen des neuen Baugeschmacks zu verschönern. Sie hatte mehrere Architekten reisen lassen und fand zu ihrem Leidwesen, daß die Bürger wenig Eifer zeigten, ihre alten Häuser einzureißen und sie nach schönen neuen Mustern wieder aufzubauen. Das Oberbauamt versprach die Risse unentgeltlich zu liefern, allein die Leute wollten die Steine geliefert haben und wünschten noch andere Erleichterungen. Dies Ansinnen hätte jedoch der Landeskasse mehr geschadet als der Hauptstadt in ästhetischer Hinsicht genützt, und so konnte sich die Regierung auf nichts weiter einlassen, als auf moralische Weise den Baugeist in der Stadt zu beleben. Der Landesfürst stieg bei jeder Baustelle, die sich vorfand, aus und erkundigte sich mit Herablassung nach dem Eigenthümer. Er erleichterte auch die Abgaben Derjenigen, die sich neue Häuser hatten bauen lassen, gleichsam als würden sich die Besitzer von alten und bauerfesten Häusern sagen: Ich will zwanzigtausend Thaler zum Fenster hinaus werfen, weil ich dann von der Regierung alle Jahre fünf Thaler geschenkt bekomme! Blaustrumpf versprach, sein Möglichstes mitzuwirken. Er sagte: „Die Religion ist zu Allem nütz," und bewies oft genug in der Hof- und Stiftskirche, daß das Christenthum nichts gegen die Landesverschönerung einzuwenden hätte. Der Grund des allgemeinen Bauabscheues der Stadt war ihm jedoch noch tiefer gelegen, und er zeigte dem Oberbaudirectorium an, daß er am Sonntage vorm Erntefeste über das abergläubische Sprichwort predigen wolle: Wer anfängt zu bauen, stirbt bald. Das Bauamt versprach, in der Kirche im festlichen Ornate zu erscheinen, und arrangirte nach der Predigt jenes Frühstück im Fuchsen, von welchem wir schon gesprochen haben und nur noch hinzufügen, daß Blaustrumpf diese Auszeichnung wol verdient hatte.

Blaustrumpf's Text hieß: Daß man mir viel Holz

zubereite! **Denn das Haus, das ich bauen will, soll groß und sonderlich sein. (2. Chron. 2, 9.)** Die Predigt hatte zwei Theile. Im ersten bewies er an sich das Widersinnige jenes Aberglaubens und suchte einen natürlichen Grund für denselben anzugeben. „Möchte derselbe," sagte er „nicht dadurch entstanden sein, daß man, wenn man stirbt, allerdings für seine Nachkommen besorgt ist und ihnen noch kurz vor seinem Tode ein besseres Obdach aufzubauen sich beeilt? Oder möchte das Sprichwort nicht eine Warnung sein für diejenigen Neubautner, welche Tag und Nacht mit auf dem Gerüst herumklettern, nach Allem sehen und Jedes besser wissen wollen, als das hochlöbliche Bauamt, so also, daß gar leicht Jemand von einem Balken oder Stein könne erschlagen werden?" Kurz, der erste Theil beschäftigte sich damit, die inneren Widersprüche des Themas aufzudecken. Im zweiten jedoch faßte der Redner die praktischen Folgen dieses Irrthums in's Auge und aus dem Stuhl, worin das Bauamt saß, erhob sich ein leises, aber zufriedenes Seufzen und die Mitglieder blinkten sich einander zu, als wollten sie sagen: Er trifft's! Blaustrumpf entwickelte all die betrübenden Folgen, welche jener Satz für das äußere Ansehen der Städte haben könnte, für die Architektur, diese große und älteste Kunst, die schon bei den Aegyptiern, wie Blaustrumpf erzählte, ein so merkwürdiges Bauwesen, ja selbst bei den Indiern die interessantesten Gebäulichkeiten hervorgerufen hätte. Blaustrumpf bewies aus Gründen der National-Oekonomie und des öffentlichen Sanitätswesens, was für Unbequemlichkeiten und physische Nachtheile aus eng und finster angelegten Gassen in die bürgerliche Gesellschaft gekommen wären, und unterstützte seine Schilderung eines luftigen, frei angelegten Stadtviertels durch eine sehr passende, vielleicht zufällige Gesticulation, indem er, da ihm heiß wurde, seinen Priesterrock lüftete und recht die Behaglichkeit einer legären und ungenirten Existenz zum Besten gab. Am Schluß seiner Predigt kam er dann wieder auf die Baukunst als eine vorzugsweise heilige zurück und verlor sich, ob nun als Freimaurer oder Christ oder bloßer Archäologe, in den Tempel Salomonis. Er schilderte all die Holzzufuhren aus dem Libanon, sagte, daß am Tempel

Salomonis 153,600 Menschen ihr Brot verdient hätten, und brachte die ganze Gemeinde in Entzücken über das prächtige Gebäude, das Blaustrumpf im Riß mittheilte. „Hiram hieß der Baumeister!" schloß er dann, indem er auf den Stuhl zeigte, wo das Bauamt saß, ging noch einmal auf den Text zurück, wo er das Wort: „Daß man mir viel Holz zubereite!" insofern berichtigte, als man heutiges Tages mehr für massive Gebäude wäre und sprach das Anathem über das jetzt widerlegte Sprichwort und den Segen über die Gemeinde.

Als nun Blaustrumpf in den Fuchs kam, fand er schon die ganze städtische und Landes-Baudeputation versammelt. Es waren ihrer so viel, daß man damit Rom in drei Tagen hätte aufbauen können: Der Hofarchitekt, ein Freund der modernen Baukunst, der Rathsbaumeister, ein Verehrer der Antike, der Brücken-Inspector, ein Dilettant im gothischen Styl, der Brunnen-Inspector, der Land- und Wege-Baumeister, die Wasserbau-Deputation, bestehend aus einem Architekten für unterschlächtige und einem andern für oberschlächtige Mühlen. Zu diesen Sieben kamen noch drei Maurermeister und zwei städtische Beigeordnete aus dem Rath. Blaustrumpf war der Dreizehnte. Das hatte der Brücken-Inspector, der ein Freund der mittelalterlichen Baumystik war, bald heraus und theilte es der Gesellschaft in dem Augenblick mit, wo Blaustrumpf hereintrat. Einen solchen stillen Empfang, dessen Ursache er denn auch erfuhr, hätte er sich nicht vermuthet. „Wir frühstücken," zankte er, „weil ich gegen etwas Abergläubisches geprebigt habe, und hier muß ich gleich wieder auf etwas Irrationelles stoßen!" Doch war es ihm im Grunde ganz recht, daß sie ihrer Dreizehn waren: denn nun konnte er nach Haus schicken und Mördern, seinen Schwiegersohn, als Aushülfe einladen lassen. Dieser kam, ein kleines, dürres Männchen, das der dicke, keuchende Blaustrumpf in seiner Rocktasche hätte verbergen können. Mörder's Name sprang gegen sein furchtsames Wesen lächerlich genug ab. Er sah mit seinem Namen aus, wie ein Kind, das man in einen großen Cuirassierstiefel gesteckt hat. Kaum mit der Nase blickte er aus der ungeheuren Tonne seines Namens heraus.

Der Fluch des babylonischen Thurms schien bei dieser Gesellschaft noch in Wirksamkeit zu sein: denn, ob sie gleich Alle nur den einzigen Bauzweck hatten, so boten sie sich doch unter einander Kalk statt Steine, Holz statt Sand, sie waren über ihre Principien im offensten Widerspruche. Und doch sollten sie zusammen eine neue Kirche bauen. Sie sollten sich über einen Grundriß vereinigen, an dem gern jedes dieser Mitglieder des Bauamtes sein eigenes Ideechen angebracht hätte, und Blaustrumpf, der diese neue, noch im Streit begriffene Kirche einweihen sollte, der schon die Predigt dazu liegen hatte, war am wenigsten im Stande, die Widersprüche mit einander auszusöhnen: denn er nahm Parthei. Er machte große Augen, als er oben am Tische kaum Platz genommen und die Baudirection, der bei den kalten Speisen warm wurde, vom Brücken=Inspector so angeredet wurde: „Wenn ich sage, daß die Kirche gothisch angelegt werden müsse, so wird man mir keinen Eigennutz dabei vorwerfen: denn ich baue nichts daran, da ich mit der neuen Actienbrücke leider genug zu thun habe. Bei meinen Arbeiten bin ich verhindert, meinem Geschmack zu folgen. Brücken sind Brücken, da kann man wenig Gothik anbringen, nicht einmal, da wir Protestanten sind, einen Nepomuk. Allein in den Riß der Kirche hab' ich als Bauamtsmitglied hineinzureden und Sie, Herr Consistorialrath, sollten mich eher unterstützen, als so grimmig anblicken. Das Christenthum hat sich seinen Kirchenstyl selbst geschaffen. Die gothischen Kirchen sind Blüthen der christlichen Idee. Jeder Zug in dieser Architektur im Großen und Kleinen läßt eine sinnige Anwendung auf die Dogmen des Glaubens zu: das Kreuz als Grundriß, das Schiff als ein Sinnbild des apostolischen Zeitalters, die Rose über dem Eingange, die bunten Fenster, die nach Außen trüb und nach Innen hell glänzend sind, die Kuppel mit ihrem Fernblick gen Himmel, alles Dies zusammengenommen ist der Ausdruck des christlichen Lebens, wie auch schon, wenn das innerste Wesen desselben die Musik ist, ein großer und tiefsinniger Autor die Baukunst des Mittelalters gefrorne Musik genannt hat."

Der Brücken=Inspector mußte an Minorität für seine

Ansichten gewohnt sein: denn er verzog keine Miene, als die übrigen Mitglieder des Bauamts, die beiden städtischen Beigeordneten ausgenommen, zu lachen anfingen und Blaustrumpf trotz des kalten Capaunen, welchen Zunge und Zähne zernagten, doch noch stoßweise folgendermaßen losbrechen konnte: „Wir haben glücklicherweise durch eine Feuersbrunst vor zehn Jahren den letzten Rest jener trübseligen Bauart verloren, die den dunkeln Zeiten des Mittelalters, wie eine wuchernde und formlose Kellerpflanze, entsproß; die Magdalenenkirche ist abgebrannt. Es soll eine neue gebaut werden, die heilige Magdalena ist auf ihren katholischen Himmel und die dem Aberglauben fröhnende Malerei verwiesen, ich habe meine Beredtsamkeit an den Landesfürsten gewandt und durchgesetzt, die neue Kirche solle heißen ganz einfach: G e i s t l i c h e s V e r r i c h t u n g s h a u s! Nun seh' ich mit Verwunderung, daß Sie, meine Herren, immer noch keine Anstalten machen, dem Namen und der Idee einen entsprechenden Körper zu geben, ja bemerke sogar, daß mystische Cirkel und Allegorieen mit diesem Gebäude vorgenommen werden sollen. Das geistliche Verrichtungshaus ist ein Vernunftmünster; es sollten darin keine Winkel und Ecken angebracht sein, in die sich die Lichtscheu verstecken könnte. Frei, luftig, durchsichtig soll das Gebäude, dieser Tempel der reinen, praktischen Vernunft (denn auch Kant's theoretische Vernunft ist Schwebelei), ich sage, soll dieser Tempel aufgeführt werden und sich weder durch überladene Massen, noch durch besonders auffallende Baukennzeichen auszeichnen. Nehmen Sie unser Logengebäude! Ist die Loge ▭ „zum gerechten Aristides" nicht ein Meisterstück eben so niedlicher, wie verständiger Architektonik! Nehmen Sie die Garnisonskirche, die der selige Windecke gebaut. Welch reines, luftzugängliches und wahrhaft erbauliches Gebäude ist das! Das ist seiner Bestimmung gemäß für Compagnieen und Bataillone eingetheilt, es ist eine Kaserne gleichsam, nur mit dem Unterschied, daß da keine Gewehre geputzt werden, sondern die rostigen Gemüther! Und wenn mir das geistliche Verrichtungshaus nicht etwas Aehnliches wird, dann möcht' ich gar keinen Fuß hineinsetzen."

Der Hofarchitekt gab dieser Erklärung seinen vollen Beifall, indem er sagte: „Wir sollen bauen, wie uns der Schnabel gewachsen ist. Jedes Zeitalter hat seine eigene Art; warum sollten wir nicht die unsrige haben? Die moderne Baukunst hat nur die eine Aufgabe, ihrem Zwecke gemäß zu bauen. Sie will wohnliche, bequeme, behagliche Gebäude herstellen. Die alten Formen der Antike, der Gothik, müssen wir entlehnen, während wir doch unsern eigenen schönen und gesunden und neuen Styl haben. Das geistliche Verrichtungs= haus soll dem Gottesdienst gewidmet sein. Man baue einen großen Würfel mit plattem Dach, hinlänglichen, wenn auch eher breiten, als länglichen Fenstern, Altar, Chor, Orgelchor, Sacristei und unterirdische Heizung, wie beim Theater, mit erwärmter Luft: denn ich sehe nicht ein, warum man im Winter in unseren Kirchen erfrieren soll! Unsre Vorahnen hätten die Kirchen wahrlich nicht gothisch gebaut, wenn sie selbst eine angemessene Form hätten erfinden können. Sie waren so ungeschickt, daß sie lieber die Christen im Winter erfrieren ließen, ehe sie eine Bauart, die für das heiße Italien passend ist, den im Norden nothwendigen Beschränkungen unter= warfen."

Blaustrumpf hatte vom Capaunen eine fettige Hand, sonst würd' er die des Hofarchitekten wacker geschüttelt haben. Dennoch mischte sich in seine Zufriedenheit eine unangenehme Empfindung, nicht die, daß er plötzlich niesen mußte, denn das bekam ihm wohl, aber weil der ganze Tisch einfiel und den Trumpf darauf setzte: Helf' Gott! Blaustrumpf stieß den Teller heftig zurück und erklärte: „Wir kennen uns so lange und sollt' ich denn noch nie dabei geniest haben; und sollten Sie nicht wissen, daß dies Helf' Gott! für einen Mann verletzend ist, der sein Leben der Ausrottung des Aberglaubens gewidmet hat? Denn schon das lateinische **Prosit!** beweist, wie sehr man das Niesen als eine Gelegenheit benutzt, an die Nase ein kleines Beschwörungs=Amulet, Prosit genannt, anzuhängen. Das Niesen ist ein zufälliger Act. Es ist nichts, als eine mit einem gewissen zischenden Geräusch und plötzlicher Zusammenziehung der Muskeln des Unterleibs, wie auch derer, welche auf die Lunge wirken, verbundene Aus=

stoßung der Luft aus der Nase, wenn nämlich durch irgend etwas deren Geruchsnerven gereizt worden sind."

Der oberschlächtige Mühlenbaumeister behauptete, daß er schon in Vossens Homer die Götter habe niesen und sich Prosit sagen hören. „Um so mehr," bemerkte aber Blaustrumpf, „ist dies ein verdächtiger Gebrauch. Ich finde das Niesen mit einer Menge von abergläubischen Meinungen verknüpft. Eine Meinung giebt's im Volke, die in Betreff des Niesens geradezu den Ruin alles gewerblichen Fleißes zur Folge haben könnte. Die Leute sagen: Wenn Du früh Morgens aufstehst und Du mußt niesen, so leg Dich drei Stunden wieder zu Bett, sonst mußt Du die ganze Woche Deiner Frau unterthan sein. Ob nun dabei das Geschäft versäumt wird, kümmert die Leute nicht!" Ein Anderer aus der Gesellschaft meinte, daß in diesem Aberglauben etwas Gutes läge: denn wer niese, pflege den Schnupfen zu haben, und dem könnte es nicht schaden, sich noch drei Stunden wieder in's Bett zu legen.

Blaustrumpf war ein Knöchelchen unrecht in den Hals gekommen, sonst hätt' er sogleich erwidert; aber gewöhnlich findet man, daß sich die Leute verschluckt haben, wenn sie's ärgert, daß sie etwas billigen sollen. Blaustrumpf mußte in der That, als er getrunken hatte, sagen: „Sie haben Recht, es liegt dem Aberglauben manches Gute zum Grunde. So heißt es in dem kauberwälschen System desselben: Wer des Morgens aufsteht und nur einen Schuh oder einen Strumpf anhat, bekommt den Schnupfen: das ist ein echt klarer medicinischer Gedanke, an dem nur zu bedauern ist, daß man ihm eine ominöse und prophetische Form gegeben. Auch darin steckt eine diätetische Wahrheit, daß es heißt: wer am Charfreitag nicht trinkt, der, nun folgt freilich sogleich der Bauernschluß, wird das ganze Jahr nie betrunken. Diese wenigen Fälle finden sich, wo sich wirklich etwas gesunde Vernunft und praktische Lebenserfahrung in den Aberglauben verirrt zu haben scheint; alles Uebrige ist vom Uebel und, seiner Raison nach, immer nach dem Schema eingerichtet: Heute regnet es, folglich hat gestern Jemand eine Schwalbe todtgeschlagen. Aber der Mangel an Vernunft wäre noch am ehesten zu er=

tragen; denn der Rationalismus muß ihn leider noch in ganz anderen und höheren Dingen nachweisen; allein der Mangel an Moral! Im Aberglauben ist an alles Schlechte Glück, an alles Gute Unglück geknüpft. Wer bei un ehe=lichen Kindern Gevatter steht, der, glaubt das Volk, hätte Glück. Wenn uns eine reine Jungfrau des Morgens be=gegnet, so sind wir nach dieser Philosophie nicht so gut daran, als begegnete uns ein gefallenes Weibsbild. Ja, den Kin=bern reiner und keuscher Eheleute wird von den verdammungs=würdigen Hexen das Prognostikon gestellt, daß sie „narrig" werden, indessen sie von den sogenannten von der Bank ge=fallenen Kindern nicht Gutes und Glückliches genug zu sagen wissen."

Indem nieste Blaustrumpf wieder, und obgleich diesmal das Helf' Gott! ausblieb, so sagte doch einer der Beigeord=neten: „Sie müssen's beniesen, Herr Consistorialrath!" Alle lachten. War's doch wieder eine abergläubische Bemerkung, und Blaustrumpf nahm sie auch unsanft genug auf. Er rückte mit dem Stuhl zurück und erklärte: „Meine Herren, wachen Sie über sich! Man kann sich kleine Unarten so an=gewöhnen, daß man die Schwächeren dadurch in ihren größeren bestärkt. Daß etwas, was erzählt wird, dadurch, daß man es benießt, auch wahr wird, ist ein verderbliches Axiom und dient den Lügen als ein wahrer Schicksals=Deckmantel. Noch herrscht auf dem Lande der Glaube, daß, wenn man beim Schuhanziehen niest, es Unglück bedeutet. Ich frage: Ist's möglich? Ferner: Wer früh nüchtern niest, bekommt selbigen Tages etwas geschenkt. Kurz, die Litanei dieser Klagen über mangelnde Vernunft ist groß; doch, bitt' ich, kehren wir auf den Tempelbau zurück, den Sie sich, meine Herren, allzu schwer machen!"

Der Rathsbaumeister war für die Antike und bemerkte: „Ich hätte gern das Verrichtungshaus in Form einer Ro=tunde gebaut." — „Ja," fiel der Hofarchitekt bitter ein, „so wie Sie das Theater gebaut haben, ohne akustische Berück=sichtigungen?" — „Herr Hofarchitekt," erhitzte sich der Raths=baumeister, „Ihre fürstliche Reitschule hat zweierlei Durch=messer, so daß sie der Fürst hat schließen müssen, weil ihm

alle seine Pferde gegen die Mauer laufen." — „Keinen
Zank," fiel einer der Baudeputirten ein: „dem Theater läßt
sich vielleicht durch eine Nachhülfe mit akustischen Schall=
becken eine Verbesserung geben, oder wir verwandeln die Reit=
schule in's Theater und verbinden das Theater dagegen mit
dem fürstlichen Marstall." Der Brücken=Inspector bedauerte
jede Aenderung. „Denn so oft ich in die Oper gehe," be=
merkte er, „hab' ich das Vergnügen, sie für einfaches Geld
zweimal zu hören. Man muß nur die rechte Stelle haben:
ganz vorn im Parterre hört man das Orchester einmal vor,
und dann n o ch einmal hinter sich, erst natürlich, und dann
reflectirt. Schade, daß man das Echo der Vorstellungen
nicht extra auffangen und gleichsam als Kuchenreste an Kin=
der auf einer eigens angebrachten Galerie für sechs Pfennige
den Platz vermiethen könnte. Einstweilen hat die Theater=
direction alle Plätze und Abonnements darauf in zwei Klassen
theilen müssen: Sperrsitz mit Echo, und Sperrsitz o h n e
Echo. Die reinen Plätze kosten ein Drittel mehr, als die un=
reinen; doch zieh' ich die unreinen vor, wie Kochzucker vor
hartem, wie wurmstichigen Varinas vor gesundem, weil man
mehr hat, mehr Stoff und mehr Unterhaltung."

Der Rathsbaumeister ärgerte sich empfindlich, ob er gleich
nur zu essen schien, und sagte: „Die Akustik ist ein Wurf
des Zufalls. Die größten Architekten haben blind geworfen,
und ich brauche nur an die schöne Kirche in Darmstadt zu
denken, die statt e i n e s Echos ebenfalls deren mehrere hat
und deshalb den Katholiken abgetreten wurde."

„Alle diese Mißstände," fiel Blaustrumpf ein, „werden
Sie vermeiden können, wenn Sie aus unserm geistlichen Ver=
richtungshause einen einfachen wohnlichen Tempel der Natur
machen, ohne große Kunst, einzig nur den Zweck im Auge.
Vereinigen Sie sich mit den Ideen unseres Herrn Hofarchi=
tekten, nehmen Sie die Bauart des seligen Windecke, seine
herrliche Garnisonkirche, nehmen Sie die zum Muster! Ja,
meine Herren und ·.· Brüder ·.·, höchstens, daß Sie etwas
von dem netten Styl borgen, in welchem unsre Hochwür=
dige ·.· Mutter ▭ zum großen Aristides gebaut ist. Ueber=
haupt nur ein Dach, eine Thür h i n e i n und eine h e r a u s,

die Fenster frei und luftig; der wahre Schmuck des Ganzen komme von der Kanzel und dem Lichte der Vernunft, die auf dieser Kanzel thronen wird!"

Es war aber dies Vernunftlicht niemand Anders, als Mörder, der an jener Kirche Hauptprediger werden sollte. Mörder schwieg während des ganzen Frühstücks und war nur mit der Ersparung des Mittagessens beschäftigt. Er war überall nur die Beilage zu dem fetten Consistorialrath=Bruchstücke, die bescheidene, aber geliebte Niere neben dem Sonntagsbraten. Er rankte sich an seinen Schwiegervater wie ein zärtliches Schlinggewächs auf und war nur Einem verständlich, ihm, ja selbst der Gemeinde nicht, da er auf der Kanzel nicht sprach, sondern zirpte. Mörder besaß theoretische Kenntnisse. Er liebte die Bücher mehr, als die Welt. Er hatte ein gutes Herz, wenn er's auch nicht in feurige Ausübung brachte. Seine Frau kennen wir noch nicht. Sie überragte ihn an Körpergröße, so viel wir hören und gern glauben wollen, da Mörder nicht anders predigen konnte, als auf einer „Hütsche". Diese Erhöhung fiel ihm einmal um, und er verschwand vor der Gemeinde in dem Augenblick, als er sagte: „Ueber ein Kleines werdet Ihr mich sehen, und aber über ein Kleines werdet Ihr mich nicht sehen!" Mörder war Blaustrumpfen unentbehrlich. Er diente ihm als Encyklopädie, die er immer in der Eile nachschlug. Auch mußte er ihn zuweilen am Aermel zupfen, wenn er in seinem Eifer zu weit ging. Heut flüsterte er ihm zu, daß der Wagen vorm Hause schon lange warte. Blaustrumpf erhob sich also, dankte für die vom Baucollegium erhaltene Ehre und stieg mit erhitztem Kopfe die Stiegen hinunter. Der Abschied von Mörder war einfach und herzlich. Blaustrumpf revidirte die Verpackung seiner Effecten, namentlich des buchhändlerischen Commissionsartikels, und fuhr davon, indem er sich im Wagen nach seiner Bequemlichkeit einrichtete. Mörder blickte zu ihm auf wie ein Kind, das zum ersten Male entwöhnt wird. Die Thränen standen ihm im Auge und er eilte in seine Wohnung, die ihm, ob er gleich seine Frau darin fand, einsamer und verlassener, als je, vorkam.

Sechzehntes Kapitel.
Mispelheimer Kalenderwesen und dasige Verleumdungen.

Blaustrumpf hatte den Kutscher und sein Geräth nur ge=
miethet. Wäre Beides sein Eigenthum gewesen, so hätte der
Erstere wol nicht, als sie das Thor schon passirt hatten, be=
merken dürfen: „Wir werden eine gute Aufnahme finden, es
begegnen uns Schweine!" Blaustrumpf wollte gerade in einen
sanften Mittagsschlummer versinken, als er diese superstitiöse
Bemerkung vernehmen mußte. „Wie?" rief er dem Kutscher
zu, „sagt das noch einmal!" Und der Kutscher lachte und
schlug tapfer zu, indem er wiederholte: „Will man gut Glück
zur Reise haben, so muß Einem begegnen ein Wolf oder ein
Hirsch oder ein Bär oder ein Schwein, nur kein Hase und
kein altes Weib, das gerade im Spinnen begriffen ist; was
freilich hier selten vorkommt, während ich anderswo öfters
gesehen habe, daß Hirtenweiber ihren Rocken in die Tasche
gesteckt haben und während des Gehens spinnen. Auch möcht'
ich wol, daß Sie nicht früher vom Tisch gegangen wären,
Herr Consistorialrath, im Fuchsen nämlich, als bis vor Ihnen
wäre abgeräumt worden: denn ohnedies werden wir schwer=
lich gut Wetter behalten, wie auch mein Hund heute früh
Gras gefressen hat."

Kaum hatte der Kutscher diese Bemerkungen ausgesprochen,
als Blaustrumpf ein Gelächter erhob, das mehr an Ver=
zweiflung und an Abällino erinnerte, wie dieser die bekann=
ten fürchterlichen Redensarten an den venetianischen Todten=
kopf richtet. Die ganz leise wie aus versagender Luftröhre
gesprochenen Worte: „Ihr glaubt an dergleichen?" ermun=
terten den Kutscher fortzufahren, nämlich mit seiner Rede, so
gut wie mit seinem Wagen. „Ja," sagte der Mann, „ich
bin meines Handwerks eigentlich ein Maurer und weiß, was
schönes Wetter sagen will. Hat der Maurer Regen, so
schwimmt ihm bald sein Geldbeutel fort. Und da haben wir
immer nichts Anderes thun können, als einen starken Hahn
mit rothem Kamm so lange einzumauern, bis ein Verlaß

auf das Wetter war. Ohne das würden wir fortwährend eingeregnet gewesen sein!"

Blaustrumpf entgegnete spitz: „Weil also der Hahn das schlechte Wetter nicht mehr anzeigen konnte, daraus soll folgen, daß das Wetter nun auch gut sein mußte? Weil also der Strauß den Kopf in den Busch steckt und die Jäger nicht sieht, so, denkt er, werden ihn die Jäger auch nicht sehen? Nein, lieber Mensch, wo seid Ihr in Elementarunterricht gegangen?" — „Ich bin eine Mispelheimer Retour," bemerkte der Kutscher, „und war immer daselbst ansässig, auch früher dort in der Schule; allein, was Wind und Wetter, Glück und Unglück anbetrifft, davon wissen die Herren Gelehrten nichts, Herr Consistorialrath; da muß man alte Leute fragen, die Erfahrung haben und wissen, wie es ehemals war."

Blaustrumpf konnte sich, wenn man bedenkt, daß er eben im Verdauen begriffen war, schaden: denn der Aerger trieb ihm das kirschrothe Blut in's Gesicht. Er hätte gern den Kutscher unter seine rationalistische Retorte gebracht; allein er mußte ihm nur von hinten beizukommen und konnte sein Mienenspiel nicht beobachten. Indessen hielt er's doch für seine heilige Pflicht, die abgerissene Lappenweisheit seines Vordermanns zu zerstampfen und in seiner rationellen Papiermühle daraus weißes, sauberes Papier zu machen, das sich mit kalligraphischen Vernunftideen beschreiben ließ. Er benutzte die Stellung des Kutschers a posteriori, um ihm einige leichte Camillenlavements der Teleologie oder der Zweckweisheit beizubringen, und fing an, ihm zuerst die logischen Begriffe von Ursache und Wirkung zu erklären. „Ursache, mein Freund, einer Wirkung ist die Erkältung, die den Gesunden krank, und eine Arznei, die den Kranken wieder gesund macht. Gesetzt nun, meine Schwester in Mispelheim wollte mich nicht freundlich empfangen, wie kann daran der Hase Schuld sein, welcher uns über den Weg läuft? Empfängt sie uns aber freundlich, soll ich mich dann bei jener Sau bedanken, so die Güte gehabt hat, uns am Thore zu begegnen?"

„Ja," meinte der Kutscher, „wenn man es so nehmen will,

dann wäre freilich am Glauben der Leute wenig Gescheidtes; allein die Erfahrung hat es doch immer bewiesen, und vom Hundertsten müßten wir Menschen auch nicht, wie es mit dem Tausendsten zusammenhinge. Ich habe mein Lebtag gefunden, daß es nicht gut ist, z. B. brennendes Feuer aus einem Hause in's andere zu tragen." — „Das ist nicht gut," fiel Blaustrumpf heftig ein; „denn daraus sind schon hundert Feuersbrünste entstanden; allein, daß man diese hübsche Verhütung von Feuersgefahr in einen mystischen Spruch bringt, dagegen soll ein Mann von Aufklärung Einspruch thun." — „Nun, Herr Consistorialrath, Sie sagen von Feuersbrunst; und es sind keine drei Wochen her, daß in Mispelheim drei Scheunen, Vieh und beinah auch Menschen verbrannt sind, und wir haben's alle eine Stunde vorher gewußt, daß es so kommen müßte. Es war Sonntag; die Betglocke des Abends sollte läuten vom St. Blasienthurm, und der Küster überläßt das Ding seinem Jungen. Er läutet und läutet, und mitten im Läuten fängt erst die Uhr an vier zu schlagen. Wann die Glocken und die Uhren aber zusammen schlagen, giebt's immer Feuer, und es traf auch ein."

Blaustrumpf erstickte fast vor Zorn, aber er versuchte es wieder mit Ironie und sagte: „Ei, dann ist es schlimm genug, daß noch drei Scheunen abgebrannt sind, da man ja die besten Vorzeichen des kommenden Unglücks schon erhalten und die Spritzen nur in Bereitschaft zu setzen hatte. Ich will Euch aber sagen," lenkte er ein, „Mispelheim scheint tief, tief im Aberglauben verstrickt zu sein, und ich werde Predigten, Katechisationen, Beichten, alle möglichen kalten Umschläge gebrauchen, um Eure erhitzten Phantasieen abzukühlen. Leider, leider tragen meine eigenen Verwandten einen großen Theil der Schuld an dieser Mißachtung praktischer Vernunftgrundsätze. Inzwischen könnt Ihr Euch, guter Freund, in diesem Buche unterrichten, was man Causalität und Nexus, Ursach und Wirkung, Mittel und Zweck, Anfang und Folge nennt." Damit griff Blaustrumpf in die Nähe seines Flaschenkorbes (in diesen selbst, wäre dem Kutscher lieber gewesen) und reichte ihm ein Exemplar vom Thomasius. Der Kutscher blätterte darin und gab es ehrfurchtsvoll wieder zurück. Blaustrumpf dachte an seinen kleinen ambulanten Buchhandel: zwölf Groschen Trinkgeld mußt Du ihm doch geben, und giebst Du ihm dafür das Buch, so kannst Du Mördern zwölf Groschen zu gut schreiben, da mit üblichem Buchhändler=Rabatt netto der Preis auch nicht größer ist. Es that ihm wohl, gleich von vornherein so gute Geschäfte zu machen: denn er liebte seinen Schwiegersohn, wie der feurige Luther seinen sanften Melanchthon.

Mispelheim war gegen Abend um neun Uhr erreicht. Blaustrumpf hielt vor dem Hause seiner Schwester an, welche, wie er selbst, gewöhnlichen Ursprungs an den Drucker und Herausgeber des Mispelheimer Wochenblattes verheirathet war. Eigentlich lebte Blaustrumpf mit Schwester und Schwager seit Jahren in Unfrieden, und der Grund davon war durchaus kein persönlicher, sondern eine Aufklärungsfrage. Sein Schwager hatte das Privilegium, einen hundertjährigen und einen jährlichen Landeskalender zu drucken. Dieser brachte ihm ein schönes Geld rin, aber auch den Haß des Consistorialraths. Blaustrumpf sah in diesem Kalender den „Heckthaler" (er kostete nur sechs Groschen) für den Aberglauben. Dieser Mispelheimer Kalender mit seinen Bauernregeln, Wetterprophezeiungen, Holzschnitten und Traumdeutungen war die Essigmutter, die allen Diöcesan=Erfahrungen Blaustrumpf's so viel Säure verursachte. Der Kalender erschien jährlich mit der Martinsgans zu gleicher Zeit auf dem Tisch. Jede Neuerung in seiner äußern Einkleidung und Redaction hätte eine Empörung der Bauern an Markttagen, eine Demolirung der Buchbinderläden zur Folge gehabt. Das mußte Blaustrumpf's Schwager und widerstand jeder Zumuthung, die Redaction des Kalenders, wie er sagte, in die Hände der Freimaurer zu geben. „Da wollen sie mir Predigten über die fünf Sinne hineinsetzen," beklagte er sich, „und statt der Witterungsanzeigen lauter Fragezeichen und Gedankenstriche, als wenn es keinen hundertjährigen Kalender mehr gäbe. Lieber schickt er mir, wovon die Bauern nicht die Melodieen verstehen, und Räthsel, die kein Mensch lösen kann! Da würd' ich schlechte Geschäfte mit dem Kalender machen. Er hat mir das Privilegium abkaufen wollen; allein ich muß den Kalender behalten, schon des Wochenblattes und so vieler anderen gangbaren Artikel wegen, die ich auf diesem Wege leichter verbreiten kann. Sie wollen eine astronomische Gesellschaft an die Spitze des Büchelchens stellen und Thierärzte, Maschinenbauer, Prediger und Kupferstecher dafür in's Interesse ziehen. Blaustrumpf sagte, eine Akademie der Wissenschaften könnte sich's zur Ehre rechnen, den Mispelheimer Kalender jährlich herauszugeben. Allein, absolut, ich habe mein Privilegium, und für den Küsterdienst, den er mir angeboten, dank' ich. Gehen bei meinem Geschäft zwar auch nur mehr Pfennige, als Groschen ein, wie beim Klingelbeutel, so sind sie doch mein und ernähren ihren Mann."

Blaustrumpf hatte nun aber eine Einladung zur Hochzeit erhalten, welche die Tochter seines Schwagers, seine Nichte also, mit einem achtbaren Bürger in Mispelheim zu feiern gedachte. Es war der Verwandtschaft, des Blutes und sogar der Ehre wegen, daß man ihn trotz der Feindschaft oder wenigstens trotz eines mehrjährigen wechselseitigen Sichignorirens doch nicht überging, um so mehr, da seine Schwester in dem Augenblick, wo ihre älteste Tochter getraut wurde, selbst noch eines neuen Kindes genesen konnte, wie es Mütter und Töchter giebt, die in Erfüllung ihrer edeln Pflichten mit einander wetteifern. Blaustrumpf hatte die Absicht, mit dieser Familienangelegenheit die geistliche Inspectionsreise zu verbinden. Er überredete sich, daß ihm vielleicht doch noch ein neuer Kalendersturm gelänge. Wenigstens hoffte er, einige seiner Truppen in die Festung des unüberwindlichen Buchdruckers und sein privilegirtes Kalender=Gibraltar hineinwerfen zu können, und hatte sich zu diesem Ende, weil er den Geschmack seines Schwagers kannte, sogar auf Reime gelegt. Er hoffte von seinen Geistesfrüchten epigrammatische Stachelbeeren anzubringen, und hatte nach etwa folgendem Muster ein Arsenal von Schutz= und Trutzwaffen wider den Aberglauben mitgebracht. In Betreff der Meinung z. B., daß Spinnen Glück bringen, hatte er den classischen Vers gemacht:

Das Glück, das eine Spinne bringt,
Das Lied, das eine Grille singt,

Das Häuschen, das die Wespen machen,
Das Alles sind spottschlechte Sachen!

Solche und andere Reime hatte Blaustrumpf, als ein Eisenmenger in seiner Art, unter dem Titel: „Entdecktes Herenthum" zusammengefaßt und hoffte damit bei seinem Schwager Einlaß zu finden. Einstweilen empfing ihn dieser und seine Schwester am Hause ausnehmend freundlich, und Blaustrumpf würde diese gute Lebensart sogleich erwidert haben, hätt' er sich nur vom Kutscher loshäkeln können. Dieser hatte wenig Lust, den Thomasius statt baaren Trinkgeldes anzunehmen. Blaustrumpf aber auch seinerseits nicht, ihn unter dem Preise loszuschlagen. Er gab ihm zuletzt das Trinkgeld und das Buch, war aber den ganzen Abend verstimmt und ließ erst am folgenden Morgen eine genauere Beobachtung seines Benehmens gegen seine Schwester, seinen Schwager, die Familie und das ganze inficirte Städtchen zu, das ihm wie ein alter Holzschnitt von anno 1700 vorkam. Er legte sich dann nieder und träumte von nichts als Traumbüchern.

Als er erwachte und die ersten Morgenberührungen mit den Seinigen gehabt hatte, empfand er wie ein junger Student, der zum ersten Male von der Universität nach Haus kommt, den ganzen Ballast, den man immer mitladen muß, wenn man durch das „wirthbare" Meer der Freundschaft und Verwandtschaft fährt. All' die lästigen Zumuthungen der Menschen, welche, ohne durch Bildung dazu ein Privileg zu haben, gerade durch die Bande der Verwandtschaft sich zu Allem ermächtigt glauben, was man sonst, wo man fremd ist, unterdrückt, all' diese Vertraulichkeiten versetzten ihn in eine üble Stimmung. Wären die Epigramme des „Entdeckten Herenthums" nicht gewesen, so hätte er sich keine Belästigung gefallen lassen. Indessen ließ er sich selbst an's Kreuz, wenigstens einstweilen, der Langenweile schlagen, um desto gewisser später den Aberglauben daran zu bringen. Er war ohnedieß in Verlegenheit, wie er seinen Anschlag vortragen sollte, da der Kalender längst wie ein fabelhafter Pontus zwischen ihm und seinem Schwager lag. Dennoch legte er sein Fahrzeug aus und wagte es, in die Druckerei zu

schiffen, seinen Schwager in einen engen Winkel zu treiben
und ihm wie ein Corsar oder Frühlingsdichter das Messer
und das Manuscript auf die Brust zu setzen, um es anzu=
nehmen und dann wieder, aber im Druck, herauszugeben.
Sein Schwager zog den ältesten Setzer in seiner Druckerei
zu Rathe, da von diesem die hauptsächlichste Anordnung des
Kalenders besorgt wurde und er ohnedies einen Bruder hatte,
der Kattunformstecher war, aber auch Holzschnitte für sauber
zu formende Tafelbutter und den Kalender lieferte. Blau=
strumpf erhielt die Zusage der Aufnahme. Er hatte den Ton
getroffen, in welchem, wie sein Schwager sagte, Niemand un=
übertrefflicher war, als Schumacher, als dieser noch seine
„Elegieen auf das Viehsterben" in das Mispelheimer Wochen=
blatt lieferte. Blaustrumpf ging auf sein Zimmer und
schrieb Mördern, daß dieser Erfolg allein schon die Reise be=
lohnen würde. Im Grunde seines Herzens regte sich eine
milde Rührung, als er den Brief beendet hatte. An dieser
Weichheit hatte seine gegenwärtige Lage den größten Antheil:
denn wie unbeholfen war sie! Wie gemein die Umgebung!
Wie plump das Benehmen der Verwandten! Der ganze
Schmelz, den die Wissenschaften geben, und die Zartheit der
Empfindungen, welche sie wecken, lief hier an und erblindete.
Ja, hatte er nicht kaum mit der einen Hand dem Aberglauben
einen Stoß versetzt, indem sein Schwager einen ganzen
Stoß von Gedichten gegen ihn abdrucken wollte, und kam
ihm dabei wol einen Augenblick der Gegenstand derselben selbst
aus dem Gesicht? War seine Schwester, in ihrem andern
Zustande und obenein als Mutter einer Braut, nicht so um=
ständlich, daß sie über Alles erschrak und daran immer eine
Hererei anzuknüpfen mußte? War das Haus nicht überlaufen
von gewöhnlichen Leuten, die, was seine Schwester nicht
wußte, nachtrugen und auf Tritt und Schritt eine Fußangel
der Großmutter des Teufels entdeckten? Was für die an=
deren Umstände der Mutter nicht gut war, war für den
Brautstand der Tochter erwünscht. Blaustrumpf predigte, wo
er hinkam, in jedem Winkel des Hauses. Er lüftete das
ganze Haus, weil er den Aberglauben zum Theil aus schwüler
Luft herleitete. Er rieth zu Aderlässen und Schröpfköpfen,

um das dunkle Blut zu mindern. Er predigte auf der Kanzel bei großem Zulauf gegen die Vermischung falscher Ursachen und falscher Wirkungen. Der Pfarrer von Mißpelheim, Inspector Geigenspinner, war ohnehin der eifrigste Anhänger einer Lehrmeinung, die das Consistorium selbst billigte und durch Beförderungen ihrer Bekenner begünstigte.

Geigenspinner gehörte zu jenen Geistlichen, die den Talar nur benutzen, um Gesinnungen zu verbergen, die, wenn sie sich offen zur Schau stellen dürften, durch ihre Weltlichkeit verletzen würden; oder es wäre auch möglich, daß er seine noch immer sichtbaren weltlichen Manieren gebrauchte, um gleichsam zu zeigen, daß er mit dem geistlichen Stande nichts, was menschlich wäre, für unverträglich hielte. Blaustrumpf liebte Pfarrer, die Whist spielten und Liebhabertheater arrangirten, weil er sie für das beste Gegengift gegen den Pietismus hielt. „Die Religion," sagte er, „soll den Menschen Vergnügen machen," und hatte somit nichts dagegen, wenn die Geistlichen sich gerade als die Meister des Vergnügens (maîtres de plaisir) benahmen. Geigenspinner hatte überhaupt viele Hofmanieren. Er mußte, ohne gerade zu verleumden, doch immer lieber das Böse von den Menschen zu sagen, als das Gute, am liebsten von seinen Collegen. Tobianus stellte er aus Spottlust in das rechte, Blasedow aus Haß in ein falsches Licht. Blaustrumpf war sehr aufmerksam, als Geigenspinner folgendes theils factisch falsche, theils falsch gemeinte Zeugniß ablegte: „Tobianus ist in der Theologie das, was bei Quartetten derjenige ist, der die Bratsche spielt und das Abendessen zur Unterhaltung hergiebt. Er hat die beste theologische Bibliothek in der Umgegend und kauft die meisten Bücher. Er würde keine Ruhe haben, wenn in der Theologie etwas Wichtiges vorgefallen wäre und er nicht wenigstens eine Recension darüber gelesen hätte. Er will nicht wissen, was der Sinn einer neuen Erscheinung ist, sondern blos, was man darüber sagt. Fragt man ihn: „Haben Sie Lücke's Lucas gelesen?" so antwortet er: „Nein, aber Schuberoff's Prediger=Journal sagt ungefähr dies oder das darüber." So kann man immer Stoff zur Unterhaltung bei ihm finden, während er noch nie eine Predigt gehalten hat, die er ſelbſt geſchrieben hätte. Pfeifen, Journale und neue Bücher ſind ſeine einzige Sorge. Seine eklektiſche Weisheit nennt er: Mit der Zeit mitgehen. Man kann ihm dabei nicht gram werden, denn er iſt ohne Anſprüche und nimmt Rath und Lehre von Jedermann an. Seine Pfarre iſt für ihn ein Verſorgungspoſten."

Hier ſtockte Geigenſpinner; doch ſchlug Blauſtrumpf ſelbſt die Brücke, um auf Blaſedow überzugehen, und ſagte: „Sein Nachbar, Blaſedow, iſt mir widerlich. Ein Mann voll Arroganz, die er aber unter der Maske von Originalität verbirgt. Sein Benehmen bei meinem Lexikon hat mir gezeigt, was ſich das Land in dieſem Manne für eine Plage großgezogen hat; ſeine Eingaben an das Conſiſtorium ſind unter der Firma der evangeliſchen Freiheit wahrhafte Pasquille auf jene Disciplin, ohne welche zwiſchen Untern und Obern kein Verhältniß beſtehen kann. Jeden Erlaß ſeiner Obern benutzt er nur, um ihn mit romantiſirenden Gloſſen wieder zurückzuſchicken. Ich bin überzeugt, daß es mit dieſem Manne kein gutes Ende nimmt. Wenigſtens gräbt er ſich ſelbſt die Grube, in die er hineinfallen wird!"

Geigenſpinner ging nun noch weiter: „Sie halten noch immer zu viel auf ihn, Herr Conſiſtorialrath; ich habe Anzeigen, daß Blaſedow am Hirn leidet. Er zerſtört ſich ſelbſt mit Muthwillen; er takelt ſeine längſt geſtrandete Vernunft immer mehr ab. In dem arroganten Gefühl, daß ſein hoher Geiſt ſich ſelbſt genug wäre, kümmert ihn keine neue Zeitſchrift, keine neue wiſſenſchaftliche Entdeckung. Ohne das Neue noch geſehen zu haben, wirft er es ſchon mit Widerwillen in die Rumpelkammer des alten Trödels, wie er's nennt. Er verhöhnt den ganzen theologiſchen Journalcirkel unſrer Gegend und läßt die Anſichten der berühmteſten Theologen am Rande ihrer Aufſätze nicht unangefochten. Mit Bleiſtift ſind Einwürfe an den Rand geſchrieben, die an Blasphemie ſtreifen. Weiß er nichts Beſſeres, ſo ruft er aus: Nimm Nieswurz! Geh' nach Abdera! Vater vergieb ihnen, denn ſie wiſſen nicht, was ſie thun! und dergleichen. An einem Artikel von unſerm trefflichen W e g ſ c h e i d e r hatte er die ganze Paſſion vermerkt und oben darüber geſchrieben: Die e w i g e Kreuzigung des

Herrn. Nun kamen alle Kreuzes-Ausrufungen zu den einzelnen Kapiteln. Mich dürstet! rief er, wo ihm etwas zu trocken schien. Dann folgte: Und sie reichten ihm einen Schwamm mit Essig! Kurz, Blasedow ist die Plage der ganzen Diöcese." — „Ach," sagte Blaustrumpf unwillig, „da wollen wir doch gar keine großen Umstände mehr machen!" Geigenspinner aber ging immer weiter und holte sogar die Abschrift einer Glosse, die Blasedow über eine günstige Recension des Thomasius gemacht hatte, dieses, wie der Mann sagte, für das Fürstenthum so theuren Buches. „Vernunft-Religion," hatte Blasedow geschrieben, „ist keine Religion mehr. Sie ist ein Edles ihrer Absicht nach, kann aber die Offenbarung nicht verdrängen. Die Offenbarung ist so groß, nicht ihres Inhaltes, sondern ihrer Form wegen. Diese Form, dieses historische Gewand kann die Vernunft-Religion sich nicht umlegen. Sie kann dem religiösen Bedürfnisse, das sich immer in historische Zustände vertiefen möchte, keine Anknüpfung geben. Wer der Religion bedarf, und in der Art, wie die Masse, bedarf der Aufgeklärte der Religion nicht — wer ihrer bedarf, dem muß sie Geheimnißvolles bieten. Religion und Philosophie sind himmelweit verschieden, gerade so weit, wie der echte Thomasius und Dr. Mörder, der blos über ihn geschrieben hat." — Das war ein tiefer Stich in den sonst mit so viel Fett umhüllten Herzmuskel Blaustrumpf's. Er überwand aber die persönliche Kränkung und sagte mit ersticktem Aerger: „In dem wärmen wir eine pietistische Schlange auf, wenn er erst seine wahre Haut anlegt." Geigenspinner meinte: Nein, das wäre eben das Verfehlte an dem Manne, daß er keine Principien hätte, sondern nach Ort und Stunde und Stimmung des Gefühls oder der Leidenschaft sich äußere. Er nehme den Freigeist gegen den Pietisten und diesen wieder gegen Voltaire in Schutz. Er müsse immer die Meinung bekämpfen, die ein Anderer vertheidigte, und lebe ewig in Widersprüchen." Dann kam Geigenspinner auf die Mohrentaufe, die einen reellen Anklagepunkt gegen ihn abgab und die sich denn auch Blaustrumpf gründlichst notirte. Den Schluß bildete die Erziehungsmethode Blasedow's, die man leicht als Beweis von Geistesabwesenheit benutzen konnte.

Er mußte dabei als moderner Don Quirote erscheinen. Den Rest gab das Gespenst, das in Kleinbethlehem spukte, und wo sich Blaustrumpf, als er davon hörte, erhob, wie eine Feuersäule, die sich am Hintergrunde eines dunkeln Gewitterhimmels entzündet. „Ein Gespenst?" fragte er, indem er beide Hände Geigenspinner's ergriff. „Ohne Scherz," bestätigte dieser, „die ganze Gegend erzählt davon, und Tobianus, der Blasedow's Frau um so lieber hat, als ihm die seinige gestorben ist, ward in die Sache hinein verwickelt: denn es spukt immer nur dann, wenn er in's Haus kommt."

Blaustrumpf, der jetzt auf die Höhe seines Inspections-Reisezwecks gekommen war, raffte sich auf und nahm noch an demselben Tage einen Wagen, um Tobianus zu besuchen und von da aus das Terrain zu beobachten. Er wollte den Leuten einmal zeigen, was Gespenster sind! Mit Ingrimm setzte er hinzu: „Und ihm, dem Blasedow, was Wissen und Glauben, Vernunft-Religion und Offenbarung, Thomasius und Mörder sind!" Es gewitterte, regnete und donnerte; aber Blaustrumpf riß sich von der Hochzeit seines Schwagers los und konnte auf keinen Baum mehr sehen, ohne ihn in einen Scheiterhaufen zu verwandeln.

Siebzehntes Kapitel.
Die Geisterbeschwörung.

Der Wagen fuhr vor Tobianus' Haus an; doch war dieser ausgeflogen und hatte die rasselnden, getrockneten Bohnen — denn dies wird das Gespenst sein, dachte Blaustrumpf — wieder im Unterfutter seines Oberrockes mitgenommen. Die Haushälterin des Pfarrers war in Verlegenheit, als sie den wahrscheinlich vornehmen geistlichen Herrn in noch größerer sah. Er wußte nicht, ob er sich nach Kleinbethlehem zu wenden sollte; wenigstens fürchtete er, es möchte ihm hier wie verschlafenen Tilsiter Postillonen gehen, die sorglos das frische Haff entlang fahren und plötzlich tief im Wasser stehen. Der

Unsinn steckt an, fürchtete er; das Blasedow'sche Treiben schwemmt mich mit fort, und es ist nie gut, wußte er, auch nur die geringste Berührung mit Kreisen zu nähren, die wir gesonnen sind, in ihrem Mittelpunkt zu zerstören.

Wie er aber so in dem großen Gedanken=Magazin seines Kopfes einen Ballen gegen den andern austauschte und hier und dorthin warf, fuhr er doch mitten in's frische Haff hinein, in die Gegend, wohin die Straße gerade führte. Sie führte aber nur nach Kleinbethlehem. Blaustrumpf war in einiger Verlegenheit. Er ließ halten und blickte auf das inficirte Dorf, als wollte er einen Angriffsplan darauf entwerfen. Er konnte das Feld übersehen, das er am liebsten in ein Schlacht=feld verwandelt hätte, wenn er Blasedow und die Gespenster nur hätte hierher citiren können. Er umzirkelte mit den Augen den Raum, als wollte er den Teufel in einen Zauberkreis bannen. Sein Einspänner graste am Ranft des Weges; der Mispelheimer Kutscher knöpfelte an seiner Peitsche und Blau=strumpf griff nach einem ungebundenen Thomasius, der sich vom Ballen gelöst hatte. Er las gerade die Stelle: „Von religiösen Gefühlen unterscheidet man A herzzermalmende, B herzzerschmelzende. Jene sind mit Selbsterkenntniß verknüpft. Diese begleiten die selige Vereinigung mit Gott." Diese Stelle mißfiel Blaustrumpfen. Er dachte: Mörder bekommt manch=mal das böse mystische Zeug, wo ich ihm die Daumenschrauben der praktischen Vernunft anlegen möchte und so lange drücken, bis seine Gefühlskrämpfe nachlassen. Er ergriff seinen Roth=stift und schrieb dabei: Nulla religio nisi cognitione. Während dem stand er schon dicht vor Blasedow's Hause. Er hatte sich in der kleinen Jagd, die er doch manchmal auch gegen Ketzereien seines Freundes anstellen mußte, so verpirscht, daß er nichts von dem Vorhaben des Kutschers merkte und sichtlich erschrak, sich nun mit Gewalt in eine Lage versetzt zu sehen, an die er den Gewalthebel anlegen wollte. Tobianus glänzte und klebte bereits wie ein verschmachteter Aal vor dem Con=sistorialrath. Er zappelte und schmiegte sich mit einer Rüh=rung, die sich leider nicht hatte vorbereiten können. Blau=strumpf bespritzte ihn mit dem lautern Gruße der Collegialität. Tobianus bäumte sich wie ein junges Roß und trug seinen

geistlichen Oberhirten so in das Pfarrhaus, daß sein Fuß an
keinen Stein stieß; denn, dachte er, jeder fortgenommene Stein
kann sich hier einst in Brot verwandeln.

Es war Mittagszeit und Gertrud glücklicherweise auf To=
bianus vorbereitet. Der Consistorialrath ging nun mit drauf.
Sie erschrak, als sie dem gefürchteten Groß=Inquisitor gegen=
über stand und die geringen Fortschritte im Christenthum be=
dachte, durch welche sich Kleinbethlehem auszeichnete. Das
Wort „Visitationsreise" verursachte ihr von je Gliederreißen,
um so mehr, als Blasedow, der oben in seinem Zimmer mit
Theobald, dem Volksdichter, Unterricht hielt und diesem
Volksmelodieen einübte, sagen ließ, er hätte Zahnschmerzen.
Blasedow suchte dem Besuch auszuweichen, ohne daß er in
seiner Rolle blieb. Er sang gerade mit Theobald: „Prinz
Eugen, der edle Ritter," mit einer Donnerstimme, daß Blau=
strumpf fragte: ob sie Einquartierung hätten. „Nein," er=
wiederte Gertrud, „mein Mann giebt nur seinen Kindern
Singunterricht! Er schreit so, weil er grimmige Zahnschmerzen
hat." Blaustrumpf besah sich die Umgebungen der Localität.
Tobianus schloß alle Schränke und Thüren seines Kopfes und
Herzens auf und bot dem Consistorialrath Alles, was ihm
beliebte. Wie Gertrud im Leiblichen alle Hände voll zu thun
hatte, so er im Geistlichen. Er hätte Blaustrumpfen rasirt,
wenn dieser nicht gewohnt gewesen wäre, es selbst zu thun.
Er schlug ihm aber den Schaum und Gertrud war glücklich,
daß sich's das Consistorium bei ihr so bequem machte. In=
dessen sang Blasedow oben für ein ganzes Regiment: „Frisch
auf, Kameraden!" und schlug dabei den Takt, daß die Decke
bebte. Man hörte deutlich, wie er die Pausen benutzte, um
Erörterungen über das Volkslied einzuschalten. Blaustrumpf
rasirte sich indessen und bemerkte nur, ohne sich zu schneiden,
er begriffe nicht, wie man Zahnschmerzen und zugleich eine
solche Stimme haben könne, und endlich, warum Blasedow
nichts als Kriegslieder singen lasse. Tobianus, der aus
Angst den schönsten Schaum schlug, war gutmüthig genug,
um, Blasedow bemäntelnd, zu sagen: „Ich glaube, sein dritter
Junge soll Feldprediger werden!" „Ja," meinte Blaustrumpf
verwundert, „Krieg wird's aber noch lange nicht geben. Der

Fürst hat sich mit seinen Agnaten ausgesöhnt und die stehenden Truppen sind bis auf zwei Drittel entlassen worden, schon, weil die Garnisonskirche zu klein ist, um alle auf Einmal zu fassen." Als sich Blaustrumpf endlich seines Bartes entledigt hatte, schien der Bart auf Gertrud übergegangen zu sein: denn diese zankte mit einer männlichen und Dragonerstimme im obern Stock und schrie, ob die Singstunde denn noch nicht bald aufhören würde? Sie setzte es durch ihren Lärm durch, daß sie Blasedow die Treppe herunterzog, um ihn dem Consistorium zu Füßen zu legen. Blasedow erschien, der lange, hagere Don Quirote, mit einer ungeheuren Serviette um den Kopf, die so gebunden war, daß die beiden Zipfel des Knotens oben wie die Hörner Mosis aussahen. So standen sich die beiden feindlichen Männer gegenüber. Blasedow künstlich ächzend und stöhnend und nur auf seinen Zahn deutend, weil er nicht sprechen wollte, Blaustrumpf äußerlich verlegen, aber innerlich voll Klugheit und Schlangenlist. Tobianus fürchtete aus dieser Mischung von Consistorial-Salpeter und Blasedow'scher ausgebrannter Kohle, zu welcher noch die Schwefelnatur Gertrud's kam, eine Pulverexplosion und hielt sich in ängstlicher Entfernung.

Blaustrumpf zitterte so viel mit den Augen, daß Blasedow dachte: Er zuckt, weil ihm jetzt in seinem Lexikon Blatt vor Blatt auffliegt und er in sich die Uhr des jüngsten Gerichts aufzieht! Blaustrumpf sprach aber nicht vom Lexikon, sondern vom Kreosot, das gegen Zahnschmerzen Wunder wirke. Blasedow zuckte die Achseln, als wollte er sagen: Ich habe schon Alles versucht, sogar das Ausziehen der hohlen Zähne! Denn in der That waren die Zahnschmerzen, die Blasedow vorgab, auf einer Seite gelegen, die keine Zähne mehr hatte. Tobianus aber erlaubte sich mit seinem hellen Basse die Bemerkung: „In einer Zeitung las ich kürzlich, daß das Kreosot von den jungen Candidaten zu häufig als Reinigungsmittel der Kehle bei Frühpredigten angewendet würde, denn es soll auf die Lunge wie die Schwindsucht wirken." Blaustrumpf, der sich bei seiner Körperfülle wol nicht vor der Schwindsucht mehr fürchtete, bemerkte hierbei, daß Tobianus viel Journale las, wie ihm Geigenspinner schon in Mispelheim gesagt hatte. Sie verflochten sich auch bald zu einem kleinen Weichselzopf von theologischen Journal= debatten, indessen Blasedow auf dem Sopha stöhnte, im Grunde vor Abscheu an den beiden Collegen, den er, wenn er zu heftig wurde, immer durch künstliche Zahnschmerzen verdecken konnte. Gertrud schlug eine Tafel auf, wie zur Kindtaufe.

Blasedow verlor gegen Mittag sein Zahnweh und wünschte nur, er hätte mit einer angeblichen Erleichterung seines Uebels auch seine Zähne wieder bekommen. Die große Serviette hatte er sich nur umgebunden, um mit desto größerer Behaglichkeit das ihm vorgesetzte Consistorialgericht zu verzehren. Er wollte durch das körperliche Leiden den Seelenleiden einer höflichen Begrüßung ausweichen. Als der Tisch von allen Seiten wie ein Schlachtterrain besetzt war und die verschiedenen Manö= vers gegen die Speisen zu spielen begannen, erwachte Blase= dow's gute Laune. Er fühlte sich auf seinem Posten sicherer, seitdem Blaustrumpf aus seinem Vortheil durch den Besuch und nun gar das angenommene Mittagessen heraus war. Blasedow begann ein Vorspiel des spätern Kampfes. Die kleinen Brotkügelchen eines leichten Witzes ließ er in einem sanften Bombardement auf Blaustrumpf niederregnen und sagte z. B. gleich von vornherein, als Amandus und Alboin erklärten, sie könnten ja Beide von einem Teller essen: „Nein, das giebt Feindschaft!" Blaustrumpf fragte, als bekäm' er etwas zu notiren: „Meinen Sie das moralisch?" Gertrud antwortete: „Es ist nicht gut, Herr Consistorialrath, das Sprichwort geht einmal so." Blaustrumpf zog die Augen= brauen finster zusammen und Blasedow merkte, daß ein Ge= witter im Anzuge war. Er rief Waffern, schnitt ein Stück Brot ab und gab es ihm, indem er das Knurren des Hundes mit der murmelnden Bemerkung begleitete: „Es ist ein neues Messer." Blaustrumpf, der auf Alles achtete, tappte wie ein Bär auch sogleich auf den Leim, den Blasedow hingesetzt hatte, um ihn zu fangen, und sagte: „Was? Ein neues Messer? Was hat das neue Messer mit dem Hunde zu thun?" Gertrud, die nur an das Rindfleisch und am wenigsten an den Aberglauben als Zweck der Inspectionsreise dachte, sagte: „Man hat das Sprichwort, man sollte mit neuen Messern das Brot erst Hunden anschneiden, sie hielten dann besser!" Blaustrumpf schlug die Augen nieder, um ihr Feuer zu mildern, und schien sich nur heimlich diese abfallenden Redensarten in die Vorrathskammer seines Gedächtnisses zu bergen. Tobianus bemerkte die Ursache seines Unwillens und stieß Blasedow an. Dieser aber fuhr mit künstlichem Zorn seinen Satiriker an und sagte: „Sprich bei Tisch nicht über Tauben!" Blaustrumpf horchte hoch auf, weil er ahnte, daß hier wieder ein Sprichwort, wie Gertrud in ihrer Unschuld sagte, im Spiele war. Sie merkte seinen fragenden Blick und erklärte ihm lachend: „Man sagt wol, die Tauben draußen flögen fort, wenn man bei Tisch von ihnen spräche." Blaustrumpf schwieg und aß zerstreut weiter. Inzwischen wurde das Bombardement heftiger. Blasedow und Gertrud, zwei ganz entgegengesetzte Forts, fingen an, einen angenehmen Kugelregen, in welchem jedoch Blaustrumpf Lebensgefahr ausstand, zu unterhalten. Tobianus ließ seine Blicke wie parlamentirende Adjutanten von einer Parthei zur andern sprengen; aber sie blieben unverstanden. „Wenn Du satt bist," sagte Gertrud zum Bildhauer, „so legst Du den Löffel mit der Höhlung nach oben." Dann wandte sie sich an Blaustrumpf: „Essen Sie doch, Herr Consistorialrath! wenn nichts übrig bleibt, bekommen wir morgen gut Wetter." Und Blasedow nahm absichtlich eine Schüssel so, daß er das Salzfaß umstieß. Tobianus eilte, es wieder zu füllen. Doch wie einen Hund hetzte Blasedow durch einen Blick seine Frau auf ihn und ließ diese sagen: „Lassen Sie doch, Tobianus, verschüttet Salz soll man nicht wieder aufraffen, sonst hat man kein Glück!" Jetzt, wo eben die Zwischenpause des zweiten und dritten Ganges eingetreten war, konnte sich Blaustrumpf nicht länger halten, sondern holte tief Athem und sagte mit einer leisen Stimme, die Tobianus wie eine unglückbedeutende Grabesstimme vorkam: „Ich erstaune, daß Sie in Ihrem Hause so viel kleines Unkraut von abergläubischen Sprichwörtern und sogar darnach eingerichteten Gewohnheiten dulden." Blasedow erwiderte eben so gelassen:

„Es ist schwer, es auszurotten. Die Schwalben nisten Jahr aus Jahr ein in meinem Hause; ich habe nicht den Muth, ihr Nest einzureißen, ob ich gleich nur Lärm und Schmutz an den Fenstern davon habe." Blaustrumpf, immer noch mit lauernder Gelassenheit: „Das würdigste Amt eines Seelsorgers ist Kampf gegen Vorurtheile. Die Menschheit soll ausgelüftet werden. Der reine Chlorkalk der Vernunft soll die Spinnweben des Aberglaubens von den Wänden vertreiben. Ich erstaune, daß Sie sich diesem großen Zwecke nicht anschließen." Blasedow sagte dagegen: „Kreuzzüge gegen die Kreuzspinnen kann ich nicht unternehmen, und wenn die ewige Seligkeit drauf stände! Die Tradition und die Natur bieten dem Menschen so vielen Stoff, daran die Religion und Ahnung des Ewigen anzuknüpfen. Wer freilich alles Geheimnißvolle einreißt, wer lecken Muths an geheimnißvolle Stätten geht und dann wiederkommt und sagt: Seht, was hat mir's geschadet? dem kann's freilich nichts schaden. Die Religion ist so etwas Entlegenes und die Gottesnähe eine solche Himmelsferne, daß ich froh bin, hier und da eine Spur zu entdecken, die zu ihr führt, wenn auch erst über die unwegsamsten Irrgänge." Blaustrumpf hatte nach einer so gemüthlichen Erklärung den Vortheil des Witzes voraus und sagte: „Sie rechnen also auch die Kreuzspinnen zu den unmittelbaren göttlichen Offenbarungen?"

Blasedow schwieg und besann sich auf seine Position. Es giebt Menschen, dachte er, denen gegenüber man immer nur den Verstand walten lassen soll. Im Gespräch mit ihnen verliert man jedesmal, wenn man sein Gemüth, sein Herz an's Fenster schickt, um die Unterhaltung mit dem Manne auf der Straße fortzuführen. Er schlug daher das Stammbuch seines Herzens zu, daß es krachte. Er drückte aus seinem Humor, wie aus einem Schwamm, alle Gefühlsfeuchtigkeit durch die kleinen Porenhöhlen heraus und nahm aus seinem Waffenverließ jene Speere, die einen Widerhaken hatten und nicht von dem reuigen guten Herzen schmerzlos wieder herausgezogen werden konnten. Einen solchen Speer schleuderte er jetzt kühn auf Blaustrumpf zu und traf ihn mit diesen Worten: „Ach! ich habe vergessen, daß Sie für das fürstliche

Raritäten=Cabinet reisen und Wichtelmänner und Wehrwölfe auf dem Lande fangen wollen. Wie ich gehört habe, ist wieder eine neue Reformation, wie vor dreihundert Jahren, im Werke." — „Keineswegs," fiel Blaustrumpf ein, „wir wollen nur die Kirchenverbesserung in ihrem gehinderten Ziele weiterfördern; wir wollen die dogmatischen Ströme in der Theologie durch zeitgemäße moralische Canäle verbinden und durch die theologischen Systeme statt der schwerfälligen frühern Beweis=Landstraßen die praktischen, auf den Wink zusagenden oder nicht zusagenden Eisenbahnen des natürlichen Menschen=verstandes ziehen." Blasedow ergänzte: „Vortrefflich; wenn man aber nur erst die Einsamkeit und die Sternennächte ab=geschafft hätte! Es ist der wahren Religion nichts günstiger, als die Glückseligkeit der Menschen. Wenn der Landesfürst darnach strebt, daß Niemand mehr in Verzweiflung kommt und man Alles von ihm haben kann, dann wird sich Nie=mand mehr an Gott wenden! Es ist immer gut, wenn die Fürsten sich auf diese Art um die Aufklärung verdient machen. Sie nützen wenigstens damit dem Magen, wenn auch nicht gerade dem Herzen ihrer Unterthanen. Namentlich müßten die Fenster des Abends nach neun Uhr bei Strafe der Ver=nunft=Excommunication nicht mehr aufgemacht werden dürfen, damit man beim Anblick des gestirnten Himmels nicht in die alte Religion des Träumens und Ahnens zurückfalle und sich vom Augustinischen Beweise für das Dasein Gottes entferne. Es wär' auch gut, den Wäldern ihr Rauschen und den Flüssen ihr Plätschern zu verbieten. Auch sollten der Musik gewisse Tonreihen nicht gestattet bleiben und Orgeln und Harfen gänzlich außer Gebrauch gesetzt werden, weil durch diese In=strumente immer wieder das Unerklärliche der Gottheit hin=durchsingt und klaget und die Menschen wie mit Sirenen=gewalt zu verlocken sucht, sich im Strome des ewigen Aethers und der himmlischen Gottesahnung zu baden." In dieser Art spottete denn Blasedow, aber auf feierliche Weise, fort; doch Blaustrumpf entgegnete: „Gäbe Gott, man könnte alles Dumpfe und Halbe in der Welt ausrotten und könnte gerade jene Momente vertilgen, welche immer wieder an die Schlag=lichter der Vernunft und Aufklärung die Schlagschatten der

Mystik setzen! Wer seinen Gott," fuhr er fort, „nicht am hellen, lichten Tage hätte, würde ihn des Nachts unter Sternen und funkelnden Johanniswürmchen nicht finden. Lassen Sie uns übrigens," schloß er mit Würde, „von diesen Dingen abbrechen, und beruhigen Sie mich vielmehr über eine Angelegenheit, welche diesem Hause seit einiger Zeit einen verdächtigen Ruf in der Umgegend gegeben hat und auf das Landvolk nicht gut wirken kann!"

Tobianus und Gertrud erblaßten, als sie diese Bemerkung hörten. Beide hatten einen innern Rapport, der noch nie zwischen ihnen ausgesprochen war und erst über Blasedow's Leichenhügel einmal Worte finden sollte, und Tobianus war nun gar der Lockvogel des Gespenstes, ein unfreiwilliger Geistescitirer, da es nie anders im Pfarrhause spukte, als bei seinen Besuchen. Blasedow meinte: „Der Besuch des Consistorialraths käme gerade jetzt erwünscht: denn ein so großer Gegner der Geister, wie er, werde auch wol mit diesem fertig werden und könne er ja heute Abend den Versuch einer Teufelsbannung anstellen." Blaustrumpf erkundigte sich nach allen nähern Umständen und begriff namentlich nicht den Zusammenhang des Tobianus mit dem Spuke. Der College war so verwirrt, daß ein schlechter Inquirent ihn selbst für verdächtig gehalten hätte. Blasedow sagte auch: „Tobianus stände in geheimem Verkehr mit dem Unterirdischen und wisse auf geschickte Weise mancherlei, was man ihm nicht zutrauen sollte, anzuzetteln." Gertrud erröthete darüber und Tobianus zeigte gleichsam die leeren Hände der Unschuld vor und suchte sich von einem Verdachte zu rechtfertigen, der ihn ernstlich gar nicht treffen konnte. Blasedow fuhr aber fort: „So gut, wie manche Menschen, die nicht einmal an die Elektricität glaubten, elektrisches Haar hätten, könne auch Tobianus eine kleine Hölle mit sich führen, ohne daß er dran glaubte. Ja es hätte einen Professor der Physik in Padua gegeben, der gegen das Nachtwandeln geschrieben, und doch bei Neumond auf allen Dächern gesehen worden und in manches verbotene Fenster gestiegen wäre." Tobianus vermied besonders Gertrub's Blick und suchte sich dadurch zu vertheidigen, daß seine gespenstigen Eigenschaften erst zu wirken anfingen, wenn er

in Blasedow's Atmosphäre käme. Dieser leugnete das nicht und erklärte es chemisch, wie sich die verschiedenen Luftarten auch erst bei passender Mischung entzündeten. Tobianus war in großen Aengsten: benn auch Blaustrumpf staunte ihn vom Kopf bis zur Brust an, wo der Teller stand, und griff sich zuweilen an seinen Kopf; „ob es möglich wäre — unter Geistlichen! unter Geistlichen!" rief er. Blasedow beruhigte ihn. „Sie wollten," sagte er, „eine große Beschwörung für die Nacht veranstalten und sich durch einen Punsch dazu rüsten. Man könne ja den Dr. Mörder'schen Thomasius als Beschwörungsbuch dabei brauchen und gleich sehen, wie weit die Grenzen des natürlichen Menschenverstandes und die Kraft des Buches gingen." Tobianus dankte Blasedow im Stillen, daß er das Buch erwähnt, und benutzte es als Ableiter seiner Verlegenheit. Er besaß es eigenthümlich und überraschte den Schwiegervater und den Verleger des Thomasius, d. h. des gedruckten, mit seiner gründlichen Kenntniß der von Mörder entwickelten Grundsätze. Blasedow sagte: „durch die kritischen Dardanellen der Jenaischen Literaturzeitung wäre das Buch wie ein stolzer Dreimaster hindurchgeschwommen und die Kanonenschüsse von den Forts hätten es nicht treffen, sondern nur begrüßen wollen." Blaustrumpf, der die angezogene Recension selbst geschrieben hatte, ärgerte sich, daß Blasedow Alles ausstöberte, und meinte: „das Buch verdiene auch nur unbedingte Huldigung." — „Ja," sagte Blasedow, „der Jenaer Recensent wußte auch nichts darin zu verbessern, als einige Druckfehler." Blaustrumpf arbeitete nach Kräften, von den Jenaer Dardanellen loszukommen, und segelte mit Tobianus durch alle Inselgruppen der deutschen Journalistik hindurch, während ihnen Blasedow wie ein griechischer Brander beizukommen suchte und dann und wann einige ironische Pechkränze auf den Bord ihrer Unterhaltung warf. Inzwischen saßen sie schon im Garten und tranken Kaffee und hatten auch Herrn Ritter, den Gertrud schnell rufen ließ, als ebenbürtig in ihren Kreis aufgenommen, als Blasedow folgendes Lied von der jetzigen deutschen theologischen Kritik anstimmte:
„Die theologische Journalistik ist in Betreff der Kritik ein Spitzruthenlaufen, wo die Geißeln aus Christi Dornenkrone

genommen sind, und der Redacteur dazu die große Trommel der christlichen Liebe schlägt. Die Partheien gehen, wenn sie sich nicht einander Scheiterhaufen errichten, doch immer mit dem mitleidlosen Blicke jenes levitischen Reisenden an sich vorüber und lassen den armen, von der Philosophie und neuern kritischen Forschung geplünderten Leib des Herrn, ohne ihn zu kennen, am Wege liegen. Die Anzahl der Kerzen, die im Tempel angezündet werden sollen, beschäftigt den Sohn Aaron's mehr, als der Hülferuf des Verwundeten. Das Christenthum ist tolerant geworden, die Theologie aber ausschließlich und alleinseligmachend. Die Verschiedenheit der Principien hat in der Theologie eine Aristokratie hervorgerufen, die sich mit den Plebejern in der Wissenschaft und den bloßen R i t t e r n nicht gemein machen will. So wenig auf die Hauptfrage ist das theologische Antwortgeben gerichtet, daß nur die Manieren, Begründungen und der Schematismus den Partheien ihr buntes und abstechendes Colorit giebt. In Betreff der Hauptfrage des Christenthums reiten sie wie auf den Mauern des Kynast rund im Kreise und halten künstlich genug den Rand. Der Wurmfraß der theologischen Kritik ist die Consequenzmacherei und die damit verbundene Angebung. Die Herren scheuen sich nicht, ihre wechselseitigen Untersuchungen in der Prüfung bis auf gewisse Grenzpunkte zu führen, einen jähen Abhang, wo man als irreligiös und unchristlich durch die Consequenzenmacher gleich vom tarpejischen Felsen gestürzt wird. Da ist ein Lehrsatz. Er ragt wie ein verwitterter Felsblock aus dem Meere hervor, das Alter schützt ihn und der Leuchtthurm der Kirche mit angehörigen Pfründen, der darauf gebaut ist. Die Wellen der gesunden Vernunft wogen heran, die Brandung der Kritik und des weißen, schönen klaren Schaums neuer Entdeckungen und Wahrheiten ist wunderbar; doch, weil der Fels nicht weicht, so sollen die Wellen darum weniger schön sich gekräuselt haben, sie sollen nicht zum großen Ocean der Ideenwelt gehören; der alte Thurm mit seiner Priester=Oellampe trotzt auf seinen Felsen. Und hier ist wenigstens noch ein Hinderniß der G e s c h i c h t e; allein die theologische Kritik wirft der Wahrheit noch weit mehr Steine des Muthwillens in den

Weg. Die Consequenzen hält sie dem kühn schnaubenden Roß des Gedankens vor, es wird scheu, es fürchtet den Ruf der Ketzerei. So herrscht in keiner Wissenschaft so viel Wegelagerung, als in der heiligen. Jeder Newton, jeder Euler in diesem Bereiche würde sich für die Maschinen und Instrumente schon, mit denen er seine Experimente machen will, eine schützende Wagenburg bauen müssen. So kommt es auch, daß in keiner Wissenschaft mehr über den Anfang gestritten wird, als in der Theologie. Sie ist noch immer nicht im Reinen, was Verstand, Vernunft, Glaube, Offenbarung ist. Ihre Systeme sind zur größeren Hälfte mit Voruntersuchungen angefüllt; statt über den Vogel, den sie sehen, zu sprechen, sprechen sie über die Augenlinse und die Brille. Dies entspringt aus der Furcht, in Consequenzen gezogen und, statt von den Jüngern Christi, von den Jüngern Jesu, von den Jesuiten, geprüft zu werden. Die Rationalisten sogar gehören zu diesen Jesuiten. Denn für ihren kleinen Bettelsack von Dogmen scheuen sie sich nicht, um ihn durchzuschmuggeln, alles Wissenschaftliche in der Theologie nach seinem Paß zu fragen, wie Diebe, die, um selbst fortzukommen, sich unter ihre Verfolger mischen und rufen: Haltet ihn!"

Dies setzte natürlich Verstimmung und trübe Gährung. Blasedow blieb als Bodensatz allein. Die drei Andern sprachen den Nachmittag und die Dämmerung des Abends die Theologie und Pastoralwissenschaft durch und geriethen über alle Streitigkeiten des Tages selbst in welche. Die Geister von tausend Büchern, die sie citirten, fochten mit ihnen, und wenn sie etwas einiger gewesen wären, so hätten sie in ihrem Eifer leicht eine neue Religion in der kurzen Zeit stiften können, oder etwas erfinden, was, wenn sie es früher schon hätten einführen können, Christus den Tod am Kreuze würde erspart haben. Das sagte auch Blaustrumpf und bemerkte gleichsam mit dem Unwillen eines Hebarztes: „Warum bin ich nicht früher gerufen worden?"

So ehrenvoll es Tobianus schien, bei dieser neuen Religionsstiftung zugegen gewesen zu sein, so überkam ihn doch mit zunehmender Dämmerung ein unheimliches Grauen. Die Aussicht auf den Punsch wog seine Angst nicht auf. Er sah den Consistorialrath fest entschlossen, es mit dem Spuk aufzunehmen, auch geboten ihm Dienst=Rücksichten, ihn in seinem Eifer gegen den Aberglauben zu bestärken. Nun mußte er aber, daß er selbst dabei eine unbewußte Rolle spielte. Er war die Flamme, wie Blasedow sagte, deren Leuchten die Fledermäuse in's Zimmer locke. Durch seine Vermittlung kam der Spuk zum Vorschein; über ihn ging der Weg in's dunkle Jenseits der Natur. Dies machte ihn schaudern und benahm ihm die Lebensgeister, noch ehe er sie durch den Punsch wieder auffrischen konnte. Der Gedanke, daß, wenn er die Ursache des Gespenstes war, er auch bei Bannung desselben die Rückwirkung auf irgend eine empfindliche Weise empfinden müßte, zernagte ihn vollends. Er wurde schweigsamer und mit hereinbrechendem Dunkel muthlos. Es war ihm, als müßte er sich auf einen Elektrisirstuhl setzen oder als könnte ihn jeden Augenblick der Schlag rühren. Er entfernte sich von den beiden geistlichen Disputanten, die sich nicht einmal ein Compliment ohne Controverse sagen konnten, und irrte wie ein Nachtwandler im Hause und Hofe umher. Gern hätte er die Flucht ergriffen, wenn es nicht zu spät gewesen wäre. Gertrud schwamm bereits in all' den vier Elementen, welche die Welt und den Punsch bilden, und Tobianus hätte gern in einem Winkel die Nacht und den Abend verschlafen.

Er hielt es nicht aus. Blasedow kam von oben herunter. Herr Ritter wollte bleiben und Blaustrumpf streifte schon die Aermel auf, um das spukende Hexenkind aus der Taufe der gesunden Vernunft zu heben. Blaustrumpf malte eine Galerie Wagner'scher Gespenster an die Wand, bei denen Tobianus dachte: Er hat gut lachen: er spielt keine Rolle mit. Mit diesen Gedanken taumelte er in den Hof. Es war finster geworden. Die Hühner und Tauben schliefen schon. Man konnte fallen, wenn man nicht Bescheid wußte. Tobianus formte sich einen Gedanken, der an der brütenden Wärme seiner Angst bald eine sichere Gestalt gewann. Er wollte sich auf den Heuboden verbergen und in Frieden und Sicherheit die Bannung des Gespenstes abwarten. Dem Vorwande, er hätte nur Ruhe suchen wollen, hoffte er, würde es an einem Tage an Glauben nicht fehlen, wo es so mancherlei Außergewöhnliches zu verdauen gegeben hätte. Ach, Tobianus, besinne Dich! Du wirst ein Gespenst des Abends vermeiden und Dir ein anderes Dein Lebenlang aufbürden! Wähle zwischen einem Spuk, den ja Blaustrumpf sogar heute zerstören will, und einer ewigen Furie, in die Du Gertrud verwandeln wirst! Das klingt wie Räthsel, aber sie lösten sich einfach.

Als sich nämlich Tobianus in der That schon leise auf den Boden geschlichen und sich im duftigsten Heu versteckt hatte, bemerkte er in einiger Entfernung ein Flüstern und Lachen, das sich mit glücklicher Behaglichkeit im Heu wiegte und hin und her schaukelte. Er war durch sein leises Auftreten der Entdecker einer glühenden Neigung seines Kutschers, des uns wohlbekannten Peter Erich, zu einer der Mägde Gertrud's geworden und hätte hier sogleich seinen Priestersegen über das in sorgloser Glückseligkeit schwelgende Paar aussprechen können. Er hatte sich freilich über den Vollzug dieser unechten und plattirten Ehe keinen Vorwurf zu machen; dennoch peinigte ihn die Nähe des abwesenden Sacramentes, wie schon Andere bemerkt haben, daß es ein peinigendes Gefühl ist, falsche Banknoten, die man selbst nicht verfertigte, nur in der Hand zu haben. Tobianus ahnte sogar, daß sich diese Nachbarschaft im Verlaufe des Abends und der Nacht zu Scenen entwickeln könnte, die ihn zum Mitschuldigen derselben machten. Er überlegte, ob es besser wäre, eine Sünde zu toleriren, oder sich in die Gefahr einer Ceremonie zu begeben, die zuletzt doch nur etwas Peinliches für ihn hatte und ihm in Gegenwart dreier beherzter Männer keine ernstliche Besorgniß hätte einflößen sollen. Kaum jedoch neigt sich das Zünglein der Wage von den verliebten Zungen neben ihm ab, als er im Hofe Lärm vernimmt und wenigstens so viel deutlich unterscheiden kann, daß Peter Erich aufspringt und die Magd einstweilen zu verlassen gedenkt, um eine etwa andringende Gefahr zu recognosciren. Peter Erich mußte aber wenig Vertrauen zu seiner Lage haben: denn er sprang schnell die Leiter hinunter und überließ Tobianus einstweilen die Bewahrung seiner Ariadne auf einem Naxos, das für den Pfarrer neckisch wurde. Helle Schlaglichter fallen in die dunkle Heukammer. Stimmen rufen mit Besorgniß nach dem so nothwendigen Rapport der ihrer Entwickelung so nahen Geistergeschichte. Die Magd zittert nebenan und wühlt sich so tief in das Heu, daß sie von dem Angstschweiße des Geistlichen kaum noch die Breite eines ihm ohnehin mangelnden Schnupftuches entfernt war. Jetzt sind Gertrud, Blasedow, Blaustrumpf, Ritter auf dem Heuboden und behaupten, die Müdigkeit müsse ihn vielleicht hierher getrieben haben. Blasedow braucht eine ungeheure Heugabel und sticht auf's Ungefähr in den weichen Wiesenwachs hinein. Da trifft er die Magd, und Gertrud entdeckt etwas von einem geistlichen Rocke. Wie sich allmälig der verborgene Hintergrund dieser Entdeckungsscene herauswickelt, ruft sie in einem beinahe convulsivischen Anfalle von Eifersucht Zeter über den treulosen Verführer ihres Hausgesindes. Die Männer lachten, selbst Blaustrumpf, der aber bei Lichte eine Brille aufsetzen mußte, um Alles besser sehen zu können. Die Magd war davon gesprungen, und nur Tobianus stand da, sprachlos, verwirrt, eine männliche Susanne vor den von den Umständen allerdings bestochenen Richtern. Dazu kam, daß er Peter Erich, seinen eigenen Kutscher, ungern nannte, weil doch immer etwas davon auf ihn und seine Kalesche fiel. Gertrud weinte und mußte die Leiter hinuntergetragen werden. Erst die kräftigen Ausathmungen des dampfenden Punsches gaben ihr wieder neues Leben, doch nur dazu, daß sie wünschte, sie läge im tiefsten Grabe. Tobianus hatte selbst so viel Angst ausgestanden, daß er nur in stotternden Absätzen seine Rechtfertigung geben konnte. Auch war die Beschwörung noch nicht vorüber. Blaustrumpf sagte: „daß man sich diese wenigstens nicht verderben wolle," und meinte damit zunächst den Punsch, den er zu schöpfen begann. Die Gemüther wurden warm; Gertrud hatte, als es zehn Uhr schlug, Furcht in der Küche und kam mit verweinten Augen und nasser Schürze in's Zimmer. Tobianus nahm ein Glas, kredenzte ihr's und legte dabei die Hand auf's Herz. Sie weinte bitterlich. Doch, da sich der Freund hoch und theuer vermaß, sah sie ihn fragend und schmerzlich an und zog ihm endlich versöhnt noch einiges Heu aus dem verwilderten Haare. Die Kinder waren zu Bett, die phantastischen Wolken eines verhältnißmäßigen Rausches zogen über die Stirne der glühenden Männer. Sie wechselten ihre Charaktere ohne ferneren Rückhalt aus und zeigten sich die blanken Karten ihrer Gesinnungen. Das hinderte die steigende Lust der Behaglichkeit nicht, bis Gertrud auffuhr und an die Thüre rannte. Blaustrumpf stieß den Stuhl hinter sich um und griff nach einem bereit gehaltenen Exemplar des Thomasius. Er stürmte zur Thür hinaus auf die Hausflur und erblickte die beiden kleinen weißen Zwerg=Gestalten, den häuslichen Störenfried. Schon hat er einige Donnerworte auf die lallende Zunge gelegt, um sie fortzuschleudern, da reißt ihm Tobianus, der ihn in seinem Eifer zu mäßigen sucht, die Rockschöße seines besten Frackes hinten ab. Die daraus entstehende Verlegenheit und Verwirrung wurde von Blasedow meisterhaft benutzt. Aus seinem Stiefel ergriff er ein darin verstecktes gewesenes spanisches Rohr, warf das über den Frack mit Tobianus rechtende Consistorium links, seine Frau rechts, und stürmte den die Flucht suchenden weißen Schatten nach. Vom Garten aus vernahm man einige durch die stille Nachtluft gellende Streiche mit dem spanischen Rohr und ein zweistimmiges Klageduett. Blasedow ließ sich nicht wieder sehen. Die Andern aber staunten und begaben sich, erschöpft und übermannt, ohne klare Begriffe, zur Ruhe.

Zweiter Theil.

Erstes Kapitel.

Die Anleihe.

Sechs Jahre waren nach dem gebannten Gespenst verflossen. Der Graf von der Neige, mit welchem die Geldkatze des Herrn von Lipmann immer noch Mäuschen spielte, hatte nun allerdings eine große mechanische Saug- und Pumpmaschine erfunden, vermittelst welcher er, wie Herr von Lipmann sagte, mit der Zeit selbst den Ocean hätte ausschöpfen können. Auch benutzte sie der Graf dazu, wenigstens einige Goldwellen aus dem Ocean (denn Herr von Lipmann verstand darunter seinen Credit und sein Vermögen) auszupumpen, weil der Banquier doch im Grunde das Genie des erfinderischen Grafen bewunderte und von der Saugmaschine für die höhere Wasserbaukunst sich keine geringen Resultate versprach.

Indessen half Blasedow diese neue Bereicherung des Saug- und Pumpsystems in seiner Arbeit nichts. Der Gute war seit einiger Zeit in Finanzverlegenheiten und wußte sich um so weniger heraus zu helfen, als das Korn mißrathen war und Gertrud seit den Heustoppeln, die sie aus Tobianus' Haaren gezogen, aus Mißmuth den Heubau vernachlässigt hatte. Man denke sich nur, wie die Kinder inzwischen herangewachsen waren! Wie frische junge Erlen schwankten sie und wiegten sich in der Luft, wie Maikäfer schwirrten sie auf, sie brummten und summten im Hause herum, daß Gertrud die circa fünfundzwanzig Thaler, die nun nöthig waren, um sie

in die Stadt zu schicken und ihrer los zu werden, gern ge=
geben hätte; doch hatte Blasedow diese nicht übrig. Das
drückte ihm die Ruhe und den Schlaf ab: er war zwar längst
eher mit Holzbirnen, als mit Kirschen zu vergleichen; jetzt
aber dörrte er gar wie Backobst zusammen und verlor den
Muth, weil der einzige Graben, den er noch bis zu seinem
Ziele zu überspringen hatte, nicht etwa in einer gesellschaft=
lichen Rücksicht, in einem Zank mit seiner Frau, in einem
Risico seines Amtes, sondern in fünfundzwanzig Thalern be=
stand, welche Summe die Jungen haben mußten, wenn sie
in der Stadt Dasjenige praktisch weiter ausführen sollten,
was sie in der Theorie bei ihm gelernt hatten.

Blasedow sah überall diese fünfundzwanzig Thaler, die
ihm fehlten. Er sah sie im Traum, in der Luft, er nahm
sie hundertmal in Gedanken ein, aber er konnte sie nicht
wieder ausgeben, er konnte sie dem Schlachtenmaler, als dem
Aeltesten, nicht anvertrauen, so viel Schinken und Würste
(als Guirlanden der Triumphpforte in die Zukunft hinein)
auch schon in Bereitschaft für die Reise lagen. Wie sie im
Rauche hingen, hingen auch die Thaler darin, aber im andern
Sinne. Blasedow hatte sogar schon das Küchenmesser er=
griffen und Gertrud mit Gefahr ihres Lebens gefragt, ob
sie nicht in einem alten Strumpfe spare, und er wisse es,
sie lege sich etwas auf seinen Tod zurück, sie sollte nur ihr
Leben bedenken, denn jetzt müss' es heraus! Gertrud vermaß
sich hoch und theuer, daß sie immer noch dächte, er würde
sie unter die Erde bringen und dort unten würden wol alle
Schmerzen einmal aufhören, alle Schulden bezahlt und alle
Sünden vergeben sein. Blasedow ließ das Messer sinken
und Gertrud weinte bitterlich. Sie könnte Bürgen stellen
aus dem ganzen Dorfe, sagte sie, wie jämmerlich es ihr
ginge. „Ja," antwortete Blasedow mit verbissenem Spott
und drohender Anspielung: „Siebenbürgen". Er meinte,
daß ihr Erspartes nach Ungarn und Siebenbürgen hinwan=
dere, wo ihr erster Sohn noch immer in Arbeit stand.
Gertrud merkte dies wol und fuhr auf ihn zu: „Soll er
denn fechten?"

Was half dem Gefesselten sein Stolz? Seine Söhne

waren im Hafen seiner Wünsche angelangt. Es fehlte nur
noch der Schilling, den die Londoner Themsefahrer verlangen,
um die Reisenden an den Strand zu setzen. Geldnoth, ge=
stand er sich ohnedies, ist die schmutzigste Lage, in welche ein
edler Mensch kommen kann: denn selbst ein weiser und ge=
rechter Mann kann an sich irre werden, wenn ihm sein
Geldvorrath ausgegangen ist. Er wollte damit gewiß sagen,
diese ist fürchterlich. Blasedow fühlte es wol, wie bei leerer
Börse Feld und Flur ihre Farbe verlieren, wie selbst die
freudigste Botschaft, bringt sie gerade das Fehlende nicht,
von uns mit Gleichmuth aufgenommen wird. Das Geld ist
die Unruhe der Lebensuhr. Nur durch sie gehen die
Stunden vorwärts. Blasedow mußte Mittag von Abend
nicht mehr zu unterscheiden. Er war in den Wendepunkt
gekommen, wo sich die Richtung der Augen einwärts kehrt,
wo sich, wie bei Magnetischen, alles Leben auf das Sonnen=
geflecht hinzieht und man Pistolen neben dem Träumenden
abschießen kann, ohne ihn zu erschrecken. Blasedow war
nebenbei nicht harmlos genug, um an seiner Verlegenheit
die blos persönliche Klemme zu sehen, sondern er bezog die
fehlenden fünfundzwanzig Thaler bald auf den ganzen Zu=
sammenhang der Weltordnung, auf die wichtigsten Begeben=
heiten in der Geschichte und das menschliche Elend im All=
gemeinen, auf seinen Pessimismus, der ihn alle Dinge
schwarz sehen ließ. Aus fünfundzwanzig Thalern, die ihm
fehlten, schlug er sich eine Theodicee über Zweck, Ursache und
Mittel der Schöpfung, schlug er sich eine ungeheure Medaille,
die er dem vor seinen Augen sich verkörpernden Weltgeiste
an einem Armensünderstricke umhängen wollte. Des Nachts
schüttete er die fünfundzwanzig Thaler über den gestirnten
Himmel aus und lachte, als sie fast alle zu den Füßen der
hellglänzenden Venus hinrollten. Er nahm Dante's Hölle
zur Hand, um fünfundzwanzig Thaler zu vergessen. Er las
und las, bis sich ihm die Großen, die dort schwitzten, in das
Brustbild des Landesfürsten verwandelten, das auf den
Thalerstücken geprägt war. Er griff nach Kant's Kritik der
reinen Vernunft und wollte sich von diesem metallischen Zuge
seiner Phantasieen befreien, aber die Philosophie verwandelte

sich gleich in Numismatik, in den Antinomieen erblickte er die sich widersprechenden Einnahmen und Ausgaben, und auf Seite 348 seiner Auflage erblickte er sogar das traurige Schema der Negation: Nichts ist 1) der leere Begriff ohne Gegenstand (ens rationis), 2) der leere Gegenstand eines Begriffes (nihil privativum), 3) die leere Anschauung ohne Gegenstand (ens imaginarium), 4) der leere Gegenstand ohne Begriff (nihil negativum). In diesem vierten Zustand befand er sich, in einem radicalen Nichts, im nichtigsten Nichts, im nihil negativum. Blasedow schlug das Buch zu und sich vor den Kopf.

Rath mußte nun aber doch geschafft werden. Die Kinder hatten längst die Reifen der väterlichen Erziehung gesprengt; wie junger Wein gährte ihr Uebermuth; sie bedurften neuer Gefäße, um sich zu klären und zu erhalten. Blasedow empfand eine solche Ehrfurcht vor den Schöpfungen seiner Weisheit, daß er sich in Acht nahm, denselben strenge Zumuthungen zu machen. Er glich den fürstlichen Vätern junger Regenten, wenn jene selbst nicht an die Regierung gekommen waren; sie nennen ihre eigenen Kinder Majestät. Er ordnete sich ihnen unter, er betete ihr Talent und ihre Zukunft an. Was er ihnen geben konnte, das hatten sie.

Wegen der fünfundzwanzig Thaler rieth Gertrud zu einer Eingabe an das Consistorium; doch Blasedow entgegnete, daß man dort eher geneigt wäre, ihn um fünfundzwanzig Thaler zu strafen, als damit zu belohnen. Auch würde ihm Blaustrumpf kurz erwidert haben, daß das Consistorium das landesherrliche Münzregal nicht besäße. Dann dachte er an Basse in Quedlinburg und wollte einen Roman schreiben: „Die Geister um Mitternacht"; doch wollte Basse erst das Buch sehen, dann drucken und erst nach Ablauf zweier Messen bezahlen. Herr von Lipmann fiel ihm ein. Er wollte bei ihm ein Anlehen eröffnen. Wie ein Blitz fuhr dieser Gedanke in den Glockenstuhl seiner Träume. Seine Augenbrauen waren fast versengt vom Lichtglanz dieser Hoffnung. Er setzte sich hin und schrieb an Herrn von Lipmann: „Kommen Sie, Herr von Lipmann, nur einen Tag zu uns heraus; denken Sie an den Grafen nicht und die Güterlotterie, sondern an jenes Himmelslotto, in dem es nur Nieten giebt für die, welche schmutzigen Herzens sind! Reißen Sie, wenn nicht Ihren Leib, doch Ihren Geist von den Estafetten und Telegraphen, von den Coupons und Pfandbriefen, von Ihrem Garten los, und wär' er noch so zaubervoll, Herr von Lipmann! Fragen Sie sich doch nur einen Augenblick: Was bin ich? Was hab' ich? Wohin fahr' ich? Ach, Herr von Lipmann, hätte ich Sie vor mir, ich zöge Ihnen den blauen Frack von so feinem holländischen Tuche aus, nähme Ihre schwere Uhrkette, Ihre Ringe; ich legte es Alles an einen Gewahrsam und nähme Sie in den Hemdärmeln mit hinaus in den Wald, wo das Eichhörnchen knuspert und das Birkhuhn unter den Sträuchern huscht! Und eigentlich, Herr von Lipmann, auch das ist nicht der Ort, wohin ich mit Ihnen wallen möchte, sondern hoch hinauf in die Luft, wo es keine Stiege giebt, in die funkelnde Sternennähe, in die Gebirge der Phantasie, wo unsre Hoffnungen wie Sanct Gottharde ragen, unsre Ahnungen Höhlen, unsre Täuschungen Gletschern und Schneelawinen gleichen! Sollten Sie denn nur in die gewöhnlichen Wirthschaftsbücher der göttlichen Weltordnung, nur in das Conto der täglichen Einnahmen und Ausgaben im Himmel verzeichnet sein und nicht auch, Herr von Lipmann, in jene großen Notizbücher der Gottheit, wo sie ihre besten Gedanken einschreibt, freilich oft flüchtig und nie so sauber und nett, wie im Wirthschaftsbuche der Weltökonomie, aber tiefsinnig dem Inhalte nach, ein Gedanke, ein neuer, und wenn nicht dies, doch wenigstens die Bestätigung eines alten? Ach, Herr von Lipmann, es ist schwer, Philosophie zu lehren, wenn man sie für das Räthsel des Lebens hält; aber der Tod und die Ewigkeit, der Kreislauf unsrer Seele durch die Sterne, die Läuterung unsrer Gewänder, die beim Einen von Leinwand, beim Andern von Asbest sind, ihre Läuterung in dem Urlichte der Sonne und der Blick in's Antlitz der Allmacht! Welch eine Stufenleiter, wo schon die unterste Sprosse, der Stein, auf welchem Jakob schlief und der unser Grab decken wird, so schwer zu heben und so unendlich Räthselhaftes zu verschließen scheint! Ach, wir denken beim Tode nur dessen, was er uns nimmt, nicht dessen, was er uns giebt! Wir zittern, es einst nicht mehr zu können, wir weinen, daß einst unsre Augen trocken sein müssen, es fröstelt uns, daß wir einmal so kalt werden. Da schallt Musik aus den Bäumen eines Palastes, Echo trägt sie dem Echo zu, die Gäste bilden mit ihren Augen eine Reihe Brillanten, die alle à jour gefaßt sind, à jour éternel, auf ewig! Und wie oft denkt man doch in dem Gewirr, daß Einer nach dem Andern sich leise aus ihm fortschleichen muß, daß man ihn, während die Anderen zechen, hinaustragen wird, und daß er sagen muß: Leb' wohl, du gutes Tageslicht, leb' wohl, du seidenes Sopha, du Mahagonytisch, du Polsterstuhl, leb' wohl, du Feder, die ich eben noch führte, leb' wohl, du Rollen eines Wagens, der vorüberfährt, leb' wohl, du heiseres Bellen des Hofhundes, leb' wohl, Alles, was mit mir nicht stirbt, nein, was so bleibt, wie es ist, wenn mein Auge nicht mehr sieht! Herr von Lipmann, nehmen Sie meine Hand, kommen Sie, ich sehe etwas, was uns aus dem dunkeln Grabe herauswinkt! Blicken Sie nur hin, da ist die Höhle des Plato, von der er spricht, um uns die Wesenheit der Ideen zu beweisen! Dunkler Raum um uns her — Feuchtigkeit tröpfelt von den Wänden der Höhle, aber am äußersten Ende winkt ein heller Sonnenschein. Und am jenseitigen Rande des Felsens, der dicht vor der Höhle steht, wanken ernste Schatten vorüber, stolze, gereifte Gestalten in langen Gewändern. Ja sie sind's, die Unsterblichen, wir hören ja ihren Fußtritt über uns; sie lassen jene Schatten dort an der Wand zurück; hinauf, hinauf, wir wandeln unter ihnen, wir sind im Lichte der Schöpfung mitten inne, wir wandeln kühn durch das Centralfeuer der Ideen, unverwundbar, unsterblich! Und beginnt dies selige Dasein denn erst nach dem Tode? Flüstert es nicht zu jeder Stunde, wo wir unser Ohr für den Geist der Liebe und Offenbarung spitzen, um uns her, raschelt es nicht hinter den Wänden, lockt es uns nicht hinaus in die freie Welt, preßt es uns nicht die Brust zusammen so liebend und zärtlich, daß wir selbst im Schmerze Seligkeit empfinden? Ach, Herr von Lipmann, es giebt eine schönere Welt, als die wir erleben, eine Zeit, die sich nicht in Tag und Nacht scheidet! Rom, Griechenland kannten sie, die Weisen aller Jahrhunderte schmeckten sie, und wir dürfen ihrer noch immer harren und gewiß sein, wenn wir weiße Feierkleider anthun und uns auf den Scheiterhaufen unserer irdischen Existenz, den Göttern ein seliges Opfer, selbst verbrennen! Wer säete Feindschaft unter uns Menschen? Tragen wir nicht Alle das Abels- und Adelszeichen der Gottähnlichkeit an unsrer Stirn? Führt die Nabelschnur, der wir als Neulinge entbunden wurden, nicht zurück auf das Geheimniß des ersten Menschen, und sollen wir die Letzten sein, die sich als Brüder erkennen? Ja, Herr von Lipmann, wenn Sie fühlen, daß die Börse mit all' ihren Silberpiastern doch nichts gegen das gestirnte Firmament ist, daß die Staatspapiere so tief fallen können, wie die Hölle, aber nie so hoch steigen, wie der Himmel; wenn Sie es über sich vermöchten, an meine Brust zu sinken und zu rufen: Auch ich bin in Arkadien geboren! — würden Sie, Herr von Lipmann, dann noch ein Darlehn von fünfundzwanzig Thalern Preuß. Courant für einen Gegenstand halten und nicht vielmehr sagen: Nimm, was Du tragen kannst, es ist Dein, wie es mein war! Ich aber bin nun stumm, presse mein armes, zerspringendes Herz zusammen und — hoffe."

Nun hatte aber leider der erste Geschäftsführer der Firma von Lipmann nur die Procura für den Geld-, nicht für den Herzbeutel des Hofagenten. Er vertrat ihn in Wien und London, nur nicht in Arkadien. Blasedow bekam „in Abwesenheit unsers Herrn von Lipmann" eine abschlägige Antwort. Der saubere Zettel des Handlungshauses war ein Stichregen am Abend einer schönen Landparthie; von den Wiesen, auf denen man tanzte, mußte man in die stickigen Kammern eines Bauernhauses. Oder wer schämte sich nicht Morgens der tollen und verworrenen Dinge, die er im Jubel eines vorangegangenen Festabends gesprochen! Dieser moralische Ekel und Jammer, der weit ärger ist, als der physische! Und doch will dies Alles noch nicht Blasedow's Schmerz beschreiben: denn bei ihm kam Alles zusammen, Wehmuth und Stolz; er sah, daß er nicht nur nichts bekommen, sondern sogar noch etwas verloren hatte. Er würde geweint haben, hätte er nicht gefühlt, daß man im Comptoir des Hofagenten über ihn lachte.

Für diejenigen, welche am 1. Juli ihren Miethzins zahlen sollen und erst am 15. das Geld dazu haben, ist dies Kapitel nicht geschrieben. Sie verstehen Blasedow's Lage ohne Ausmalung. Ich hätt' es auch gern umgangen; allein wie kann Blasedow seine Söhne in die Residenz schicken? Wie kann eine Krisis unsers Helden übergangen werden, die schon deshalb dichterisch ist, weil sie so menschlich ist! Wie der arme Knabe, der in eine höhere Klasse versetzt ist, an den Häusern entlang schleicht und nicht weiß, woher er das Geld nehmen soll, um sich die nun nöthig werdenden Bücher zu kaufen, so irrte Blasedow umher und hatte nun gar noch die Demüthigung mit seinem enthusiastischen Briefe und dem kalten Wasseraufguß der Procura. Er schämte sich schon fast, der Verzweiflung nachzugeben, und war in das zweite Stadium finanzieller Noth getreten, in das der Erfindungsgabe. Er blickte nicht mehr deshalb so scheu, weil er die fünfundzwanzig Thaler nicht hatte, sondern, weil er darüber nachdenken mußte, wie er sie sich anschaffen sollte. Er mußte sich in die krampfhafte Aufregung versetzen, ohne die man nicht den Muth hat, etwas zu borgen. Er mußte den nur zufällig Verlegenen spielen und kam nicht mehr zur Besinnung.

Tobianus war es nun, der zu den Präludien der Blasedow'schen Erziehung den Schlußstein liefern sollte. Und doch vermochte Blasedow nicht, dabei Gewalt zu brauchen. Ein schnelles Wort würde ihm von Tobianus die fünfundzwanzig Thaler verschafft haben, dieser hätte sie aus Furcht gegeben und ohnehin aus Liebe, wenigstens zu Gertrud. Zu einem Industrieritter war Blasedow trotzdem, daß er genugsam Ritter von der traurigen Gestalt heißen konnte, nicht fähig. Er hatte eine edle und verschämte Natur; er fürchtete überdies, Tobianus mehr Zinsen, nämlich moralische und Umgangszinsen, zahlen zu müssen, als das Capital werth war. Er fing indessen, da keine andere Thür und kein Truhenschloß anders offen war, allmälig an, seine Operationen zu machen. Man muß auf dem Lande leben und noch obenein

Pfarrer sein, um fünfundzwanzig Thaler für etwas Großes zu halten. Wer, wie Blasedow, nur Korn sah, Natural=
zehnten und die kleinen baaren Accidenzien für Leben und Tod in der Gemeinde, der glaubte gewiß, jene Summe nur durch eine scharfsinnige Strategie und consequente Belagerungs=
kunst erobern zu können. Blasedow eröffnete ein förmliches Geniewesen, um, wenn nicht Tobianus in die Luft zu sprengen, ihn doch zu bestimmen, daß er fünfundzwanzig Thaler springen ließ. Er zog Lauf= und Schanzgräben um ihn her und rückte den Casematten, wo Tobianus seine Reichthümer feuerfest ge=
lagert hatte, immer näher. Tobianus blühte wie ein dicker Tulpenkelch, seitdem Blasedow gegen ihn so viel Sonnenschein entwickelte. Deshalb dachte er auch, der Schlag sollte ihn treffen, als Blasedow eines Tages ganz leise zu ihm sagte: „Tobianus, schießen Sie mir fünfundzwanzig Thaler vor!"

Die menschlichen Charaktere geben sich in keiner Lage so frei und natürlich, als wo man ihnen etwas abborgt. Seneca und seine Schule nahmen das Unglück als Prüfstein des Charakters an. Ein weiser und gerechter Mann im Kampf mit dem Schicksal, sagte er, ist ein Schauspiel für Götter. Allein man kann ein großer Stoiker sein und doch kleinliche Empfindungen verrathen, wenn man Jemand Geld leihen soll. Es wird nicht gesagt, daß es immer nöthig wäre, das Verlangte zu geben; allein die Ausflucht schon, in der man sein Heil vor Zudringlichen sucht, oder die Art, wie man ein wirkliches Unvermögen entschuldigt, wirft gewiß die grellsten Lichter und die dunkelsten Schatten auf die Menschen. Er=
innerte sich doch Blasedow aus seiner Jugend, daß er als Kostgänger in der alten gothischen Musenanstalt, die ihn erzog, nie über sich vermocht hatte, seinem Nebenmann, der etwa Muth oder Noth genug hatte, um borgen zu können und zu müssen, etwas abzuschlagen. Und es war nicht die Gutmüthigkeit, gestand er sich oft späterhin, die ihn so aposto=
lisch mildthätig machte, sondern Ehrgeiz, weil er fühlte, im Kampf mit der Knickerei und peniblen Empfindungen offen=
bare sich der „Mann". So oft sich Jemand auf der Schule und Universität an ihm festsaugte und unter einem Thaler oder zwölf Groschen nicht wieder losließ, bekämpfte er in sich

den angeborenen Ameisentrieb der Sparsamkeit und schüttete ohne Weiteres seine Taschen aus, wo sich aber freilich unter dem gebackenen Korn von Brotkrumen selten viel geschrotetes Korn von Viergroschenstücken vorfand.

Nun hätte ja auch nach dieser Theorie Tobianus immerhin das Geld verweigern können; aber er mußte nicht in jene moralische Epilepsie verfallen, die man bei den Schlafrocks- und Pantoffelnaturen antrifft, wenn man ihnen den Schreck verursacht, sie um ein Darlehen zu ersuchen. Die Furcht, das Geld nicht wieder zu erhalten, hängt aus den verglasten Augenfenstern eines solchen Menschen plötzlich ein Leichentuch heraus, und die ehrlichsten Leute, die nur gerade im Augenblick nicht bei Casse sind, können sich in den Gedanken des Erschrockenen wie Spitzbuben abspiegeln: denn er hält sie dafür. Er giebt das Geld schon auf, das er leihen muß. Zu einer Nothlüge fehlt das Genie und die schnelle Besinnung, bei Tobianus sogar die moralische Erlaubniß. Hätte Tobianus nur gesagt: Ich gebe sie Ihnen; allein in acht Tagen brauche ich selbst fünfundzwanzig Thaler: wollen Sie mir dann fünfzig wieder geben? Nein! So mußte sich Blasedow unter seiner eigenen Pumpe quälen und winden und ganze Stücke Luft, die sich bei der gehemmten Respiration seiner geängsteten Lungen sammelten, hinunter schlucken, ja, mußte sogar die Phrase, die den zweiten Theil seiner Lebensgeschichte entschied, noch einmal wiederholen, wobei es ihm wie vielen stolzen Leuten ging, daß man mitten in Perioden plötzlich keine Luft hat und die Stimme versagt. Wie leicht kann man das nicht Furcht nennen? Da es doch nur Stolz und Adel ist, etwas Bedenkliches nicht mit voller Brust auszusprechen, wie wir ja auch in der Kehle nicht immer Kraft genug haben, um entschiedene Erklärungen, z. B. gegen Vorlaute, Bramarbasirende, Grobiane, in einem mit unsrer Entrüstung parallel laufenden Athem zu Protokoll zu geben. Tobianus verstand nun wol, wessen Blasedow begehrte. Es scheint, als wollt' er nicht Nein sagen; warum aber nicht gleich Ja? Warum erst den armen zerknirschten Collegen so weit bringen, daß er wie ein ungeduldiges Kind die Karten zusammenwirft, die er so sauber und leise an einander gelehnt hatte, und mit etwas verzerrter Geberde auffährt: „Lassen Sie's nur!" Tobianus sagte: „Sie sind wunderlich, ich bin ja bereit;" und ein Saal mit tausend Lichtern wurde mit diesen Worten für den elektrisirten Blasedow aufgerissen. In all' seine Adern schoß es wie siedender und wärmender Wein, seine Glieder hatten wieder die alte Länge, und ein stilles, seliges Lächeln umspielte wie die aufgehende Sonne den kleinen Montblanc seiner Nase. Tobianus nahm dies Lächeln wie die Affenpfote des Schalks, die hinter einem Vorhange plötzlich sichtbar wird, fürchtete Ueberlistung und verlor sich in jenes unglückselige Zaudern, das den Darleihern eigenthümlich ist. Denn sie geben das nie schnell, was sie sogar schon verwilligt haben, sondern weiden sich erst an der Demüthigung des Andern, steigen eine Staffel nach der andern über ihn hinauf, erlauben sich, was ihnen sonst nie gestattet gewesen wäre, zupfen ihm an den feinsten Haaren, die mit den Gedanken seines Gehirns capillarisiren, bringen zur Sprache, was sie längst einmal für eine passende Gelegenheit auf dem Herzen hatten, und richten sich immer erst die Hildebrands-Schadenfreude eines kleinen Canossa an, ehe sie die Absolution ertheilen. Tobianus bediente sich hier seines Vortheils, wie jeder Philister. Die noch zu zahlenden fünfundzwanzig Thaler Preuß. Courant deckten ihm Rücken und Flanken. Nun konnte er operiren, militärisch und chirurgisch. Er rollte, ein langweiliger Leporello, ein langes Register von Geschichten auf, die er alle seinem unglücklichen Freunde vorhielt. Er verwies ihm seine Kinder- und Rinderzucht, seine geistliche und leibliche Ackerwirthschaft, sein Benehmen mit Schulmeistern, Küstern und Kindbetterinnen. Er brachte Blasedow's Bleistiftspolemik am Rande der Journale, die ihn noch an den Rand irgend eines Abgrunds bringen würde, zur Sprache und schloß, wie dies dann der Philister immer thut, wenn er sich warm und Alles vom Herzen und der Leber heruntergeredet hat, mit Enthusiasmus. Er rückte seine Sammtkappe auf ein Ohr, ließ nun erst Wein holen, stopfte zwei thönerne Pfeifen, lud Blasedow ein, die Nacht bei ihm zu bleiben, und zeigte mit lachenden auf sich selbst gerichteten Spiegelblicken, daß er im Grunde doch ein genialer Mensch wäre

und fünfundzwanzig Thaler Preuß. Courant so ohne Ab=
schied zum Fenster hinauswürfe. Er that, als bestünden die
Fidibus, mit welchen er seinen Knaster anzündete, aus zu=
sammengerollten Tresorscheinen, umarmte seinen „Freund,
seinen einzigen und wahren Freund," mehrere Male und gab
ihm zuletzt sogar die gewünschte Summe, mit dem Bemerken,
ob er nicht noch zwei Thaler mehr und das Ganze in Gold
haben wolle? Blasedow steckte das Geld mit Zufriedenheit
zu sich und riß sich aus den Liebkosungen des Collegen los.
Aber dieser gab nicht Ruhe, sondern begleitete ihn noch in
tiefer Nacht über sein Dorf hinaus und schied von ihm wie
von einer Geliebten. Blasedow lief spornstreichs in die Nacht
hinein und ließ sich von keinem Irrlicht locken. Er war kalt
und nüchtern geblieben. Es fröstelte ihn sogar, weil er ohne=
dies nicht wußte, sollt' er der Freude oder dem Schmerz nach=
hängen. Dennoch war er stolz genug, auch diesen Gedanken
in sich auszuführen: „Dummköpfen imponiren Männer von
Werth, selbst wenn sie Lumpen tragen. Er muß sich zuletzt
noch für die Ehre bedanken, daß man barfuß vor seine
Thüre kommt und bettelt. Tobianus mußte zu dem Capital,
das ihn so schmerzte, noch ein Agio von Begeisterung geben.
Großer Genius, wie dank' ich Dir! Du hast mir ein Adels=
wappen in den Schild meiner Stirne gesetzt, das mir Ach=
tung selbst da verbürgt, wo ich nicht hehlen kann, daß ich
darbe!" Es war die erste Nacht seit langer Zeit, die Blasedow
nicht durchstöhnte, sondern durchschlief.

Zweites Kapitel.

Schülerschwänke.

Nun durfte auch nicht länger mit der Abreise gesäumt
werden. Das geliehene Silber verwandelte sich in Queck=
silber und hatte keine Ruhe mehr. Die neuen schönen Thaler
wurden auch die Wagenräder, auf welche der Stallknecht die

obere Kalesche legte. Rings am Rande des Einspänners wurde ein Bund Stroh ausgelassen, worauf die Brüder ihre Sitze nehmen sollten. An Brot, Schinken und Thränen ließ es Gertrud nicht fehlen. Die Knaben hatten einen Vorrath auf länger als einen Monat. Das Geld lag in einem großen Korbe, in welchem die nothwendigste Wäsche und sonstige Garderobe verpackt war, und einer muß der größeren Sicherheit wegen immer auf diesem Korbe sitzen. Ein Umstand, der die Abreise verzögert, war der, daß Töffel schon so lange verreist war. Er mußte auf den Getreidemarkt in die Residenz fahren — jetzt will ich auch ihren Namen nennen: sie hieß Kaputh — und Blasedow hatte keine Lust, ihn abzuwarten. Er überließ den Knaben den Wagen allein und sagte: „Wenn man sich nicht einmal **darauf** verlassen sollte!" Gertrud meinte nur, sie würden Töffeln, der Wagen und Pferd wieder zurückbringen sollte, verfehlen. „Ach, verfehlen!" äffte sie Blasedow und erntete dafür eine Rüge, aber auch seinen Zweck. Die Kinder sollten sich selbst fahren und in der Ausspannung den Wagen an Töffeln abgeben. Sie versprachen dies treulich. Sie waren so übervoll von ihrem Glücke, daß Gertrud kaum noch deren Hunger, dafür aber desto mehr ihr eigenes Schluchzen zu stillen hatte. Nun sollten sie wirklich in die Welt hinaus. Blasedow war stolz darauf, aber schweigsam und verschlossen wie ein Held vor der Schlacht.

Es war ein frischer Herbstmorgen, als die Söhne reisen sollten. Der Nebel stritt mit der Sonne um den Vorrang, und die Siegesblicke der letztern zeigten die nach langem Regen fast schon entblätterten oder doch in's Gelbe verfärbten Bäume. Die Jungen mußten noch ein Bund Stroh mitnehmen, um sich hineinzuwühlen. Gertrud packte und schnallte an der alten Kalesche und an dem schwachen Verlaß, den sie auf alle vier hätte. Blasedow ließ sich nicht sehen. War er noch oben oder schon so früh ausgegangen? Sein Zimmer fand man verschlossen; aber der Fenstervorhang bewegte sich, ohne daß es vom Winde sein konnte, mehre Male. Gertrud's Zustand war ein Bittersalz, eine Mischung salziger Abschiedsthränen und bitterer Vorwürfe auf einen Vater, der

sich seiner Kinder so wenig erbarme, daß er ihnen nicht noch
den Segen mit auf den Weg gebe. „Mütter," sagte sie,
„haben doch immer nur den Schmerz allein. Werden die
Kinder groß, so verwandelt sich Alles, was sie thun, in neue
Geburtsstunden. Wer sie einmal unter'm Herzen getragen
hat, der wird an dem Fleck auch nie wieder gesund." Nun
war dies aber ruhmrednerisch und Verleumbung. Blasedow,
der oben hinter der Gardine Alles hörte und eben zu sehen
war, weil er einmal die Gardine ergriff, um sich sein Auge
zu trocknen, was Gertrud auch veranlaßte, den Abschied zu
beschleunigen (nicht der Thränen, sondern der Gardine wegen),
ich sage, Blasedow sagte und zwar sich selbst: „Sie ist nur
eine halbe Hekuba. Nach Siebenbürgen hin ist immer der
eine Herzlappen gerichtet." Er, ein ganzer Priamus dagegen,
hatte nicht den Muth, von den Kindern Abschied zu nehmen.
Ihm würde das Herz gebrochen sein. Aber die Jungen waren
im Anzuge. Der Schlachtenmaler klatschte mit der Peitsche.
Blasedow verhielt sich ganz still, und so fuhr denn die Kara=
vane auf und davon.

Lebe wohl, Blasedow! Auch die Muse vermag Dich nicht
zu trösten! Was Du begonnen, muß sie vollenden! Lebe wohl,
alter Murrkopf; predige Geduld! Denn es wird lange währen,
ehe Du die Narben der Zweige, die das Schicksal von Dir
abgeschnitten, verschmerzen wirst! Der Winter ist vor der
Thür. Kehre unter Deinen Büchern zu dem Umgang alter
Weisheit zurück und denke, Du hast Samen ausgestreut, daß
er ihr ähnlich werde! Das Uebrige steht nun in Gottes Hand.

Die vier Dichter= und Künstler=Embryone benutzten die
ersten Strahlen einer Mündigkeit, die für sie mit den letzten
Hecken des Dorfes anfing, um die eßbaren Reisevorräthe zu
untersuchen. Der Schlachtenmaler nahm zuvörderst die fünfund=
zwanzig Thaler und steckte sie, da sie, wie er sagte, dem
Pferde zu viel zu ziehen gäben und den Wagen nur schwerer
machten, in die Tasche, worüber Alle lachten. Dann zwang
er dem satyrischen Schriftsteller die Peitsche auf, indem er ihn
daran erinnerte, daß, wenn der Vater so oft gesagt hätte,
er müßte die Geißel der Menschheit werden, er nun gleich
mit den Pferden anfangen könnte, zog sein Taschenmesser und

zerlegte einen Schinken, den die Brüder mit einander theilten. Schlachtenmaler setzte hinzu: „Mutter hat gesagt, wir sollten ungefähr auf diese Art zu Mittag essen; da wir aber geneigt sind, dies Mittagessen in die Frühe zu verlegen und noch nicht gut für uns sagen können, wenn die Sonne am höchsten steht, so werden wir doch vielleicht in einem Gasthof —" Hier stockte der Wildfang, weil ihm die Uebrigen keinen Muth machten. Nichts war ihnen so dringend untersagt worden, als in Gasthäusern einzukehren. Sie hätten ja Essen genug im Wagen und Heu für das Pferd und einen Trog sogar zum Wassertrinken für alle fünf zugleich; „den Luxus sollten sie sich nicht unterstehen," hatte Gertrud gesagt. Der Bildhauer meinte, „man könnte es ja auf den Zufall ankommen lassen," und Schlachtenmaler lachte, indem er sagte: „Was wir heute zuviel ausgeben, können wir ja morgen sparen."

Ueberhaupt hatten sie noch Ursache, sich zu beobachten. Sie mußten von „Vetter" Tobianus Abschied nehmen. Als Theobald, der Volksdichter, nicht einhalten wollte mit dem Schinken, zog ihm Schlachtenmaler mit der Peitsche schnell Eins über's Ohr. Theobald war sich der ungesetzmäßigen Handlung so gewiß, daß er still das Messer fortlegte und sich die verdiente Züchtigung gefallen ließ. „Das sag' ich Euch gleich," fing Schlachtenmaler an; „wenn der Eine mir nach Rom und der Andere nach Jerusalem will, dann bringen wir nichts Gescheidtes zu Stande. Einigkeit muß sein, Kinderpossen müssen unbedingt nicht mehr vorfallen. Frei ist der Mann, der sich selbst beschränkt. Wir zählen zusammen einundsechzig Jahre; da könnten wir doch wol schon einigen Verstand haben. Es geht nach der Mehrheit. Ich bin achtzehn Jahre alt, ihr Anderen verhältnißmäßig. Sind wir uneins, so zählen wir die Jahre zusammen. Hab' ich z. B. nur einerlei Meinung mit Theobald, der zwölf Jahre zählt, so bin ich von Euch Beiden, die Ihr zusammen einunddreißig ausmacht, überstimmt: denn ich und Theobald sind nur dreißig. Das ist nicht mehr wie billig: denn es könnte leicht scheinen, als wäre Theobald von mir bestochen. Sowie ich aber mit einem von Euch Beiden, Lehmkneter Amandus oder Alboin von Samosata, zusammenstimme, so ist die minderjährige Mino=

rität unterdrückt." Dies war gleichsam die constitutionelle Verfassung, die sich der kleine Staat gab und zu deren Besiegelung Schlachtenmaler vorschlug, Einer sollte dem Andern eine leichte Ohrfeige geben. Man würde dies gewiß gethan haben, wenn nicht der Wagen schon dicht vor Tobianus' Thür gestanden hätte.

Der Pfarrer kam heraus und reichte jedem der Brüder die Hand, dem ältesten einen Brief, den er an Sophien abgeben sollte. Diese war durch Vermittelung der Gräfin Sidonie in eine adelige Familie als Gesellschafterin gezogen worden; letztere Familie wohnte gegenwärtig in Kaputh, und Oscar wurde feuerroth, als er dies hörte: denn was hatte er um Sophien nicht gelitten! War sie nicht die erste Neigung seines knabenhaften Gemüths gewesen und die erste Veranlassung zu einem Gespenste, das seit der Bannungsscene mit Blaustrumpf auch im Dorfe das letzte geblieben? Hatte er sich nicht mit ihr nächtlich in einem Bettlaken über den Hof in den Garten geschlichen und in der Laube mit ihr gesessen, ohne daß sie noch recht wußten, was die Liebe war? Und hatte Blasedow es ihm nicht mit einem entsetzlichen Prügel eingebläut, so daß er mit Sophien allen Geschmack daran verlor? Tobianus brachte außerdem noch einige alte Schulbücher mit, die er den Brüdern schenken und es dann Gertruden zur Freude sagen wollte. Als er denselben Nachmittag Blasedow erzählte, er hätte seinen Jungen einen alten Telemach mitgegeben, einen zerrissenen Bröder, Scheller's kleines Wörterbuch, den Horaz mit Gottschling's deutschen Noten und mehres Andere ad modum Minelli, lachte Blasedow aus drei Gründen laut auf: „Erstens brauchten sie das Zeug nicht; zweitens wären ganz andere Ausgaben jetzt in den Schulen eingeführt, und drittens würde Schlachtenmaler nicht faul sein, die ganze Bescherung beim Antiquar zu verkaufen." Bitterböse fiel Gertrud ein: „Dann würde es ihr doch leid thun, den Menschen geboren zu haben."

Gegen Mittag vereinigten sich alle einundsechzig Stimmen, die auf der Kalesche saßen, dahin, daß sie am rothen Ochsen in Dreifelden halten und anständig essen wollten. „Man möchte ja glauben," sagte Schlachtenmaler, „wir wären wie die

Kirchenmäuse blos vom Wort Gottes aufgezogen." Der Wirth zum rothen Ochsen nahm die ihm wohlbekannten Pastorssöhne freundlichst auf und setzte ihnen vor wie reisenden Landjunkern, die die Universität beziehen. Für dies hätten sie sich auch gern ausgegeben; aber der Wirth sagte: „In Kaputh ist ja noch keine Universität!" — „Ja, aber es wird jetzt eine hinkommen," meinte Schlachtenmaler und fuhr fort: „Eine Akademie ist ohnehin schon dort. Wir sind Alle eigens nach Kaputh eingeladen worden, um die neue Universität gleich beziehen zu können. Man würde sie längst eröffnet haben, wenn es nicht zu sehr an Verbrechern in Sayn=Sayn fehlte." Der Wirth meinte: „Wie so?" — „Nun," entgegnete der Schlachtenmaler, „man hat noch kein anatomisches Theater auskochen können, weil hier im Lande Jedermann wenigstens ein ehrliches Begräbniß verdient, wenn's auch sonst Schelme genug giebt." — „Ja, das weiß Gott!" sagte der Wirth, indem er die schwarze Tafel anblickte, wo seine Schuldner mit doppelter Kreide verzeichnet standen. Aber erschreckend, daß er's hätte vergessen können, fuhr er fort: „Hat Ihnen denn aber der Vater keinen Empfehlungsbrief an Herrn von Lipmann, seinen alten Bekannten vom Ochsen her, mitgegeben?" — „Sie meinen einen Wechsel?" fragte der Schlachtenmaler stolz, während die dummen Brüder zu seinem Aerger kindisch kicherten. Der Wirth bemerkte ehrerbietig: „Der junge Herr von Lipmann warten auch mit Sehnsucht, daß die Universität in Kaputh eröffnet wird. Der Fürst hat dem Vater gesagt, e r sollte sie nur gründen, dann könnte sein Sohn sogleich Professor daran werden. Und um dieser Professur willen geht der Hofagent wirklich damit um, die Universität an die Börse zu bringen und sie auf Actien zu stiften." Schlachtenmaler setzte in dieser Art das Gespräch mit dem Wirthe fort und erfuhr dabei Manches über die Kaputher Zustände, wovon er, in der Residenz angelangt, Nutzen zu ziehen hoffte. „Umsonst erhalten wir dies Essen nicht," flüsterte er seinen Brüdern zu und verstand darunter, daß er fürchtete, gepreßt zu werden. In der That mußten die Reisenden einen Thaler sechzehn Groschen zahlen, ihr Pferd mit eingerechnet. Hätte

Gertrud diese Verschwendung gesehen, sie würde sich in die Rachegöttin verwandelt haben.

Als die Brüder weiter fuhren, waren sie in die fröhlichste Stimmung gerathen und drückten ihre Freude durch einen Lärm auf der Landstraße aus, der das Pferd hätte scheu machen können. Schlachtenmaler verwies ihnen diese Unbändigkeit, nicht um des Pferdes, sondern um ihrer selbst willen. Er sagte: „Vom Vater haben wir die Philisterei doch nicht gelernt, daß wir gleich einen Höllenlärm verführen, wenn wir einmal gut gegessen und getrunken haben. Je wohler es Einem wird, desto stolzer muß man sich benehmen. Die müssen wahrlich kümmerlich genug zu Hause leben, die man nicht wieder erkennt, wenn sie einmal über Land sind und unter freiem Himmel tafeln." Amandus, der Bildhauer, zog zur Antwort eine Pfeife hervor, die er in der Rocktasche versteckt hatte, stopfte sie und zündete sie mit Schwamm, Stahl und Feuerstein, das er alles verborgen bei sich trug, an. Schlachtenmaler bemitleidete ihn: denn er sah die Folgen dieses frühreifen Beginnens voraus; die Uebrigen aber genossen die Freude des Bildhauers mit und weideten sich an dem Glück der Unabhängigkeit, welches sie hinfort genießen würden. „Er wird Euch ein Opfer bringen!" warnte der Schlachtenmaler, und Amandus, vom Rauchen schon kreideweiß, aber es doch aus sprossender Männlichkeit nicht unterlassend, bemerkte nur einfach: „Wenn der Wagen nur nicht so rüttelte!" In der That mußte er jenes Opfer bringen, das Schlachtenmaler vorhergesehen hatte. Man wußte keinen bessern Rath, als sich am nächsten Wirthshaus einen Kaffee zu bestellen. So war dieser kleine speiende Vesuv eine gute Entschuldigung geworden, es sich auf's Neue bequem zu machen und das erhaltene Geld nicht anzusehen.

Der Gaul wurde wieder ausgespannt und in den Stall geführt. Schlachtenmaler sagte, die Mutter würde über die Schonung, die sie dem Thiere anthäten, sehr zufrieden sein. Hinter dem Wirthshause war eine sanfte Erhöhung, auf welcher einige schattige Linden, Tische und Bänke standen. Hieher wollten sie sich den Kaffee bringen lassen. Alboin erinnerte an den Brief des Vaters. „Wir wollen sehen," sagte Schlachtenmaler, „ob die Adresse paßt," und zog einen starken versiegelten Brief hervor, auf welchem stand: „An meine Kinder. Zu erbrechen," (mit Amandus war es besser geworden) „wenn Ihr an einen grünen anlockenden Platz im Walde gekommen seid. Steigt dann aus, bindet den Gaul an einem Baum fest, erbrecht das Siegel und les't Euch das Vermächtniß Eures Euch liebenden Vaters vor!" Die Brüder sahen nun wol, daß die Localität nicht zutraf. Alboin meinte, „wenn sie länger warteten, so würde es zum Lesen zu finster werden." Der ermattete Amandus stöhnte: „Der Vater hätte gut beschreiben; wenn sich nun ein solcher Fleck gar nicht fände!" Schlachtenmaler meinte: „Der Platz ist ganz richtig. Den fehlenden Wald sehen wir nur vor den vier Lindenbäumen nicht." Während also der Kaffee gebracht wurde, öffneten sie den Brief, und der Jüngste mußte ihn vorlesen. Er lautete: „Meine Söhne! Der Augenblick ist da, wo Ihr für mich, wie die Schöpfung für Gott, zeugen sollt. Die goldenen Hörner oder die Eselsohren, die Ihr an Euren Häuptern tragen werdet, wird man mir aufsetzen. Bedenkt das und macht mir Ehre! Ich erzog Euch zuvörderst zur Freiheit. Gemeine Gefühle ließ ich in Euren Gemüthern nicht überwuchern: Unkraut werden sie noch immer zeitigen; aber es wird nicht höher wachsen, als die Palmen und Cedern, zu welchen ich den Samen in den Libanon Eurer Zukunft pflanzte. Ihr seid frei; ich lehrte Euch nur, daß außer Euch noch Millionen Menschen in der Welt wären. Das war genug, mehr durftet Ihr nicht wissen, um diese Millionen mit stolzem, sich zur Gleichheit vermessendem Auge anzublicken. Ihr hörtet aus meinem Munde nicht früher von Grafen, Präsidenten, Ministern sprechen, als von Menschen. Ihr wißt nichts von den Unterschieden der Stände. Drum werdet Ihr mit keckem und vornehmem Muthe auftreten. Ihr werdet nicht zittern, wenn Ihr in das Vorzimmer eines Mächtigen berufen werdet, Ihr werdet Euch vorher keine Fragen und Antworten einüben, Ihr werdet, wenn Ihr sprecht, die Nachsätze der Perioden nicht im Halse stecken behalten; Ihr seid frei, seid meine, seid die Söhne Blasedow's."

„Daß Ihr ein Herz haben werdet, hoff' ich zu Gott, zu

Eurer Mutter und zu manchem Kummer, den ich nicht hindern konnte, daß er durch die Ehestandsgardinen zu Eurem Ohre drang. Kinder erfahren vom Leben meist nur das, wofür sie Gott den Eltern als Trost geschenkt hat. Sie haben ein scharfes Auge für die Witterungen, die auf den Stirnhorizonten der Eltern heraufziehen. Und, wo Ihr nicht deutlich sehen konntet, da, weiß ich, lauschtet Ihr — genug, Ihr habt empfinden gelernt, wenn Ihr auch noch keinen Namen für Eure Gefühle habt. Es ist besser, Ihr gebt dem Armen schnell ein Stück Brot, eh' Ihr Euch besinnt, ob das Mitleid heißt, was Euch dazu treibt. Kinder, wär' es von mir nicht zu künstlich, ich würd' Euch zurufen: Seid ewig natürlich!"

"Was Ihr gelernt habt, vorstellen, sein und werden sollt, davon red' ich nicht: denn es ist in Euch gepflanzt, Euer Herz muß Euch dies selbst sagen. Jeder von Euch hat einen hohen Beruf; Jeder hat, wenn denn doch einmal der Mantel Christi zertheilt werden soll, einen Rockschoß davon. Euer Wissen ist Stückwerk, aber nicht Alles sind nur Lücken. Einiges habt Ihr schon vollständig, und wenn Ihr Neues sammelt, wißt Ihr, wo Ihr's anlegt. Worauf es beim Lernen ankommt, ist das Fach, wo hinein man sein Wissen legt. Wer ein Ziel für sein Leben weiß, bearbeitet schnell das rohe Material, das er empfängt, und paßt es in die Fugen ein, wo er es brauchen kann. Ich hab' Euch in die Karten blicken lassen, womit ich Euch gegen das Leben ausspielen wollte. Ich bin nicht eitel, aber stolz darauf, daß ich ein neues pädagogisches System entdeckt habe, das System der unmittelbaren Prädestination. Indem ich Euch für bestimmte Fächer erzog, mußtet Ihr, wo Ihr Euren Henkel ansetzen solltet an die Dinge, um sie zu fassen. Und verließet Ihr gar die Bahn, die ich Euch vorzeichnete (was ich jedoch für's Erste Euch noch verbiete), so habt Ihr doch schon eine Consequenz des Lebens mit Ernst durchgemacht und werdet Euch um so schneller in einen andern Beruf finden können, wie sich Ströme wol mit Leichtigkeit ein neues Bett graben, aber nicht Seen. Ein Oekonom wird leichter ein Staatsmann, als ein Student in's Blaue hinein; ein Geistlicher wird eher ein Schauspieler, als ein Kunst-Eleve im Allgemeinen; ja, wie oft geschieht es nicht, daß man, wie auf dem Billard ein Stoß nach Nordost eine Wirkung auf Südwest hervorbringt, auch im Leben erst durch Carambolage zu seiner Bestimmung kommt!"

„Ich benutze die letzten Augenblicke, wo ich doppelt mit Euch leben möchte, weil ich Euch bald ganz vermissen muß, um Euch noch etwas Knigge nach **meiner** Art mit auf die Wanderschaft zu geben. Was Gott betrifft, so habe ich Euch oft genug gesagt, daß weder ein Bild, noch eine Geschichte, selbst wenn's die evangelische wäre, ihn Euch zu fassen erleichtern würde. Gewöhnt Euch, Kinder, Gott überall da zu finden, wo ihn die anderen Menschen nicht sehen! Wollt Ihr fromm sein, so denkt: Alles ist Gott, was Euch umgiebt! Nennt man Euch Pantheisten, so hütet Euch wol, dies zuzugeben: denn Ihr erweist ja nicht Allem göttliche Verehrung, Ihr meint doch nur, daß Alles in der Hand Gottes stehe und daß, wo seine Hand, da auch sein Finger waltet; ferner: daß selbst das Leblose ein treueres Abbild Gottes sein müsse, als Euer Gedanke: denn dieser streite wider Gott, jenes nicht, weil es nicht streiten könne, und wenn Euer Streiten zwar unendlich höher steht, als jene Genügsamkeit, so müßt Ihr doch suchen, soviel es geht, das Göttliche von Eurem Eigenen auszuscheiden, es nicht zu vermischen: denn das, was **nicht** denkt, ist gewisser Gottes, als daß dasjenige, was Ihr in Euren Gedanken für Gott haltet, nicht der Reflex Euer selbst ist. Und, wollt Ihr ein philosophisches System über Gott haben, so denkt Euch das All hinweg, die Geschichte hinweg, die Natur auch hinweg und denkt Euch den Moment des **Nichts**, wenn Ihr ihn fassen könnt. Wer würde da nicht die Hand vor die Stirn schlagen und zur Erde niederfallen und die Allmacht anbeten, die einzige Eigenschaft Gottes, die sein ganzes Wesen ergründet! Habt Ihr in diesen Gedanken Klarheit, Consequenz und Zusammenhang gewonnen, dann werdet Ihr lächeln zu der Erfahrung, die Euch jeder Tag bietet, daß die Menschen nichts so uneins macht, als Gott, in dem wir eins sind. Das Christenthum nehmt als eine ehrwürdige Reliquie, heilig wie einen Dom, der schon in

Trümmer fällt, während er noch nicht einmal ausgebaut ist. Von Christus redet mit Andacht und stellet ihn höher als Sokrates. In Luther schätzet den Mönch und den Deutschen, weniger den Theologen. Gegen nichts seid gleichgültiger, als gegen den theologischen Partheienkampf: denn mischt man sich ein, so geräth man oft dahin, Alles über den Haufen zu werfen und es später zu bereuen, wenn man sich dadurch um das Recht bringt, wieder theilnehmend über die Religion zu sprechen."

„Den Staat vermeidet! Nichts ist lockender als die Rolle eines Thrasybul. Bieten sich Euch Conspirationen, so fragt erst: ob schon die Armee gewonnen sei? Sagt man: Nein, erst einige Rekruten; dann erwidert: Wir warten lieber noch eine Weile! Drängt Euch die Freisinnigkeit und die Lust nach politischen Märtyrerkronen, so bedenkt, es giebt der gesetzlichen Anknüpfungen genug, um sich das Leben sauer zu machen. Der Liberalismus ist in der Literatur längst ausgebildet, ist sogar in einige Formen der Staatsverfassung übergegangen; man hat also nicht nöthig zu conspiriren. Ich warne Euch, doch ich verfluch' Euch nicht! Es giebt, in Eurem Alter zwar noch nicht, aber wie lange dauert's noch! eine Freiheit, die Euch Niemand verkümmern kann, die Freiheit, unglücklich zu sein. Hausbackene Klugheitsregeln Euch zu geben, ist meine Sache nicht: ich weiß, daß es der beste Weg zur Weisheit ist, einmal ein Thor gewesen zu sein; ich weiß, daß diejenigen unter meinen Jugendgenossen, welche immer die Folgen be=
dachten, meist ein kleines Herz hatten. Wer hielte nicht in seiner Jugend das Gefährlichere für das Edlere! Ich kann nichts, als Euch in die Obhut Gottes empfehlen. Macht mir den Kummer nicht!"

„Was ich Jedem von Euch für das Fach, zu dem er ge=
boren wurde, schon gesagt habe, mag ich hier nicht wieder=
holen. Nur das Allgemeine will ich berühren: Lernt nie anders auswendig, als mit den Augen! Was Ihr gedruckt vor den Augen reproduciren könnt, das geht auch hinter die Pupille in's Gehirn hinein; der Klang aber ist Wind. Münd=
liche Vorträge schreibt niemals nach, sondern hört ihnen zu! Wer Euch nicht fesselt, wenn er spricht, von dem würdet Ihr

auch nichts lernen, selbst wenn Ihr ihm nachschriebet. Ergänzt die Vorträge durch Bücher: denn wisset, kein Vortrag enthält so Nothwendiges und Neues, daß es nicht auch gedruckt würde. Unser Zeitalter will es so: wer etwas Neues hat, wird nicht lange anstehen, es öffentlich mitzutheilen. An Tendenzschriften geht nicht eher, bis das Buch des Gegners Euch zur Seite liegt! Die Jugend widersteht selten der Ueberredung, die in einer abzweckenden Schrift liegt, und lies't sie immer das Für, so stumpft sie sich gegen das Wider ab. Könnt' ich jetzt noch einmal meine Jugend erleben, dann würd' ich mir vornehmen, vor'm einundzwanzigsten Jahre keine feste Meinung zu haben: denn noch im zwanzigsten Jahre hatt' ich Meinungen, über die ich mich ein Jahr später von der Achsel ansah. Unsere Zeit weiß für ihre Tendenzen so außerordentlich viel Material in Bewegung zu setzen, die Sprache, die Geschichte, das ist Alles so mobil, damit verbarrikadirt man sich so leicht, daß alle Partheien etwas Ungreifbares und noch mehr etwas Verlockendes haben. Wie geistreich wird nicht der Absolutismus, wie genial der Liberalismus motivirt! Denkt also stets bei einem Satze, dessen Wahrheit Euch überraschte, daß es von diesem Satze eine Widerlegung geben könne, die noch weit glänzender ist! Endlich werdet Ihr doch wol die Grenze entdecken, wo sich die Gelehrten nicht mehr überbieten können."

„Im Umgang mit Frauen seid stolz! Das ist das einzige Mittel, hier Strudel, Klippen und Sümpfe zu vermeiden. Wer vor Frauen scheu ist, wird in Gefahr kommen, jede für liebewerth zu halten, und keine Gefahr ist größer. Sprecht Ihr mit Frauen, so haltet den Kopf unverrückt in die Höhe und wendet ihn nicht, sondern nur die Augen, je nach Euren Einfällen und Affecten. Erwägt noch Eins! Laßt Euch von Frauen nicht überflügeln! Denn da sie nicht nöthig hatten, Das zu lernen, was Ihr wißt und noch lernen müsset, so konnten sie ihrem kleinen Inhalte bald eine Form geben. Sie imponiren Euch durch ihre Abrundung. Bedenkt dies! Was sie haben, bieten sie auf Einmal. Sie haben im Hintergrunde der Vortruppen, mit welchen sie harceliren, nur noch sich selbst, ihre Person, das, was sie ihr Herz nennen und was selten mehr als ihre Eitelkeit ist. Wisset Ihr das, kann es Euch da noch schwer fallen, Frauen für zu unbedeutend zu halten, als daß Ihr sie zum Mittelpunkte Eures jungen Lebens macht?"

„Von besonderen Regeln geb' ich noch die: In Allem seid vollständig und immer nach dem Besten strebend: denn selten ist im Leben wie bei Tabackrauchern der wurmstichige Knaster gesuchter als der gesunde, und nur einem so großen Philosophen, wie Herbart, wird man verzeihen, daß er sein System mit einem Sprachfehler eröffnet: Ich = Mich statt Mir. Gegen Künstler seid so nachgiebig, wie gegen Kinder und wie Ihr's gegen Euch wünschtet. Giebt Euch ein Dichter sein neuestes Werk mit nach Hause und Ihr sehet ihn darauf zum ersten Mal wieder, so vergeßt das Urtheil nicht: denn er nimmt Euer Stillschweigen für Mißbilligung, Eure Nachlässigkeit für absichtliche Kränkung. Werdet Ihr doch selbst genug nach dem Thau der Ermunterung lechzen, ohne welchen phantastische Pflanzen verwelken. Gegen Offiziere befleißigt Euch einer gesetzten Zurückhaltung. Diese Herren sind nicht allein von sich, sondern auch von ihrer Uniform eingenommen; was sie Kränkendes auf sich beziehen, nehmen sie als dem Landesherrn geschehen an. Lacht nicht zu ihren, den Dienst betreffenden Bemerkungen: denn wenn dieser Dienst auch ein Spiel ist, so geben ihm doch der Ernst und die Massen, die man dabei verschwendet, ein imposantes Ansehen. Dem Duell entzieht Euch nicht, wenn es Euch angetragen wird; doch versucht vorher jede List, die Euch beweisen kann, ob der Ausfordernde ein Poltron ist oder ob er Euch dafür hält! Auf Rappiere setzt Säbel, auf Säbel Pistolen: diese Steigerung macht Eurem Muthe Ehre und schreckte schon manchen Raufbold ab. Auch unterlaßt nicht, bei jedem Duell auszubedingen, daß die Todtengräber, die Euch begleiten, die Zeugen, schwören, niemals den Gegner anzuzeigen, und wenn Ihr verheirathet seid, so wird Euch diese Maxime von jedem Duell befreien, daß Ihr ausbedingt: der Euch Ueberlebende müsse Eure Familie ernähren und dies gerichtlich machen. Gegen Adlige braucht so viel Ironie, als ohne Verletzung erlaubt ist. Der Einzelne kann und wird sein von nicht ablegen:

behandelt ihn auch immer darnach. Das Wort „gnädige Frau" würd' ich nie im feudalistischen, sondern im allgemeinen höflichen Sinne brauchen, wie in Oesterreich geschieht. Für feindselige Conflicte gelten hier dieselben Regeln, wie bei den Offizieren. Gegen Juden verfahrt nach ihrer Bildung. Gemeine behandelt mit Entschiedenheit: denn sie sind's gewohnt, und sogar weniger von den Christen, als von den Ihrigen. Wollt' ich Euch eine Lehre geben, wie man sich beliebt macht, so möcht' es sehr leicht sein, sich bei reichen Juden einzuschmeicheln: man darf nur mit Rothschild in seinem Garten spazieren und von theuren Zwiebeln sprechen; Rothschild erwähnt eine kostbare Gattung, die er nicht hätte, und der Andere sagt mit etwas Ironie: Freilich, die ist Ihnen zu theuer! Nein, ich sage Euch nur, wie man die Menschen erträgt, und da würdet Ihr wohl thun, nicht zu lachen, wenn Ihr reiche Juden ihres Vermögens sich rühmen hört und sie in ihrer kindischen Freude, wie sie bei jedem Gemälde sagen, was es sie kostet, duldsam gewähren zu lassen. Gelehrte Juden nehmt wie andere Gelehrte auf und stoßt Euch an etwaiger Arroganz dann nur, wenn Ihr die Kenntnisse besitzt, ihnen Widerpart zu halten. Gegen Handwerker seid freundlich und kommt ihnen in ihren mangelhaften Begriffen entgegen. Mit wie wenig bunten Lappen lassen sich Kinder, mit wie wenig Worten schlichte Bürger beglücken! Nichts erobert Menschen dieser Art mehr, als wenn man in ihre Kreise steigt, einmal auch in ihrer Sprache redet und nichts verschmäht, was von oder zu ihnen kommt. Nur hütet Euch, den Umgang solcher Leute zu suchen: denn es ist besser, Ihr seid in Athen der Zweite, als in einem böotischen Flecken der Erste. Vollends hütet Euch vor weiblichen Sirenenlockungen, die Euch, statt auf dem Meere, hier auf einem kleinen Froschteiche angeln zu dürfen wünschten! Das Gemeine, selbst wenn es gut ist, das Philisterhafte, selbst wenn es Euch liebt, verleugnet sich nie und wirkt auf Eure Natur zurück. Betrachtet nur junge Theologen und handelt nicht so, wie sie handeln! Flieht diese kleinen Familien, wo es des Abends Kartoffeln und Häring giebt; sonst könnt Ihr darauf einen Durst bekommen, den Ihr mit

Eurem ganzen verscherzten Leben stillen müßtet! Von Schauspielern haltet Euch fern: denn selbst die Besten unter ihnen wirken unangenehm, da sie kein aufgerolltes Buch sind, sondern sich in Geheimnisse zu begraben pflegen. Sie sind zerstreut und excentrisch in jedem Momente. Auf Bewunderung eingerichtet, schmeicheln sie denen, welche ihnen dienen können, suchen aber Anderen zu imponiren. Wenn ein Schauspieler an einen öffentlichen Ort tritt, so glaubt er, die Bäume sogar müßten sich zuflüstern: Das ist Roscius! Wollt Ihr für Recensenten gehalten werden, so geht mit Schauspielern Arm in Arm auf öffentlichen Promenaden. Eure Miethsleute bieten Euch zu wenig, Schauspieler zu viel vom Leben. Geht zwischen beiden durch! Ferner sind Gelehrte schwierig zu behandeln. Da sie gegen junge Leute geborne Herrscher sind, so verlangen sie nur Bewunderung. Traurig genug, daß es auf Universitäten nur Listen und Pfiffen gelingt, in genauere Berührung mit ihnen zu gelangen. Da es aber von großem geistigen Nutzen ist, gelehrten Männern nahe zu stehen, so setzt einen Versuch auf, eine der neuesten Schriften des großen Mannes, wenn sie Euch wirklich gefällt, zu beurtheilen, widerlegt einen Gegner und gebt das dem Meister. Schreibt ihm ein altes Manuscript ab und nehmt keine Bezahlung dafür! Könnte man nur hier nicht sogleich in Augendienerei verfallen! Ich gäb' Euch gern noch mehr Winke, um bei keinem Thee übergangen zu werden: denn Gelehrte glühen wie morsches Holz doch immer etwas Feuriges aus. Bedenkt aber auch, wie verachtet diejenigen jungen Leute von ihren Commilitonen sind, welche sich dadurch in die Gunst der Professoren setzen, daß sie die Schooßhündchen ihrer Frauen tragen. Dem Umgang mit Staatsbeamten entzieht Euch: diese oft trefflichen Männer leiden so heftig am Kastengeist, daß Ihr nur unnöthige, ja gefährliche Galle sammelt. Der Staatsbeamte liebt es, sich in Debatten einzulassen, und die Politik, auch ohne Auftrag seiner Obern, ist sein Steckenpferd. Durch das halsstarrige Festhalten an vermeintlichen Regierungsansichten wird der jugendliche Widerspruchsgeist aufgeregt, und manchen Freund hatte ich, der nur durch das exclusive Beamtenwesen, in welches ihn die Umstände von Kindheit an einzwängten, zu einer Opposition kam, die ihm zuletzt verderblich wurde. Gegen Gastwirthe seid taktfest und vornehmeren Scheines, als wovon Eure Verhältnisse die Wirklichkeit erlauben möchten. Aber genug, meine Söhne! Das Meiste im Leben und Charakter entspringt Umständen, die sich nicht voraus bestimmen lassen. Wenn meine Lehren Euch nur darauf hinbrächten, daß man allerdings trachten soll, Grundsätze in sich zu zeitigen. Doch hütet Euch auch hier, zu frühzeitig abzuschließen. Es klingt barock, wenn ein Jüngling von seinem Charakter spricht und erklärt: Ich bin einmal so! Nein, nein; man ist in den Jahren niemals so sehr so, daß man nicht noch anders werden könnte. Wer sich zu früh auf einen hohen Standpunkt begiebt, wird, wie jeder Baum auf den Bergen, Zwerggewächs. Wollet, was Ihr sollt! das ist genug; freilich aber auch Alles! Meidet das Gedränge nicht und haltet nun aneinander und der Stärkere nehme den Schwächeren auf die Schultern! Nun gehet hin und nehmet den Segen Gottes mit! Er erleuchte Euer Antlitz; laff' er ewig das Höhere und Edle in Eure Mienen scheinen. Seid offen, seid gut! Es ist das Allgemeinste, was man wünschen kann; aber Jedermann weiß, wo er die Wahl hat. Nehmt meinen Segen! Ich meinte es wahrlich redlich: gebe nur Gott, daß Ihr das Ziel erreicht. Es ist groß, erhaben, aber würdig Eurer Anstrengungen! Euer getreuer Vater."

Da der Jüngste den Vortrag geendigt hatte und inzwischen der Kaffee gekommen war, hatte Schlachtenmaler schon mehr davon usurpirt, als auf sein Theil gekommen wäre. Er verbarg diese Eroberung jedoch unter einem Manifeste, das er an den Abschied des Vaters anknüpfte. Er sagte: „Da hört Ihr's, ich bin für Euch verantwortlich. Wüßte der Vater, was für Kinder Ihr noch seid, er würde diesen schönen Brief nicht geschrieben haben." Darauf folgten Ermahnungen, die in seinem Munde den Uebrigen so lächerlich waren, daß er sie von der weinerlichen Stimmung, in welche sie die Epistel des Vaters versetzt hatte, erlöste. Die Knaben glichen den armen Kindern im Märchen, die Däumling's Klugheit rettete. Schlachtenmaler bemerkte dies auch und eignete sich zum Behuf des Ausstreuens von Krümchen im Walde das meiste Backwerk an. Unter den mannigfachen Zwistigkeiten, welche diese neue Usurpation veranlaßte, wurde der Gaul angeschirrt und die Abreise angetreten. „Wir gleichen Jakob's Söhnen," sagte zuletzt der Schlachtenmaler, „nur mit dem Unterschiede, daß ich, statt einen Joseph, Euch Alle zusammen an den ersten besten vorüberziehenden Trödeljuden verkaufen möchte."

Die Ausschweifung mit dem Kaffee hatte zehn Groschen gekostet, so daß also der baare Bestand der Kasse sich schon verringert. Es war eine gute Stunde auf der ferneren Fahrt verstrichen, als die übrigen Brüder verlangten, Schlachtenmaler sollte ihnen den Beutel mit diesem Reste zeigen. Sie dachten sich dabei nichts Böses, aber auch nichts Gutes, als der Seckelträger erblaßte, in die Rocktasche griff und wie besinnungslos aus dem Stroh auffuhr. War dies nun angeborenes Talent zur Verstellung oder der Schrecken wirklich begründet, die Brüder hielten das Pferd an und betrachteten sich untereinander wie Geistesabwesende. Schlachtenmaler zog den Rock aus, schüttelte die Beinkleidtaschen und stotterte: das müßte irgendwo liegen geblieben sein! Der Wagen wurde in allen Ritzen untersucht, aber dreiundzwanzig harte Thaler ließen sich schon eher entdecken, wie der Silbergroschen, den die Frau im Evangelium sucht. Keine Bemühung fruchtete. Man mußte sich entschließen, zurückzufahren und das Geld an dem Orte zu suchen, wo sie mit Kaffee ausgeschweift hatten. Theobald vergoß Thränen und erhielt dafür von Schlachtenmaler Züchtigung. „Denn erbärmlich müssen wir nicht sein!" rief er mit hochrothem Gesicht, indem sie untersuchten und den Wagen zurückschleichen ließen. Bei dem Wirthshaus fruchteten die Nachforschungen eben so wenig. Schlachtenmaler warnte, das Dorf in Bewegung zu bringen, weil der Finder eher vorziehen würde, das Geld zu behalten, als eine angemessene Belohnung zu erwarten. Da die Brüder sahen, daß er den Kopf nicht mit dem Gelde verloren hatte, so beruhigten sie sich und stiegen auf sein Zureden wieder in den Wagen. „Es entgeht Euch nichts," sagte er, „seid nur verständig und laßt mich nachdenken, was wir thun müssen!"

Die Muse kann nicht verschweigen, daß ihr Schlachten=

malers Benehmen verdächtig ist. Sie hat schärfere Augen, als die Brüder, die der Aelteste als Terrorist behandelte. Wie kann Schlachtenmaler zureden, die Nacht in einem Gasthofe zuzubringen, da sie kein Geld mehr zur Bezahlung der Zeche hatten? Freilich war durch ihr sybaritisches Leben und den Verlust unmöglich geworden, vor Nacht nach Kaputh zu kommen. Der Gaul war zum Umsinken müde; dennoch hätten sie bis tief in die Nacht fahren müssen, schon Töffel's wegen, der den Gaul und den Wagen zurückbringen sollte. Den Knaben verging Hören und Sehen. Schlachtenmaler benahm sich wie ein Major, der in seiner Tollkühnheit mit einem Bataillon gegen ein ganzes Armeecorps Stand zu halten wagt. Es war schon spät Abend, als die Brüder vor einem Wirthshause anfuhren. Je gefälliger die Aufnahme war, desto verlegener das Brüderkleeblatt, das Schlachtenmaler als Stengel trug. Er flüsterte ihnen zu: sie sollten sich nicht verrathen, er würde Alles in's Gleiche bringen. Mit lauter Stimme forderte er vier Betten und vorher ein Nachtessen, dessen einzelne Schüsseln er sich ohne Sorge zu bestimmen erlaubte. Die Brüder stießen ihn an; aber er maß große Herrscherschritte durch das Gastzimmer, stellte sich an die Kupferstiche und Empfehlungskarten von allen Gasthäusern der Welt, die dort eingerahmt hingen, und machte seine Brüder darauf aufmerksam, wie herrlich es sein müßte, in allen diesen nicht selten figürlich abgebildeten Rhinish Hotels, Belvederes, goldenen Gänsen, Königen von Holland u. s. w. abzusteigen. Er schob ihnen alle Bequemlichkeiten des Wirthszimmers zu und ließ sogar, noch ehe das Abendessen kam, eine Flasche Moselwein auf den Tisch stellen. Die Brüder, eingedenk daß sie nicht einen Pfennig zum Bezahlen hatten, nahmen Anstand, seine Freigebigkeit zu benutzen. „Es ist einmal bestellt," antwortete Schlachtenmaler und schenkte ein. „Ihr müßt trinken," fuhr er fort, „Moselwein hält sich nicht lange; nicht wahr, Herr Wirth?" Dieser sagte: „Ja, meine Herren, trinken Sie mir den ganzen Keller aus, so komme ich nicht in Gefahr, daß der Moselwein dick wird. Man kann ihn öfters in Fäden ziehen, so rinnt das Gewächs zusammen. Es ist ein zärtlicher Wein." Schlachtenmaler ergänzte: „So gleicht dieser Wein

mancher originellen Ansicht, die Anfangs klar und frisch im
Glase perlet; wird sie aber erst in unsre feuchten Keller
gebracht, in's Leben, so kann man sie auch in klebrigen Fäden
ziehen: die schönsten Weltansichten werden auf diese Art fade
und nützen nicht einmal mehr zu Essig." Die Brüder staunten
theils die Wirthschaftskenntnisse ihres Bruders, theils das
dampfende Abendessen an, das jetzt vor ihnen stand. Schlachten=
maler legte vor und verwies Jedem sein Blödethun. „Im
Nothfall," flüsterte er, „kann der Wirth ja unser Pferd
pfänden." Aber, statt zu essen, legten die Brüder nun erst
recht die Gabeln fort. „Das wäre schön!" fuhr Amandus
heraus. Aber Schlachtenmaler stampfte mit dem Fuße auf
und sie aßen, schon deshalb, um nicht aufzufallen. Darauf
ermunterte sie der älteste Bruder zur Nachtruhe und befahl
dem Wirth, Leuchter anzuzünden, für's Pferd zu sorgen und
ihnen ein Frühstück bereit zu halten. Unterwegs auf der
Treppe ging das Licht aus und gewiß nicht ohne Ursache,
denn Schlachtenmaler hatte schnell etwas auf der Erde zu
suchen. Der Wirth holte ein neues Licht und Schlachten=
maler war einen Augenblick verschwunden. Die drei Brüder
harrten oben eine geraume Zeit, bis er endlich kam und
sich obenhin entschuldigte. Unternommen hatte er etwas;
wer weiß, was!

Inzwischen fingen die Brüder an, zu klagen, wie es ihnen
morgen ergehen würde. Schon sahen sie sich Alle in ihren
eigenen Sprenkeln hangen und Amandus sagte sogar: „Statt
als Kunstjünger werden wir nach Kaputh als Gauner trans=
portirt werden." Schlachtenmaler schlug mit dem Stiefelknecht
auf den Tisch: Männer müßten sie sein und das Herz nicht
in den Beinkleidern haben. Schufte wollten sie an dem
Wirth nicht werden und gedächten, ihn von Kaputh aus zu
bezahlen. Nur das Nächste erheische Erwägung, die morgende,
glücklich zu bewerkstelligende Flucht. So hätten die alten
Spartaner auch ihre Söhne erzogen und sie früh gewöhnt,
zu ihrer schwarzen Suppe sich Zukost zu stehlen, wo sich nur
Einer bestehlen l i e ß. Auch wären sie am Altar der Diana
weniger ihrer Schulden wegen gegeißelt worden, als deshalb,
wenn sie diese, wie die Heloten, pünktlich bezahlten. Als die

Brüder einwendeten, ob er die durch seine Schuld verlorenen dreiundzwanzig Thaler ersetzen könnte, antwortete er: „Wir müssen auf Mittel sinnen, zu Geld zu kommen; Kaputh ist ein theures Pflaster; die dreiundzwanzig Thaler würden kaum hingereicht haben, uns mit dauerhaftem Schuhwerk und besseren Kleidern zu versehen; sehet, was Euch im Traume eingegeben wird!" Damit schlief er ein.

Als die Brüder am folgenden Morgen aufwachten, war Schlachtenmalers Bett leer. Sie fürchteten von seiner Seite Verrath und hatten eine Todesangst, da sie nicht Lärm zu machen wagten. Eine heimliche Entfernung aus dem Hause hätten sie schon gewagt; nur hatten sie ein Pferd und einen Wagen! In dieser Noth trat Schlachtenmaler ein und sagte seinen Plan: Das Pferd stände bereits angeschirrt vor'm Hause. Zwei könnten ohne Weiteres fortfahren, die beiden übrigen müßten, gleichsam als Garantie der Bezahlung, zurückbleiben und dann mit List fortzukommen suchen. Er wollte das Schicksal um Rath fragen, wen dies gefährliche Loos treffen würde; allein die Brüder beschworen i h n, zurückzubleiben. „Gut!" sagte er; „dann bleibt Amandus bei mir." Die beiden Jüngeren waren natürlich einverstanden. „So geht Ihr nur ohne Sorge hinunter, trinkt im Gastzimmer etwas Kaffee, setzt Euch in den Wagen und fahrt langsam voraus. Sowie wir Beide kommen, geht es mit Verzweiflung vorwärts." Die beiden Brüder befolgten die Vorschrift und fuhren richtig unten wie aus Zerstreuung voraus. Schlachtenmaler und Amandus mußten nun suchen, unbemerkt aus dem Hause zu kommen. Es ging darin geräuschvoll her und belebt. Im Hofe bellte der Hund, unten wurden die Dienstboten gezankt. Die beiden Brüder schlichen so weit die Treppe hinunter, bis sie eine freie Aussicht auf die Flur hatten. Soeben ging der Wirth mit dem großen Rechnungsbuche in das Gastzimmer. „Benutze den Moment!" raunte der Aelteste dem Andern zu. Dieser stieg auf den Zehen die Treppe hinunter und ging dann mit Behutsamkeit an dem Zimmer vorüber, wo der Wirth ihn zu gutem Glücke nicht sah. Amandus war geborgen.

Am Ende des kleinen Städtchens, in welchem diese Abenteuer vorfielen, harrten die drei Brüder mit Zittern auf den ältesten. Endlich kam dieser athemlos gelaufen, schwang sich auf den Wagen, und in gestrecktem Laufe ging es davon. Wol eine Viertelstunde war das Pferd zu keinem Trabe begnadigt. Scheu blickten die Brüder auf die Landstraße zurück, ob sich nirgends ein Verfolger zeige. Ein Reiter könnte sie im Nu einholen, meinte Schlachtenmaler und trieb das Pferd an. Endlich war dies so mit Schweiß bedeckt, daß er selbst zum Einhalten rieth und nun seine Geschichte erzählte: Er wäre mit der unbesorgtesten Miene von der Welt, wie ein reicher Wollhändler, in's Wirthszimmer getreten und hätte seinen Kaffee geschlürft. „Inzwischen," fuhr er fort, „ersucht' ich den Wirth, mir einen Rechnungsauszug zu besorgen. Dieser stellt sich an sein Schreibpult und kehrt mir den Rücken zu. Den Moment benutzend, ziehe ich mich an ein Fenster zurück, das ich vorher geöffnet hatte, weil es mir zu dunstig in dem Zimmer wäre, und springe mit einer behenden Wendung ohne alles Geräusch hinaus. Der Wirth hat gewiß noch gerechnet, als ich schon am Ende des Nestes war. Wir müssen ja gleich in Kaputh eintreffen."

Die Brüder hatten aber Kenntniß der göttlichen und menschlichen Gerechtigkeit genug, um zu wissen, daß nichts so fein gesponnen, es käme doch zur Sonnen. Auch war Schlachtenmaler, der immer geheimnißvoller wurde, verstimmt und meinte: Vier mit einem Wagen in Kaputh einziehende junge Leute würden von dem geprellten Wirthe bald ausgefragt sein. Das mußten die Anderen leider bestätigen und wurden immer trauriger, je näher sie der Stadt kamen. „Wir wollten ja recht gern bezahlen," meinte der Aelteste und schien mit diesen verblümten Klagen etwas zu beabsichtigen, „hätten wir nur die Mittel dazu." Und Amandus sagte: „Betrüger sind wir nicht." Die beiden Jüngsten weinten. „Nun denn," sagte Schlachtenmaler, „da liegt Kaputh! Wir sind hier in der Vorstadt, und Gott selbst giebt uns einen Fingerzeig, unsre Sünde wieder gut zu machen." Nämlich der Schlaue bemerkte, daß hier eben ein Pferdemarkt abgehalten wurde. Juden und Bauern handelten. Die Käu=

lichen Pferde hüpften munter vor den Roßkämmen vorüber. Es war ein Gewühl und ein Treiben verlockender Art. „Töffel ist doch nicht mehr hier," meinte der Aelteste. „Ja, wo lassen wir denn das Pferd und den Wagen?" fielen die Brüder ein. Schlachtenmaler, statt Antwort zu geben, rief einen Juden an, den sie fast übergefahren hätten. „Heda!" und holte sogar mit der Peitsche aus. Dieser machte Lärm, und Schlachtenmaler winkte ihm zu: „Nun, haut uns wieder über die Ohren! Was gebt Ihr für Pferd und Wagen?" Der Handelsmann war durch den Witz versöhnt, trat näher und fing zu prüfen an. Das Pferd war munter und frisch; kein ausgebientes Cavalleriepferd, wie hier so viele, sondern junge Zucht von Kleinbetteln. Schlachtenmaler war abgestiegen und machte eine Forderung von fünfzig Thalern für Wagen und Pferd. Die Brüder dachten, Gott müßte sie in dem Augenblick verderben; aber der Aelteste und der Jude handelten lustig hin und her, gingen und kamen, priesen an und zuckten die Achseln, kurz, für vierunddreißig Thaler wurden sie handeleins. Schlachtenmaler nahm das Geld und lud jedem Bruder etwas von den Effecten auf. „Kommt, kommt!" sagte er; „wollen wir morgen nicht Alle im Thurm sitzen, so müssen wir uns von dem leicht erkennbaren Wahrzeichen befreien. Wir bezahlen den Wirth, schreiben dann den Eltern unsern guten Handel und behalten gleich das Geld als Vorschuß für die nächsten Monate hier. Denn hungern sollen wir doch nicht in Kaputh? Ueberhaupt seid Ihr recht vom Lande. Will der Mensch etwas werden, so muß er wagen, ja er muß auf einer Pulvermine schlafen können. Vater hat genug an uns gethan, aber das Meiste liegt noch in unserer Hand; und vor allen Dingen werden wir nichts zu Wege bringen, wenn die Hand leer ist."

Unter solchen Trostgründen zogen die Brüder in Kaputh ein. Da wir aber einen so reichen Stoff vor uns haben, daß wir der weiteren Aufklärung dieses Kapitels keinen Raum gestatten können, so erwähnen wir hier gleich, was doch nicht verschwiegen bleiben kann: Schlachtenmaler hatte eingesehen, daß mit dreiundzwanzig Thalern keine Existenz für sie in Kaputh möglich war. Er war klug genug, den Geiz seiner

Mutter und die Weltunerfahrenheit, wie die Armuth seines
Vaters zu durchschauen, und wieder Philosoph genug, um sich
zu helfen, so gut es ging. Mit dem Plane, Wagen und
Pferd gleich in Kaputh zu verkaufen, ging er schon lange um.
Doch um dies vor seinen Brüdern zu können, mußte er diesen
ihr gutes Gewissen nehmen. Er fing deshalb an, sie durch
die Mittagstafel im rothen Ochsen schon zu Genossen ein
und desselben Verbrechens und Interessenten ein und desselben
Geheimnisses zu machen. Die Thaler hatte er nicht verloren,
sondern in seinem Stiefel versteckt. Die Zeche im Wirths=
hause hatte er schon den Abend vor der Abreise bezahlt, seine
Flucht war ein Märchen, womit er den endlichen Wagen= und
Pferdeverkauf gründlicher motiviren konnte. Wir wollen hoffen,
daß sich aus diesem energischen, aber verschlagenen Charakter
Gutes entwickelt.

Drittes Kapitel.
Die Akademie und Registrator Wiesecke.

Innerhalb der Stadt sagte der Schlachtenmaler: „Wir
haben so viel Geld, daß ich's kaum tragen kann, und wie
kläglich ist unser Aufzug! Scheinen wir nicht von der Zer=
störung Ninives zu kommen und gleichen eher Aus=, als
Einwanderern?" Die Kaputher wurden neugierig und blickten
den vier Knaben nach, die so viel Koffer und Körbe auf dem
Kopfe trugen, und blieben stehen. Schlachtenmaler erklärte,
es würde noch einen Volksauflauf geben, der sie nicht weniger
in's Gefängniß bringen könnte, wie die zur Zeit noch un=
berichtigte Schuld im letzten Wirthshause. Eine Wohnung
würden sie auch nicht finden, wenn sie alle Vier einen Ver=
miether überstürmten. Deshalb beschied er die Anderen, auf
einem leicht wieder auffindbaren Platze zu warten. Er wollte
inzwischen durch die Straßen laufen und da eine Stube
miethen, wo sie an der Hausthüre am unorthographischsten

angekündigt wäre: Denn mit Leuten, die noch etwas lernen könnten, ließe sich leichter umgehen, als mit Schönschreibern.

Nach einer halben Stunde kam der Kecke zurück und winkte den Brüdern schon aus der Ferne, zu kommen. Sie folgten ihm und fanden, daß er ein herrliches Zimmer bei einem Schuhmacher gefunden und schon gemiethet hatte. Noch fehlte es zwar an Betten, aber diese sollten ihnen ohnedieß von Hause nachgeschickt werden. Das Zimmer war ein kleiner Reitstall und für ihrer Vier geräumig genug. Der Wirth bewunderte den Segen der Landpastoren, vier starke Knaben; die Wirthin zeigte ihnen alle möglichen Bequemlichkeiten an, die sie in und außer dem Zimmer hätten, hing einige Schlüssel auf und sagte: „Sehen Sie, hier an dem Nagel!" Die Brüder verstanden die Lakonismen. Das Essen konnte vom Wirth bezogen werden. Man bestellte es sogleich und überließ sich der ungebundensten Freude. Nur Amandus kam nach einer kurzen Entfernung herein und sagte: „Einen spürnasigen Nachbar haben wir. Wie ich hinausgehe, kommt eine lange, abgezehrte Figur auf mich zu und sagt mit dürrem Lächeln zu mir: Es freut mich, daß Sie hier wohnen werden, aber sagen Sie doch gefälligst Ihrem Bedienten, er möchte nicht so johlen und lärmen, weil meine Nerven nichts davon vertragen können." Amandus fuhr fort: „Ich war von der keuchenden Anrede so in Verlegenheit gesetzt, daß ich nichts zu sagen wußte; denn mein Stolz hinderte mich doch, zu erwidern: Ei, wir haben ja gar keinen Bedienten." Alle Brüder ärgerten sich über diese verdammte Feinheit, ihnen in einer höflichen Papierdevise eine so bittere Pille zu geben, und sie entschlossen sich, ein einstimmiges Hohngelächter aufzuschlagen. Nur Schlachtenmaler hintertrieb dies und sagte: Feinheit müsse man durch Feinheit, den Fuchs durch seinen eigenen Schwanz fangen. Damit kam denn das Mittagessen.

Die Akademie und die lateinische Schule von Kaputh waren die Anknüpfungspunkte, an welchen die Brüder sich zu befestigen suchen mußten. Der Aelteste erbat sich von den Uebrigen, ihm die Auskundschaftung des Terrains zu überlassen. Er machte sich um die Zeit, als die Verdauung der Herren, welche er zu besuchen gedachte, schon im Abnehmen sein konnte, auf den Weg, und die Jüngeren schlugen inzwischen den ihrigen ein, um von Kaputh einen Begriff zu bekommen. Sie waren einige Stunden lang durch die Stadt im Cirkel gegangen, an der Wohnung Blaustrumpf's, dem Fuchsen und solchen uns schon bekannten Orten mehre Male vorüber. Schlachtenmaler kam immer noch nicht. Endlich blieben sie zu Hause, um ihn nicht zu verfehlen. Fast war es Abend, als er endlich ankam und erschöpft auf einen Sessel ihres Zimmers sank. Lachen verhinderte ihn, auf die Neugier seiner Brüder zu antworten. Endlich sammelte er sich und erzählte, während die unmündigen Brüder sich — die Pfeifen stopften, folgende, hoffentlich nicht erlogenen Abenteuer:

„Die Akademie könnte ein schönes Gebäude sein," sagte er; „denn Steine sind dazu genug verschwendet; von Außen ist zwar Alles glatt polirt, aber drinnen stößt man sich überall den Kopf. Der Baumeister muß zwei Pläne übereinander gelegt haben, so confus mischen sich hier die Gänge, Treppen und Vorsprünge. Mehre Male dachte ich in Rücksicht auf den auswendigen pompösen Styl des Gebäudes: Hoffahrt will Zwang haben. Genug, ich mußte zunächst suchen, den Galerie-Inspector aufzufinden. Dieser wohnt in einem Seitenflügel der Akademie. Ich ging in sein Zimmer, und siehe! ein klein Männlein springt auf mich zu, mit grimmigen Borsten auf dem Kopfe, in Hembärmeln. Ein menschliches Fragezeichen mit aufgesperrtem Rachen, eine Kreuzspinne, der man so viel Füße ausgerissen, bis zwei Arme und Beine übrig geblieben, eine Heuschrecke, scharf bezahnt und immer auf dem Sprung. Ich war so erschrocken, daß ich in der Angst die Rollen verwechselte, auf ihn mit dem ganzen Ingrimm, dessen ich mich versehen konnte, losfuhr und ihn frug: Wer sind Sie? So lebhaft schwebte mir nämlich der Despotismus dieser verschränkten Figur vor, daß ich aus Schrecken sie so anredete, wie ich voraussetzen durfte, daß sie mich anreden würde. Wer sind Sie? Diese Frage, von einem jungen unbekannten Menschen i h m aus dem Mund genommen, verblüffte ihn so sehr, daß er zurückprallte, wie Einer, der des Todes sein will, weil er sich selbst gesehen. Unwillkürlich brach er heraus: Galerie-Inspector Weckenesel. Nun mußte aber der Teufel in mich gefahren sein; denn weit entfernt, mich vor meinem Irrthum zu entsetzen, fuhr ich noch in ihm fort und bediente mich all' der Barschheit, die ich dem Satansmenschen von der Zunge wegstahl. Führen Sie mich in die Galerie! Der Inspector faßte nach einem Bund Schlüssel und schlorrte mit mir fort. Während eines langen dunkeln Ganges hörte ich ihn nur leise brummen; am Ausgang endlich, wo man eine Stiege hinauftreten muß und das Sonnenlicht hell durch die langen Fenster scheint, betrachtete er mich und fuhr mir plötzlich, wie nun erst auf seinen richtigen Platz gekommen, wie eine Dogge fast an den Hals, als ich vergessen hatte, ein Kratzeisen an der Treppe zu beobachten und eine dem Koth gewidmete Strohdecke. — Wer sind Sie denn? Sie müssen hier im Hause die Ordnung beobachten! Ich bin für die Reinlichkeit des Gebäudes verantwortlich. Legen Sie auch hier erst Ihren Hut ab! Als nun gar der Inspector Weckenesel sah, daß ich eine ganz gewöhnliche Mütze und keinen fashionablen Hut in der Hand hatte, da sprang er die Stufen, die wir schon gegangen waren, wieder hinunter und schrie: Sie unterstehen sich zu fragen, wer ich bin? Herr, wer sind Sie? Ich hatte eine Lüge im Munde und wurde nur durch meinen schlechten Aufzug abgehalten, eine andere, als die natürliche Rolle zu spielen. Indem ich mich noch besann, was ich sagen sollte, goß Jemand aus einer Thür, die in der Nähe geöffnet wurde, ein Glas Wasser aus und zwar ohne Weiteres auf den steinernen Fußboden, ohne den Inspector zu sehen. Dieser stieß einen unartikulirten Zornesschrei aus und fuhr schlangenartig in das Zimmer hinein: Ist das gesittetes, akademisches Betragen? Hat man nicht Fälle, daß Tropfen einen Stein aushöhlen, und Sie gießen ganze Gläser auf die Vliesen? Wofür bin ich hier? Ihr Sinnen und Treiben den ganzen Tag geht auf den Verderb dieses ruhmvollen Gebäudes aus. Die Wände werden mit Figuren bemalt, in die Fenstergläser schneiden Sie Ihre Namen ein, die Thüren werden so heftig geworfen, daß überall der Kalk nachläßt, Ihr Tuschwasser spritzen Sie in die Gänge aus, daß es hier aussieht, wie in einer Waschküche, und — allmächtiger Gott! ich sehe, Sie haben schon wieder Ihren Hund bei sich? — Indem konnt' ich in einem Fenster bemerken, daß ein Hund in den Hof sprang und auf einen an die Akademie sich lehnenden Garten zueilte. Der Galerie-Inspector vergaß in seiner Angst für die ihm anvertrauten Gebäulichkeiten meine Gegenwart und sprang unter laut ihm nachschallendem Gelächter dem Thiere nach. Ein in der Eile aufgeraffter Palettenstock, der in der Nähe stand, diente ihm als Wurfspieß. Vater würde glücklich gewesen sein, dies zu sehen, oder zu sehen, daß ich es sehe: denn es war ein kriegerischer Vorwurf, so ergötzlich, wie die Gänseschlachten, die er zu Hause für mich aufführen ließ."

„Befreit von dem zänkischen Manne, suchte ich mir einen Weg zu bahnen, wo er nur offen stand. Eine Thür öffnete sich, und ein gutmüthiger, dicker Herr mit dampfender Pfeife, eine Brille auf der Nase und in Hembärmeln, fragte mich, wohin? — Ich suche den Professor Silberschlag. — Der bin ich, treten Sie ein! — Eine undurchdringliche Tabacks-Atmosphäre waltete in dem Zimmer, ich wußte nicht, wohin ich mich wenden sollte. — Ja, mein junger Mann, sagte Professor Silberschlag lachend, hier dörren wir junge Gemälde zu alten um. Für Landschaften ist ohnedies nichts besser, als wenn die nassen Farben am Tabacksdampf austrocknen. Setzen Sie sich! — Herr Professor, fing ich an, ich bin Sohn eines Landgeistlichen und komme mit meinen Brüdern hier in Kaputh an, um für mich die Malerei und der mir nächstgeborene Bruder um die Bildhauerei zu lernen. Ich versichere Euch, der Mann schlug ein lautes Lachen auf und erholte sich erst, als wir auf der Flur einen ganz abscheulichen Lärm, ein Laufen und Rennen, Rufen und Toben hörten. Der dicke Mann sprang auf, um nachzusehen, und nun hörte ich, daß ich die Veranlassung des Spectakels war. Weckenesel hatte den Hund glücklich aus dem Garten getrieben und jetzt erst bedacht, wen er oben in der Nähe der Gemäldegalerie preisgegeben hätte. Ein allgemeines Aufgebot aller dienstbaren Geister des Hauses wurde in Bewegung gesetzt, um mich, den Unsichtbargewordenen, aufzutreiben. Es ist ein Dieb, rief Weckenesel, der uns den „vermuthlichen Raphael" stehlen will! Silberschlag ging hinaus und beruhigte ihn mit meiner Mütze, die er dem bestürzten Galerie-Inspector zeigte. Als dieser mich draußen daran erkannte, sagte Silberschlag: Nun, der Herr ist bei mir; jetzt seien Sie still. — Indem kam er zurück und erklärte: Es ist schrecklich, wenn Menschen aus der Erfüllung ihres Berufs einen Fanatismus machen. Dieser Mann möchte verhindern, wenn er's könnte, daß unsere Akademie naß wird, wenn ein Gewitter ist. Er duldet weder Vogelnester, noch Spinneweben im Hause; das ist lobenswerth, aber macht sich Jemand den Rock weiß, wenn er durch das verdammt schlecht gebaute Haus geht, so beklagt er nicht den Rock, sondern die Wand, die um ihren Putz käme. Ein weißer Streifen am Aermel der Fremden erzürnt ihn so heftig, als hätten sie eine Decke von Stuccatur eingeschlagen. Aber, um auf Sie und Ihren Herrn Bruder zurückzukommen, so weiß ich nicht, wen ich von Ihnen Beiden mehr beklagen soll, Sie oder ihn? Es ist doch fast besser, daß der Letzte hier gar nicht Gelegenheit hat, Bildhauer zu werden, als daß Sie in der That zeichnen und malen lernen können, ohne daß ich Ihnen jedoch Hoffnung gebe, es darin weit zu bringen. Correggio war ein Töpfer, und das wird auch Ihr Herr Bruder hier werden müssen. Wir haben hier eine wirklich ausgezeichnete Ofenfabrik, wo aus gebranntem Thon plastische Meisterstücke geliefert werden. Will Ihr Herr Bruder hier die Anfangsgründe der Bildnerei studiren, so muß er mit Oefen beginnen. Sie nun anlangend (damit meinte er mich), so haben leider die schönen Künste in Kaputh eine durchaus praktische Richtung. Ich bin der einzige Lehrer, der etwas von der Theorie versteht, alle meine Gehülfen sind für gewisse angewandte Fächer angestellt. Wir malen in unserer Akademie Theebretter, Dosen, Pfeifenköpfe, Porzellangeschirr. Unsere nicht schlechte Galerie, Sie hörten ja von Weckenesel, daß wir einen nicht unwahrscheinlichen Raphael besitzen, ich sage, unsere Galerie copiren wir auf Blech und Porzellan. Ja selbst ehe hier der Rationalismus so große Ausdehnung im Consistorium gewonnen hatte, war die Glasmalerei nicht ohne geschickte Ausübung. Das Alles hat bisher auch kaum anders sein können, da meine Eleven alle diese praktischen Ziele hatten. Sie sind hier der erste reine Theoretiker, und wollen Sie dabei bleiben, junger Mann, so könnte mich das allerdings glücklich machen; denn eine neue Malerschule zu stiften ist zeitgemäß und war längst mein Wunsch."

"Ich schlug den Blick mit Verklärung gen Himmel. Diese Entzückung riß den Mann hin. Er zog sich den Rock an, klopfte die Pfeife aus, riß das Fenster auf und sagte: Hören Sie 'mal, gen Himmel müssen Sie nicht sehen, sonst wird mir das Herz schwer. Zwanzig Jahre sitz' ich hier in dem Dampf und betäube mich, um Gefallen an der nüchternen Prosa zu finden, der sich unsre Akademie hingeben mußte. Es gab eine Zeit, wo auch ich mit etrurischen Vasen vertrauter war, als mit Meißner Pfeifenköpfen."

"Nun denn, sagte ich, fangen Sie mit mir an und kehren Sie zu den Musen und Grazien wieder zurück. Stiften wir Beide eine neue Malerschule. — Ja, entgegnete Silberschlag, es ist nur Alles schon so ziemlich vorweggenommen. Es ist schwer, etwas Neues zu erfinden. — Lassen Sie uns, sagte ich übermüthig, aber den Mann sehr für mich einnehmend, lassen Sie uns Genre und Historie, Historie und Landschaft verbinden, oder sollte es nicht möglich sein, in die Malerei gleichsam das bürgerliche Trauerspiel einzuführen? Sollte man nicht das vorzugsweise moderne Genre darin finden, die Situationen unserer Zeit auch in unseren Costümen darzustellen, Scenen aus Cabale und Liebe zu schildern, italienische Reisende zu malen, kurz, Alles das auch mit Farbe zu bekleiden, was gewöhnlich nur den Kupferstichen eingeräumt wird? — Es ist schwer, meinte Silberschlag nachdenklich, hier die Prosa zu vermeiden. Der Leibrock ist so abscheulich. — Nun denn, entgegnete ich, nehmen Sie die Malerei im Uebergange zur Musik; stiften Sie eine Schule, die sich durch den höchstmöglichen Grad von Romantik auszeichnet. Geben Sie die Formen, die Figuren auf und behalten Sie nur noch die Farben zurück. Mystische Seelen haben längst den Regenbogen in Ideen zu deuten gewußt, ja man hat sogar Personen aus ihnen gemacht und in den zwölf verschiedenen möglichen Farben auch die zwölf Apostel nachgewiesen, ihr Temperament, ihre Auffassung des Christenthums, ihren

Zweifel und ihren Jähzorn, der dem Malchus das Ohr gekostet. So müßte man eine Musikmalerei oder eine gemalte Musik erfinden, Alles in Duft und Töne auflösen und für die Liebe, den Haß, die Hoffnung, die Freude, den Schmerz, für alle Affecte der menschlichen Seele eine eigene Tusche annehmen. Dann hätten unsere mystischen Maler leicht arbeiten. Ein blauer Kreis rings um die Leinwand ist die Liebe Gottes und daran ein grauer Kreis das Chaos; das Grau mildert sich, Sonnenstrahlen brechen durch die Nebel hindurch. Die Erde ist geschaffen und ein rother Kreis giebt Adam und Eva zu erkennen, im ersten Rausche der Freude, Menschen zu sein. Dann ein gelber Streifen — wer würde nicht die Schlange erkennen? Und so die ganze Schöpfung, den Sündenfall bis auf die neue Zeit hindurch. — Als ich das Zeug alles so confus hergesagt hatte —"

„Das Beste daran," bemerkte Amandus, der Bildhauer, „ist wol, daß Du uns mit Deiner ganzen Geschichte zum Besten hast."

„Auf Ehre," vermaß sich der Aelteste, „ich habe wol noch weit mehr gesagt, weil mir Silberschlag gefiel und ich ihm. Er lachte und meinte: Nun, wir wollen schon etwas aushecken. Damit schenkte er mir ein gutes Bier ein und morgen wird er den Unterricht anfangen. Er soll groß in Thiermalerei sein. Es giebt auch kein Gemälde von ihm, wo er nicht, wenn es gerade kein Brustbild ist, ein Mäuschen in einem Eck anzubringen wüßte. Er hat daher auch den Namen des Mäuse=Raphael, wie es ja schon längst in der Schweiz einen Katzen=Raphael giebt. Was mich am meisten wundert, ist, daß diese beiden Maler bessere Freunde sind, als die Thiere, die sie so natürlich sollen schildern können."

Und so hörte Schlachtenmaler noch lange nicht auf, mehr seinem guten Genius, als der Wahrheit zu huldigen. Er log nicht, er sagte aber auch nicht die Wahrheit. Er hatte darin etwas mit dem Dichter gemein, der sich auch heraus nimmt, seine Lügen für Wahrheiten auszusprechen. Inzwischen gingen die Brüder ab und zu; das Essen wurde aufgetragen, und der satyrische Schriftsteller, Aesop Alboin, hatte viel heraus= und hereinzuklappen. Endlich kam er mit geheimnißvoller

Miene und brachte einen Brief, den er auf der Treppe ge=
funden. Der Brief war an Niemanden adressirt und so lose
versiegelt, daß man rathschlug, ob man sich des Inhalts be=
mächtigen solle. Schlachtenmaler war deshalb dagegen, um
die Anderen desto mehr dafür zu stimmen. Er besah den
Brief von allen Seiten und behauptete, es möchten wol die
Geheimnisse ihres höflichen Nachbars, des Registrators Wie=
secke, darin ausgesprochen liegen. Diese Vermuthung reizte
die Neugier. Man roch und zerrte an dem Briefe herum, bis
ihn endlich die Jüngeren eröffnet hatten. Das Licht wurde
zurechtgestellt. Jeder wollte lesen; Alle lachten, nur der
Aelteste fürchtete Verrath. Jubelnd begann Alboin: „Lieber
Freund! Wanzen und Flöhe sind für einen einzelnen Herrn,
der chambre garnie wohnt, keine solche Plage, wie eine Brut
angehender Gymnasiasten, die zufällig seine Nachbarn werden.
Ich bin mit diesem Unglück seit Kurzem heimgesucht. Irgend
ein verbauerter Landpfarrer hat seine Kälber auf den Markt,
diesmal vier seiner eigenen Kinder, in die Stadt geschickt,
die wahrscheinlich die Bestimmung haben, dereinst als Candi=
daten zu allen möglichen Aemtern dem Staate aufzuliegen.
Vier Flegel, einer größer als der andere, schlagen im Drescher=
takte auf meine häusliche Ruhe ein, an vier Galgenstricken
muß ich zwischen Himmel und Erde schweben. Bald gerathen
sie in Uneinigkeit und bedrohen sich, mit den Stühlen die
Brust einzurennen; aber ihr Zank ist mir noch willkommener
als ihre Einigkeit: denn dann stoßen sie Jubelrufe, Barca=
rolen vom Lande, grunzende Dithyramben und jene Schmer=
zenslaute des inneren Wohlbehagens aus, die mich in meinem
melancholischen Temperamente zwiefach, physisch sowol wie
psychisch, peinigen. Ohne alle Erziehung müssen diese Lümmel
bisher eine Freiheit genossen haben, die mir, dem an die
stillen, frieblichen Registraturfächer unseres Kriegsministeriums
gewöhnten Beamten und Geschäftsmann, fabelhaft erscheinen
würde, müßt' ich nicht selbst ein Ohrenzeuge ihrer saturna=
lischen Ausbrüche sein. Bald ergreifen sie Stiefelknechte und
benutzen sie als Schalmeien, um ihre Gassenhauer abzuplärren.
Ein Anderer schlägt dabei an ein Glas, um gleichsam eine
Cymbelbegleitung vorzustellen. Ein Dritter trommelt an den

Fensterscheiben, der Letzte rutscht mit dem Tische hin und her, um damit den Posaunenton zu treffen. Von einem Uebermuth gehen sie zum andern. Sie wälzen sich auf den Betten und kitzeln sich so lange an den Fußsohlen, daß ich gewärtigen muß, einer von ihnen nebenan erstickt. Lesen sie etwas, so thun sie's laut und im singenden Tone. Ziehen sie ihre Stiefeln aus, so werfen sie sich damit. Putzen sie sich ihre Kleider aus, so stellen sie mit dem Geklopf ordentlich wieder ein Concert an. Wie mögen diese Schlingel nun erst mit Licht umgehen? Wann mögen sie des Morgens aufstehen? Wie werden sie sich beim Waschen mit dem Wasser bespritzen und neue Treibjagden anstellen! Der Aelteste von ihnen, eine Hopfenstange, die bald heirathen könnte, scheint sein Vergnügen daran zu finden, die Jüngeren zu verhetzen, sich dann zurückzuziehen und an der entstandenen Verwirrung zu weiden. Sie oder ich — das wird die Losung werden. Dem Hausherrn werd' ich meine Alternative stellen. Ich bin ein stilles Leben gewohnt; ich rasire mich des Morgens gern mit Behaglichkeit, ich setze mich an's Fenster und rauche meine Pfeife, ich habe es gern, wenn man auf der Treppe vom Nachbar einen guten Morgen gewünscht bekommt. Allein jetzt befürcht' ich, auf ihr von den Rangen überlaufen zu werden und einmal des Abends im Dunkeln den Hals zu brechen. Läsen sie nur diese Schilderung ihres Benehmens! Aendert es sich nicht, so ruft die Obrigkeit um Hülfe an Ihr ergebenster Registrator Wiesecke."

Mit vor Wuth erstickter Stimme hatte Alboin diesen Uriasbrief beendigt. Um ihrem ärgerlichen Gefühle Luft zu machen, erhoben sie zuerst hinter dem „Registrator Wiesecke" ein Hohngeschrei, wie es nur bei englischen Parlamentswahlen üblich zu sein pflegt. Es tröstete sie aber nicht, ihren Unwillen auf diese Art kund zu geben. Sie sannen auf Rache: „denn," sagte der Schlachtenmaler, „das ist einmal gewiß, der Brief war nur auf uns berechnet; wir sollten ihn finden." Man berieth, was zu thun wäre. Theobald schlug vor, einen Strohhalm zu nehmen, ihn durch das Schlüsselloch in's Nebenzimmer zu stecken und dann anzuzünden. Man fand dies drollig genug, nur fürchtete man, der Registrator würde sogleich Feuer! rufen. Alboin flüsterte leise: „Wir durchbohren die Thür und beschießen ihn, ohne daß er merkt woher, mit Papierkugeln." Amandus sagte: „Wir wollen hinüberschicken und uns seinen hektischen Husten verbitten." Der Aelteste aber rieth zu einem einstweiligen Waffenstillstande. Die Gelegenheit zur Rache würde nicht ausbleiben.

Inzwischen waren die Brüder müde und gingen unter Verwünschungen, die dem Registrator Wiesecke das Haar sträuben machten, zu Bett. Schlachtenmaler lehnte sich noch einmal an das Schlüsselloch und rief bonnernd hinein: „Morgen besuch' ich Sophie Tobianus!" Da war's, als spräng' etwas aus dem Bett und fiele über ein Nachtgeschirr, das höchst wahrscheinlich umstürzte. Die ganze Nacht hörte man Seufzen und Stöhnen, ein Knarren im Bett und das schlaflose Dehnen eines Menschen, den ein gespenstischer Alp um seine Ruhe zu bringen schien.

Viertes Kapitel.
Wiedersehen und Celinde.

Nicht dem Registrator sahen die beiden Damen in dem Eckzimmer so lange nach, sondern jemand Anders wünschten sie herbei, wie zwei sehnsüchtige Sonnenstrahlen, wenn sie Wasser ziehen. Jener schlängelte, obwol in gerader Linie, über den Markt, um in's Ministerium zu seinen Acten zurückzukehren. Er hatte Sophien, die so gut als versprochen mit ihm war, vor einer Rotte Landkrabben warnen wollen, welche erst kürzlich in die Stadt und in seine Nähe gekrochen und in vergangener Nacht ihren heiligen Namen auszusprechen gewagt hätten. Sophie glaubte, an der Beschreibung gewiß sein zu können, daß dies Signalement nur auf ihre Gespielen und besonders ihren Spukgenossen, den Schlachtenmaler, mit welchem sie unter mehr als einer Gespensterdecke gesteckt hatte, passe, und hatte in ihrer Freude die Baronin Celinde mit ihrer Erwartung angesteckt, so daß sie erst auf Kohlen saßen, als der Registrator ihnen wie Jeremias so viel Klägliches vordeclamirte und tragirte, und nun auf Nadeln — vor Erwartung und Verlegenheit. Denn ein Bedienter der Baronin hatte gleich laufen müssen, der den Schlachtenmaler, wenn er's war (und er ist's! rieb Sophie sich die Hände und steckte noch eine Schleife mehr in's Haar), nur gleich mitbringen sollte. So wogten nun beide Frauen, wie das Meer, das ein Opfer haben will. Sophie breitete außer ihren Armen auch ihre Gedächtnißfalten auf und wußte so viel zu erzählen über das Vergangene, daß die liebe Celinde, ihre Herrin, selbst anfing, sich mit über das Zukünftige zu freuen. Es war Sophien, als hätte sie in ihrem Leichtsinn (und der war groß) irgend eine Kostbarkeit verstellt gehabt und fände sie nun wieder, und als striche sie alles Spinneweb, das sich durch den Registrator darüber gezogen hatte, von ihm ab, und Celinde, dieser sanfte, in stiller Feier prangende Morgenstern, diese bescheidene, kleine weiße Myrtenblüthe auf dem kolossalen Stocke ihrer Ehe (denn die Sanfte trug den Namen Baronin Satan von Höllenstein), Celinde also wankte selbst wie im Traume durch das große Zimmer und griff nur zuweilen im Vorübergehen in die Saiten einer aufgerichteten Harfe, um nur außer ihrem und Sophiens laut hüpfenden Herzen noch sonst etwas beben zu hören. Endlich kam der Bediente und brachte die Botschaft, daß der Herr schon angezogen sei, nur hätt' er Noth gehabt mit der Cravatte, weil er sozusagen keine hätte, auch mit den Handschuhen, die erst noch gekauft werden müßten. „Ach," sagte Celinde, als sie wieder allein waren, „hätten wir ihm nur von meinem Mann das Alles mitgeschickt!" — „Vom Baron!" lachte Sophie; „solche wattirte Feldbinden mit eisernen Schnallen und hirschlederne Handschuhe, die im Leben nicht reißen, wird Oscar nicht tragen," und Celinden war's dabei, als müßte ein lichter, goldener Engel kommen, als sie hörte, daß es Männer gäbe, die nicht so wie der ihrige wären, weniger barsch und stark, und überhaupt mehr ihr Ebenbild. Unbefangen sagte sie das auch; aber Sophie brach mit einer fast

unerlaubten Naturluſt hervor, daß Oscar um nichts in der
Welt blond, ſondern ſchwarz am Kopf und im Auge wäre.
Und Celinde ſeufzte dabei, als wäre von ihrer Puppe die
Rede und dachte: „Um ſo weißer wird ſein Herz ſein." Ein
Papagei im Zimmer kreiſchte zu dem Tumult von Empfin=
dungen, welcher dieſe beiden weiblichen Weſen beunruhigte.

Endlich kam über den Platz her Jemand ſo Bekanntes,
daß Sophie aufſprang. Nicht deshalb, weil es Oscar war,
hätte ſie Celinden, die ihre Freundin ſchien, in ihrer wilden
Art zerdrücken mögen, ſondern weil er ihr ſo viel Ehre
machte durch ſeinen anſtändigen Gang, durch ein paar von
unten ſchon heraufblitzende weiße Handſchuhe, durch ein kleines
Spazierſtöckchen, welches einer ſo frühen Morgenviſite ganz
angemeſſen war. Je näher er kam, deſto mehr ſchob ſie ſich
vor und Celinde deſto mehr zurück. Jene würde das Fenſter
aufgeriſſen haben, wenn nicht Schlachtenmaler in vornehmer
Gleichgültigkeit rings um ſich her geblickt hätte und Sophien,
die er längſt erkannt hatte, abſichtlich vermeiden wollte. Jetzt
hatte er das Haus betreten, der Bediente meldete den Herrn
Oscar von Blaſedow. Celinde ſaß, ohne Affectation, nur
aus angeborenem Inſtinct, längſt mit vornehmer Haltung
auf dem Sopha, und Sophie, die dem Ankömmling gern
gleich in die Ohren gekniffen hätte, vermochte nichts gegen
dieſe Beobachtung eines gewiſſen äußern Anſtandes. Schlachten=
maler ging mit klopfendem Herzen durch die prachtvollen
Zimmer. Ueberall auf Decken zu treten, war ihm eine um ſo
peinlichere Empfindung, als er wirklich Sporen an den (von
ihm ſelbſt gewichſten!) Stiefeln trug. Doch ein angeborenes
Talent lehrte ihn, ſich dem phantaſtiſchen Cavalier, den er
vorſtellte, ganz gemäß zu benehmen. Die Reitgerte, die Sporen,
die Glacéhandſchuhe und der gleichfalls eben erſt gekaufte
Caſtorhut harmonirten allerliebſt zu ſeinem bloßen Halſe, auf
welchem ein ſchwarzes Tuch den weißen Hemdkragen zuſammen=
hielt. Natur und Kunſt durchdrangen ſich bei ihm in ſolchem
Grade, daß er ſo nett, wie ein Kupferſtich, und doch ſo wild,
wie die Phantaſie ſelbſt, ausſah.

Wie er nun zu den Frauen in's Zimmer trat, war Celinde
ohnehin gefaßt, und auf Sophien wirkte die abgerundete

Erscheinung so überwältigend, daß sie keinen der tollen Streiche, womit sie den Jugendfreund empfangen wollte, auszuführen mehr den Muth hatte. Es war ihnen allen Dreien, wie einer Gesellschaft, die eine Glashütte besucht und plötzlich von allen Seiten in gläsernen Ketten und Banden gefangen ist durch die Kunst eines Bläsers, der sich ein Trinkgeld verdienen will. Schlachtenmaler trug mit Leichtigkeit seine Grüße vor und überreichte Sophien den Brief ihres Vaters, während Celinde Gott dafür dankte, daß sie damit doch etwas Innigeres anknüpfen könnte, da sie schon bei sich verzweifelte: für wie kalt und herzlos wird mich der Gute halten! Sie hatte ein so volles Herz, daß sie's ihm gleich geschenkt hätte, wenn nicht versteckte Genien im altfränkischen Putz, Genien voller Muhmenlehren, sie am Rock gezupft und ihr eine gewisse Steifheit als standesmäßig vorgeschrieben hätten. Sie fragte Sophien, was ihr Vater schriebe; doch war diese in den Anblick Oscar's so verloren, daß sie den Brief nicht einmal öffnete und sagte: es hätte damit Zeit! Der Schlachtenmaler weidete sich an den Reizen beider Frauen: denn er war schon weltklug genug, um ihre Schwächen zu übersehen; auch fing er gleich an, gegen Sophien eine satyrische Petarde zu sprengen. Denn als ihn Celinde nach seiner häuslichen Einrichtung fragte, da seufzte er künstlich und sagte: „Alles gut, gnädige Frau, nur wohnt eine in einen Menschen verwandelte Heuschrecke neben uns, die mir und meinen Brüdern viel Gezischels und Grillenfangens macht." Sophie erröthete und schwur sich zu, noch heute dem Registrator Wiesecke, den ihr der Baron Satan von Höllenstein als die beste Parthie im Kriegsministerium zugewiesen hatte, den Abschied zu geben. Allein Schlachtenmaler, der das Verhältniß zufällig erfahren und gestern noch durch das Rohr des Schlüssellochs so tödtliche Kugeln auf den Gegner damit hatte schleudern können, fuhr fort: „Denken Sie sich, meine Damen, einen Menschen, der die Zunge eines Wagebalkens zu sein scheint, der ewig nach dem Gleichgewicht trachtet und nie zu viel oder zu wenig thut, sondern Alles so, wie es sein muß! Gießt er auf der Flur das Seifenwasser aus, womit er sich seinen grauen Bart rasirt hat, so geht das Schritt vor Schritt, ohne etwas zu verschütten, Alles mit edler Besonnenheit und einer ganz in dem Geschäft aufgehenden Hingebung. Dieser Mensch ist ein sklavischer Götzendiener der Ordnung, die er einmal für sich und seine Umgebung beliebt hat. Kommt er die Treppe herauf, so geht es Tritt vor Tritt; an der Stubenthür kratzt er dreimal seine Schuhe am Eisen, dreimal auf der Strohdecke ab; dann erst wird der Schlüssel gesucht, dann eingesteckt, dann gedreht. Das Zimmer geht auf. Nun hört man ihn, wie er erst den Stock wegsetzt, dann den Hut in eine Schachtel thut, dann den Rock auszieht, kurz, man möchte den Mann für einen Professor der Mathematik halten." Celinde lachte über diese natürliche Freimüthigkeit, mit welcher sich der Schlachtenmaler über seinen Nachbar aussprach; doch erblaßte sie, als sie Sophie sah, die blutroth dasaß. Und als nun Oscar erst den Namen des Mannes nannte, wußte sie, von wem die Rede war, und schrak ängstlich zusammen, als Jener fortfuhr: „Dieser ausgedörrte Aal soll verliebt sein und sich mit der Frühlingspetersilie eines jungen Mädchens schmücken wollen, wie man in Gasthäusern ihn wol auf den Tisch gesetzt bekommt. Ich denke mir's lächerlich genug, wenn so ein alter Hahn zu seiner jungen Frau sagt: Sophie, mein Haar wird zu lang, schneid' es mir! Und nun muß Sophie die Scheere nehmen und dem entnervten Simson, der keine Thür mehr aushebt, selbst wenn es eine Tapetenthür wäre, hinter der seine Eifersucht einen Nebenbuhler vermuthet, muß, sag' ich, ihm die Stoppeln auf dem Kopfe reinigen. Oder des Sonntags setzt sich so ein alter Krämer hin und zieht sich weiße Wäsche an, und seine junge Frau muß kommen und ihm vorn die Bänder an den Hemden zubinden, muß ihm die Elsteraugen ausschneiden und dann mit Rühreiern, als zweitem Frühstück, bewirthen. Sophie..." Hier war aber Celinde so blaß geworden, daß sie sich selbst vor einer Ohnmacht nur durch die Erklärung zu retten wußte: „Ach, ich gehe nur in den Garten, kommen Sie mit Sophien nach!" Schlachtenmaler war denn doch noch zu derb in seinem Humor. Celinde floh vor ihm und ließ Sophien freies Terrain. Diese sprang auf und umarmte den Freund, indem sie lachend erklärte, die Parthie wäre erst im Anknüpfen und noch bei ihr das Be=

sinnen gewesen. Der Satan (Baron von Höllenstein) wollte
es so, und, überroth werdend, fügte sie hinzu, es wäre
Alles weit lustiger in der Stadt, als auf dem Lande, und
er selbst würde schon mit der Zeit noch klug werden.
Schlachtenmaler verstand sie wol und drückte sie von seinem
Schooß fort, weil ihn die Neugier trieb, die Gemälde im
Zimmer, den Papagei und die Kostbarkeiten der Toilette
Celindens zu bewundern. Er mußte bei dieser Wanderung
durch das Zimmer Sophien mitschleppen, die sich an ihn
hing und nichts zugeben wollte, als er satyrisch lächelnd
bemerkte: „Wenn das Euer Satan sähe! Der Mann ist
Offizier und scheint den Registrator als Redoute zu brauchen,
um seine eigenen Operationen zu maskiren." Sophie nahm
aber einen Fächer, als er nicht aufhören wollte, und schlug
ihm damit so derb auf den Mund, daß er, an Rache den=
kend, genöthigt war, sie zu verfolgen. Sie floh wohlweislich
durch einige Zimmer in die ihrigen und warf die Thür ihres
Schlafcabinets erst da in's Schloß, als Schlachtenmaler mit
ihr schon drin war. Sie erzählte ihm da Mancherlei von der
Vergangenheit.

Indessen duftete Celinde im Garten mit ihren Blumen
um die Wette. Manche Thräne perlte in den dunkeln Augen=
kelchen darüber, daß Menschen, die so lieb und gut wären,
so zornige Falten auf ihrer Stirn sammeln und die Gesichts=
züge zu so menschheitsfeindlichem, cynischem Spottgelächter
verzerren könnten. Hätte sie doch von allen Rosen gern die
Dornen fortgezaubert! Sie war nur deshalb geflohen, weil
sie, wie durch ein Kaleidoskop sehend, fürchtete, die geringste
Bewegung, die Schlachtenmaler ferner nun noch machen würde,
könnte sie um das schöne Bild bringen, das sie Anfangs von
ihm hatte. Sie wollte ihn nicht wiedersehen, um ihn desto
lieber zu haben; und wie sehr sie sich nach ihm sehnte, so
erschrak sie doch vor jeder knarrenden Bewegung der Garten=
thür, weil sie dachte, nun würd' er kommen und sein Selbst
wieder nicht mitbringen. Dann dachte sie auch wol, indem
sie sich unter dem kleinen Griechentempel, der auf einer An=
höhe stand und durch einen Laubgang eine Aussicht bot, die
schöner war, als sie Kaputh eigentlich gewähren konnte (ein

Wunder, das sich erst später wird aufklären müssen), niedersetzte — sie dachte dann wol: Er soll ein so himmlischer Zeichner sein! Die Menschen wollen nur in dem rechten Lichte stehen, um sich gut auszunehmen. Zeichnet er, so wird er nicht mehr spotten. Jedem ist doch dies seine Religion, worin er etwas schaffen kann, und in der Nähe seines Gottes lästert er wahrlich nicht! Inzwischen stand schon Schlachtenmaler, indem sie Papier zurecht legte und einen Bleistift spitzte, neben ihr, und Sophie ging, Blumen mehr abreißend als pflückend, hinter ihm drein. Schlachtenmaler war ganz erstaunt, woher hier die Aussicht in eine Gegend kam, die es bei Kaputh gar nicht gab. Celinde hätte es ihm gleich sagen mögen, da sie die Lüge auch der leblosen Natur nicht leiden konnte. Sophie glaubte aber wunder wie klug zu sein, daß sie gleich sagte: „Rath einmal!" denn Schlachtenmaler sagte darauf: „Wenn es babei etwas zu rathen giebt, so rath' ich auf einen Tünchermeister, der die Aussicht mit dem Spritzpinsel gemalt hat! Ich rathe nicht einmal auf ein italienisches Präsepe, wo die Felsen doch von wirklichem Stein und nicht blos Deckfarbe sind." Die Frauen lachten; aber Schlachtenmaler drehte den Tisch, den ihm Celinde zurecht gemacht hatte, um und sagte: „Solche Täuschungen sind gut, nur muß man ihnen den Rücken zukehren: wer kann wissen, daß dies nur eine gemalte Aussicht ist und doch noch hineinsehen!" Damit zeichnete er ein Puppenspiel im Hintergrund und im Vordergrunde zwei gute Bürger, die das Schattenspiel gleichsam für Wahrheit halten und mit kindischer Ueberraschung auf die Figuren deuten, als wenn sie lebten und man ein persönliches Interesse an ihnen nehmen könnte. Celinde lachte über den Wildfang, ob sie gleich lieber gesehen, er hätte zwei Engel gezeichnet, die mit einem Lamm spielen.

So gerade aber Schlachtenmaler den Bleistift spitzte, so mußte Sophie ihn doch in figürlichem Sinne zu krümmen. Sie machte aus ihres Freundes Talent einen Drücker, der dem Maler zu jeder Zeit das Haus ihrer Herrschaft öffnen sollte. Celinde blickte ihn darauf mit einem Auge an, in welchem der ganze Inbegriff aller sieben Bitten zu liegen schien: Ihm war's in dieser überfluthenden Bläue, die ihre

großen Augen über ihn ausgossen, als taste er blind an dem
Azur des Himmels herum und suche eine Pforte, die ihm
wieder den Weg zur Erde zeigte. Er verschloß seine Augen,
um sich nur wieder zurecht zu finden, und meinte, wie er
lehren könne, was er selbst noch lernen müsse! Dabei zeich=
nete er aber schon etwas Anderes, nämlich Celinden selbst,
aus dem Spiegel heraus, der an der Hinterwand des Tempels
stand. Sie glaubte erst, es gälte dem Blumenstrauß, der vor
dem Spiegel stand, und blickte unverwandt auf ihn, so daß
Schlachtenmaler gerad' ihr Antlitz fangen konnte. Als er
fertig war, erröthete Celinde. Sophie jubelte über die Aehn=
lichkeit, nämlich ihrer Empfehlung wegen, und weil sie nun
ein Document hatte, das den Beruf Oscar's auswies. Celinde
wagte gar nichts zu erwidern; denn sie dachte gerade: Wie
gut er ist! Keine Falten mehr auf der Stirn, kein Zittern
mehr am Nasenflügel! Sie faßte Vertrauen zu ihm, nahm
seinen Arm und stieg den kleinen Parnaß hinab, um ihm
noch zu zeigen, was an dem Garten wäre. Schlachtenmaler
fand die Blumen alle frischer und origineller, als daheim in
seines Vaters Garten, ob sie gleich von einem und demselben
Samen waren. Nur zuweilen erging er sich in Betrachtungen,
die Celinden fremdartig waren. Ueber die Passionsblumen
sprach er wie ein Ungläubiger; über Fuchsschwanz erzählte
er vom Eulenspiegel. Die Gärtnerbursche belustigten ihn.
Es waren commandirte Soldaten vom Regimente des Barons,
die, statt zu exerciren, den Dienst mit der Gießkanne thaten.
Einmal sagte er, sie hätten Alle Aehnlichkeit mit ihrem Be=
fehlshaber, den er im Bilde schon vorn im Hause gesehen;
dann wunderte er sich über ihre abstehenden Ohren und
meinte, das Kriegsministerium müßte einen Befehl ergehen
lassen, daß den Kindern in frühester Jugend die Hauben hübsch
über die Ohren und nicht hinter ihnen vorgezogen würden:
denn nur vom Zusammenbinden hinter den Ohren kämen die
abstehenden und die Esels=Aussichten, wenn man ein Regiment
von hinten marschiren sähe. Ueber alle diese Possen und
Dummheiten lachte Sophie; doch verletzten sie Celinden. So
oft sie dann Schlachtenmalers Arm fahren ließ, mußte er,
daß er wieder einzulenken hatte. So ging eine Stunde hin;

die Gemüther mußten sich erst an ihre Sprache gewöhnen. Sophien wurde die Schwatzhaftigkeit gern zugestanden; nur, daß der Schlachtenmaler selbst mit dem wilden Mädchen so oft im Gespräch durchging, betrübte Celinden. Inzwischen vertraute sie auf sein Inneres und schenkte ihm beim Scheiden einen ihrer langen, so sichern und sanft auflösenden Blicke. Er schämte sich, auch diesen nicht aushalten zu können, und lief davon, ohne auf Sophien zu achten, die schnell aus Aerger einen Knoten in ihr Schnupftuch machte und es ihm, da er schon über den Hof eilte, noch zum Schrecken der Enten, die auseinander stoben, nachwarf.

Als unser junger Freund allein war, kam er sich wie ein verfolgter Verbrecher vor. Er lief durch die Stadtviertel Kapuths und suchte eine Stelle, um allein zu sein. Eine ungeheure Leere veröbete seine Brust, es war ihm so hohl und unermeßlich, daß er sich irgendwo mit Besonnenheit sammeln mußte. Vor'm Thore war der fürstliche Park zu mathematisch für seine romantische Beklemmung eingerichtet. Die beschnittenen Hecken wollten, was bei beschnittenen Ducaten leichter ist, kein Ende nehmen. Die Seitenwege waren gartenkünstliche Verirrspiele, die man lösen mußte, weil große Strafe darauf stand, wenn man den Rasen betrat und die Knoten durchhieb. Dann kam wieder ein grüner Platz, um welchen einige Fechter und mythologische Anspielungen aus Sandstein herstanden und den Niemand geradezu überschreiten durfte. Dann hieß es wieder, hier dürfen Reiter, hier Fußgänger, dort keine Hunde durch. Hier standen zwei, dort drei Thaler Strafe vom fürstlichen Landesgestüt- und Garten-Amte angedroht. Die Rabatten, die man nicht betreten durfte, waren zum Rabatt des Finanz-Collegiums eingerichtet. Schlachtenmaler wußte vor weißen Tafeln nicht mehr wohin, und warf sich in ein ihm entlegen dünkendes Buschwerk nieder, um nur Ruhe zu finden. Er schämte sich seines Aufzuges und der feinen Handschuhe, die keinen Staat mehr machten, da sie längst von der Hand gefärbt waren. Er warf allen Prunk von sich, mit dem er sich in eine Lage hatte heben wollen, wo er Alles so menschlich und empfindungsvoll angetroffen. Celinde stand hoch für ihn, aber so, wie die Blume auf dem Gebirge. Um dieser zu nahen, mußte er geistig steigen und über viele zickzackige Klippen, auf denen er sich jedoch gefiel. Er hatte links und rechts gesteuert, um in das Fahrwasser eines grünen, sanft sich spiegelnden Flusses in seinem Innern zu kommen, dessen Milde gegen seine Anstrengung auf eine ihn nun so bemüthigende Weise abstach. Er fühlte, daß ein Wesen wie Celinde, das engelgleich an goldenen Flügeln hinschwebte, weniger klatschte und lärmte, als er selbst mit seinen großen Ikarus=Flügeln, und daß sie ihm doch um jene ganze Weite voraus war, in welche er jetzt mit so ödem und unklarem Schmerz blickte. Auch mochte ein noch tieferer Zwiespalt in ihm geweckt sein, indem er die eben empfangenen Eindrücke mit seinem ungewissen und planlosen Dasein verglich und nicht so sehr den Reichthum dort gegen seine Armuth hier, als den Geist und die Atmosphäre, die über Beidem zu liegen pflegt, gegeneinander hielt. Und was aus ihm werden sollte? Aus den Brüdern, mit denen sein eigenes Erz und Herz verquickt war? Und die Heimath? Sein dürrer, trockener, im Auge so glanz= und hoffnungsloser Vater, sein unglücklicher Meister, dessen tiefen Seelenadel er zu ahnen vermochte und der nun mit so stiller Ergebung des Schicksals harrte, welches über seine Kinder kommen würde! Das Alles floß ihm in eine einzige große Last zusammen, die auf sein Herz drückte und ihn in jene Wehmuth versetzte, wo glücklicherweise selbst der Schmerz aufhört, weh zu thun, und sich zuletzt aus einem Chaos von Gefühlen nur das eine bestimmt und deutlich herausscheidet, daß unsere Seele adlig und unser innerster Werth höher als unser Schicksal ist.

Indem raschelte etwas durch das Gebüsch und Schlachtenmaler bemerkte einen Mann, der, so wie er, keine Rücksicht auf die Warnungstafeln nahm und querwaldein über die verbotensten Parthieen ging. Näher den kühnen Irrgänger betrachtend, war es ihm, als müßt' er sich auch in der That nicht zurechtzufinden; sondern zuweilen stand er still und prüfte mit einem Stock, wohin er gerathen war. Schlug er auf Bäume, so schlich er leise, traf er die Luft, so ging er breister. Er muß blind sein, dachte Schlachtenmaler, und ein

Bettler ohnedies, da ihm ein Fascesbündel frisch geschälter Stöcke auffiel, das der Mann unterm Arm trug. So drückte ihm die Noth des verirrten Wanderers schwer auf's Herz und er erhob sich schnell von der Erde. Wie der Blinde das Rascheln hörte, hielt er still und rief mit einer frischen und vertrauensvollen Stimme: „Ach, lieber Herr, wo komm' ich benn auf den Weg?" Schlachtenmaler ging auf ihn zu und betrachtete sich den Armen näher. Er trug eine blaue Fuhrmannsblouse, war sonnenverbrannt und lugte mit seinen weißen Augen hinaus, um sich zurechtzufinden. Schlachtenmaler erfuhr mehr von dem Irrgänger. Er war aus Coblenz und hatte Weib und Kind daheim. Beim Felsensprengen nahm ihm das Pulver das Augenlicht, wenn auch nicht gänzlich. Einen leichten, matten Flimmer hatte er immer vor Augen. Feste Körper und die Luft konnte er durch den Grad von Lichtmasse unterscheiden, die auf ihn eindrang. Dabei war er vertrauensvoll und stierte immer in die Luft. Die Stäbe unterm Arm verkaufte er für gute Fußgänger oder auch nur für gute Seelen. Dabei hatte er eine himmlische Ruhe in seinem Wesen, einen klaren, ätherreinen Ton in der Stimme, nichts Bettlerhaftes, keine Mitleid bezweckende Modulation, sondern sein Unglück sprach für ihn. Es lag eine solche männliche Zuversicht und so viel echter, wenn auch durch die Zeit schon überwundener Schmerz in seiner Erzählung, daß Schlachtenmaler die Thränen nicht hemmen konnte, erst den Armen auf den richtigen Weg brachte und ihm dann noch so viel aus seiner Hand mitgab, als er entbehren konnte. Der blinde Coblenzer dankte freudig und tappte weiter fort, immer den Blick nach Oben gerichtet, vorsichtig und besonnen sich in der Mitte des Weges haltend.

Jetzt mußte sich aber Schlachtenmaler selbst in Bewegung setzen, um nicht in Kummer zu vergehen. Es hatte nur noch das menschliche Elend gefehlt, um ihn im Innersten zu erschüttern. Alle Poren seines Gemüths gingen auf. Er konnte sich nicht beruhigen, wenn er an den Unglücklichen dachte, der ganz Deutschland mit seiner fast verglommenen Augenlampe durchtastete und im Vertrauen, daß ihn der matte Lichtschimmer vor seinem erloschenen Blick nicht täuschen würde, jenes verklärte Lächeln auf seinen Mienen spielen hatte, welches eigentlich kein Lächeln ist, sondern nur die gespannte Aufmerksamkeit seines Schrittes, die lauschend zugespitzte Erwartung, das grübelnde Langen und Horchen in den leeren Raum hinaus. Wer ermißt all' das menschliche Leid, das still an den Mauern wuchert, welche unsere prangenden Lustgärten einschließen! Wie viel zitternde Schmerzenstöne werden von der lautrauschenden Melodie des Tages übertäubt! Ach, so kann jeder Kummer, der uns drückt, sich noch als Tröster an das Lager eines **größern** Elends setzen, so giebt zu den wenigen Vocalen unserer eigenen Leiden erst gleichsam die größere Zahl der **Mitlauter** die deutlich articulirte Sprache des Lebens. Betrübt hing Oscar den Geheimnissen des menschlichen Daseins nach und fand im Schmerze mehr, als in der Freude, den Schlüssel derselben. Er irrte lange umher, bis er zu den Seinen zurückkehrte. Glichen sie nicht auch diesen Blinden?

Fünftes Kapitel.
Aus der Klaue den Löwen.

Wenn Registrator Wiesecke beim Consistorialrath Blaustrumpf (der immer noch nicht den Mispelheimer Kalender redigiren konnte) zum Thee war und die Gespräche über die neuesten Schicksale der gesunden Vernunft auf dem theologischen Gebiet sich abgekühlt hatten und einige Stadtneuigkeiten als Nachtisch aufgetragen wurden, so wußt' er nicht Böses genug von den Kindern des ihm durch Blaustrumpf hinlänglich geschilderten Blasedow zu erzählen. „Was sie in der Schule thun," sagte er, „weiß ich nicht. Selten vergeht ein Tag, wo nicht Einer von ihnen zu Hause bleibt. Sie führten erst abwechselnd die Gewohnheit ein, daß Einer immer von ihnen selbst gegebene Ferien haben sollte; doch an den Aeltesten kam die Reihe zu selten, und jetzt läßt er sich, wie

ich gehört habe, in der Schule unheilbar krank anmelden."
Wiesecke hatte gut erzählen. Wie sollten sich auch diese vier jungen Leute, die an Fleiß und Ordnung nie gewöhnt waren, aller Vorkenntnisse ermangelten und in Klassen saßen, wo sie an Verstand und Jahren allen ihren Mitschülern voraus waren, sich in die Disciplin der Schule fügen? Sie hatten keine wissenschaftliche Grundlage, auf welche sie die Schnörkeleien der Philologie hätten bauen können; sie waren in manchen Fächern selbst den Lehrern gewachsen und in anderen freilich die unwissendsten Fibelschützen. Sie mußten von Paris und London zu erzählen und kannten den Weg nicht, auf welchem man dorthin kommt. Sie hatten das Alterthum schon aus Lessing und Winkelmann kennen lernen, und sollten es nun mit dem Cornelius Nepos und Eutrop erst aus dem Grunde studiren. Sie schrieben lateinische Aufsätze, die von gescheidten Ideen und gräßlichen Sprachfehlern wimmelten. Der kindischen Sphäre durch ihren Verstand längst entwachsen, hatten sie immer die Demüthigung zu ertragen, von den Kleinsten übertroffen zu werden. Es war mit ihnen ein Element in die lateinische Schule gekommen, das die Scholarchen bald als gefährlich erkennen mußten. Mit Niemandem machten sie Gemeinschaft und doch standen sie bei Allem, was Ungesetzliches und in Masse geschah, an der Spitze. Alle möglichen pädagogischen Schröpfköpfe wurden ihnen angesetzt, um ihnen das giftige Blut zu entziehen. Aber Demüthigungen entzündeten ihren Groll nur noch mehr, so daß sie nahe daran waren, für immer mit der Schule zu zerfallen oder, wie Blaustrumpf ihnen schon öfters gedroht hatte, de facto ausgeschlossen zu werden.

Die Noth der Brüder wurde noch gesteigert, als statt Geldes, dessen sie so bringend bedurften, von Hause nur Illusionen, Lebensmittel und zuweilen einige grobe Leinwandhemden ankamen, jetzt aber posttägliche Episteln vom Papa, der die Zeit nicht erwarten konnte, schon die Früchte auf seinem neuen pädagogischen Erkenntnißbaum reifen zu sehen. „Lieber Vater," hatt' ihm zwar Schlachtenmaler geschrieben, „beim zu frühen Schütteln fallen von den Bäumen nur die wurmstichigen Früchte." Allein Blasedow bestürmte sie mit so bringenden Vorstellungen und Drohungen, daß sie sich entschließen mußten, seinen Zorn durch eine Fiction zu beschwichtigen, für welche sie Gott und ihr Gewissen um Vergebung hätten bitten sollen. Sie begannen nämlich, aus der Phantasie eine Laufbahn zu erfinden, welche Blasedow so gern in der Wirklichkeit von ihnen eingeschlagen sah. Sie erfanden Fortschritte, die sie noch nicht gemacht, Leistungen, zu denen sie kaum die Vorkenntnisse hatten. So schrieb Schlachtenmaler mit einer eigenen Mischung von Muthwillen und Betrübniß: „Lieber Vater! Ich kann immer noch nicht sagen, daß ich von der Akademie hier in Kaputh große Hoffnungen hege. Was sie in Pfeifenköpfen leistet, ist nicht gewöhnlich; ja, man kommt auch gewiß noch dahinter, Meerschaum zu bemalen und damit jene etrurischen Vasen zu erzielen, für deren einfache Decorationsmalerei wir Talente genug haben. Das neuere Malerleben in Deutschland hat hierher noch wenig Absenker geschickt. Auf dem Rande einer Porzellanschüssel, die der Fürst bestellt hatte, versuchte sich der Director neulich damit, die Nibelungen von Cornelius nach Kupferstichen wiederzugeben. Für den Schüsselrand paßte allerdings die Idee eines Cyclus und die ganze Akademie that sich nicht wenig darauf zu Gute. Die e i n z i g e Schüssel hätte beinahe Gelegenheit zu einem Künstleressen mit wenigstens f ü n f Schüsseln gegeben. Ueberhaupt fehlt es uns an Malerliedern, langen Haaren und weißen Hemdkragen nicht. Sähe man die Herren alle Sonnabend auf ihrem Kränzchen, so glaubt man sich nach den Osterien Roms versetzt, weil nicht nur über den Idealismus sehr viel gesprochen, sondern auch gesungen wird. Jeder hat sich ein Liederbuch kaufen müssen und, wer noch Köpfe zeichnet, Sonntagsschüler, die sich nicht scheuen, es durch die Fensterscheiben zu thun, Alles, Alles singt hier großartig mit, als sollten sie die Raphael'schen Cartons ausmalen. Der Director Silberschlag grübelt viel darüber nach, eine neue Schule zu stiften; allein zwischen Cornelius und Schadow das Mittlere zu wählen, scheint ihm seiner nicht würdig. Er verfällt auf die wunderlichsten Grillen. Bald sagt er mir, die Malerei müsse sich mehr an die Musik, bald mehr an die Baukunst anschließen. Unzufrieden mit seinem

Rufe als Mäuse=Raphael, strebt er dem Verworrensten nach,
um etwas Neues erfunden zu haben, und da er unwillig
genug ist, daß die Akademie nur ein Seitenzweig der Ka=
puther Porzellanfabrik sein soll, so wurde er's noch mehr,
wie ich ihm darüber sagte: Sie kommen mir wie Bötticher
vor, der das Gold suchte und das Porzellan fand. Ueberhaupt,
lieber Vater, muß ich suchen, mir einen eignen Weg zu
bahnen. Nach dem Vorgange der Düsseldorfer Schule ist hier
eine wahre Sucht eingerissen, Trauriges zu malen. Das
trauernde Königspaar, Lessing und Bendemann, haben hier
einen langen, langen Florstreif hinter sich hergezogen. Alles
will Momente der Niedergeschlagenheit zeichnen. Unsere Aka=
demie hat dadurch fast ein Ansehen, wie ein Trappistenkloster
bekommen. Alle unsere Kaffeebretter und Schnupftabacksdosen
enthalten schmerzhafte Empfindungen und trauernde Situa=
tionen. Der Director ging selbst mit einer Gruppe trauern=
der Mäuse voran. Eine Speisekammer, in der nichts zu finden
ist, bildete die Scene. Die Mäuse sitzen in Schmerz ver=
sunken da und lassen die Schwänze hängen. Komisch ist, daß
der Director dieses Bild für Ernst nimmt und weit weniger
Lachen als Weinen damit erregen will. Die übrigen Maler
überjagen sich nun bald mit trauernden Nonnen, trauernden
Blumen, trauernden Witwen und Waisen, bald mit trauern=
den Landschaften, ja, trauernde Fruchtstücke werden jetzt bei
uns gemalt, nämlich Aepfel, die alle stockig, Weintrauben,
die unreif sind. Ein Schüler aus der dritten Klasse (er
bildet sich ganz allein) zeichnete in Kreide und in allem Ernst
eine trauernde Landparthie, wo sich nämlich Regen mit Staub
vermischt und unter einem einzigen Schirm eine ganze Fa=
milie Rettung sucht. Lieber Vater, ich weiß nicht, wie ich
mir bei diesem Treiben meine hohe Bestimmung erhalten soll.
Ich bin der Einzige auf der Akademie, der seinen eigenen
Weg geht; — allein selbst Studien nach dem Nackten, die
ersten Anfangsgründe der höhern Kunst, sind mir hier durch
eine falsch verstandene Sittlichkeit versperrt. Silberschlag, ein
so tüchtiger Viehmaler, kann hier kaum Hunde und Vögel
für Geld haben, geschweige Frauenzimmer, die Muth und
natürliche Schönheit besitzen. Hat doch der Mann nicht einmal

eine Frau in Kaputh bekommen können, weil er einmal ein Thor gewesen, laut zu sagen: er müsse heirathen, um wenigstens an seiner Frau zu studiren! Wo er anklopfte, bekam der Mann, trotz seiner festen Anstellung, einen Korb: denn jede Mutter hätte sich ja der Sünden geschämt! Nun denke Dir, lieber Vater, wie wir hier über die Fleischfarbe und die Wellenlinien im Dunkeln tappen. Kaum, daß wir die Frauenzimmergestalt zeichnen können, wenn sie schon todt ist. Selten werden Leichname auf die Anatomie geliefert und Ertrunkene schwimmen uns auch keine zu, weil Kaputh leider an keinem ansehnlicheren Flusse, als an einer unbedeutenden Pferdeschwemme liegt. Unter diesen leidigen Umständen, lieber Vater, hab' ich doch nie unterlassen, für die Schlachtenmalerei zu thun, was ich kann. Pferde bieten sich genug dar und schönere, als das wir zum Schrecken der Mutter (aber es mangelt uns wieder heftig an Geld!) verkauft haben. Ich habe eine jener vielen Schlachten gegenwärtig gemalt, die sich besonders durch ihren Nebel ausgezeichnet haben. Ich hielt mich an jenen Moment, wo sich die beiderseitigen Heere nicht nur beide nicht sehen, sondern auch der Zuschauer in Zweifel ist, was hinter den allein sichtbaren, aus der Erde steigenden Dünsten verborgen sein mag. Die graue, kahle Fläche meines Gemäldes soll, wie mich Kenner versichern, etwas Ergreifendes haben. Einige bunte Punkte, die durch den Nebel hindurchschimmern, lassen ahnen, was dahinter verborgen ist. Einige keck hingespritzte rothe und gelbe Flecken lassen ein entweder schon begonnenes Feuer oder einen auffliegenden Pulverwagen, am wenigsten aber ein Bivouakfeuer und einen Kochkessel vermuthen, wie Theobald glaubte, der bei solchen Gelegenheiten immer nur an Essen und Trinken denkt. Das ganze Gemälde ist einen Fuß hoch und anderthalb breit, und würde sich neben Mutters Spiegel gut ausnehmen, wenn ich nicht hoffte, es bei einem neumodischen Kunstverein, d. h. bei einer Gemäldelotterie, anzubringen. Ueber alles Uebrige, das die Deinen betrifft, mögen die Anderen diesmal berichten. Genüge Dir, lieber Vater, die Versicherung, daß nach Vollendung strebt Dein aufrichtiger Sohn Oscar, Schlachtenmaler."

Blasedow wollte gar nicht die Briefe der Uebrigen lesen, weil ihn nach seiner Freude über den ersten Brief nichts so sehr gestört hatte, als die Dummheit Theobald's, einen auf= fliegenden Pulverkasten, diesen genialen Gedanken Oscar's auf seinem Schlachtbilde, in einer Kritik desselben, für eine gewöhnliche Kartoffelsiederei zu halten. Er sah das Gemälde so deutlich vor sich, er wußte die einzelnen Nebelmassen so zu sichten und zu schichten, daß ihm diese Bemerkung die größte Albernheit dünkte und er sich eine geraume Zeit nicht beruhigen konnte. Endlich aber, nachdem er sich das Gemälde nochmals in allen seinen Einzelheiten vergegenwärtigt hatte und mehre Male mit der Hand die angegebene Höhe und Tiefe ausgemessen, ging er auf Amandus' Brief über, der ihm folgende Unwahrheiten meldete: „Lieber Vater! Ich habe gestern einen kleinen Discuswerfer vollendet, der zwar nur die Copie des berühmten ist, aber doch schon eine Probe ab= geben kann. Der Muskelbau einerseits war das Schwerste, andrerseits die gestreckte Haltung, die ich im Thon mit einigen Stäbchen unterstützen mußte. Es ist ein imposanter Anblick, diese gewaltige Ausdehnung vom Fußhacken an bis zur Hand= wurzel des linken Armes. Stellt man sich gerad' in die Richte, wo der rechte Arm seine Kraft erhebt, so glaubt man, umgerannt zu werden, und selbst bei meiner kleinen Copie hält man's nicht lange aus, in der Wurfweite des musku= lösen Kämpfers stehen zu bleiben. Gott behüte mich nur, daß dem Gebild, so mangelhaft es noch ist, keine unberufene Hand naht; erst neulich ist in Berlin ein junger Bildhauer, der einen Schiller in liegender, nachdenklicher Stellung in Thon geformt hatte, wahnsinnig geworden, weil die Träger beim Aufräumen der Kunstausstellung das herrliche Werk auf die Erde fallen ließen, so daß ein unförmlicher Thon= klumpen aus dem Ruhm und dem Stolz des jungen Mannes geworden war. Ach, es müßte schmerzlich sein, wenn mein Discuswerfer so geworfen würde! Ich würde auch den Ver= stand verlieren. Als Rabenern in Dresden alle seine Ge= dichte und Satyren verbrannten, konnte er sie aus dem Gedächtnisse oder aus den Gebrechen der Menschen leicht wieder ergänzen; aber welche Zeit braucht der bildende

Künstler für sein Werk! Nein, ich muß mich von diesem schrecklichen Gedanken losreißen ... Geschähe hier in Kaputh nur mehr für meine Kunst! Modelliren und Bossiren werd' ich lernen, obgleich mein Lehrer nur ein Töpfer ist; aber vom Thon auf den Marmor übergehen, das wird hier nicht möglich sein. Meinen ersten Versuch wollen sie im Ofen brennen. Es ist damit immer gewagt und für nichts gut zu sagen. Was gerade in den Ofen geht, kommt krumm heraus, wie ja Mutter auch bestätigen wird, daß ihr selten ein Kuchen so gerathen ist und aufgegangen, wie sie's wünschte. Uebrigens machen wir in unserer Fabrik aus terra cotta doch manches Werthvolle. Die Statue des verstorbenen Fürsten freilich, die aus gebrannter Erde so vortrefflich gerathen war, hat sich durch einen unsinnig gewählten Platz wie ein Reiter von Lebkuchen aufgeweicht; man wollte sie gern auf den offenen Markt stellen und vergaß, daß der Selige ohnehin immer ein milder und weicher Herr gewesen. Jetzt muß man ihn von dem Platze nehmen, weil er sich einer allmäligen Auflösung zu nähern anfing. In aller Liebe verbleib' ich übrigens Dein treuer Sohn Amandus, Bildhauer."

Blasedow wurde über den Discuswerfer unruhig: daß er zusammenfallen könnte, wurde ihm, als nervenschwachem Manne, bereits ganz gewiß. Konnte er doch schon nie ein Kind tragen und damit an ein offenes Fenster gehen, ohne die Besinnung zu verlieren, weil es ihm immer war, als müßte er's hinunterwerfen. Bei Kindtaufen zitterte der Nerven= schwache vor Angst, er könnte den Säugling fallen lassen. So sah er nun auch den fingirten Discuswerfer immer auf der Kante eines Tisches stehen und hundert Ellenbogen, die ihn auf ein Haarbreit herunterstießen. Seine erhitzte Phan= tasie mußte sich erst durch einige Gänge durch das Zimmer wieder abkühlen. Nun griff er nach dem Briefe Theobald's, des Volksdichters, der ihm schrieb: „Lieber Vater! Ich benutze die wenige Muße, die mir die Abfassung eines Cyclus von Gedichten gestattet, Dir diese wenigen Zeilen darüber zu schreiben. Ich will den siebenjährigen Krieg, der Uebung wegen, besingen, aber dabei womöglich die Fehler vermeiden, die Silius Italicus gemacht hat. Es ist ein Unterschied

zwischen epischen und historischen Dichtungen. Die ersteren
sind in die Form gebannt, welche Homer und Virgil einmal
erfunden haben, die letzteren machen sich lächerlich, wenn sie
ihre Thatsachen mit den allegorischen Maschinen der gewöhn=
lichen Epopöe vermischen. Wie abgeschmackt sind die punischen
Kriege des Silius? Wie unsinnig ist die Einmischung der
Götter in die Kämpfe des Hannibal? Lucan's Pharsalien
treffen den richtigeren Ton und überragen vom römischen
Standpunkte die Henriade und jede Alte=Fritziade, die sich
etwa des poetischen Apparats, wie er sich bei Klopstock findet,
bedient haben würde. Mein Gedicht soll jener Poesie der
Thatsachen angehören, die nicht einmal Dichtung in die Wahr=
heit mischt, wie allerdings Lucan auf seinem Standpunkte
richtig und zum Aerger der Philologen gethan hat, sondern
nur das Factum, aber als Poesie, geben. Ich würde weder
Alexandriner, noch Hexameter, noch Nibelungen=Aale zu meinem
Gedichte haben brauchen können, sondern frisch und rasch,
frank und frei tromml' ich vierfüßige Jamben, die sich wie
Reveilleschlag und Musketenfeuer anhören. Den langen,
wallenden Parnaß von Mars und Minerva und all' den
mythologischen Hülfstruppen, die zwar bei Ramlern, aber
nicht bei Friedrich dem Großen den Ausschlag geben konnten,
hab' ich nirgends in mein abgestecktes Feldlager eingelassen.
Ich gebe ein Gedicht, wo keine Brennen, keine Söhne des
Mars und dergleichen Abstractionen auftreten, sondern Husaren,
Panduren, Kosaken, Alles echt und authentisch und durch den
Zopf eher recht natürlich, als künstlich gemacht. Dennoch,
lieber Vater, ist dies Gedicht vom siebenjährigen Kriege nur
Uebung, und ich werde davon nichts veröffentlichen, als einige
Episoden, die in den nächsten Mispelheimer Kalender kommen
werden. Sonst bemüh' ich mich, den Geist der Zeit recht zu
begreifen und über Dunkles klar zu werden. Ich verstehe
noch nicht recht, wo bei unseren Zeitgenossen die Poesie eigentlich
hervorbrechen wird. Jetzt höre ich nur ein geheimes Rauschen
und Anschlagen, weiß aber das Nähere nicht. Die Hoffnung
einiger jungen Dichter unserer Zeit, es möchte auch der Rauch
unserer Dampfmaschinen, der bekanntlich in Tropfen nieder=
fällt, die Poesie mit eigenthümlich erquickender Wirkung an=

feuchten, scheint mir zur Zeit noch eine Täuschung zu sein.
Nun, es läßt sich übrigens noch gar nichts sagen, und ich will
mich bemühen, zur Zeit noch harmlos zu bleiben. Wunderlich
ist doch, daß Jean Paul keinen Vers machen konnte! Jean
Paul war kein thetischer, sondern ein anakoluthischer Geist.
Seine Poesieen sind Vordersätze ohne Schluß. Wol spann
Jean Paul die Poesie aus seinem Herzen heraus, aber immer
nur Fäden; aus diesen Fäden und Gespinnsten konnte er kein
Kleid weben. Seine Phantasie war ein Kaleidoskop. Sie
hielt eine vereinzelte Anschauung nicht lange fest, sondern
mischte ein Gebild in's andere. Mit Bildern und Gleichnissen
überhäuft sich nur, wer keine Gestalten recht in der Handlung
fesseln kann. Auch lag Jean Paul's Gefühl nicht in jener
Activität, die Entschlüsse fassen will und ermattet in lyrische
Ohnmacht zurücksinkt, sondern in einer ununterbrochenen
Passivität, die nicht selbst fühlt, die nur mitfühlt.
Das Gefühl des Mannes ist Melancholie, das des Weibes
Wehmuth, und nur Wehmuth kannte Jean Paul. Ueberhaupt,
wenn ich an meinem siebenjährigen Kriege mit Lust gearbeitet
habe, dann frage ich mich: Was hindert in der jetzigen
Bildung zur Antheilnahme an der Poesie? Früher war die
Speculation jene Sphinx, die den Poeten verschlang, weil er
ihre Räthsel nicht rathen konnte. Jetzt ist das Unthier die
Tendenz. Die Tendenz ist der Wurm, der sich in die
blühendsten Aepfel, in die kräftigsten poetischen Eichenstämme
den Weg bahnt und den Kern derselben anfrißt; sie ist der
Borkenkäfer, der einen Wald gesunder Natur vernichten kann.
Die Tendenz spannt Himmel und unermeßliche Horizonte über
uns, während das Gedicht am besten geräth, wenn man durch
die Bäume nur ein wenig Blau schimmern sieht. Für die
Pfeile der Poesie mühsam vorn die kleine Pointe zu spitzen
und seine Waffen hübsch blank zu putzen, das ist zu gering
für unsere jetzige Bildung, wo die Dichterjünglinge nur die
Zeit ausbeuten wollen. Wer echter Dichter sein will, kann
nicht immer präcis eintreffen, wenn die Post abfährt. Oft
wird er hören müssen, daß er den Glockenschlag versäumte
und daß das Jahrhundert, eingewickelt in die neuesten nassen
Zeitungen, soeben abgefahren ist. Ja, wir Dichter sollen

Verwandte der Zeit sein, Schwäger, aber nicht Brüder und Väter und Söhne. Brennt eine heilige Flamme auf dem Altar Deines Herzens und Du lässest dem Sturmwind so freien Zugang: er tost heran und verweht Asche und Kohlen in die Luft. Und wenn die jungen Menschen nur an sich glaubten! Wenn sie nur den Muth hätten, den Flug eines Vogels zu verfolgen und dabei zu sagen: Ich habe gelebt! Wer will noch etwas besingen, das beim letzten Verse schon verblüht ist und ewig nur in der Dichtung wird! Die Menschen suchen sich heute zu sehr durch Charakter und Vollständigkeit geltend zu machen. Sie treten wie Karavanen auf. Die Vergangenheit schleppen sie an ihren Kleidern; sie wollen dadurch, daß sie die alten Begebenheiten an ihren Rockschooß heften, sie zu neuen machen. Das Drängen nach der Rednerbühne ist stark. Jeder will das Wort haben, und hat er's, nicht wieder abgeben, weil er weiß, daß nicht alle Tage an ihn die Reihe kommt, bei dem Gedräng. Nun soll Alles auf Einmal gesagt werden. Ein Wort soll eine Welt widerspiegeln. Kehrte man doch zum Menschen zurück! Würde man wieder ein Kind, nachdem man ein Greis gewesen! Es läßt sich hierüber noch Vieles sagen; aber ich breche ab, weil ich mir durch Kritik nicht die Lust, selbst zu schaffen, verkümmern will. Möchten Dir, lieber Vater, diese Bemerkungen ein Unterpfand sein, ob Deine Wünsche einst befriedigen wird Dein Sohn Theobald, Volksdichter."

Blasedow hatte über diesen Brief ein Doppelgefühl, das sich gegeneinander aufhob. Es mißfiel ihm eben so sehr der Stoff, den Theobald gewählt hatte, als er mit Vergnügen die Anlage des jungen Menschen (wüßten wir nur recht, wo Theobald's erster Entwurf aufhörte und Schlachtenmalers Ergänzungen anfingen!) zum Kritiker wahrnahm. Schien es ihm nun zwar, als könnte eine Zeit kommen, wo jeder Dichter an sich selbst seinen Leibkritiker hätte, wie jedes Kameel seinen eigenen Höcker, so hoffte er doch, das natürliche Gleichgewicht zwischen Geburten und Sterbefällen (die Todtenlisten der Literaturblätter zeigten ohnehin noch immer auf mehr Erstere, als Zweite) würde sich wiederherstellen müssen, so daß mit der Zeit wieder nur ein kritisches Ichneumon auf die Eier von mehren Krokodilen (die Thränen derselben sollen den Vergleichungspunkt mit der Dichtung hergeben) kommen dürfte. Inzwischen wußte er hinlänglich, daß unsere Zeit mehr Verstand, als Phantasie hat, und fürchtete dann nur, Theobald und Alboin möchten zusammenstoßen und sich die Kundschaft schmälern. Alboin aber, der satyrische kleine Ziegenfuß, hatte geschrieben: „Lieber Vater! Jenes saure, gesichtverziehende Kraut, welches man als Reizmittel zum Lachen gebraucht hat, wie den Stich der Tarantel als Reizmittel zum Tanzen, wächst nicht allein in Sardinien, sondern auch in Kaputh. Ich lache wol, aber meistens über Thorheiten, die ich ausbüßen muß. Stoff genug ist vorhanden, um aus mir eine Zuchtruthe der Menschheit zu machen; einstweilen bin ich aber mehr ein Gegenstand für sie, als selber eine. Von dem Meisten könnte man mit Juvenal sagen: Es ist schwer, darüber keine Satyre zu schreiben; was bieten nicht die Lehrer allein für Stoff! Der Eine lehrt Geschichte und examinirt uns nicht anders darin, als daß er sich an den Nägeln kaut, auf die er sich die Jahreszahlen mit Tinte geschrieben hat. Ein Anderer trägt den Homer wie ein Citharöde vor und hüpft die Herameter mit Händen und Füßen, so daß ich mir neulich beigehen ließ, ein Spottgedicht auf den Katheder zu legen: **die convulsivische Metrik.** Meine Hand war leicht erkannt und der Kopf hatte es zu entgelten. So halte ich mir meine Bestimmung noch ziemlich entfernt; die elastischen Ruthen schlagen zu heftig auf mich zurück und ich beiße mir in die Lippen, wenn mir etwas Komisches einfällt. Inzwischen hab' ich neulich doch wieder Lust bekommen, mein Zwerchfell (wenn auch später dafür meine Rückenhaut) erschüttern zu lassen. Ich schrieb ein satyrisches Heldengedicht, eine Groteske, wie ich's nannte, wozu Schlachtenmaler die Bilder machte. Rector Schimmelpfennig duldet nicht, daß wir Scholaren in den Zwischenstunden das Schulgebäude verlassen und uns nebenan mit Lebensmitteln versehen. Da wir es nun aber doch thun, so paßt er uns auf, weshalb er von mir wie ein Wegelagerer geschildert wurde, der von seinem Raube Nutzen zu ziehen sucht. Denn indem er unser Brot und unsere Würste confiscirte, verwandte er diese für seinen eigenen

Haushalt und hatte täglich das Interesse, einen reichen Fang zu thun. Das Alles hatte ich in Homerischen Versen besungen und auch zum Schluß jene Scene nicht vergessen, wo Schimmelpfennig an seine Haushälterin und deren Kinder die Brötchen und Aepfel vertheilt, die er erbeutete. Lieber Vater, diese Groteske kam heraus, ich meine, sie wurde verrathen, und ich mußte durch achttägigen Carcer die Folgen erkennen lernen, welche ich mir durch die Bestimmung, welche Du mir gegeben hast, bereinst noch im Großen zuziehen werde. So viel sah ich ein, wenn ich unbehelligt bleiben will, muß ich mehr dem Geiste eines Lichtenberg, als dem eines Kästner nachstreben. Jener hielt sich an Sachen, dieser an Personen. Jener verspottete Gruppen, dieser Einzelne. Was ich, lieber Vater, noch sonst aus meiner nächsten Sphäre aufgegriffen habe, will ich Dir nicht schicken, z. B. eine Satyre auf meinen Nachbar. Ich will mich aber in allgemeinen Gegenständen versuchen und dann um ein Urtheil bitten. Ich studire fleißig die Kirchenväter und bleibe Dein treuer Sohn Alboin, Satyriker."

Blasedow war über diese Briefe höchlichst zufrieden und trennte sich, da ihm der Gedanke an seine so trefflich gedeihenden Söhne immer heimlicher wurde, von seiner Frau, dem Amte und seiner Umgebung immer mehr.

Sechstes Kapitel.
Das Stellbichein.

Wo sollt' es aber mit den Brüdern hinaus! Kamen doch die wichtigsten und wegen ihres sittlichen Charakters geachtetsten Personen der Stadt, ein Blaustrumpf, ein Wiesecke, ein Weckenesel*), ein Schimmelpfennig darin überein, daß

---

*) Weckenesel hatte, obschon nur Inspector, mehr Gewalt über die Akademie, als Silberschlag. Wollte man etwas von ihm, so mußte

diese jungen Leute das fürstlich Sayn=Sayn'sche Schul= und
Unterrichtswesen von Grund aus untergrüben, das Reine
ansteckten, die Gemüther halsstarrig und zu Empörungen ge=
neigt machten. Sie waren ein in das Wasserglas der Schul=
abrichtung geworfenes Salz, das sich allmälig darin auflöste
und oben windige Blasen trieb. Jener Kreis von allgemein
anerkannten Stadt= und Landespatrioten zog sich immer enger
zusammen und suchte das Quartett des Aufruhrs zu ersticken.
Nur dem Aeltesten beizukommen, war schwer, da sich dieser
in einer anständigen Art zu geben wußte. „Aber," sagte
Blaustrumpf, „gerade dieser Schein von Ehrenhaftigkeit ist
es, der die größten Verbrecher aller Zeiten ausgezeichnet hat,
und namentlich den Räuberhauptleuten jenen Nimbus gab,
der ihnen unter ihrer Bande eine meist abergläubische Ver=
ehrung verschaffte. Ja, hat sich nicht gerade Catilina durch
einen gewissen Adel in seinem Benehmen ausgezeichnet und
durch einen äußern Schein alle jene Laster verdeckt, die er
im Geheimen und gewiß nicht ohne Mitwissen Cäsar's trieb?
Wie viele Mörder und vorsätzliche Brandstifter wußten nicht
selbst auf dem Galgen noch einen Anstand zu behaupten, der
dem Henker mehr Angst machte, als er ihnen! Ich will,"
fuhr er noch jüngst in seinem gegen die Tractatenverbreitung
gestifteten Kränzchen fort, „ich will nicht mehr viel von dem
Vergangenen sprechen; aber gestehen müssen wir doch, daß
schon jene Geistererscheinung, welche der Bursche, zum Spott
des Consistoriums und der Umgegend, in Kleinbethlehem auf=
führte, einen Grad von Verruchtheit offenbarte, der, wenn er
sich nur wenig gesteigert hat, schon der gefährlichsten Unter=
nehmungen fähig wäre. Die Mitschuldige jener Mummerei,
welche mich in die Tage zurückversetzt, wo das Gespenst in
Tegel so viel Schrecken verbreitete, die Tochter des sonst so
vorurtheilsfreien Tobianus, dient jetzt in dem Höllenstein'schen
Hause als Gesellschafterin; er besucht sie, und wer weiß, ob
sie auch hier nicht wieder, und vielleicht in einem gefährlicheren

---

man nicht mit den deutschen Katholiken beten: Heiliger Januarius, bitt'
für mich beim lieben Herrgott! sondern mit den neapolitanischen: Lieber
Gott, bitt' für mich beim heiligen Januarius!

Sinne, unter einer Decke spielen! Aufrichtig gesagt, Herr Registrator, ich begreife nicht, wie Sie Ihre respectable Person mit einem so zweideutigen Wesen haben in Verbindung setzen können!"

Der Registrator hatte sich längst entfärbt und zitterte vor Wuth. Er mochte den Gedanken an Sophien um so weniger aufgeben, als sie ihn dazu noch nicht aufgefordert hatte und die Schlaue sich auf alle Fälle einen Rückzug offen zu halten schien: einen in die Jugend, einen in das leichtfertige und den dritten in das gesetzte Alter. „Ich bitte um Entschuldigung," sagte er, um den Consistorialrath zu veranlassen, ihn darum zu bitten, „Sophie ist ein unschuldiges Geschöpf, das nur im Bewußtsein seiner Reinheit jenen falschen Schimmer nicht zu scheuen braucht, den eine theils schwierige, theils harmlose Stellung wirft. Würde die Baronin Celinde, diese keusche Nachtviole, Sie kennen diesen überirdischen Hauch eines mehr Engels als Weibes —"
— „Ach," unterbrach Frau Doctor Mörder diese poetische Schilderung, die auf Sophien einen Abglanz werfen sollte, „wer kann das Innere dieses Hauses errathen! Die stillen Wasser sind die tiefsten. Die Baronin scheint an dem reizenden Burschen" (hier griff Mörder zur Theetasse, um den kalt gewordenen Inhalt zu leeren, und Wiesecke schon beinahe nach dem Stock) „nicht weniger Gefallen zu finden, als die Gesellschafterin. Der würde nicht den Kopf so hoch tragen können und so rothe Wangen haben (während es ihnen oft am Nöthigsten fehlt und der Wirth keine Miethe bekommt), wenn ihm nicht irgendwo die schwarzen Locken gekämmt und die Barthaare gestutzt würden." Frau Mörder sprach dies mit einem so sichtlichen Verlangen, es in dieser Zutraulichkeit den vermeintlichen Sünderinnen nachthun zu dürfen, daß Registrator Wiesecke, als hätte er sich auf das Nadelkissen der Doctorin gesetzt, aufsprang und das Kriegsministerium vorschützte, um nur freie Luft und Rache schöpfen zu können. Sei es nun, daß er von Sophiens Treue eine so gute Meinung hatte, wie sie gewiß von der seinigen; sei es, daß er von dem Baron Satan von Höllenstein, seinem Vorgesetzten, die gemessensten Befehle hatte: genug, er wollte wenigstens

den Schlachtenmaler einen Blick auf das Gemälde seiner noch immer ungetrübten Hoffnungen werfen lassen und ersann sich einen Brief, den er ihn bitten ließ, da er ja täglich das Höllenstein'sche Haus besuchte, noch heut' Abend mitzunehmen. Die Oblate des Billets feuchtete er mit den Flüssigkeiten seines Mundes so heftig, daß es lange währte, bis sie getrocknet sein konnte. Er wünschte, daß Schlachtenmaler sich selbst von dem zuversichtlichen Tone überzeugen sollte, den er das Recht hatte, gegen Sophien zu gebrauchen. Nicht einmal ein Petschaft (sonst immer zwei sich schnäbelnde Tauben) drückte er darauf. Schlachtenmaler eben im Begriff, Celinden zu besuchen, nahm den Brief und las ihn, da er offen genug war. Wiesecke sprach wie trockenes Verstandesholz, das durch übermäßiges Reiben plötzlich zu rauchen anfängt und zündet. Eine Wärme, wie von nassem Heu, sprach sich darin aus. Das Drolligste war ein Stelldichein, das sich Wiesecke für den Abend so keck bestellte, als wär' es ein Fußbad. Der Bote drückte das Papier wieder zu und hoffte dem Stelldichein einen Fuß zu unterstellen. Sophie wollte den Brief nicht nehmen, als er an ihr vorüberging und zu Celinden eilte, mit der er die griechischen Tragiker in deutschen Uebersetzungen las. Sie hielt ihn fest und schalt ihn seiner Zerstreuung wegen. Da er Celinden zueilte, zog sie ihn mit Gewalt in ein von ihr entferntes Zimmer und weinte, weil sie nicht mehr wisse, wohin. Es wäre ihr das Liebste, wenn er mit ihr fortginge. Er machte sie mit Salbung auf die Pflichten aufmerksam, die sie gegen den Registrator hätte; allein dieser war bei ihr immer nur die äußere, schützende Schale für einen Kern, den Schlachtenmaler errieth, aber aus Achtung vor Celinden nicht aussprechen wollte. Geräusch nebenan trennte Beide, und Schlachtenmaler trat beklommen, wie jeden Abend, zu Ce= linden, die ihn längst erwartet hatte.

Die zartesten Gespinnste hatten sich seither um diese beiden Menschen gelegt. Sie tauschten Alles gegen einander aus, was die Veranlassung und dauernde Grundlage der Liebe ist, ohne an diese selbst zu denken oder sie gar zu nennen. Beide nahmen sich wie Aufgaben, die sich zu lösen hätten: denn Celinde schwärmte dafür, den jungen Mann von den Ueber=

treibungen seines Gemüths und all' den Narben und Höckern seines Wesens zu befreien. Er dagegen suchte ihr Geschmack an dem Satze beizubringen, daß alle Dinge zwei Seiten haben; sie, daß die Wahrheit und die Schönheit nur eine einzige, ewige und unveränderliche Form hätte. Was er in hundert Falten legte, das zog sie in eine schöne und aufrichtige Ebene auseinander. Sie hatte ganz den Enthusiasmus junger Frauen, Jünglinge, die sich vom Gegebenen allzu weit entfernen, auf das Leben und seine Gesetze zurückzuführen und sorgsam hütete sie an dem Paradiese ihrer Gespräche, wie ein Engel mit dem feurigen Schwerte, um ihn immer wieder in die Hecken zurückzutreiben, wenn er sie zu überspringen, und wie sie's nannte, nicht gut zu sein drohte. Und er dagegen! Wie gern hätt' er sie für den Humor empfänglich gemacht und wie wenig gelang es ihm mit Jean Paul, sie dahin zu bringen, wohin er sie bringen wollte! Sie hatte ein durchaus classisches Gemüth, das an dem Humor nie die Doppelstimme unterscheiden konnte, sondern im raschen Umflug ihres pochenden Blutes alle Farben gleich wieder in eine verwandelte, in die blaue, die Farbe des Vertrauens und der treuen Beruhigung, gleich dem Azur des Himmels. Sie ertappte ihn gleich, wenn er, wie strengere Richterinnen würden gesagt haben, in Thorheiten verfiel, oder wenn er, wie er sich oft selbst später im Stillen eingestand, faselte. Er konnte locken und blasen und die schönsten Töne aus seinem poetischen Wunderhorn zaubern, sie ging nie mit ihm in den Wald der Grübelei, wenn er nicht die gebahnten Fuß- und Fahrwege einschlug. So hatte sie, ohne es zu wissen, sich die keuscheste Unschuld in ihren Gedanken erhalten, den einzigen zauberhaften Brunhildsgürtel, der stark genug ist, Frauen zu wahren selbst gegen Siegfriedsanfechtungen, so lange nämlich solche geistig bleiben und nicht, wie in der alten Sage, körperlich werden.

Oft aber, und gerade heute, war Celinde doch nur ein schwaches Weib und der Liebe so nahe, daß nur noch das Geständniß fehlte, was freilich Alles ist und das nie kommen wird, wo man sich nicht zur Schuld bekennen will. Sie fühlte sich so tief in die Empfindungen ihres Freundes hinein, daß sie ihm ansehen konnte, wie er litt, wenn sie Anderen gehörte, die kein größeres Recht auf sie hatten, als er oder ihr Gatte. War er doch schon oft abgewiesen worden, wenn sie Gesellschaft gab, und hatte geschworen, nicht wieder zu kommen. Und nun, statt ihn über das Unumgängliche aufzuklären, litt sie darüber mehr als der Schmollende, und schämte sich, wenn sie ihn wiedersah, weil sie doppelt fühlte erstens ihr Unrecht und sodann seine Kränkung. So war es gestern gewesen und heute wagte sie nichts davon zu erwähnen und saß still und fast beschämt da, als er kam. Er trat mit jener vornehmen Entsagung ein, die aber die Mischung einer Entbehrung und eines Stolzes ist, der sich über sie hinwegsetzt und verrathen soll, wie wenig ihm an etwas gelegen, das er nicht haben konnte. Er schlug den Solger'schen Sophokles auf und las die ersten Scenen der Elektra. Mit erstickter Stimme, die sich mühsam aus seiner schwer belasteten Brust hervordrängte, gab sie das Zeichen ihres Verständnisses seiner Erklärungen. Als er schon beim ersten Chor war und ihr Alles bunt durcheinander lief, fragte sie ihn, ob er zürne, und gerieth, als er antwortete: weshalb? nun erst recht in Verwirrung: denn sie mußte doch annehmen, daß es ihn kränken könne, ihre Fenster hell erleuchtet und sie nicht selbst zu sehen. Es währte lange, bis Schlachtenmaler das ängstliche Schweigen durch ein geborgtes Lachen arithmetisch aufgehen machte und Celinde dann, um doch etwas zu haben, um sich rächen zu können, ihm sagte: er thäte doch Alles, um ihr den Sophokles zu verleiden! Sie sprach diesen Schmerz, den ihr die griechische Literaturgeschichte verursachte, mit so viel Wahrheit aus, daß Schlachtenmaler mit Ernst fortfahren wollte; aber sie nahm ihm das Buch und schlug es zu. Der junge Mann war einen Augenblick still; dann sagte er: „Und nun seh' ich wol, was ich bin: das Buch ist zu, und die Thür geht auf. Ich sollte nun gehen und werde es auch." Celinde sagte nichts früher, als bis er wirklich aufstand. Da sprach sie denn endlich: „Eine Brücke muß es zwischen uns geben, lieber Oscar, eine schnell aufgeschlagene und abgebrochene Schiffbrücke. So unmittelbar würden wir uns auch nie verstehen; unsere elektrische Kraft (sie brauchte das Wort aus Erinnerung an Elektra) muß erst einen Leiter haben. So zünden ja manche Raketen erst, wenn sie in's Wasser kommen. Wir müssen uns nur durch Bücher, Musikalien und Zeichnungen nähern und in der Sprache dieser Dolmetscher uns unterhalten. Das sehen Sie gewiß ein und rücken mir's nun vor, als hätten wir nur mit einander zu lesen und zu zeichnen und Musik zu machen!" Schlachtenmaler war gewiß harmlos und achtete die Schranken, die ihm die Verhältnisse zogen. Deshalb kränkte Celinden gerade sein Drängen und sein Ungestüm; sie wußte, wie edel er von sich und ihr dachte, nur hatte sie schon oft an ihm tadeln müssen, daß Männer überhaupt ihre Kraft gern in den Vordergrund schieben und, wie Hercules mit der Keule spielen, während sie doch gezähmt sind und recht gern spinnen, wenn es Omphale verlangt. „Kein Mann," sagte sie ihm, „kann doch so groß sein, daß er ein Weib achtet, ohne mit den Vortheilen zuweilen zu drohen, welche er voraus hat. Nur die Männer sind es, welche gemischte Freundschaften unmöglich machen. Die sind wie gezähmte Thiere, bei denen man immer gewärtig sein muß, daß sie einmal plötzlich wieder in den Zustand der Wildheit zurückfallen." — „Nun," sagte Schlachtenmaler, „zähmen Sie diese Leidenschaften!" und führte Celinden an's Clavier. Sie ging widerstrebend und mischte noch in die Noten, die sie suchte, die abgerissenen Worte: „Ich bin wahrhaft unglücklich mit Ihnen. Ich hege für Sie die reinste und innigste Freundschaft und Ihre Unbeständigkeit macht mir meine Treue so schwer und dornenvoll." Sie klingelte heftig, um Sophien zu rufen, die doch jetzt, wo sich die Stunde in eine Erholung verwandelt hatte, nicht fehlen durfte. Sie kam nicht. Sie klingelte stärker. Sophie ließ nichts von sich hören. Schlachtenmaler hatte den Hut in der Hand und war schnell aus dem Zimmer. Draußen stampfte er mit dem Fuß auf und schwur, nie wieder zu kommen.

Es war ein dunkler Abend, herbstfeucht. Schlachtenmaler wandte sich in den Hof und ging in den Garten, weil er gehen und sich doch nicht trennen mochte. Er blickte auf den Hof zurück; Alles war dunkel; nur Sophiens und die Fenster der Dienerschaft waren hell. Wenn die Sentimentalität darin besteht, daß man seine Gefühle nicht nennen kann, so befand sich Schlachtenmaler im höchsten Stadium derselben. Denn was durchkreuzte sich nicht Alles in seinem Innern! Eine Völkerwanderung von Gefühlen und Vorstellungen fluthete über ihn her; Altes starb, Neues kam; er war in einer Stimmung, wo man noch so sehr von der Unschuld der Welt überzeugt sein kann und doch Alles in ihr anklagen möchte. Ueber wen wären so nicht zuweilen die Wellen eines erlebten Tages zusammengeschlagen, bewußtseinraubend, erstickend und doch immer wieder einen Moment ebbend, daß man Athem schöpfen kann zum neuen Anbrang der Fluth! Sein Stolz und sein Muth machten ihn zum Götterbild, das aber an hundert Stricken geschleift und zertrümmert wird. Hier zog eine Macht, dort stieß eine andere zurück. Er sank wehmüthig auf den feuchten Rasen nieder.

Nur zu grell flackerten wie verglimmende Strohhalme alle seine Verhältnisse vor ihm auf. Biß in die ersten Tummelplätze seiner Jugend grub er sich hin und jetzt erst empfand er recht, wie frostig die Hand des Schicksals war, die ihn früh gesegnet. Wo ihm etwas nicht schwarz genug in seinen Erinnerungen schien, da zog er seine Brüder heran und empfand statt ihrer ein Loos, das sie noch nicht so reif wie er unterscheiden konnten. Wie ein unbemerkter Bach stürzten ihm die Thränen in die Gräben hinein, die er zog, als ihm die graue Gestalt seines Vaters überall in seinen Vorstellungen begegnete und er sich wol sagen mußte, welch' ein reicher Lebenstrieb an diesem Manne in ein so frostiges Klima gestellt war! "Wie steht er da," flüsterte er sich zu, "ein Fruchtbaum mitten unter Tannenkiefern, eine indische Palme auf deutschem Sande! Versteinert sind schon seine Gefühle und das Moos der Kirchhöfe zieht sich über die geborstene Rinde seines Herzens. Er ist eine Cisterne in der Wüste, die Niemanden mehr erquickt, denn ihr Inhalt hat sich in Salz verwandelt. Was hätte er wirken können, wenn er sich in dem Laub, das von seiner Krone fällt, hätte betten und nach und nach seinen nächsten Umkreis mit dem abgelegten Winterschmucke düngen können! Wie fett würde dann sein Boden geworden sein, während ihm jetzt der Wind des Schick=

sals oder die Bettlerlage, in welcher er lebt, Alles gleich fortweht, was er zum Schutz seiner Entwicklung hätte brauchen sollen! Nun seh' ich ihn einsam in dem Gespinnst seiner Hoffnungen leben und von der Treibhauswärme der falschen Erziehung, die er uns gegeben, den Emporwuchs eines majestätischen Urwaldes erwarten, unter dessen säuselndem Schatten er selbst wieder die wilde Freiheit der Selbstbestimmung zu gewinnen hofft, die er seinem verfehlten Loose opfern mußte!"

Das mußte dem jungen Manne wie ein krampfhaftes Lächeln über die Wangen fahren: Treibhauswärme! Und doch fühlte er, wie Alles, was er konnte und verstand, nur leise in den Flugsand gedrückt war oder wie Zwiebeln über einem Wasserspitzglase lag, ohne daß man die weißen langen Wurzeln schon hätte sehen können. Er mochte die Welt, die Wissenschaft und Kunst mit starken Armen umfangen, und es fehlte ihm die innere Reife, um den zärtlichen Bund durch tiefe Kenntnisse und geregelte Worte zu befestigen. Nur sein Eifer und sein ungestümer Drang war da. Doch fühlte er, daß er damit Alles erobern, aber nichts behaupten konnte. Was war überhaupt sein Antheil und seine Hoffnung auf's Leben! Weder für das, was er sein sollte, noch für das, was er sein mochte, hatte er die nothwendigsten Voraussetzungen; und wie er — so seine Brüder, für welche er, klar geworden über das verfehlte Erziehungsprincip, eine väterlichere Stimmung hatte, als der Vater.

Und was sind alle diese von den Umständen selbst gegebenen Gefühlsanklänge, diese unvermeidlichen Echos der ausgeführten Lebensmelodieen, gegen jene Fülle von verworrenen Dissonanzen, die auf jugendlich = strebende Gemüther eindringen, wenn sich einmal der Nachtthau der Melancholie in ihre Kelche legt! Ach, ein so schwerer Alp lag auf seiner Brust. Es drückte ihm eine so ungeheure Last fast das Herz ab. Es war dies Celinde nicht allein, die sich wie ein Kranz von entwurzelten Vergißmeinnicht um den feuchten Feldstein in der Mitte zog, der sein ganzes Leben und Dasein bedeutete. Es war mehr als diese Thorheit, der doch sein gesunder Sinn nicht lange nachzuhängen vermochte. Nennen konnte er es aber nicht. Er hätte es vielleicht ein ander Mal so beschrieben: Gewiß schlägt Gott irgendwo die Saiten der Weltregierung so heftig an, daß ein zitternder Nachhall den ganzen Resonanzboden der Schöpfung erschüttert und etwas in uns erbeben läßt, was vom Zwerchfell gerade das entgegengesetzte Organ ist. Das Auge und die Thräne sagen nicht Alles. Oder sollt' es wahr sein, daß wir schon einst auf einem schöneren Planeten gelebt haben, ohne es wissen zu dürfen oder zu können? Will sich die göttliche Erinnerung des Plato einen Weg über die dicke Hornhaut unseres tellurischen Daseins bahnen? Meldet sich so geheimnißvoll das, was wir vergessen haben? Aber zum Beschreiben ist es nicht und auch unnütz, da ein jedes Herz, das tiefer liegt, als das Niveau der gewöhnlichen Menschennatur, da jedes jugendliche Gemüth, das die Einsamkeit gesucht und die lockende Nirensprache der in ihr schlummernden Geheimnisse nicht gefürchtet hat, fühlen wird, was Schlachtenmaler damals fühlte. Wehe dem Jünglinge, dem es nicht manchmal war, als wüchsen ihm Flügel und als lebt' er nicht mehr!

Indem Schlachtenmaler durch die langen Weinlaubgänge wandelte und, was ein Rheumatiker nicht hätte thun dürfen, die feuchte, nebelhafte Ausdünstung derselben wie Kühlung seiner inneren Gluth einsog, zuweilen auch wol ein Spinnengewebe zerreißen mußte, das über dem Wege hing, war es ihm, als bemerkte er in dem Pavillon mit der künstlichen Aussicht Licht. Doch verglomm der Schimmer sogleich, wie er ihn gesehen. Nun aber war es ihm, als huschte am Ende des Weinlaubganges ein Schatten vorüber, der nur von einer menschlichen Gestalt kommen konnte. Sollte sich wirklich, rieth er, die Liebe des hektischen Actenmenschen so entzündet haben, daß sie ihn mit Fieberhitze in den feuchten Garten zu bem gewünschten Stelldichein trieb? So hatte Wiesecke beim Kriegsdepartement nicht blos eine Anstellung, sondern auch Muth! Er mußte nicht blos ein Register über die Pistolen der Landesarmee zu führen, sondern trug wol gar selbst welche? Schlachtenmaler konnte der Versuchung nicht widerstehen, auf ihn Jagd zu machen. Als er dort stand, wo er den Schatten erblickt hatte, sah er nur den Pavillon wieder noch ein wenig aufblitzen. Er spitzte seine Sehkraft, um das

Dunkel, das ihn rings umgab, zu durchbringen. Der Wartende schien ihn zu bemerken und beeilte sich. — „Wart'," dachte Schlachtenmaler, aus Aerger, daß er sich nicht getäuscht hatte, „ich blase Dir das Pulver von der Pfanne." Damit lief er schnell die Anhöhe zum Pavillon hinauf und trat den Harrenden so heftig und schnell an, daß dieser zurückfuhr und vor Schreck den Mantel von der einen Schulter fallen ließ. Schlachtenmaler schoß eiligst an ihm vorüber und den andern Theil des Hügels wieder hinunter. Ein Unbekannter, mit dunkelm Barte, hatte ihn angestarrt. Nun fürchtete er Verrath und lief an die Gartenthür zurück, durch welche Sophie soeben hineinschlüpfen wollte. Er zog ihr im Nu die Haube tief auf die Nase herunter und eilte davon. Jetzt nun zweifelte er nicht, daß der Posten am Pavillon der Baron Satan von Höllenstein gewesen war.

Siebentes Kapitel.

„Der Journalismus ist eine Pest."

Löffler, über die Gesetzgebung der Presse.

Die Relegation mußte für die Brüder besonders deshalb so schmerzhaft sein, weil diese Mine in einem Augenblick sprang, wo sie es am wenigsten erwarteten. Sie hatten bei dem bevorstehenden Winter sich vorgenommen, ihre Eingeweide in Erz zu verwandeln, wie es von jenem alexandrinischen Grammatiker heißt: er war so außerordentlich fleißig und konnte so anhaltend arbeiten, daß man hätte glauben mögen, er besäße einen ehernen Unterleib. In dem Augenblick ließ die Clique den Mordschlag springen und die vier Brüder waren relegirt.

„Ich sage, dies ist ein Glück für uns," tröstete der Aelteste. „Ein Kaufmann fallirt lieber bei Zeiten, als daß er durch zu langes Hinhalten seines zerrütteten Zustandes sich um alle Möglichkeit bringt, durch Credit wieder aufgerichtet zu werden. Besser, sie weisen uns ab, wo wir noch nichts haben, als daß sie unsern Fleiß und die ihrem Reglement geopferten Jahre durch ihren unverbesserlichen Haß zunichte machen. Der Kessel unsers Dampfbootes sprang am Ufer und noch nicht auf der hohen See. Nun gilt's einen tiefen und entschlossenen Griff in die Urne des Schicksals."

Besser, meinten die Brüder, sie könnten recht tief und entschlossen in ihren Geldbeutel greifen: denn in diesen schiene Sonn' und Mond hinein. Die Zubuße der Eltern wäre Wasser auf einen glühenden Stein und hülfe zu weiter nichts, als durch kleine Bezahlungen die Wunde ihrer Schulden nur ewig offen zu erhalten. Das Verhältniß mit Celinden wäre ebenfalls abgebrochen und die Sophokles-Vorlesung trüge nichts mehr ein. Von Sophien zu borgen, wäre doppelt schamlos. In ihrer Lebensart könnten sie nichts herabstimmen, da Schmalhans längst ihr Küchenmeister sei.

Die Brüder Däumling's im Märchen konnten nicht verzweifelter über ihre Lage rathschlagen, als die Söhne Blasedow's über die ihrige. Ueber den kleinen Stock, den man ihnen mit der Relegation vorgehalten hatte, sprangen sie schon hinweg; aber sie waren rasch aufgeschossene Knaben, viel zu alt, um die Scharten ihres Rufes so bald wieder ausbessern zu können und zu hungern vor den Leuten. Alboin sprach von einer Auswanderung nach Amerika, was ihnen nur erst dann lächerlich vorkam, als sie einsahen, daß sie dort Handarbeiten hätten verrichten müssen. Theobald schlug vor, unter die Soldaten zu gehen; allein die Landesuniform sagte ihrer Phantasie nicht zu. Sie ergriffen das Wochenblatt und durchliefen die Reihe von Dienstanerbietungen in den verschiedensten Fächern; aber nichts war dem Adel ihrer, wenn auch noch so mangelhaften, Bildung angemessen. Und nun schlägt wol zuweilen der Blitz mitten in eine solche Nacht der Verlegenheit und zündet so schnell, daß im Nu ein ganzes Gebäude in lichterlohen Flammen steht; alle Zweifel sind besiegt, keine Rücksicht wirft uns mehr Hindernisse in den Weg, die Abhülfe einer Noth ist mit dem größten Wohlgefühl verbunden, und so fuhren Alle, wie von einem elektri=

schen Schlage getroffen, empor, als Schlachtenmaler den
blitzschnellen Gedanken, der ihnen mehr als blitzhelle aus der
Münze kommende Thaler war, auf den Tisch warf und ausrief: „Wir geben ein Journal heraus!"

Die jungen Leute geberdeten sich, als wären sie von der
Tarantel gestochen. Sie turnten über Stühle und Tische
fort, wieherten vor innerm Jubel wie junge Rosse, schlugen
mit geballten Fäusten auf sich ein, drückten sich unter einander, daß ihnen Hören und Sehen verging, trommelten mit
Händen und Füßen, als gält' es, die Welt auszupochen, und
Amandus schlug so viel Räder im Zimmer, daß wirklich eine
Wasserflasche darüber verloren ging und sie sich erst sammelten, als sie die Scherben sammelten. Was hatte nun
der Registrator noch nöthig, seine Mißbilligung des Lärms
durch ein ihm vom Wirth gestattetes Anpochen auszudrücken?
Er mußte noch immer wie der Todtenkäfer, der in der Wand
wühlt, sich zu erkennen geben und hatte diesmal eine schlechte
Stunde zu seinem memento mori gewählt: denn Schlachten-
maler, der ruhig am Fenster gestanden und die Steine der
Straße gezählt hatte, als wären es Abonnenten, wandte sich
um und sagte auch: „Der Schuft ahnt nicht, welche Waffe
wir in diesem Augenblick gegen ihn gefunden haben. Der
Journalismus ist das geistige Recht des Stärkern in unserer
Zeit. Dieser Actenschreiber hat mit geholfen, uns in die
Tinte zu bringen; bringen wir ihn in die Druckerschwärze,
so wird er den Unterschied merken. Seine aus vertrockneten
Galläpfeln gefertigte Verleumbungstinte schlägt durch das
Fließpapier unserer Unschuld hindurch; aber unsere Druckerschwärze könnte ihm Schriften darauf setzen, die allgemein
leserlich und unauslöschlich sind."

Inzwischen setzten die Brüder Stühle um den Tisch und
fingen an, über Mittel und Wege nachzudenken, um zur Erfüllung der glänzenden Vorspiegelungen des Schlachtenmalers
zu kommen. Er spann ihnen ein Netz von Vorschlägen und
darauf begründeten Hoffnungen aus, in welches ganz Kaputh
verstrickt war. Er setzte die Stadt auf dem Papier in
Belagerungszustand. Er zeigte ihnen Weckenesel, wie dieser
verzweifelte. Jede Mücke, die sich auf das Akademiegebäude

setzte, konnte er tilgen und nur die gedruckten Fliegenflecke nicht, die ihm die wilde Gesellschaft an die Fensterscheiben seiner Verwaltung des Instituts machen wollte. Er zeigte ihnen die Entrüstung Blaustrumpf's, wenn sie Elfenmärchen und Hoffmann'sche Teufelsnovellen in das Journal aufnähmen und über den Somnambulismus berichteten. Und der Registrator, fuhr er fort, müsse immer in der Luft schweben, als geprellter Fuchs, indem sie alle Vier die Zipfel ihres Papiertuches ergriffen.

Man kann nicht sagen, daß die Brüder höhere Ideen mit diesen niedrigen verbunden hätten. Das Fürstenthum Sayn=Sayn war weit aus dem Zusammenhange mit den politischen und literarischen Wirren des Jahrhunderts gerückt. Es litt nicht einmal consensuell an dem fieberhaften Zeitgeiste und hatte gerade in der Chinarinde seiner chinesischen Mandarinenverwaltung auch schon Präservativ genug in sich, um vor dem Fieber der Revolution sicher zu sein. Die Brüder waren ohnedies, da Sayn=Sayn zum deutschen Bunde gehörte, der Censur, aber nicht den Weitläufigkeiten von Concessions=Einholungen und erst zu bestehenden Staatsprüfungen ausgesetzt. Sie hatten keine Abgaben zn zahlen, wie andere Blätter, die neben dem Stempel der Gemeinheit auch noch den Landesstempel als schützendes Wappen auf sich zu stehen haben. Das Fürstenthum hatte bisher nur zwei Journale: das Kaputher und das Mißpelheimer Wochenblatt — zwei Erscheinungen, die an Perioden geknüpft waren, ohne Epoche zu machen. Caution wurde keine verlangt, als höchstens vom Buchdrucker. „Der bisherige landesübliche Journalismus," sagte Schlachtenmaler, „war nur das erste Kindeslallen der periodischen Presse bahier, Hercules in der Wiege, und doch soll er noch vorher eine Schlange erdrücken." Die Brüder sahen ihn fragend an, aber er erklärte, sein Plan wäre zur Mittheilung noch nicht reif. Sie fuhren fort, die Umstände zu erwägen. Die Censur war gewiß gelind: denn dieser Institution geht es wie den reißenden Thieren, sie werden erst wild, wenn sie Blut geleckt haben. Noch waren in den Wochenblättern von der Censur nur höchstens sinnentstellende Druckfehler gerügt worden und ihr Interesse weit weniger politisch, als grammatikalisch. Früher hatte man zwar keine Censur im Lande; allein, da die Kaputher Baulust, wie früher erzählt worden, und die Dichtkunst mit ihr in Schwung kam, wir meinen, da man anfing, auf jedes neue Haus eine passende Inschrift zu setzen und mitunter wohl auch eine unpassende, so hatte die Regierung einen eigenen Inschriften=Censor installirt, der den landesüblichen Lapidarstyl beaufsichtigen mußte. Man rechnete zu dem, was diesem Beamten zugewiesen wurde, nicht blos die Häuser=Inschriften, sondern auch die Grabsteine und die von den Töpfern auf die Geschirre gesetzten Bibelsprüche. Wer möchte hier Blaustrumpf's Einfluß verkennen und zweifeln, daß dies wichtige Amt Mörder zu versehen hatte! Blaustrumpf suchte die mystischen Wendungen zu hintertreiben, die gewöhnliche Leute zu nehmen pflegen, wenn sie im Lapidarstyl sprechen. Hatten doch viele Besitzer neuer Häuser geglaubt, sie dürften Christus und seine bekannte Prophezeiung über den in drei Tagen wieder aufzubauenden Tempel auf feine Art mit ihrer Hausthür in Verbindung bringen. Aber Blaustrumpf befolgte den Grundsatz, daß erstens diese Stelle wahrscheinlich untergeschoben sei, und zweitens, daß die Erwähnung der Auferstehung und ähnlicher Beziehungen immer ein zweideutiges Licht auf das Baucollegium fallen lasse, weil letzteres nur massiv baue, und Wörter wie Staub, Einsturz und dergl. hier keinen passenden Sinn abgäben. Auf diese Art hatte Mörder alle Inschriften und sogar die der Töpfe und Schüsseln („denn auch hierher," sagte Blaustrumpf, „passen Sprüche aus Hufeland's Kunst, das Leben zu verlängern und aus Campe's Theophron mehr als Bibelverse") zu beaufsichtigen. Das Kaputher Wochenblatt machte ihm weniger zu schaffen, als der vaterländische Lapidarstyl.

So ergab sich denn, daß die jungen Journalisten nur eine Schwierigkeit zu beseitigen hatten, Druck und Papier. Sie hatten schon die lachende Fernsicht in eine mit Abonnenten gesegnete Zukunft aufgezeichnet, ein Tempel von Ruhm und harten Thalern winkte ihnen; aber, um ihre späteren Schlachten zu liefern, mußten sie Vorschüsse haben. Ihre Casse war leer. Der einzige Buchdrucker in Kaputh war Besitzer des Wochen=

blatts und würde sich gehütet haben, sich ohne Bezahlung durch Beförderung eines Nebenbuhlers selbst wehe zu thun. Sie rechneten: Nehmen wir für das Blatt jährlich zwei Thaler, so werden wir hundertundzwanzig Abnehmer haben müssen, um die Kosten zu decken. Diese zu finden, schien ihnen ein Leichtes in einer Stadt, die sich durch wissenschaftliche und Kunst=Anstalten auszeichnete, Sitz eines feingebildeten Hofes und der höchsten Landescollegien war, und auch gerade jetzt im Winter Sitz eines Theaters. Es fehlte nur ein Drangeld, ein Auftact für das mit dem Buchdrucker aufzuführende Ensemble. Schlachtenmaler besann sich, war lange stumm und erklärte dann, er wüßte ein Mittel, zu Geld zu kommen; dasselbe hätte die Eigenschaft, auch noch eine Rache zu kühlen, sonst aber etwas gefährlich zu sein. „Indessen," fuhr er fort, „könnte Einer von uns im Nothfall dazu kommen, acht Tage sitzen zu müssen. Die französische Journalistik kommt ja aus den Gefängnissen nicht heraus und ich wette noch, daß ich die Sache wenden kann, wie ein Advocat."

Hätte Schlachtenmaler auch nicht leiser gesprochen, die Brüder würden doch errathen haben, auf wen er sein Vorhaben gemünzt. Sie sahen Wiesecke als die eigentliche Ursache ihrer Relegation an und rechneten ihm sein mehrmaliges Anfragen, ob sie denn heute nicht in die „Schule" gingen, als heimtückischen Spott an. Schlachtenmaler flüsterte: „Er soll erstens in's Wasser und dann noch Geld zahlen, daß wir ihn wieder herausziehen." Er sprach so leise, daß die Muse abbrechen muß und nur aus dem, was folgt, auf den Inhalt seiner Worte rathen kann.

Niemanden vergeht die Zeit so schnell, als Schriftstellern, die für die Zeit schreiben. Der Journalist kennt die Langeweile nicht; er kann nie Hypochonder werden. So jagen jetzt auch schnell die Horen im wilden Tanze an uns vorüber. Die Brüder leben in ihren Planen und üben sich in der Sprache. Sie dichten und beurtheilen sich untereinander. Sie schreiben Recensionen über Bücher, die sie nicht gelesen, über Schauspieler, die sie nicht gesehen haben. Sie gleichen jenen Advocaten in Neapel, die im Gerichtshof, wenn Freunde kommen, rasch über Criminalfälle disputiren, die nur erfunden sind, um ihre Beredtsamkeit zu zeigen. Sie üben sich an Türkenköpfen, um künftig im Turnier christliche zu treffen. Schlachtenmaler vergaß die Akademie, Amandus die Ofenfabrik, die sie doch noch immer besucht hatten. Oscar's Talent zu einem zweiten Wouwermann kam immer mehr außer Uebung. Er zeichnete Caricaturen, um das Journal damit zu schmücken. Während die Jüngeren Gedichte und Novellen schrieben, trat er die Theaterkritik an Amandus ab. „Eigentlich sollte sie der schreiben, der am wenigsten Bart hat oder sich selbst rasirt;" sagte er. Man könne unmöglich humoristischer und satyrischer Schriftsteller, d. h. auch Theaterrecensent sein und zu gleicher Zeit sich von einem Andern rasiren lassen. Wer könnte einen Kopf voll lustiger Einfälle einem Barbier anvertrauen? Oft wären seine Gesichtsmuskeln zum Lachen verzerrt, ein drolliges Bild falle ihm unter der Hand des Barbiers ein und seine Nase wäre stets auf das Spiel seiner Einbildungskraft gestellt! Er könne nicht glauben, daß Swift und Molière sich hätten von Anderen rasiren lassen und der Tyrann Dionysius, wüßte man nicht bestimmt, daß er mehr zum Sensationsdrama als zum Lustspiel geneigt war, würde deshalb für einen Humoristen gehalten werden können, weil er sich seinen Bart mit heißen Nußschalen abzwicken ließ.

Kaum hatte Schlachtenmaler geendet, als sich im untern Hause ein Lärm erhob und eine zeternde Stimme die Treppe heraufdrang. Schlachtenmaler hatte das neueste Wochenblatt, das er vom Hauswirth zu leihen pflegte, noch naß in der Hand und warf einen verstohlenen Blick hinein. Indem stürzte der Registrator Wiesecke und der Wirth, dessen Ehehälfte und der Geselle in's Zimmer und verlangten im Chor nach dem Wochenblatt. Wiesecke schlug die Hände über dem Kopf zusammen; denn er hatte es schon gelesen, während die Brüder nicht wußten, was sie zu diesem Ueberfall sagen sollten. „Entschuldigen Sie, Herr Blasedow," sagte Wiesecke lauernd und leichenblaß; „zeigen Sie einen Augenblick das Wochenblatt. Lasen Sie's noch nicht?" Schlachtenmaler entfaltete es und stellte sich, als säh' er nicht, was er längst gesehen hatte. Der Hauswirth setzte die Brille auf, seine Frau stand auf den glühendsten Kohlen der Neugierde und der Gesell blickte schadenfroh auf den Registrator, der mit zitternden Händen in dem Blatte suchte, es dann dem Schuh= macher hinhielt und wie vernichtet ausrief: „Lesen Sie!" Dieser buchstabirte: „**Zehn Thaler Belohnung** dem= jenigen Menschenfreunde, welcher im Stande ist, mir den Verfasser eines frechen, ehrenrührigen, alle meine Privat= verhältnisse auf das Schimpflichste entstellenden und gestern zugesandten anonymen Briefes nachzuweisen. Wiesecke, Re= gistrator."

Schlachtenmaler sagte trocken: „Wenn Sie dergleichen schändliche Briefe erhalten, Herr Registrator, so würd' ich doch an Ihrer Stelle das Publikum nicht so offenherzig davon in Kenntniß setzen."

„Ei, so sagen Sie mir nur," entgegnete Wiesecke, „warum ich das Aufsehen mache? Wann hab' ich denn jemals einen anonymen Brief erhalten? Diese ganze Geschichte ist ja aus der Luft gegriffen und von Jemand anders in das Wochen= blatt eingeschwärzt." Da nun der größte Theil der Anwesen= den lächelte und damit wie in einem russischen Dampfbade nur auf den feurigen Ofen des Registrators mehr Wasser spritzte und ihm die Schweißtropfen auf die Stirn brachte, so rief er nun, indem er noch einen durchbohrenden Blick auf die Brüder und besonders den Schlachtenmaler geworfen und dann ging, aus: „Nun aber zwanzig Thaler Belohnung dem Entdecker Desjenigen, welcher dieses Publicandum geschmiedet hat und, um mich vor der ganzen Stadt in ein falsches Licht zu setzen, den Anwalt gegen Verleumdungen spielt, die mir Niemand auf Gottes Erdboden geschrieben hat!"

Als er hinaus war und ihm die Wirthsleute kopfschüt= telnd nachfolgten, flüsterte Schlachtenmaler: „Bis zu diesem Punkte wollt' ich ihn haben. Er setzt das Doppelte auf Ent= deckung jenes unberufenen Freundes. Einer von uns muß es gewesen sein, der die Annonce hat einrücken lassen; dann werden die zwanzig Thaler der Grundstein unserer Hoffnungen sein; ich wußte keinen anderen Weg, sie anzuschaffen. Wir losen, wer der Thäter gewesen, und ich versichere Euch, die Gerechtigkeit wird ihm kein Haar krümmen. Eine Injurie ist die Aufforderung nicht gewesen, sondern nur die Unter=

stellung einer solchen. Eine Namensfälschung ist sie freilich, allein ohne dolus malus, ohne Interesse. Es kann hier Alles, wahrscheinlich gar keine Klage stattfinden!"

Die Brüder fanden allerdings den Fall schwierig; doch sagte Amandus: „Was haben wir denn groß zu verlieren? Alle Wege sind gesperrt; laßt Einen von uns auch noch acht Tage in den Thurm kommen. Jetzt möchte ich es selbst sein, um nur viel schreiben zu können." Hatte er ruhmredig gesprochen, so hätte man ihn, da wirklich das Loos des Verbrechens auf ihn fiel, vielleicht später auf Muthlosigkeit betroffen. Er schlug aber ein Schnippchen und sagte: „Hätte Napoleon den Enghien nicht erschießen lassen, wer weiß, ob dieser nicht bald ihn!"

Der Registrator rannte wie ein angeschossenes Wild über die Flur die Treppe hinunter und trug einen Zettel in der Hand, den er an der Luft trocknete, weil er vielleicht fürchtete, der Streusand könnte ihm den Sinn seiner Ankündigung verwirren. Die Brüder waren gefaßt. So wie der Abdruck der versprochenen zwanzig Thaler für den Entdecker des Thäters im nächsten Wochenblatte erfolgte, entschloß sich Schlachtenmaler, dem Preissteller zu sagen: „Mit schmerzlichem Bedauern hab' ich sehen müssen, daß die Anstiftung des Scherzes, dem Sie so viel Ernst und Geld widmen, von meinem Bruder ausgegangen ist. Ich kann Ihnen wol sagen, daß ich glaubte, mich rührt der Schlag, als ich den ersten Entwurf der Anzeige mit Strichen und Verbesserungen unter den Papieren des Schlingels fand. Wenn ich die Summe die Sie dem glücklichen Entdecker ausgesetzt haben, nicht zurückweise, Herr Registrator, so denk' ich dabei nur an meine andern Brüder, die, wenn Sie den Thäter zur Rechenschaft ziehen sollten, um eine unserer Existenz sehr nothwendige, geschickte und gut belohnte Arbeit desselben gebracht werden. Die Gerechtigkeit muß ihren Lauf haben." So wollte Schlachtenmaler sprechen. Er, der die Natur seines Vaters geerbt hatte und wegen einer Anleihe von fünfundzwanzig Thalern fünfundzwanzig Nächte nicht hätte schlafen können, entblödete sich nicht, einen Mann, den er und der ihn haßte, zu prellen. Er tröstete sein Gewissen nicht einmal mit der Wendung, die Gelegenheitsdieben von Bildung eigen ist, daß sie hoffen, ihr Verbrechen in Kürze wieder gut zu machen. Wie verdorben sind doch diese Kinder!

Inzwischen wurden die Bausteine zu dem Journal von allen Seiten herbeigetragen. Man brach die classischen Gebirge der deutschen Literatur an und holte sich Auszüge als Quadersteine für das Backwerk, das die Brüder aus dem Lehm ihrer eigenen Kenntnisse und Fähigkeiten zusammenkneteten und im Ofen der Kritik des Schlachtenmalers zu leidlich massiven Steinen brannten. Die Zeitschrift sollte den Titel führen: Nichts. Ein Wochenblatt für Alles. Zu den Vorbereitungen gehörte auch eine künstliche Fehde, die sie, um dem Publikum Angst und Vergnügen zu machen, aufführen wollten. Sie wollten sich über des Kaisers Bart streiten und griffen sich mit satyrischen Lanzen an, die an der Spitze abgeplattet waren, ohne daß das Publikum es errathen konnte. Es war ein dramatisirtes Stiergefecht, wo die Wuth der gehörnten Kämpfer lediglich nur von einem bunten Lappen erregt wurde, wobei aber schmerzhafte Wunden vorkamen, aus versteckten Blasen nämlich, die sie mit Fischblut gefüllt hatten. Sie schnitten sich mit Hülfe phantasmagorischer Täuschungen gegenseitig die Hälse ab und verschluckten die giftigsten Schlangenperioden. Dabei nannten sie sich nicht etwa Hugo, der Rauschebart, Feodor Hell oder Giacomo Descamisado, sondern frischweg Pfarrer Ebeling im W.....schen, Doctor Schnupperer in G. u. s. w. Einstweilen lagen solche künstliche Fehden fertig ausgearbeitet da über 1) die Hundesteuer bei den alten Griechen; 2) das gestrichene F der Primadonna; 3) über die Abschaffung des Klingelbeutels beim Gottesdienste; 4) über die historische Größe des Alterthums; 5) über Deutsch oder Teutsch; 6) über die wichtige Frage: Wer war ein größerer Dichter, Schiller oder Goethe? 7) über Vernunft und Offenbarung; 8) über den Cölibat; 9) über die Emancipation der Juden; 10) über den Dativ oder Accusativ, den das Zeitwort kosten regiert. Und war dies nicht einstweilen Sand genug für die Augen der Abonnenten?

Schlachtenmaler aber wußte, daß ein Prospectus das

Schicksal der Zeitschriften entscheidet und wandte noch die letzten Blätter Papier, welche die Brüder, von allen Hülfsmitteln entblößt, aus ihren Schulbüchern vorn und hinten geschnitten hatten, dazu an, die Erscheinung dieses periodischen Nichts = Alles würdig einzuleiten. Er schrieb:

Denknisse*) über den Journalismus,
als Einleitung in das neue Journal:
Nichts. Ein Wochenblatt für Alles.

"Mit den Schriftzeiten nahmen die Zeitschriften zu, würde Saphir oder ein Clown bei Shakespeare sagen. Ich würde gern mit einem Citat aus Cicero oder Calderon anfangen, hätten diese Männer bereits meinen Gegenstand gekannt. Unscheinbar, wie die Quellen des Ganges, sind die Anfänge des Journalismus gewesen. Erst, als der Strom eine reißende Gewalt bekommen hatte, Strudel und Wirbel in ihm gährten und kreisten, da erwachte das volle Bewußtsein über diesen neuen Hebel der Geschichte, und die Menschen fingen an, ihn als solchen anzusetzen und für das zu nehmen, was er durch Zufall geworden. Indessen, der Gebrauch dieser Waffe wurde so allgemein, daß ihr Werth nur noch in der Geschicklichkeit besteht, womit man sie handhabt. Früher ließ man die Sichelwagen der Journalistik auf Gerathewohl in den Feind fahren, sie mäheten nieder, was ihnen begegnete. Jetzt trifft nur noch der gutgezielte Schuß. Die Journale sind kurzathmige Bücher, Kapitel eines größern Werkes geworden. In ihrer Form liegt nichts mehr, das für unser Jahrhundert etwas Außerordentliches wäre."

"Neu jedoch ist jene Gattung von Schriftstellern, welche wie Amphibien halb auf dem festen Lande der Literatur, halb im Strome der öffentlichen Begebenheiten leben. Die Journalisten sind die Geburtshelfer und Todtengräber der Zeit. Sie sind in ihren Fehlern leer wie gewöhnliche Blasen,

---

*) Nicht, um bescheiden zu sein und uns noch keine Gedanken zuzutrauen, sondern um den Beifall der gelehrten Welt zu gewinnen, machen wir gleich zum ersten Wort unsers Journals eine Note.
A. d. R.

aber in ihren Tugenden wie Hausenblasen, womit man den abgestandenen Wein der Wahrheit klärt. Das Stick- und Sauerstoffgas ihrer Umtriebe und falschen Eibe ist ein nothwendiges Element der Lebensluft geworden. Sie leisten nichts, das eine Form hätte, sie sind mit jener mathematischen Linie zu vergleichen, welche unsichtbar und fingirt und doch der Durchmesser der Erde ist, um welchen sie sich dreht."

„Die Literatur war eine feste Insel, welche der sie umgebende Wassergürtel der Journalistik allmälig aufgeweicht hat. Was in der Natur nicht geschehen würde (denn dort nimmt das feste Land eher wie in Aegypten zu, als wie in Holland ab), das ist im Reich des Geistes geschehen. Literatur und Journalistik bilden zusammen eine breiartige Masse von Erde und Wasser, von Bestehendem und Auflösendem, und erst die Sonne einer schöneren, beruhigteren Zeit, als die jetzige, wird diese Mischung austrocknen und Dichtung und Gestaltung begünstigen. Vielleicht wird es aber unserm eigenen tüchtigen Streben schon möglich, eine Scheidung der Masse hervorzubringen, und viel wird dazu beigetragen sein, wenn Journalisten-Charaktere, wie diese, die ich jetzt schildern will, statt der Schreibfeder durch Verzauberung plötzlich nur noch einen Fuchsschwanz in der Hand tragen."

„Einen aufgeschwollenen Podagristen, beleibt wie ein Schwamm, mit gläsernen, erloschenen Augen, zeig' ich Dir. Sein Haar ist von einem Galgenstrick gestohlen, er trägt eine Flachsperrücke, die flach und enganschließend auf dem fettigen Hirnschädel, dem Deckel heimlich erschlagener Gebeine, liegt. Diese matte Menschenpflanze richtet sich nur des Mittags ein wenig auf, wenn der Speiseduft und die Eiseskälte des Champagners sie erfrischt und die erschlafften Nerven kitzelt. Dann fängt die Nase an, einige frivole Modulationen zu versuchen, und wackelt den plumpen Scherzen voran, die das träge Rhinoceros seinen Nachbarn zum Besten geben wird. Er ist Junggesell, nie hat ihn ein liebendes Weib umschlungen, nie hat ihm ein Säugling, von dem er rühmen könnte: Er ist mein! Lächeln und Thränen zugleich entlockt. Die Gasthofreisenden des Mittags sind seine Familie, des Abends sind Spieler im Casino seine Verwandte. Man weiß, daß

er die Zeitungen liest und daß er ein Gewerbe davon macht,
die Politik zu verstehen. Frägt man ihn um eine Neuigkeit
des Tages oder die Wendung, welche die Völkerschicksale im
Allgemeinen durch sie erhalten würden, so antwortet der Ge=
fragte nur durch ein Stück Trüffelpastete, in welches sich seine
kurzsichtigen Augen vertiefen; er erklärt: daß nicht nur Alles
beim Alten bleibe, sondern auch ewig das Unrecht Recht,
Larifari Zeitgeist, Mensch Mensch und was man sonst an
Sprüchen dieser Art hat. Und doch hat dieser Mann (der
für lebend gilt, obschon er erstorben scheint in Allem, wie
eine Auster, deren Schale erbrochen ist) einen höchst wichtigen
Einfluß auf die Geschichte seiner Zeit sich zu eigen gemacht.
Er schreibt in die meisten politischen Blätter Deutschlands
Correspondenzen, aber selten von dem Orte, wo er lebt. Er
ersinnt Berichte von der G r e n z e jener Staaten her, die ihn
für seine aufgedrungenen Dienste, denen er eine große Wichtig=
keit anzudichten mußte, bezahlen. Er lebt am Rhein und weiß
in die Zeitungen Nachrichten zu bringen, als kämen sie aus
Sibirien. Kämpft eine Nation für ihre Freiheit und ihren
alten Ruhm, ein solcher Schmarotzer am Tische Gottes weiß
sie in Allem zu verdächtigen, aus Siegen macht er Nieder=
lagen, aus dem Größten das Kleinste. Niemand ahnt den
Versteck, aus welchem es einer Feder gelingen kann, die
öffentliche Meinung zu verwirren. Das ist ein Journalist,
dessen Nachruhm an einem Laternenpfahl verewigt zu werden
verdient."*)

„Ich zeig' Euch einen andern Journalisten, welchem Hunger,
Trägheit oder vielleicht Zufall jene Bestimmung gegeben, für
welche mehr, als vielleicht für die Abfassung von Büchern,
Festigkeit der Grundsätze und Adel der Gesinnung erfordert
wird. Er gehört jenem Stamme an, welchen die Entziehung
politischer Rechte neuerdings vielfach veranlaßt hat, statt
Schreibfedern zu verkaufen, mit ihnen zu schreiben. Die
Literatur ist die duldsamste Macht. Sie fügt sich Jedem, der
ihr mit einiger Entschlossenheit den Sattel aufzulegen weiß.

---

*) Sei in diesem Neudruck gestanden, daß diese Schilderung einem
1838 in Frankfurt a. M. lebenden Correspondenten von M e s e r i tz galt.

Sie fragt den Geist und Witz nicht, ob er getauft oder beschnitten ist. Doch verdient der Journalist, von dem ich rede, am wenigsten die Toleranz. Grimassen giebt er für Witz aus, Lügen für geistreiche Erfindungen. Leider giebt es einen abgelegenen Winkel in der Journalistik, wo man Niemanden hindern kann, sein Bedürfniß zu vernichten, die Theaterkritik. Hier waltet der Journalist wie ein Berufener. Er hat in dem Blatte, das er herausgiebt, eine Macht. Die Schauspieler fürchten den Buchstaben, nicht deshalb, weil er Geist enthält, sondern weil er gedruckt ist. Sie können das Geschriebene nicht auslöschen und selbst der Unsinn (die Verleumdung ohnehin) findet Gläubige. Der Journalist trägt auf der Straße immer einen allgemein kenntlichen Rock. Er unterschreibt seine Kritiken, um sie desto furchtbarer zu machen, mit: „Die bekannte rothe Halsbinde!" Der Mann ist eitel und in seiner Flachheit strebt er nach äußerem Glanz. Er überhängt sich mit Uhrketten und mit Ringen, er will vergessen machen, daß er früher Bänder über den Arm hängen und zu verkaufen hatte. Er schwimmt in einer aromatischen Atmosphäre, die sich auch auf die Productionen des Journalisten übertragen und ihnen jene duftende, pomadige Schmierigkeit geben, die doch immer erkennen läßt, daß das Vehikel des Aroms gewöhnliches „Hirschtalg" ist. Wovon lebt dieser Journalist? Sein Talent ist viel zu oberflächlich, als daß es seiner Zeitung Zug verschaffen kann. So muß die Bestechung aushelfen. Auf Lob und Abwendung des Tadels steht ein Preiscourant. Der Journalist thut nichts aus innerem Ueberzeugungsdrang. Das ausgezeichnetste Talent hält er so lange über dem Wasser, bis es sich von dem naßkalten Bade seiner Kritiken durch eine Summe losgekauft hat. Wenn ein Künstler dies Sprudelbad der journalistischen Entrüstung nicht fürchtet, so wird der getäuschte Recensent nie Großmuth üben oder den Anstand wahren, sondern er dichtet Mängel an, wo keine sind oder weiß das ursprüngliche, warme und unmittelbare Colorit des Genies als für seinen Geschmack lächerlich hinzustellen. Kommt aber der Stümper, der in einer Fluth gemachten Lobes von Stadt zu Stadt schwimmt, ein Stümper, der in Blick und Geberde schon von Bestechung trieft, so hat

Garrick lange genug für den Ersten seines Faches gegolten. Selbst treffliche Künstler gerathen in Verlegenheit dem Gewissen dieses Mannes gegenüber. Sie kaufen sich von seinen Umtrieben zwar nicht durch Geld los, aber dadurch, daß sie ihm Gelegenheit geben, welches zu verdienen. Schickt ihm eine Sängerin einen silbernen Leuchter, so läßt sie die Adresse des Ladens, wo sie ihn erstand, unter'm Fuße desselben sitzen, damit er eilen kann, den Leuchter da wieder zu verkaufen, wo er eben erstanden ist. Oder der Journalist wird vom Künstler gefragt, ob er ihm nicht Autographen geben könnte, da er eine Sammlung davon hätte? O ja, sagt der Journalist und giebt ihm einige abgeschriebene Aphorismen, die er und seine Mitarbeiter auf goldgerändertes Papier geschrieben; der Künstler glaubt, wenigstens das Papier bezahlen zu müssen und schickt dem Journalisten für jedes Blatt einen Ducaten. Endlich hat ein Componist, dessen neue Oper von dem erbärmlichen Gewissen des Journalisten abhängig ist, oder ein Sänger, der sich selbst die Lieder setzt, die er als Couplets einlegt, den Einfall, einen Liedertext von diesem Journalisten zu verlangen. Auch das wird geleistet. Der Journalist schreibt den Text aus einer Leihbibliothek in Kürze ab. Der Künstler belohnt die Mühe weit über Verdienst und erreicht seinen Zweck. Wie jener erste Journalist die politische Meinung verwirrt, so verwirrt dieser die gesellschaftliche und artistische. Dort werden die Geschichte und die ewige Gerechtigkeit, hier der Geschmack und das gesunde Urtheil zweifelhaft."

„Einen dritten Journalisten zeitigte eine andere Verzettelung der Literatur. Er ist vorzugsweise der Notizenkrämer. Er stöbert mit einem Quersack und einem langen Zahnstocher in allen Büchern und Journalen umher, ein literarischer Chiffonier oder Plundermatz. Für diesen Journalisten ist nichts im Zusammenhange da. Alles vereinzelt er, von Allem sucht er eine Notiz loszubröckeln. Sein Feld ist der Steiß der Journale. Dort auf dem Anekdotenhügel, den Lückenbüßer=Plattheiten, kleinen Chroniken und Correspondenzen=Abhängen thront er. Um Alles und Jedes bekümmert er sich, aber nur deswegen, weil er davon ein Ercerpt geben will. Was ist

Schiller für ihn mit der geschlossenen, gedrungenen Ganzheit seines Charakters! Er weiß nur, daß Schiller beinahe röthliche Haare hatte. Was ist ihm Goethe in dem stetigen Fortschreiten seines Lebens, welches, wie ein Teich, immer unruhig war und doch immer auf derselben Stelle blieb? Er kennt nur die Art, wie Goethe sich mit der Vulpius über Hals und Kopf (und Herz) vermählte. Das Wissen dieses Journalisten ist eine Mosaik von Zufälligkeiten, die er zuweilen über das Publikum ausschüttelt und dann ruft: Kennt Ihr die hohe Bedeutung des Journalismus? Er wirft sich zum Ritter auf, wenn Jemand mit Recht drucken läßt, daß der Journalismus der Verderb der Literatur ist, ihr zersetztes Blut, ihr Krebsschaden; er hält sich für einen Sanct Georg des Jahrhunderts, spricht von den Journalisten als den Wächtern auf der Zinne. Und womit motivirt er seine außerordentliche Wichtigkeit? Durch Auszüge aus allen Blättern, Einregistrirung jedes literarischen Skandals. Was er schreibt, sieht wie ein mit Visitenkarten gespickter Spiegel aus oder wie ein Quodlibet von Etiketten, das die Kupferstecher vor ihre Fenster hängen. Haben sich unsere beiden ersten Journalisten durch die schlechte Gesinnung um den Verfall des Zeitungswesens verdient gemacht, so ist dieser letzte gerade dadurch so lächerlich und gefährlich, daß er der abstracte Journalist ist, nur dies und nichts Anderes; daß er glaubt, im Journalismus könnte ein Selbstzweck und eine Harmonie liegen, welche aufzufinden die zweite Quadratur des Cirkels wäre. Gefährlich, sag' ich, denn was hat dieser Mann mit seinen Notizen zu verlieren? Welchen Namen, welche Ehre setzt er auf's Spiel, wenn er die Feder ergreift und den Namen und die Ehre Anderer ausbeutet, um davon sein Brod zu essen? Selbst schrieb er nichts; auch weiß er nicht einmal Alles, was die Anderen geschrieben haben; nur das weiß er, was über Alles geschrieben ist. Bücher liest er nicht, er liest nur Kritiken. Er wird nie einen Schriftsteller bei seinen Werken citiren, sondern immer nur sagen: Dies ist Der, von welchem Jener sagte, u. s. w. Journalisten, die sich eine solche Echo-Aufgabe stellen, verstärken selten den Schall, den die Ehre eines Namens verdient; sie wiederholen lieber das, was, da es das erste Mal gesagt wurde, schon unnütz war, und den Skandal, der Aufsehen macht. Journalismus, als etwas für sich Bestehendes, Organisches, und wer ihn so ansieht, ist gefährlich. Wir sollen Sorge tragen, daß die Zersplitterung der Geister hintertrieben wird. Fort mit Jenen, die den ohnehin breit genug in der Journalistik aufgerollten Teig der Literatur immer noch dünner rollen und ihn in langen Fadennudeln bis in alle Ewigkeit hinausziehen wollen!"*)

„So ist die Lage jener Literatur, die wir durch einen neuen Beitrag Anfangs nur zu verschlimmern scheinen. Doch wird der Erfolg das Publikum eines Besseren belehren. Wir versprechen wenig, damit wir mehr halten, als man von uns erwarten durfte."

Achtes Kapitel.

Erinnerungen an Justinian. Die journalistischen Flitterwochen und Polyhymniens Nase.

Bald war dies Programm gedruckt; die Propyläen der spanischen Schlösser, von denen die Brüder träumten; die Bajazzomütze, die erst auf's Theater fliegt, ehe der Lustigmacher selbst kommt; die Herculeskeule, die der Alcide vorauswirft, um dann in eigener Person mit desto größerem Effect auf die Bühne zu stürzen. Den Druck aber hatte Niemand so eifrig betrieben, als der Buchdrucker selbst, der auch für seine eigene Bezahlung sorgte und dem Schlachtenmaler das unangenehme Geschäft abnahm, seinen Bruder in die Löwengrube der Wiesecke'schen Rache zu werfen. Der Buchdrucker zeigte, auf seine Vorstellung, den relegirten Musen-

---

*) Diese Schilderung traf Karl Buchner in Darmstadt, und zog dem Verfasser eine vieljährige Verfolgung desselben zu. Erst nach Jahren fand eine Versöhnung in den gemeinschaftlichen Interessen der Schillerstiftung statt, für deren Zustandekommen Buchner redlich wirkte.

sohn Amandus als Thäter an und schrieb dem neuen Wochen=
blatte, welches das seinige nicht zu beeinträchtigen schien, die
erhaltenen zwanzig Thaler zu Gute. Der Registrator schäumte
(auch rasirte er sich eben) vor Rache, als er diese Bestätigung
seiner Vermuthungen mit so vielem Gelde bezahlen mußte.
Daß das Publikum gehört hatte, er wolle zahlen, darin
hatte für ihn Genugthuung genug gelegen! Da er nun
wirklich zahlen mußte (wie mancher Almanach setzte nicht einen
Preis für die beste Erzählung aus und behielt ihn zurück,
weil keine seinen gespannten Anforderungen, die aber wenig=
stens ein ihm vortheilhaftes Aufsehen erregt hatten, entsprach!),
so wollte er den Thäter wenigstens am Kreuze sehen. Er
bedauerte jetzt, selbst dazu beigetragen zu haben, daß der
junge Mensch nicht mehr unter dem Birkenstock der renovirten
Gymnasial=Ordnung, sondern unter dem gewöhnlichen und
allgemeinen Pranger der Justiz stand. Hätte er Muth oder
der Thäter nicht drei Brüder gehabt, er würde die Justiz selbst
geübt haben. So sagte er wenigstens. So aber war er
ein leidender Mann und trug Flanell auf bloßem Leibe und
ging mit der scharfen Novemberluft nie aus der Stube auf
die Hausflur, ohne einen Barometer mitzunehmen, damit er
gleich wüßte, wie lange er in dem Abfall der Temperatur
verweilen könnte und wie viel Grad sie betrüge. Ja, war
er doch oft genug überzeugt, daß ihn die Schwindsucht, die
er noch nicht hatte, im Sturmschritt als galoppirende über=
reiten könnte, und saß er nicht stundenlang mit seinem kleinen
Barbierspiegel, um den geheimnißvollen hippokratischen Zug
zu entdecken, den der Tod seinem Erscheinen voraussendet!
Genug, er eilte zu seinem Vetter, dem Advocaten Sportelhahn,
und wollte Arm in Arm mit ihm den Rechtsweg in dieser
Sache betreten. Sportelhahn, ein kerzengerader Mann, neigte
sich mehr zum theoretischen, als praktischen Rechte, obgleich
ihm die Carolina schon manchen Carolin eingebracht hatte.
Dieser Tribonian von Kaputh schlorrte den ganzen Tag im
langen Camisol und der schmutzigsten Schlafmütze durch seine
Wohnung, die nichts als Bibliothek war. Tabacksrauch und
Staub gaben die Mischung der Atmosphäre ab, von welcher
(er war Junggesell) seine Umgebung geschwängert wurde.

Er war übrigens geneigt zu jedem Processe, und nur zu diesem nicht, weil Wiesecke sein Vetter war. „Guter Junge," sagte Sportelhahn, indem er sich eine neue Pfeife stopfte, da ihm die alte vor Schreck über die Leichenfarbe seines Vetters ausgegangen war, „was ich Dir rathen werde, kommt vom Herzen, nicht vom Geldbeutel. Wäreſt Du nicht mein eigen Blut, alter Kerl, ich würde Dir schon meine Schröpf= köpfe ansetzen und in die eine Wagschale der Gerechtigkeit Deine glänzende Rechtsaussicht und in die andere meine Sportelrechnung legen. Allein, setze Dich und höre!" Dabei schob er dem Registrator, statt einer Befriedigung seiner Rache, einen Stuhl hin und stützte seinen linken Ellenbogen auf den ungeheuren Quartanten des Johann Samuel von Böhmer, dem er, das Titelkupfer war aufgeschlagen, den feinen Geheim= raths=Spitzenkragen (man möchte die Brüsseler S p i t z e n, mit denen J. S. Böhmer immer gezeichnet wird, für allegorische römische Rechtswendungen und das Labyrinth der von Justi= nian gestatteten Einreden halten) zu zerknittern drohte. „Altes Herz," sagte Sportelhahn, „der Bubenstreich ist zunächst ein Falsum. Aber bei der Fälschung spricht die lex Cornelia nicht schlechtweg vom dolus malus, und die deutsche Halseisenord= nung, unser gemeines Criminalrecht, gestattet sogar, dem Kaiser seine Brabanter Thaler nachzuschlagen, wenn man's nur nicht „böslicher und gefährlicher Weise" thut. Nun ist auch von jeher gesagt worden: Man solle nur immer das Gute annehmen, bis das Gegentheil erwiesen ist (quisquis praesumitur u. s. w.); und nun müßte bei Deinem Falsum die b ö s w i l l i g e Absicht erst e r w i e s e n werden! Wie —"

Und hier hat der Menschenkenner nebenbei Gelegenheit, eine feine Bemerkung zu machen. Sportelhahn war von seinem Rechte so in Anspruch genommen, wenn er darüber sprach, daß er die andere Person, als Person, immer vergaß und Bruder und Schwester nicht mehr unterschied. So fing er auch an, in der Ekstase seiner Gelehrsamkeit, seinen eigenen Vetter mit dem höflicheren S i e zu apostrophiren — „Wie erweisen S i e das?" fragte er den Registrator, dem sich bei dieser Vergeßlichkeit die Person seines Verwandten in die Gerechtigkeit selbst zu verwandeln schien. „Aber abgesehen

davon," fuhr Sportelhahn fort, „sind auch alle Autoritäten
g e g e n Sie." Nun griff er blindlings in die Zimmerwände
hinein und zog einen alten Tröster nach dem andern hervor.
„Hier sind die Abhandlungen von Krebs und Engelschall!
Was läßt sich gegen solche Namen ausrichten! — Hier der
Codertitel de mutatione nominis und der Kaiser Diocletian:
Alles ist g e g e n Sie! Und was sagt Perez ad Codicem?
At vero, si fraus et dolus malus *absit*, unicuique liberum
est, quodcunque nomen assumere, nec eo, quod novum
sumpserit, ulla actione tenetur. Außer diesen feuerfesten
Beweisstellen kommen noch eine Menge anderer Umstände
zur Frage. Lieber Vetter, Dein angeblicher Falsar ist mino=
renn: wie leicht würde es nicht seinem Rechtsbeistande werden,
ihn noch als völlig unzurechnungsfähig darzustellen? Ferner:
Du, als Denunciant, müßtest Caution, bedeutende Caution
stellen, ja, bei einem nur irgend mangelhaften Ausgange des
Processes gewärtigen, obenein von Deinem Gegner als Ca=
lumniant verklagt zu werden. Dies ist der eine Gesichtspunkt
der Sache" — Und, obgleich dem Registrator schon aller
Muth entfallen war, so hob der Vetter doch auch noch den
andern hervor und fuhr fort: „Zu einer Injurienklage schritt'
ich nun gar erst mit verzagtem Herzen. D e i n e moralische,
I h r e bürgerliche Ehre ist weder in der Ankündigung, noch
in der Unterstellung eines anonymen Briefes verletzt, ja, im
Gegentheil würde Beklagter entgegnen können, er hätte ja
zehn Thaler daran setzen wollen, um diese Ehre wieder her=
zustellen! Auch ist das bloße B r i e f e m p f ä n g n i ß, mag
es nun ein Brief nach allen möglichen Schemen des Brief=
stellers sein, wenn man davon spricht, keine Injurie; etwas
ganz Anderes wäre es, wenn der vorlaute junge Freund
Ihres Rufes den Inhalt jenes eingebildeten Briefes gebilligt
und etwa gesagt hätte: Wer u. s. w. ... eines Briefes, dessen
Inhalt ich übrigens billige u. s. w. ... Allein, im Gegen=
theil, er setzt eine P r ä m i e darauf, wer den Verleumder
entdeckt. Der Einwand, daß ja die Möglichkeit eines be=
gründeten Angriffs in der Annonce vorausgesetzt werde, ist
irrelevant oder, wie wir Juristen das nennen, impertinent.
Endlich, lieber Vetter..."

Hier mußte Sportelhahn selber lächeln, weniger, weil der Registrator wie ein armer Sünder aussah, als, weil er sich dem Arsenal näherte, wo die Juristen ihre Hauptwaffen versteckt haben und wo die ungeheuren endlosen Schiffstaue von ewigen Processen gedreht werden. „Gesetzt," sagte er, „der Schlingel muß Abbitte thun (ich nehme da den glücklichsten Erfolg unserer Bemühungen an), so hast Du vielleicht zehn Jahre darüber processiren müssen, bist durch alle Instanzen die Spießruthen der Advocatenkünste und Richterbedenklichkeiten gelaufen, hast auf Dein väterliches Erbe Hypotheken annehmen müssen, weil der Proceß viele hundert Thaler **baar** an Gebühren kosten würde, hast keinen ruhigen Augenblick im Leben mehr und gehst einst mit dem schmerzlichen Bewußtsein in's Grab, daß Du nicht blos Deinen Proceß, sondern auch Dein Leben verloren hast. Denn, hat der Schlingel einen guten Advocaten, etwa einen jungen, der mit dem Proceß weniger Geld, als Ruhm verdienen und seine ganze Collegien=Weisheit hier plötzlich in ein Practicum umsetzen will, so kommen erst die Flankenangriffe, die bei unseren Gerichten gestatteten Einreden. Wissen Sie, daß man bei uns die Einrede des **Spoliums** der Injurienklage so in den Weg stellen kann, daß Sie mit dem besten Rechte darüber stolpern? Der Gegner fingirt ein Spolium; er sagt: Sie hätten von ihm aus Rache eine Uhr genommen und sie noch nicht wiedergegeben! Diese Einrede bildet nun erst einen Proceß **im Processe.** Sie wird durch alle Instanzen durchgejagt. Man geht darauf ein, wenn das Spolium erwiesen ist. Jetzt schiebt Ihnen ein pfiffiger Advocat den Eid zu. Ich ercipire, daß dieses kein deutliches Beweismittel wäre, und siehe, eine neue Schachtel in der Schachtel ist da, und wir müssen erst wieder durch alle Instanzen hierüber die Meinung der Gerichte abwarten. Dieser Aufenthalt macht schon einige Jahre. Man kann inzwischen gestorben sein oder sich in dem Gegner gänzlich geirrt haben. Man söhnt sich mit ihm aus. Die Welt hat die gekränkte Ehre des Registrators vergessen. Mit **einem** Wort, Freund, ich rathe zur Besinnung!"

Als der Registrator auf diese Schilderung eines möglichen

Processes nur mit verbissenem Schmerz und einigen von seiner Versteinerung sich losbrechenden schleimigen Verwünschungs-Austerschalen dem jungen Verbrecher ordentlich ein Golgatha aufrichtete, schloß Sportelhahn endlich folgendermaßen: „Nun stehen wir vielleicht bei der Executions-Instanz. Nun soll der Schlingel Abbitte thun. Statt dessen schützt er wieder die Einrede der Compensation vor. Er erfindet eine Injurie, die Sie i h m angethan hätten. Der alte Walzer geht von vorn an und wir tanzen mit unseren gelehrten Juristen, die Alles beweisen, was wir bewiesen wünschen, in ewigen Kreisen herum, bis der Gegner am Ende noch replicirt, die Annonce hätte er aus L i e b e zu Dir gemacht; er betrachtet Deine Ehre als sein Mantelkind und erklärt, er hätte als negotiorum gestor Deines guten Rufes gehandelt, und schickt Dir noch eine Rechnung in's Haus für gehabte Auslagen. Die Schmerzensgelder fielen von ihm auf Dich und Du würdest noch obenein vom Publikum ausgelacht werden."

Dies war zu viel für den Registrator. Er raffte sich auf und lief davon. In das nächste Wochenblatt ließ er mit Schwabacher Schrift und einer Hand, als gäb' es irgendwo Rosinen zu verkaufen, drucken: ☞ Der Verräther ist entlarvt! Dann folgte darunter: „Er ist zu jung für das Schwert der Gerechtigkeit; die Ruthe eines Zuchtmeisters sollte ihn für eine Schandthat strafen, welche meinen Ruf nicht beflecken kann. Hier nicht, aber vor Gottes Thron! Ich verachte ihn (nämlich den Verbrecher)!" Im Stillen dachte er nur noch: Besser, ein Backenstreich mit Großmuth hingenommen, als hundert Abbitten und Ehrenerklärungen auf dem Dache! Er zahlte die Prämie und verachtete den Empfänger.

Inzwischen flatterten die ersten flüggen Nummern der Zeitschrift in's Freie hinaus und Kaputh erstaunte über diese Zugvögelschwärme, während sich ein Exemplar nach dem andern an die verschiedenen Fenster der Stadt nistete, um das ganze, allerdings voraus zu bezahlenbe Quartal hindurch regelmäßig ben Leuten etwas vorzwitschern zu können. Wo man in diesen Tagen bei zahlungsfähigen Leuten Besuche machte, hatte man Vorsicht nöthig, auf der Treppe nicht über die neuen Nummern des Nichts zu stolpern, welche die Colporteure dorthin geworfen hatten, in der Hoffnung, daß das Meiste zwar auf den Weg fallen, Einiges aber doch hundertfältige Früchte tragen dürfte. Es war für die Krämer gut: sie brauchten nicht die alten vergilbten Regierungsacten zu kaufen (Wiesecken entging hier schon wieder durch die Brüder eine bedeutende Summe, da er sich nicht scheute, das Kriegsministerium unter der Hand ballenweise an die Victualienhändler zu verkaufen), um ihre Butter und schwarze Seife einzuwickeln. Die Friseure machten von den Probe= blättern manche Papillote, und Celinde, die so wenig Lebens= takt hatte, daß sie den Schlachtenmaler durch ein Abonne= ment zu erfreuen nicht verstand (wie selten kaufen die besten Freunde der Schriftsteller deren Werke!), trug des Morgens in ihren Haaren die rührendsten Klagen ihres Freundes; seine Thränen lachten wie Frühlingsblüthen auf ihrem Haupte und sie ahnte nichts davon! Es ist eine der größten Künste, mit Künstlern umzugehen. Wie man mit den Damen und Ministern, mit Fürstinnen linker oder rechter Hand umzu= gehen habe, ja, nach Rumohr selbst mit Bettlern und Vagabunden, das lehrten die Knigge. Nur der Umgang mit Dichtern ist sich selbst überlassen und jenen großen Fehlern ausgesetzt, welche wir täglich gegen die Lieblinge Minervens begehen. Erscheinen neue Werke von ihnen, so will man sie von ihnen geliehen haben; und leiht man sie, so widmet man nicht einmal, um das Interesse zu verrathen, gleich die erste Nacht ihrer Lectüre; und tadelt man, statt endlich ein mattes Lob zu stammeln, so ist der Dichter unser guter Freund, von dem wir ja wissen, daß der Gott in ihm zuweilen ausgeht oder sich sieben Stunden ruht, wenn er sechs gearbeitet hat. Celinde hatte keine Ahnung davon, wie es Schlachtenmaler schmerzte, daß sie die Unterzeichnungsliste blos ansah, um die Freunde ihres Freundes kennen zu lernen, nicht, selbst zu unterschreiben. Celinde dachte: Der Bogen ist ja nicht sein Herz — Schlachtenmaler knirschte die Zähne und flüsterte: „Aber er ist mein Magen!"

Der Erfolg des Blattes war zweifelhaft. Der Abnehmer waren zu viel, um es eingehen, und zu wenig, um es fort=

bestehen zu lassen. Die gewöhnliche Aushülfe in solchen Fällen, Regierungsunterstützung, konnte von dem fürstlichen Gouvernement nicht erwartet werden, da man eben erst mit Herrn von Lipmann eine Anleihe geschlossen hatte, scheinbar, um die Chausseen zu verbessern, edeln Riesenkohl und die fürstlich Rohan'sche Kartoffel in die Landesökonomie einzuführen, in Wahrheit aber, weil bei der Cavallerie das Riem- und Sattelzeug durchgescheuert war und die Gensdarmerie neue lederne Stulpen bekommen mußte, wofür die Landstände nichts bewilligen wollten, der beruhigenden Criminalstatistik wegen. War doch, ungeachtet dieser Mißhelligkeiten, das Vertrauen zwischen Fürst und Ständen größer, als sie's Beide nöthig gehabt hätten; war doch die Demagogie, die auch nach dem bekannten Ausspruche nur die Reise um, nicht durch die Welt machen sollte, noch nicht bis hierher gedrungen. Höchstens würde sich Blaustrumpf beim Consistorium verwendet haben, wenn ihm nicht gleich die erste Nummer des Nichts einen Schrecken verursacht hätte, weil in ihm ein Märchen abgedruckt war, worin eine Hexe und zwei Kobolde spielten. Mörder bekam im Gegentheil eine Instruction, wonach er Alles streichen mußte, was unverständlich wäre: denn, wäre es auch nicht mystisch gemeint, so könnt' es doch mystisch wirken. Mörder schrieb einige Male an den Rand der Censur: Oden auf die Erfindung der Buchdruckerkunst wären wahrhaftig zeitgemäßer, als Balladen im Geschmack des Erlkönigs, wodurch nur der pietistische Unfug noch mehr befördert würde. Ja, bei einer Vergleichung zwischen Schiller und Goethe schrieb eine zweite Hand (gewiß Blaustrumpf's) an den Rand: „Großer Schiller, Dein „Taucher" eröffnet einen tiefen Blick in die Lehre von den Polypen! Deine „Glocke" wird ein unvergeßliches Denkmal für jeden redlichen Gelbgießer, und Dein „Gang nach dem Eisenhammer" ein ewig unschätzbarer Beitrag zur Berg- und Hüttenkunde bleiben." Also von dieser Seite hatte das Nichts eher Hindernisse als Begünstigung zu erwarten.

Der Muth stieg indessen den Brüdern, als sich auch in diesem Jahre die Ankunft der Schauspielertruppe bestätigte, die schon im vorigen so schlechte Geschäfte in Kaputh gemacht haben sollte. Die dramatischen Künstler hatten es ja hauptsächlich dem Mangel einer bramaturgischen Publicität zugeschrieben, daß ihre Leistungen weder bewundert, noch besucht wurden; im Wochenblatt war man gewohnt, daß der Director der Truppe sich selbst lobte, aber mit Namensunterschrift und mit dem Aufrufe: „Edle Menschenfreunde, wenn Sie fortfahren, unsern Tempel nicht zu besuchen, so verdiene ich weder das Oel, welches meine Lampen fressen, noch gar das, mit welchem ich meine Menschen-Marionetten schmieren muß, damit sie in den Gelenken geschmeidig bleiben. Drei Familienväter haben bei mir die Ihrigen und ich Alle zu ernähren. Die erste Tänzerin ist im Kindbett, und das Nothbürftigste geht dem armen Wurm ab. Menschenfreunde, u. s. w." In diesem Tone war das Kaputher Publikum gewohnt, von den Coulissen her angeredet zu werden, und da es immer dieselbe Litanei war, so ließ sie der Drucker des Wochenblatts stereotypiren. Noch einige andere Schmerzenslaute standen bereits fertig gesetzt, z. B. „Dank den edlen Gönnern, welche uns in der Verlegenheit, den fabelhaften Kaiser Altoum von China zu costümiren, einige noch ganz brauchbare Warschauer Schlafröcke geschickt haben!" Zu anderen Annoncen verstand sich der Drucker des Wochenblatts nicht. Diese waren einmal von früher gesetzt, und da die Schauspieler keine Mittel hatten, einen neuen Artikel zu bezahlen, so mußten sie, selbst wenn sie Turandot nie mehr spielten oder auch sonst erträglichere Geschäfte machten, doch immer jene stereotypirten Schmerzenslaute in dem Wochenblatt ausstoßen, weil auch das Publikum von Kaputh ein für alle Mal gewohnt war, auf diese Art an die Wiederankunft der Künstlergesellschaft erinnert zu werden.

Jetzt aber hatte die Truppe einen bessern Stand. Sie war von der Tyrannei des Wochenblatts erlöst. Die stolzen Theaterkönige hatten nicht mehr nöthig, den Armen Kapuths gleichsam jährlich die Füße zu waschen. Der Maßstab, der an ihre Leistungen gelegt wurde, war nicht mehr der, ob sie im Wirthshause ihre Rechnungen bezahlten, hübsch anständig auf der Straße gingen und uneheliche Kinder erzeugten, sondern der, ob sie die Schlegel und Franz Horn gelesen hatten. Es handelte sich nicht mehr um den Aerger der in den Logen strickenden Damen, daß die Schauspielerin, welche die Ophelia spielte, schon wieder schwanger sei, sondern ob Tieck Recht hatte, Ophelien wirklich einen solchen Zustand zuzuschreiben. Die junge Kritik hatte unter diesen Umständen nur noch den einen Wunsch, ihre äußere Lage möchte anständiger sein, um die Besuche der Künstler anzunehmen. Ja, Amandus, der recht eigentlich über die Oper berichten wollte, war eines Tages untröstlich, als er hörte, die auf Gastrollen engagirte Primadonna könnte jede Stunde eintreffen und ihn besuchen. „Wenn mich Madame Binder-Bürsten," — so hieß die berühmte Sängerin, obgleich, da das Bürsten auf ihren Mann geht (von dem sie geschieden war), sie sich eigentlich hätte nennen sollen: Madame Bürsten-Binder — „wenn sie mich nun besucht," stöhnte Amandus, „und sie tritt hier in den Reitstall, wo unsere Betten, Kleiderriegel und in einer Ecke gar die Vorrichtungen zum selbstgefälligen Stiefelputzen stehen — welche Schande für das bramaturgische Feuilleton und die wöchentliche musikalische Revue!" — „Nun," sagte Schlachtenmaler, „wir wollen hier vorne gleich an der Thür ein kleines Redactionszimmer improvisiren mit einer spanischen Wand von Papier, an die sich aber Keiner anlehnen darf." Dieser Vorschlag gefiel, und man kochte Stärkemehl. Dicht am Eingang wurde ein Raum, einige Fuß breit, und die ganze Tiefe des Zimmers bis zum Fenster abgemessen, mit Hülfe einer Leiter wurden einige Nägel in die obere Decke geklopft und dann Bindfäden hin- und hergezogen, damit das Papier einen Anhalt hatte. Man benutzte die unverkauft gebliebenen Nummern des Journals zu dieser Scheidewand zwischen Kunst und Kritik, klebte weißes Papier darüber, und Schlachtenmaler zeichnete einige Cartons, die der Wand sogar einen verhältnißmäßigen Werth gaben. Grau in Grau führte er artig die Musen im schaffenden Verein unter der Oberaufsicht Apollo's aus, und richtete es so ein, daß gerade in einen Tempel auch der Leinwandvorhang führte, der zu dem größeren Rest des Zimmers die Thür abgab. Es war die höchste Zeit, daß das Redactionszimmer fertig und mit einigen Stühlen möblirt war: benn, horch, schon klopft Madame Binder=Bürsten an die Thür!

Amandus stand der Dame verlegen genug gegenüber. Es ängstigte ihn am meisten, daß seine drei Brüder hinter der Papierwand standen und lauschten. Man setzte sich, und Amandus wurde bleich, als die Sängerin Miene machte, sich an die künstliche Mauer anzulehnen. Sie rückte den Stuhl immer dichter an die Wand und leichenblaß sah er, wie sie den ungewöhnlich breiten Rücken keck an einen Widerstand anstemmte, den sich der junge Kritiker nicht erklären konnte. Der Sängerin mußte die Elasticität der Wand selbst sonderbar vorkommen, sie drehte sich um, und Amandus merkte an den vollständig auf dem Papier ausgeprägten Conturen eines Menschen, daß die Brüder seine Verlegenheit errathen und einen von ihnen sich mit dem Rücken gerade gegen die Primadonna hatten anstemmen lassen, so daß sie allerdings auf einen gewissermaßen festen Widerstand traf. Amandus zitterte über die Möglichkeit, daß die junge Kritik hinten nachließe und die Künstlerin jetzt schon durchfiel. Die Dame sah ihm auch seine Verwirrung an, schrieb sie aber nur seiner Jugend und ihrer Schönheit zu. Als sie einige Worte über die Coloraturen und den Geist des Kaputher Publikums gewechselt hatten, erschrak sie über das Rascheln hinter der Wand und knüpfte daran einige Bemerkungen über ihre Furcht vor Mäusen. Auch erzählte sie von einem Schauspieldirector, der den Hamlet deshalb nicht aufführen ließ, weil er sich des Polonius wegen die Coulissen nicht wollte zerstechen lassen. Amandus, unbeholfen wie ein junger Mann, der zum ersten Mal eine Dame zum Tanz auffordert, lächelte und ging auf den Charakter Hamlet's über. Die Sängerin war eben im Begriff, eine boshafte Miene durch eine Seitenwendung zu verbergen, als ihre Blicke auf die grau façonnirte Muse Polyhymnia fielen und sie an deren Gesicht etwas bemerkte, was sie erblassen machte. Todtenstille herrschte nebenan, Amandus drehte sich um und sah mit Entsetzen, daß Polyhymnia eine natürliche Nase bekommen hatte. Die Sängerin konnte in ihren Scherzen nicht fortfahren. Amandus stotterte und wußte sich nicht zu helfen.

Beide sahen bald die fleischerne, keck aus der Wand hervor=
springende Nase Polyhymniens an, bald mit der größten
Verlegenheit sich. Madame Binder=Bürsten griff nach ihrem
Shawl und floh mehr, als sie ging. Amandus stand wie
vom Schlage getroffen da. Das Blut stürzte ihm in den
Kopf und, da Schlachtenmaler doch nun einmal das Loch in
die Wand gebohrt hatte und noch immer Polyhymniens Nase
figurirte, da er ferner nicht wußte, daß die Sängerin ganz
kleinmüthig davongegangen war, so schlug Amandus so ge=
waltsam auf die gespenstische Farce, daß dem Schlachtenmaler
hinten Hören und Sehen verging und er von dem Transpa=
rent der Tapete mit blutendem Antlitz zurücktaumelte. Die
Scene verwandelte sich in ein Handgemenge, worüber der
Registrator zum Wirth lief und seine Wohnung unwider=
ruflich aufkündigte.

Neuntes Kapitel.
Moderne Literatur. Morgen- und Abendroth.

Als die Kämpfer ermattet vom Streite ruhten und sie
in Gruppen, mehre Töpfe Wassers aber in Strömen hinge=
gossen lagen, während ein unglücklicher Fall noch überdies
Breche in die Tapete gelegt hatte und der Polyhymnia noch
immer die fehlende Nase blutete: während die Brüder sich
erst jetzt mit abgekühltem Humor und in Hembärmeln den
Zusammenhang der künstlichen Hinterwand und der gespen=
stischen Nase erzählten und nur die vor einer ersten Sängerin
erlebte Demüthigung von dem „musikalischen Referenten" be=
dauert wurde, öffnete sich wieder die Thür des Redactions=
bureaus und die mattangelaufenen Knöpfe eines blauen Fracks
blinkten durch die künstlichen, aber zufälligen Schießscharten
der Tapetenwand hindurch. Saßen sie doch wie Krieger in
massiven Casematten, ruhigen Blicks den eintretenden jungen
Herrn von Lipmann erwartend, den sie nicht einmal besonders

würden bewillkommt haben, selbst wenn sie ihn gekannt hätten. Guido von Lipmann war ein jüdisches Reis, das sich durch Erziehung, Glück und eigene Neigung auf das Christenthum hatte pfropfen lassen oder er war eigentlich ein Herz= und Judenkirschenbaum, der aber nichts als christliche Passions= blumen trieb. Er konnte über Raphael und den heiligen Christ zu Weihnachten sprechen, wie der fromme Novalis. Die Romantik und das Sanskrit hatte er trotz Schlegel und den indischen Elephanten los und mancher belletristischen Zeit= schrift hatte er schon Sonnettenkränze gewunden, auch Minne= lieder gesungen, was ihn auch bei allen Herausgebern solcher Blätter beliebt machte, da er kein Honorar nahm. Guido von Lipmann gehörte zu jenen jüngeren Juden, die mit dem orientalischen Feuer ihres Blutes schon die germanische Ge= fühlstiefe verbunden haben. Er hüpfte von Palmen auf deutsche Eichen hin= und herüber und warf dabei die Vorüber= gehenden bald mit den duftenden Blumen der Sentimenta= lität, bald auch wol einmal mit den faulen Mispeln der Satyre. Verstand und Phantasie berührten sich bei ihm in Punkten, wo alle Lehrbücher der Psychologie nur von der weitesten Entfernung wissen wollten. Guido von Lipmann war auch schon um so mehr über die Emancipation der Juden hinaus, als er erstens getauft, und wenn er wollte, Referendarius war, zweitens aber seinem Vater nicht Unrecht geben konnte, der in seiner kalten Manier immer schon sagte: „Wer nur Geld hat, braucht nicht zu werden emancipirt!" Guido war, wie gesagt, ein so leidenschaftlicher Christ, wie nur Felix Mendelsohn=Bartholdy, und es war längst seine Devise gewesen, daß es nur eine Emancipation gäbe, näm= lich die, sich taufen zu lassen. Schlachtenmaler wird Noth mit ihm haben: denn hatte er nicht in Nr. 3 seines Blattes einrücken lassen: „Wer hätte geglaubt, daß die Juden noch einmal den Golgatha zu ihrem Parnaß machen und sich aus dem Kreuze Christi Pinselstöcke schneiden würden, wenn sie anfangen, Madonnen zu malen!"

Schlachtenmaler erhob sich gar nicht, weil ihn sein ge= schundenes Antlitz ärgerte. So wandte sich Guido von Lip= mann an Amandus und fragte diesen: ob er sich seiner wol

noch erinnerte? Freilich war er mit seinem Vater, dem Hof=
agenten, öfters durch Klein=Bethlehem gekommen, wenn sie
nach der Neige fuhren und dort Wechsel präsentiren wollten,
wobei der Hofagent immer einen Zeugen brauchte: „Denn,"
sagte er, „der Graf ist der größten Verbrechen fähig; wer
stellt mich sicher, daß er nicht meinen Wechsel nimmt, ihn in
den Mund steckt und verschluckt?" — Amandus aber sagte:
„Gott, wie haben Sie sich verändert!" — „Ich war auf
Reisen," entgegnete Guido von Lipmann, „und finde es sehr
angewandt, daß Sie Ihre Bestimmung zum Bildhauer mit
dem Journalismus vertauscht haben. Glauben Sie mir, ich
habe in Liverpool einer Sitzung der British Association bei=
gewohnt, wo ein Gelehrter einen kleinen Napoleon zeigte,
den kein Schüler Canova's, sondern eine einfache Drechselbank
hervorgebracht hatte. Der Marmorblock kommt nach allen
vorher zu bestimmenden Richtungen einem scharfen Messer
in die Quere und, wenn der Mechanikus alle Walzen und
Räder vorher passend eingefugt hat, so brauchen Sie nur
einen Drehorgelmann, der Ihnen in kurzer Zeit so viel
medicäische und belvederische Gottheiten zaubert, als nöthig
sind, um damit einen Park vollkommen auszuschmücken."

Guido von Lipmann setzte sich nun und behauptete, daß
von allen Künsten nur die Poesie unfähig sei, durch Mechanik
hervorgebracht zu werden. Er wäre auf seinen Reisen vor
dem immer mehr um sich greifenden Geist der äußerlichen
mechanischen Zusammensetzungen geflohen, die Fabriken und
die Sonntagsschulen hätten ihn angeekelt, und wenn schon
alle Künste so gesunken wären, daß sie ihre Jungfräulichkeit
an die Macht der Dämpfe verkauft hätten, so wäre doch die
Poesie die einzige, die sich ihre Keuschheit in allen Ländern
erhalten hätte. Und, wenn die Bildhauer, Maler und In=
genieure das Christenthum untergehen ließen, so würde die
Poesie jener Joseph von Arimathia werden und das Kreuz
des Herrn tragen u. s. w. u. s. w.

Amandus war nun froh, daß Guido von Lipmann Nr. 3
noch nicht gelesen hatte, und ängstigte sich erst (da der Gast
wirklich abonnirt hatte), als Schlachtenmaler anfing ohne
alle Ironie folgende Worte unter dem blutigen Schnupftuche

hervorfallen zu lassen: „Wenn es gegen den so mächtig hereinbrechenden Materialismus einen Widerstand gebe, so könne dieser nur vom combinirten Germanen- und Judenthum ausgehen. Was Moses und Tacitus von beiden Völkern geschrieben hätten, wäre diesen noch immer gegenwärtig: heilige Scheu vor dem Unsichtbaren, Verachtung des rohen Stoffes, Mißtrauen gegen das blos Natürliche. Es wäre eine eigene Ironie des Weltgeistes, daß sich hauptsächlich die Juden an die Spitze der neueren industriellen Unternehmungen stellten und dadurch das Geld gewännen, vermittelst dessen ihre Kinder Generalbaß studiren und Bach'sche Fugen und Orlando Lasst'sche Messen componiren lernten. Wäre nicht schon der Papierhandel ein Idealismus von überfliegenderer Art, als die Lehre des Duns Scotus, und hätte Plato's Timäus wol eine so imaginäre Stelle aufzuweisen, wie jeden Börsentag der Frankfurter Courszettel? Alle romanischen Völker, ja, selbst die Engländer, geschweige die Nordamerikaner, wechselten das Gold ihrer Naturanlagen in das leichte Courant der Abstraction aus; nur die Deutschen und die Juden schienen die Bestimmung zu haben, das Gemüth unter allen Umständen als die Pforte des Himmels nicht verschütten zu lassen; ja, wenn selbst nicht geleugnet werden könnte, daß auch die Deutschen nun mannigfach von den Eisenbahnen angesteckt wären und sich unsere Träume so selig in der Vorstellung möglichst bei uns zu entdeckender Steinkohlenlager wiegten, so möchten zuletzt wol gerade nur noch die zerstreuten Juden die Bestimmung haben, die Künste in der Welt aufrecht zu erhalten und die Priester aller übrigen Religionen und Literaturen zu werden."

Guido von Lipmann war in der That Dichter genug, um nicht an der Idee, daß die Juden der poetische Sauerteig Europas und die Garantie des Supranaturalismus sein dürften, nur das Süße, nicht des Schlachtenmalers Bitterkeit zu schmecken. Er arbeitete ja im Stillen — bis auf einige schon in Almanachen abgedruckte Fragmente — an einem Ahasver, und, da er Kunde hatte, daß sich zwei junge Dichter, Namens Schmeißer und Püsser, ebenfalls zur Bearbeitung desselben Stoffes vereinigt hätten, so freute es ihn sichtlich, hier auf eine Idee zu stoßen, welche wahrscheinlich von jenen noch nicht benutzt wurde. Er malte sich die Möglichkeit aus, eine Scene zu schreiben, wo Christus zum ewigen Juden käme und sich bei diesem für die Erhaltung seiner Lehre bedankte, wo denn die Genien einige Musikstücke von Felix Mendelsohn=Bartholdy spielen und Herr von Eckstein in Paris, August Neander in Berlin, Frau von Schlegel und ihr Sohn, der Maler Ph. Veit in Frankfurt a. M. und Andere dabei die christlichen Führer der getauften Judenpietistenchöre machen müßten. Guido von Lipmann war ganz in den Moment versunken, wo Ahasver zum Cardinal ernannt und mit dem großen rothen Hute bekrönt werden würde. Ein ungeheures Gedicht, eine göttliche Farçe à la Dante war ihm soeben aufgegangen, er erschien sich wie Johannes, als dieser auf den Gedanken kam, die Apokalypse zu schreiben. Um aber das Gemälde von Domenichino vollständig zu machen, kroch Schlachtenmaler auch wie die Schlange aus dem Kelche und lockte Guido von Lipmann aus seinem Pathmos heraus, indem er ihn bat, ihnen als jungen Anfängern einige Gesichtspunkte aus der neueren Aesthetik zu geben, da sie ja nicht viel mehr als den Homer, Virgil und Horaz gelesen hätten und was deutsche Literatur beträfe, noch in Klopstock und Hölty befangen wären. Theobald schämte sich, indem er an den Schäfer Schumacher dachte und an seine Bestimmung, Volksdichter zu werden und Alboin war eher ein Gegenstand des Satyrikers, als selbst einer.

Guido von Lipmann fuhr mächtig heraus und vergaß sogar, mit seinem Siegelring zu spielen. „Ich habe," sagte er, „mit Vergnügen bemerkt, daß sich in Pathmos — wollt' ich sagen, in Kaputh, allmälig auch ein literarisches Leben zu regen anfängt. Der Reichspostreiter wird künftig nicht mehr der einzige Buchhändler sein, noch weniger wäre zu hoffen, daß wir Wörterbücher und größere Sachen, immer nur nach Heringen riechend, kaufen müssen, wo die Thran= und Heringshändler sich noch den schönsten Dank ausbitten, daß sie uns den Gefallen thun und in Bremen und Hamburg für uns von ihren Commissionären Bücher aufkaufen lassen. Und, da sie zu gleicher Zeit für ihr Detailgeschäft Maculatur brauchen, wie oft ist es mir nicht passirt, daß ich statt meiner Bestellung das verwechselte Papier bekam und mit genauer Noth das Kostbarste aus der deutschen und fremden Literatur, wie manchen Schiller und Goethe, vor der Berührung mit frischen holländischen Heringen rettete! Bekommen wir doch die Literaturzeitungen aus Leipzig immer nur zu gleicher Zeit mit aufgespießten Leipziger Lerchen, wo man die Hunderte der armen Thierchen versucht wird für eine Satyre auf die Inhaltsverzeichnisse der in dem Monatsheft aufgespießten Bücher und Autoren zu halten. Meine Herren, Ihr Unternehmen wird hierin eine Aenderung bewirken. Es kann nicht fehlen, daß die Gemüther allmälig warm werden und eine andere Erquickung und Durststillung wünschen werden, als Blaustrumpf's Predigten, die Charaden des Wochenblatts und den jährlichen Mißpelheimer Kalender. Meine Herren, ich wünsche nur Eines. Ich möchte Sie nicht in einer so großen Unbefangenheit über Ihr eigentliches Streben und Wollen angetroffen haben; ich wünschte, daß Sie auf den Stamm Ihrer Blätter etwas von einer knospenden Tendenz blühen hätten, eine innigere Beziehung zu dem bestimmt ausgesprochenen Charakter der modernen Literatur."

Schlachtenmalern war es bei diesen Worten, als würde irgendwo im Zimmer mit elektrischen Stäben gestrichen, so zuckten und hüpften ihm die Nerven. Gern hätte er etwas erwidert; nun konnte er wirklich nicht anders, als sich unmächtig krümmen, da er wenig von dem sogleich fort hatte, was Guido von Lipmann eigentlich meinte. Das sagte er aber denn doch: „Ich danke Gott, daß ich hierüber 'mal ein wahres Wort höre. Ich kann nicht der Meinung sein, daß hinter dem Horaz, Virgil, Sophokles mehr steckt, als die Ruthe der Philologie, die unsere schlechten Vorbereitungen darauf so nachdrücklich strafte!"

„Ein Hauptkennzeichen," bemerkte Guido von Lipmann, „für die neue Literatur ist Ihre Cultur der Prosa. Wir haben endlich die Poesie vom Schnürleib des Metrums befreit; ohnmächtig sank die seit Jahrtausenden gefesselte Muse in unsern Arm und erst im Dufte unserer neuen blumenreichen Prosa scheint sie allmälig wieder zum Leben zu erwachen. Unter dem Namen Zustände haben wir eine eigenthümliche Art erfunden, Massen von Lebenserfahrungen, wie sie der Tag und die Geschichte darbietet, in die anmuthigsten Gruppen zu vertheilen, Könige und Bettler, Hermelin und Lumpen, Frauen und Courtisanen, Zellen, Gazellen, Ghaselen, Giraffen, Caraffen, Caravanen, Girandolen, Mandolinen und Knackmandeln, Alles in Eins zu mischen, so daß Sie Ihren Augen nicht trauen, wenn Sie etwas von unseren musivischen, modernen Zuständen lesen. Nehmen Sie Heine! Wie laufen da die Schalen von früher in ihr metrisches Gehäuse abgeschlossen gewesenen Taschenkrebsen, Hummern, Meerspinnen, Ammonshörnern, welche Unzahl von Fleischabgängen, grünen Erbsen, Capern und Austern alle in eine, durch die Ironie stark gepfefferte Krebs- und Mockturtlesuppe zusammen! Diese neue Prosa vereinigt den Werth der abgezogenen Speculation mit den anmuthigen Abwechselungen einer sich zuweilen selbst überlassenen Phantasie. Die Schreibart der Zustände muß von Berg zu Thal wandern, hier steinig und chaussirt, wo eine Thatsache zu entwickeln ist, dort grün und kosend, wo es gilt, sie in ihren mannigfachen „Bezügen" zu schildern. Poesie und Prosa der Vergangenheit steht neben dieser Neuerung nackt und hülflos da."

„Mein Gott!" fiel Schlachtenmaler ein, „darum las ich doch neulich etwas, was mir wie Blumenbouquets vorkam, die man aus einem blühenden Garten gebrochen und auf eine schwere englische Tafel neben blaubrennenden Plumpudding gestellt hatte. Die Italiener, Herr von Lipmann, sollen es meisterhaft verstehen, so mit Würsten und Schinken Gruppen und Genrebilder auszumalen; ja, sogar eine Kreuzigung Christi aus Würsten, Schinken, Käse und Butter, die dann ohne alle Blasphemie verzehrt wird. Umgekehrt scheint mir nun diese neue Prosa auch aus Blumenkränzen künstliche Würste nachmachen und dunkelrothe Georginen, hellere Centifolien, mattrothe Federnelken und weiße Schneeglöckchen so in einander schattiren zu können, daß man das Ensemble in der Ferne für einen Schinken ansehen möchte. Dem Gemeinsten scheint diese Prosa geschmackvolle Tournure geben

zu können." — „Sie übertreiben zusehends," bemerkte Guido
von Lipmann, weniger um die neue Prosa als die Würste
und Schinken empfindlich; „Sie vergessen, daß wir gerade
durch diese außerordentliche Schönheit und Gewandtheit
unserer jetzigen Prosa dahin gekommen sind, selbst unpoetische
Gegenstände mit Interesse zu behandeln." Damit zog er ein
Manuscript aus der Tasche und las ihnen folgende Passagen
aus einer Abhandlung über den diesjährigen Getreide= und
Wollhandel vor:

„Säen — oder nicht säen — das war im verflossenen
Jahre bei allen Landwirthen die Frage. Der größte Reich=
thum kann unsere größte Armuth werden. Je üppiger sich
draußen das Korn auf den Feldern wiegt, je weniger blaue
Cyanen den grünen Ceresähren das Wachsthum beeinträch=
tigen, desto reicher die Ernte, desto wohlfeiler der Preis. Da
fahren die Kornwagen, mit Blumen bekränzt, vom Felde in's
Dorf; die Sense ist mit bunten Bändern geschmückt, die
Schalmei ruft zur Feier des Erntefestes die schmucken Bursche
und Mädchen; aber der redliche Landwirth steht einsam an
eine Ecke der Scheune gelehnt, mitten unter seinem Segen,
und hat die Arme ineinander verschränkt und lächelt bitter zu
all' der Lust und seufzt in beklommener Brust. Ha! da
kommen Rothschild's Boten und kündigen das Capital, das
auf jenem eben abgemähten Hügel stand; Ahasver steht blin=
zelnd vor dem redlichen Landwirth und zieht seine Capitalien
aus einem Zweige der Nationalwohlfahrt, der, wenn er
tausendfältig trägt, nur zwei, trüge er zehnfach, sechs Procent
Zinsen einbringen würde. Die Capitalien wandern aus den
Armen der Ceres in die Schmiedeessen des Vulcan, oder ein
geheimnißvoller Magier, der Zauberer Credit, berührt sie mit
seinem Königsscepter, und die Metalle verwandeln sich in
Metalliques, die Capitalien in Papier. Was hat jedoch die
Geschichte von jeher bewiesen? Welches sind ihre ewigen Ge=
setze in Betreff des Kornhandels? Läßt nicht schon die alte
Sage auf sieben fette sieben magere Jahre folgen? Ja, der
Erdgeist steigt von den Alpen und bringt Lawinen, Erdstürze
und ungeheuere Ueberschwemmungen, die Bäche treten aus,
die Scheunen schwimmen mit rasenden Flüssen fort, Feuer

züngelt als Bundesgenosse der Zerstörung hier, dort, an allen Ecken auf, Hagel kommt im Cuirassier-Anlaufen geschmettert, die Fenster der Mistbeete klirren wie Kriegsbrommeten und die Beutel füllen sich, je leerer die Scheunen werden. Schon haben Preußen und Polen sparsamer geerntet, und wenn auch über das Land der Magyaren der Himmel noch seinen Segen goß, so wird ein Theil dieses Ueberflusses doch schon diesmal in die k. k. österreichischen Erbstaaten fließen müssen. Und wie sich hier die Negation als das eigentlich geltende Element im Getreidehandel bewies, so auch in den Oelsaaten, deren Anbau trotz der Gaserleuchtung zunimmt: denn wo könnte jetzt nicht Lessing seinen Wunsch, die Natur nicht ewig grün zu sehen, befriedigt finden? Wo sind jetzt nicht meilenweite Rapsfelder mit ihrer buttergelben Blüthe? In dem reißend stark um sich greifenden Anbau des Raps und Rübsen bekommt die Geschichte unseres Jahrhunderts einen neuen Einschnitt, und es früge sich, ob nicht diese Menge Del, die man erzeugt, erfordert wird für den steigenden Mechanismus unserer europäischen Verhältnisse und all' die wichtigen eisernen Maschinen, die Menschen- und Pferdekraft jetzt ersetzen, in glatter Uebung erhalten soll? So ist die Geschichte groß in dem, was sie erfindet, die Natur aber oft noch größer in dem, womit sie das Erfundene compensirt und dem neuen Gedankenbesuch auf halbem Wege entgegenkommt. Endlich hat der Wollhandel —"

Hier unterbrach sich Guido von Lipmann selbst und fragte die erstaunten Brüder, ob sie Adam Smith kennten? Als sie ihre Unwissenheit bekannten, sagte er: „Nun, Sie werden die Rechnungen Ihrer Wäscherin kennen; aber Dante kennen Sie doch?" — „Ja!" log Alboin für alle Uebrigen. „Nun," schloß Guido von Lipmann, „auf diese Art etwa würde Dante den Adam Smith in Poesie verwandelt haben, wenn er die neue Literatur der „Charaktere und Zustände" hätte ahnen können."*)

---

*) Mit solchen und ähnlichen Auslassungen trennte sich zuweilen der Verfasser von den Richtungen der „jungen Literatur".

Als die Brüder vor Erstaunen kein Wort redeten und Guido von Lipmann stolz durch's Zimmer schritt und immer stolzer und stolzer seinen blauen Frack enger und enger knöpfte, ermannte sich wenigstens Schlachtenmaler und gestand mit kleinlautem Spotte: Wenn bei Goethe der Schüler sagt, es werde ihm von dem Allen so dumm, als ging' ihm ein Mühlrad im Kopf herum, so müßte er das auch von sich sagen, nur mit dem Unterschied, daß er auf die Mühle Korn schütten möchte. Es gäbe Gedichte, die kämen ihm wie gesammelte Collecten vor, andere wie Wassersuppen, ja dem Verfasser der Klagen eines Juden sollte ja sein eigener Vetter, dem er sie vorgelesen, aufgefordert, seine Meinung zu sagen, geantwortet haben: diese Gedichte kämen ihm wie Bittschriften an den Kronprinzen vor! Ebenso möchte er, nämlich Schlachtenmaler, auf die ganze von Herrn von Lipmann ihm entwickelte Pracht nichts Besseres thun, als darauf Actien nehmen.

Guido von Lipmann entgegnete: „Sie sind ein närrischer Kauz." — „Nein, in vollem Ernst," fuhr Schlachtenmaler fort, „ich wünschte, Sie zögen sich nicht zurück, wenn es sich wirklich einmal darum handeln soll, aus unserm Nichts Etwas zu machen. Lassen Sie uns Actien bilden, tausend Stück an der Zahl, jede im Werth von zehn holländischen Ducaten; Sie nehmen die Verbindungen Ihres Vaters zu Hülfe; das müßte doch nicht natürlich zugehen, wenn nicht, im Verein mit einigen jüdischen Freimaurerlogen, einigen Emancipations=Clubs, Courszetteln und evangelischen Kirchenzeitungen, die Möglichkeit da wäre, alle Actien anzubringen, die Kosten des Journals zu bestreiten und den großen Gewinn, den es abwerfen wird, zum Besten einer Literaturverjüngungstontine und eines größeren prosaischen Nationalstylisticums anzulegen."

„Wie verstehen Sie das?" fragte Herr von Lipmann erstaunt. „Nun," entgegnete Schlachtenmaler, „fünf Procent sind den Capitalisten sicher; aber da wir weit mehr machen werden, so müßte gerade dieser Ueberschuß zu einer Akademie verwandt werden, welche —" — „Nur nicht die Sprache firiren!" fuhr Herr von Lipmann auf. „Um's Himmels willen, nein!" beruhigte ihn Schlachtenmaler; „könnte aber nicht viel gewirkt und begossen werden, was kümmerlich am Boden schmachtet? Wie viel poetische Mücken und Fliegen zittern nicht dem Ruhme entgegen, in die blitzenden Krystallisationen der Jahrhundertsfragen mit ihrem winzigen Talente eingeschlossen zu werden? Wie viel literarische Kutscher und Bediente giebt es nicht, die sich geschmeichelt fühlen würden, daß sie, wenn in ihren Staatscarossen die großen fürstlichen Ideen und majestätischen Tendenzen an den Wachen vorüberfahren, den Trommellärm und die Ehrensalven des Geschützes auch auf sich beziehen dürfen? Wie manchen armen Zwerg, der bisher nur einen kleinen Fransenfaden an dem Riesenmantel der Zeit vorstellte, wäre nicht geholfen, wenn er wagen dürfte, sich an dem Mantel etwas Wesentliches zu dünken! Herr von Lipmann, es ist eine Verleumbung der jetzigen Literatur, daß die unbedeutenden Talente deshalb, weil sie Zeitgemäßes verarbeiten, die Achtung genießen wollen, die das Zeitgemäße verdient. — Wäre doch die Harfe der Zeit lieber von dem Isisschleier der ungelösten Räthsel bedeckt, blos, damit sich nicht die Fliegen und Spinnen, die zwischen den Riesensaiten hin- und herkrabbeln, einbilden, ihnen gebühre der Ruhm, dem Jahrhundert einen Ton entlockt zu haben! Sagen Sie mir, ist nicht so mancher Wald in Polen schon mit einem Dreierlicht angezündet worden, und brennen die großen Kaiserpaläste in Petersburg durch etwas Anderes ab, als durch die Nachlässigkeit der Ofenheizer? Nein, unsere Unternehmung sollte gerade dahin wirken, daß die Federposen vom Adler Jupiters schon zum ersten Schreibunterricht in den Schulen verwandt und daß die Napoleonshüte, welche sich unsere kleinen Dichter aus Papier machen, für echt erklärt würden, und daß Napoleon's erster Hutmacher eigens dafür wieder aufgesucht und bezahlt wird, um den bezüglichen falschen Eid zu schwören, Herr von Lipmann."

Dieser kniff die Augen zusammen und bemerkte piquirt: „Herr Blasedow, Sie machen unserer neuen Literatur den Vorwurf, daß sie große Ideen und nur kleine Talente zeitigte." ... „Vorwürfe?" fiel Schlachtenmaler ein; „im Gegentheil wünscht' ich, unser Extra-Fond könnte noch ganz andere

Dinge in die Reihe bringen. Wenn ich Ihre Literatur der Zustände, seinen Bezüge und bedeutenden Persönlichkeiten erwäge, diese feine Mischung von Diplomatie und Prosa, so wünscht' ich ja nichts sehnlicher, als daß die jungen Dichter, wie sie eben aus dem Weltei kriechen, gleich ihre Memoiren schreiben dürften, ohne lächerlich zu werden; wünschte nichts sehnlicher, als daß ihnen der Papst Ablaß und Indulgenz nicht blos für alle Persönlichkeiten gäbe, die noch vom Wiener und Aachener Congreß herrühren, sondern für alle Charakterzeichnungen, hergenommen aus dem unmittelbaren Moment, vom kaum verschlafenen Abendzirkel, von einer kaum zurückgelegten Reise. Herr von Lipmann, wie gern ließ' ich die jungen diplomatisirenden Demokraten auf Reisen gehen und improvisirte ihnen zwischen Halle und Leipzig ein paar Esel in der Löwenhaut, damit sie doch nicht zu sehr hinter dem in Afrika privatisirenden Fürsten Pückler zurückbleiben. Wie gern ließ ich sie beim Fürsten Metternich Schreibstunde nehmen und fertigte ihnen Nebelkappen an, daß sie ungesehen aus den Umarmungen der Freiheit manchmal in die Umarmungen der Diplomatie, aus dem Kriegslager der Entsagung in die k. k. Hofkriegskanzlei in Wien sich schleichen dürften — blos — des Styles wegen! Wie gern würd' ich von unserm Ueberschuß die Patente und Taufscheine bezahlen, wenn es sich z. B. nur irgendwo beweisen ließe, daß Heinrich Laube der natürliche Sohn Napoleon's und der Fürstin von Hatzfeldt wäre; und wie gern bezahlte sie nicht unsere Commission, selbst, wenn sie falsch wäre, und ließe wenigstens ein Wappen darnach stechen, einen Glacéhandschuh z. B. im blauen Feld, als Symbol des neuen Styles und irgend eines der wunderthätigen Prosa-Magier. Welche Fortschritte in den Naturwissenschaften ließen sich nicht befördern, wenn man einige neuere Bücher in ihre chemischen Bestandtheile auflöste, z. B. „das junge Europa" in eine Dosis aristokratischen Freiheitsalkohol, in eine zweite fixer moderner Lebensluft, in eine dritte, bestehend aus etwas neunmonatlichem Gefängnißstickstoffgas à la Silvio Pellico. Oder wenn wir für unser beliebtes Reisenovellen-Genre folgende chemische Formel entdecken: Sieben Loth Zustände, sieben Loth feine Bezüge und drei Loth heilige nicht ganz zu verwerfende **Pietätsstoffe** — das Ganze in einen diplomatischen Brei gerührt, abgekühlt und im Zustande des Bestehenden gelassen. Kurz, Herr von Lipmann, die Wirksamkeit könnte unermeßlich und der Nutzen ohne Berechnung sein: wollen wir Actien emittiren?"

Guido von Lipmann war aber nicht wenig ergrimmt und sagte zu dem Spötter, der mehr von der neuen Prosa zu wissen schien, als man nach dem Stande des Kaputher Buchhandels hätte glauben sollen: „Sie rechnen also der Idee die kleinen persönlichen Thorheiten einiger ihrer Bekenner an? Sind Sie dem Schmerze des Jahrhunderts nicht verwandt?" Darauf erhob sich Schlachtenmaler, schlank, fast ein Riese, und seine Augen glänzten, wie Leuchtwürmer in der Nacht, so unheimlich und so magisch in seinem Zorn und seiner Schwermuth. Ohne daß er ein Wort sagte, war es, als lägen, wie am Pfingstfeste, tausend Sprachen auf seiner Zunge, tausend Reden in seinen Blicken, und wie er so groß und stolz und melancholisch dastand, siehe, da fielen die gluthrothen Strahlen der untergehenden Sonne in das Zimmer und umzüngelten mit einem hüpfenden Verklärungsschimmer die schmerzhaft bewegten Züge des Jünglings, der mit übereinander gekreuzten Armen dastand, wie ein Priester der Feuerreligion. Und es war, als zögen lange Reiterschaaren auf feurigen Rossen durch die untergehende Sonne und eilten, über diese Brücke fortzukommen, sich in das zum Schlummer neigende Weltall zu vertheilen und während der Nacht die rings im Aufbau begriffenen Tempel zu schützen. Und als gäbe ihnen die Sonne die Befehle, so theilten sie sich links und rechts und eilten hierhin und dorthin, dem zum Trost, dem zum Schutz, dem zur Hoffnung, dem zum Beistand. Und auf Schlachtenmalers Antlitz spiegelten sich alle die wunderbaren Sonnen wieder, seine Augen riefen freudig: „Dies sind die Boten Gottes, die Ideen auf feurigen Rossen; nun kommen sie und lösen die Menschenheroen ab, die am Tage für das Jahrhundert geblutet haben, und bewachen das Schlachtfeld für den nächsten Morgen, trösten die Verwundeten, begraben die Todten und halten wie Gespenster die

schleichenden Spione zurück. In scheinbar ungleichem Kampfe
stehen sich zwei Lager gegenüber, Jünglinge und Greise; aber
die Greise ersetzen ihre mangelnde Kraft durch die Schreck=
bilder verwester Vorurtheile, die sie aus den Gräbern holten,
und mancher bezauberte Knabe, Mancher, der das Verjährte
als das Ewige anbeten lernte, ließ sich bethören, zu ihnen
zu halten. Und drüben das Lager der Jünglinge ist nicht
fest genug. Sie prangen in Mannesschönheit, aber Helena
und der Würfel und der Becher gehen durch ihre Reihen und
verführen sie. Löse, großer Geist, die Religion aus den
Fesseln des Aberglaubens, gieb dem Staate ein neues, ideales,
griechisches Leben, laß die Kronen nur Sinnbilder, keine
Lasten sein, zertrümmere den Reichthum da, wo er todt auf=
gehäuft ist, oder laß den Armen wenigstens ein Evangelium
predigen, das aus ihnen Märtyrer, nicht Sklaven des Schick=
sals zieht! Die Pfeile des Gedankens knicke, wenn sophisti=
sches Gift an ihrer Spitze lauert, und die Schwungkraft
lähme denen, die sie mit zu vielen bunten Federn der Kokette=
terie schmücken! Vergieb uns, Herr, wenn wir dem Neuen
nachjagen und nicht immer geradezu das Wild in Deinen
Himmel hinein pirschen; vergieb uns, wenn auch einmal ein
dunkler Geist mit uns zu Tische sitzt und wir auf unseren
Gedankenirrwegen einmal am Eingang der Hölle stehen und
Dante's flammende Inschrift mit Entsetzen lesen! Dem bösen
Geist das Gute abgewinnen und Mephistopheles zu täuschen,
indem wir, statt seiner falschen Würfel, ihm einmal richtige
hinstellen und ihn auffordern, nun es mit uns zu wagen!
— sollte das nicht eine höhere Seligkeit werden, als die un=
mittelbare des Glaubens, die salzlos, dumm gewordene
Seligkeit des bloßen Anschauens und einer Tugend, die
deshalb die Probe aushält, weil sie — dieselbe nicht wagt?
Ja, Herr von Lipmann, Befreiung vom Hergebrachten, keine
Fesseln, die wir mit der Nabelschnur, der Wiege, dem Fall=
hut, dem Gängelbande, der Schulruthe, dem Confirmanden=
unterricht und dem Copulationsscheine mitbekommen — son=
dern Alles nur durch uns und in Gott — und, schaffen
wir nichts Neues, kommen wir auf das Alte zurück, gut,
dann hat die Welt und die Gesellschaft den Frieden und die

Literatur den Glanz davon — Ihre Zustände aber und feinen Bezüge locken weder Hunde, noch Philister vom Ofen!"

Schlachtenmaler sagte nur das Letzte seiner Rede; alles Vorangegangene fühlte er blos. Herr von Lipmann bemerkte: sie wären Beide ganz einverstanden, und der Jokey der Primadonna, der die Herren Blasedow soeben zum Thee eingeladen hatte, konnte es bezeugen, daß er Schlachtenmalern die Hand drückte und eine Rolle auf dem Tische zurückließ, wol nicht von Ducaten, aber doch von Gedichten, die in die nächste Nummer der Zeitschrift eingerückt werden sollten. Den Jokey mußten die anderen Brüder abfertigen: denn Schlachtenmaler sagte, er hätte roth und blaue Flecken — Amandus zitterte, weil er dachte: auf dem Gesichte; nein, sein Bruder sagte: vor den Augen, weil er zu lange in die Sonne gesehen. Weil er sie aber in das Bett drückte, so konnte Niemand sehen, wie feucht sie von großen stolzen Thränen waren.

Zehntes Kapitel.
Die Anatomie und der Mumienzahn.

Es war ja vorauszusehen, daß sich die jungen Waghälse in dem Verstand und der Liberalität der Bewohner von Kaputh verrechnet hatten, selbst wenn man nicht in den Umtrieben Blaustrumpf's das Haupthinderniß sehen will, woran das journalistische Unternehmen scheiterte. Es war ja auch weniger das Urtheil, welches den Kaputhern fehlte, als die Fertigkeit, Gedrucktes so schnell zu lesen, als nöthig war, wenn ein Exemplar acht Abnehmer hatte (denn einer eins? das geschah nicht einmal bei Herrn von Lipmann, der das Journal mit seinem Sohne, und bei Celinden, die es gar nicht hielt!) und es seine Wochenrunde machen sollte und jeder Bürger dann nur einen Tag daran buchstabiren konnte. Der Hof hielt ein Exemplar, und der Finanzminister schrieb eigenhändig an die Redaction, als sie darüber die

Rechnung eingesandt hatte, ob er für dieses Exemplar nicht auch den gewöhnlichen Buchhändlerrabatt in Anspruch nehmen dürfte? In Wirths= und Kaffeehäusern hätten die Brüder es gern eingeführt, wenn sie nur Geld genug gehabt hätten, dorthin zu gehen und sich ein Glas Zuckerwasser und „das neue Journal" zu bestellen und im Fall der Erklärung, daß man es nicht halte, auszurufen: Sie halten diese Zeitschrift nicht? und dem Wirthe so viel Angst zu machen, daß er fürchten mußte, seine Kundschaft zu verlieren.

Jetzt hätte eigentlich Guido von Lipmann zeigen müssen, wie werthvoll für ihn die neue prosaische Dichterschule war und was für Trümpfe er ausspielen konnte, wo es sich um etwas Schöngeistiges handelte. Aber, sei es nun, daß er den Ehrgeiz hatte, nur so viel auszugeben, als er sich selbst er= warb, oder, daß die ewige Zumuthung an reiche Leute, als wenn sie nie nöthig hätten, ihr Geld anzusehen, ihm den Ellenbogen steif gemacht hatte: genug, er fuhr nie in den Beutel, sondern immer in die blaue Luft und die großen Fragen der Zukunft, wenn ihm die Brüder ihre Noth klagten. Schlachtenmaler dachte bestimmt, daß er die Wochenschrift mit der Andeutung erhalten könnte, die inzwischen von Guido von Lipmann erschienenen Proben seines Ahasver im nächsten Quartale, für das aber keine Aussicht war, anzeigen und ihn mit Dante, wenn auch nur entfernt (denn Guido von Lip= mann erröthete dabei), vergleichen zu wollen; allein selbst diese Aussicht bestach den weltumfassenden Dichter nicht; im Gegen= theil fragte er, ob er nicht für seine Beiträge eine angemessene Entschädigung in Anspruch nehmen dürfte? Alle Brüder schrieen aus einem Tone auf, wie wenn auf dem Wasser ein Kahn umbiegt und alle Passagiere mit einem und demselben Rufe ihren Schrecken bezeigen. Nur Schlachtenmaler erholte sich bald und sagte, indem ihm das Blut bis an die Ohren drang: „Nein, Herr von Lipmann, wir glauben sogar, daß Ihnen der Drucker eine Rechnung für Insertionsgebühren, Zeile für Zeile, Buchstab für Buchstab schicken wird!" Des jungen Dichters Züge bewegten sich krampfhaft, er wollte etwas sagen, schlug mit dem goldenen Knopf seines spanischen Rohres einige Male auf den Tisch (spräng' er ihm nur ab, dachte Amandus, er sollte ihn schwerlich wiederfinden!) und schwieg, indem er die kleine Räuberhöhle schleunigst verließ. „Die Millionäre," sagte Schlachtenmaler zur Beruhigung seiner höchst gewaltthätig überlegenden Brüder, „sind ärmer, als wir. Es hat einen Namen, hunderttausend Thaler zu besitzen, aber nur der Logarithmus davon ist wahr, nur die Zinsen sind reell. Wer einmal auf hohen Fuß eingerichtet ist, hält sich, wenn ihm das Geld fehlt, ein diplomatisches Essen mit dem außerordentlichsten Feenzauber zu bekränzen, für einen größeren Bettler, als wir in dem Augenblicke, wo wir nicht wissen, wovon morgen leben, geschweige die nun bis auf zwanzig Thaler angesammelte Miethe zu zahlen!"

Und in allen diesen Nöthen kam von Klein=Bethlehem nur Zufuhr von Schinken und Würsten, von Brot und Käse, nie baares Geld. Wie oft schnitten die Brüder die Brote auf und hofften (wie Gefangene auf Feilen!), die Mutter würde ihnen einige Thaler hineingebacken haben, oder in den Briefen des Vaters würden außer Lebens= auch einmal Geldanweisungen kommen; aber Blasedow wünschte ihnen ja immer Glück zu dem Erfolge ihrer Studien und bat sie, ihre Diskuswerfer, ihre marathonischen Schlachten, satyrischen Froschmäusler und Volkslieder nicht zu wohlfeil in Cours zu setzen; ja, sie waren in ihren Lügen an den glücklichen Mann so folgerichtig gewesen, daß er ihnen einmal eine lange Epistel schrieb über die beste Art, im Kaufe vorzuschlagen, Gebote anzunehmen, mit Anstand zu handeln und den Werth der Goldmünzen ohne Waage zu schätzen. Er rechnete ihnen nicht selten vor, wie viel sie je an hundert Stück Friedrichsb'or, die sie à neun Gulden sechsundfünfzig Kreuzer annehmen, verdienten, wenn sie diese wieder für zehn Gulden in Bausch und Bogen ausgäben. Und in seinem Edelmuth hatte er nie etwas von ihnen verlangt, nie ein baares Agio zu all' der Dankbarkeit, welche sie ihm für die glücklichen Folgen seiner Erziehungsmethode schuldig wären, nie ein Geschenk, nie einen Abguß der classischen Arbeiten seines zweiten Sohnes, weil sie diesem doch nur Gyps und Geld kosten würden: Zeichnungen davon, die Schlachtenmaler verfertigte, genügten

ihm ja! Er rieth ihnen, unter allen Umständen nie an ihn,
sondern nur an Italien zu denken.

Celinde hatte den Schlachtenmaler oft genug einladen
lassen und Sophie schickte ihm immer die Briefe, die sie von
ihrem Vater bekam. Er sollte ihre Unschuld bewundern, ihren
reinen Charakter, wie sie vor ihrem Vater bastehe. Aber
Schlachtenmaler vermied das Haus und war einst unglücklich
genug, als ihm Celinde den Bedienten mit der Bitte schickte,
ihr die bereits erschienenen Nummern seiner Wochenschrift zu
leihen. „So soll mich Gott strafen!" rief er aus, als
seine Augen über diese unzarte aristokratische Behandlung
trocken waren; „sie soll sie haben!" Damit packte er die
Nummern zusammen und schrieb über jede mit zusammen=
rinnenden Tintenklecksen: Freiexemplar für die Ar=
men, und ließ mit seinem jüngsten Bruder sagen: er be=
bauere, jetzt kein anderes zu Hause zu haben. Celinde war
auch so gutmüthig, den Spott gar nicht zu verstehen, und
seufzte tief für sich: „Wie gut er ist: selbst den Armen pre=
bigt er sein goldenes, herziges Evangelium!"

Der Hauswirth, unsrer armen Ritter längst überdrüssig,
hatte schon oft geschworen, daß er sie bis zu einem bestimmten
Termin, wo er bezahlt sein wollte, vor die Thür setzen würde.
Nur die mehrfach wiederholten Besuche des jungen Herrn
von Lipmann, die ihm einige Achtung vor seinen jungen
Miethsleuten einflößten, hatten ihn bewogen, den Termin
auf eine fernere Zeit hinauszuschieben. Nun aber auch jene
aufhörten, hatten sie nur noch zwei Tage Zeit, über ein
Rettungsmittel nachzudenken, und um die Leser nicht zu
ängstigen, wollen wir nur gleich sagen, daß auch Schlachten=
maler eins gefunden hatte. Wir dürfen nicht vergessen,
daß Schlachtenmaler noch immer die Akademie besuchte und
an Professor Silberschlag, der leider zu arm war, Silber
schlagen oder schenken zu können, einen edelmüthigen Freund
besaß. Der Galerie=Inspector verfolgte ihn allerdings mit
Ingrimm. Weckenesel beschuldigte ihn, daß er im Winter blos
in die Akademie käme, um sich zu wärmen, und im Sommer
nur, um sich abzukühlen. Er hatte ihn stark im Verdacht,
daß er wol gar im Winter unter dem Mantel Holz mit=

nähme, um sich's auch zu Hause warm zu machen, eine Vermuthung, die ihm bei jedem Akademiker mehr als gewiß schien und ihn längst auf die Idee gebracht hatte, die Mäntel an der Thür abfordern und beim Herausgehen wieder ausliefern zu lassen, was jedoch keinen Beifall fand, da die jungen Künstler behaupteten, die großen Säle heizten sich so schlecht, daß sie die Mäntel nicht entbehren könnten. Damit die jungen Akademiker das Licht, das sie bei langen Abenden bekamen, nicht zur Hälfte mitnähmen, pflegte Weckenesel diese unten, wo sie hätten abgeschnitten werden können, bunt zu bemalen. Als nun ein fremder Herr eines Tages die Galerie besuchte und Weckenesel ihm ganz zuletzt schon den „vermuthlichen Raphael" gezeigt hatte, trat Schlachtenmaler mit einem jener bunten Lichter herein und zeigte dem Fremden zu allgemeinem Ergötzen (Silberschlag's und der anderen in der Galerie beschäftigten Eleven) die Fortschritte in der Talgmalerei, „welche Kunst die Welt dem Galerie-Inspector verdankte". Durch solche und ähnliche Vorfälle hatte sich Schlachtenmaler Weckeneseln zum Feinde gemacht; aber die dritte Person der Akademie, der Anatom Sägenreißer, liebte ihn, und hier ist es, wo Schlachtenmaler Hülfe fand, freilich auf eine Art, die schauderhaft ist, da unser junger Freund viel zu stolz war, etwas geschenkt zu nehmen.

Bei einer allein auf das Praktische gerichteten Kunstakademie konnte Sägenreißer's Wirksamkeit nicht groß in der Lehre über Muskelbau und Knochenwesen bestehen. Die jungen Akademiker benutzten seine Anstellung weit mehr, um sich unentgeltlich die Zähne ausreißen zu lassen, als von ihm zu lernen, wodurch eigentlich Zähne hohl werden. Nur bei dem Zweige der Akademie, der der Tapetenmalerei und Musterzeichnung (namentlich für Cattundrucker) gewidmet war, nützte sein Vortrag in allen jenen Beziehungen, die man versteht, wenn man Leonardo da Vinci's und Hogarth's Vorliebe für die menschlichen Knochen kennt: beide Künstler haben in ihren theoretischen Werken darauf aufmerksam gemacht, daß die schönsten Arabesken zu Gemälderahmen und Commoden und Kaminen von den menschlichen Steißbeinen und Backenknochen hergenommen würden; daß selbst die Form der Petersilie und

Raute, so beliebt zu Randverzierungen, übertroffen würde von den sanften Biegungen und Verschlingungen der Zwickelbeinchen, der Pflugschar (Schädelknochen), des Hammers, des Ambos und des Steigbügels (im Ohr) und nun gar erst, mit Respect zu sagen, des weiblichen Beckens mit den Kuckucksbeinchen und Schamknöchelchen. Sägenreißer verband in der That die Aesthetik mit der Anatomie. Er bekämpfte es, daß die Muster zu Möbeln und Kleidercattunen, die Tischlerzeichnungen immer und immer nur von der Botanik hergenommen wurden, und brachte es in der That dahin, daß man seine Vorschläge befolgte und seinen osteologischen Arabesken künftig den Vorzug gab.

Dennoch war in Einem Punkte Sägenreißer sehr unglücklich. Für seine Leidenschaft zur Anatomie war das Land zu moralisch, die Gefängnisse zu leer, waren auch die Vorstände der Armenhäuser und der Spitäler zu religiös. Die Skelette, welche er besaß, waren alle nicht echt. Sie waren nur aus hundert verschiedenen Menschen zusammengesetzt und manches werthvolle Stück, das man nicht hatte auftreiben können, war wol gar darin nur aus Wachs bossirt. Er hätte so gern ein ganzes, frei in sich selbst zusammenhängendes Individuum besessen; aber, wenn er auch erst hätte den Kopf darauf setzen sollen, wer wurde denn in Sayn=Sayn hingerichtet? Wer konnte jenen Capitalverbrecher im anatomischen Kochkessel brauchen, der als das Paradepferd der göttlichen Gerechtigkeit, wie wir schon wissen, im Lande herumgeführt wurde, da ihm von den vielen mit Eisen beschirrten Mustermärschen die Füße krumm geworden waren? Alte Spittelweiber, verkümmerte Invaliden — was verlohnten diese die Mühe! Schmerzhaft pflegte Sägenreißer schöne menschliche Gestalten, z. B. den jungen Erbprinzen, den Finanzminister, den Präsidenten des Gerichtshofes und ähnliche adelige Figuren zu betrachten und dabei im Stillen zu denken: Könntest Du sie doch scalpiren!

Das Vertrauen aber, das Schlachtenmaler in den Professor setzte, rührte von einer Sage her, die den gelehrten Mann vielleicht nicht ohne Grund verfolgte. Sein Thurm (er wohnte in einem) war nicht allein deßwegen verrufen, weil man des Nachts dort mehre Male wollte ein Wimmern und Rufen gehört haben, sondern es war erwiesen, daß Sägenreißer jeden unheilbaren Arm, jedes Bein, ja jeden hohlen Zahn, wo er als Chirurg mit der Säge oder der Zange hatte auftreten müssen, in seiner Sammlung aufbewahrte. Gab dieses nun schon seiner Erscheinung etwas Unheimliches, indem man ihn für den Archivar aller amputirten Glieder der Stadt und des Fürstenthums (er war schnell mit dem Abnehmen zur Hand!) halten durfte, so wollte man auch für ganz gewiß ausgeben, daß Sägenreißern mancher Christ auf Leben und Tod verpfändet wäre. Man behauptete, da er ein reicher Mann war, daß verunglückte Spieler, bankerotte Familienväter, ja, selbst einige Offiziere von den Landestruppen ihm entweder ganz oder theilweise sich verschrieben hatten. Er hatte im Stillen eine Gothaische Lebensversicherung eingerichtet, wo man sich verpflichtete, gegen eine bestimmte Summe als Leibrente, ihm, falls er der überlebende Theil sei, ein Bein, einen Arm, eine Hand oder wol gar den ganzen Körper zu überlassen. Vom Grafen von der Neige erzählte man, daß dieser im Verlauf mehrer Jahre schon sein ganzes Knochensystem an Sägenreißern verkauft hatte: erst seinen rechten Arm, dann den linken, die Füße und endlich Haut und Haar. Die Sage fügte auch schon den linken Oberarm der Gräfin hinzu! Man denke sich die unheimliche Erscheinung eines so eigenthümlichen Speculanten, wenn er in Gesellschaft war oder sich auf der Straße sehen ließ und sein Lächeln verrieth, wer bei ihm auf Pfänder geborgt hatte, die sie selbst bis zu ihrem Tode aufbewahren mußten! Die närrischen Leute hatten Sägenreißern zwar nie bei einem Begräbnisse mit seinem Versatzzettel auftreten und das verfallene Gut abschneiden sehen; aber darum hatten sie doch, um das Unheimliche seines Treibens zu bezeichnen, kein Hehl, daß Sägenreißer schon die Mittel wissen würde, sich vom Kirchhof kommen zu lassen, was ihm gebührt: denn umsonst, behauptete man, wäre des Nachts nicht so viel Rennens und Laufens an seinem Thurm. Schlachtenmaler war ein Narr, diesen Dingen Glauben zu schenken. Bedachte er nicht, daß er selbst, wenn sie wahr sein sollten, viel zu jung war, um mit irgend einem Gliede seines Körpers dem in Jahren schon vorgerückten Professor eine Perspective zu eröffnen! Sollte er auch die Absicht haben, unter die Soldaten zu gehen: wie konnten in Friedenszeiten für Sägenreißern jemals Chancen entstehen! Die Verzweiflung jedoch, in der er und seine Brüder sich befanden, trieb ihn an, die Stufen des unheimlichen Thurmes zu besteigen, die hämischen Blicke einer alten Aufwärterin zu ertragen und mit gefaßtem Herzen bei dem seltsamen Pfandleiher einzutreten.

Sägenreißer winkte ihm, als einem ihm besonders lieben Schüler und Bekannten, er sollte sich setzen und einem Experimente zusehen, das nicht gestört sein wollte. Mittagszeit war gewesen. Die Reste der Mahlzeit standen noch auf dem mit Knochen und Schädeln besetzten Tische. Rings an den Wänden hingen, wie in katholischen Kapellen in Wachs, so hier in Natur, eine Menge schöner, weißgebleichter Arme und Beine. Es wurde Schlachtenmalern unheimlich, als müßte er im Mondschein über einen Kirchhof gehen. Sägenreißer hatte eine lebendige Taube in der Hand und in einer Schachtel mehre rothe Kügelchen, die er dem Thiere einzwängte. „Sie sollen hier ein rothes Wunder zu sehen bekommen," sagte der Professor und winkte Schlachtenmalern, näher zu treten. Die Taube mochte mehre rothe Kügelchen verschluckt haben, als sich eine wunderbare Veränderung ihrer Farbe beobachten ließ. „Diese Kugeln," sagte der Professor, „sind aus Krapp, und nun geben Sie Acht, je mehr das Thierchen sie verdaut, desto durchsichtiger wird es. Seine Knochen nehmen eine blutrothe Farbe an und schimmern durch die Federn hindurch." Das Letzte sah nun freilich Schlachtenmaler nicht, wol aber, daß der Schnabel, die Krallen blutroth wurden, ohne daß sich dabei das Wohlbefinden des Thierchens zu verändern schien. Die Haushälterin nahm es schnell fort und Sägenreißer lachte laut auf, weil sie ihm einen schnurrigen Blick dafür zuwarf. Doch fragte er Schlachtenmalern noch immer nicht, was er wollte. „Sie sollen meine Schätze kennen lernen, junger Freund," unterbrach er den sich zur betreffenden Anrede Räuspernden; „fassen Sie an!" Damit zog er eine Schublade aus dem Wandschranke und trug sie mit Schlachtenmalern auf den inzwischen etwas aufgeräumten Tisch. Ein wirres Gemisch von osteologischen Gegenständen lag in diesem Kasten, und Sägenreißer schickte sich an, seinem jungen Freunde jede Einzelnheit derselben zu erklären. Wir müssen uns auf einen kurzen Auszug seines langen Vortrags beschränken und mit Bedauern die feinen wissenschaftlichen Bemerkungen unterdrücken, die z. B. Sägenreißer sogleich an das erste Stück seiner Sammlung anreihte, nämlich den Milchbackenzahn eines jungen Elephanten, ein Thema, über das Sägenreißer gemüthlich, ja kindlich wurde. Dann zeigte er dem Schlachtenmaler die beiden, leider nicht zum Durchbruch gekommenen Weisheitszähne des enthaupteten Königs Karl I. von England. Hierauf die verkleinerte Copie des berühmten Skeletts eines donischen Kosaken, dessen Sitzbeine vom vielen Reiten eine ganz auffallende Mißbildung bekommen hatten. Sägenreißer bemerkte übrigens, daß er auf diesen Kosaken weit weniger gäbe, als Blumenbach: denn er müßte sich sehr irren, wenn nicht jeder deutsche Postillon, auf Routen, wo es viel Extraposten gäbe, z. B. zwischen Frankfurt und Wiesbaden, hinten ebenso geformt wäre, wie jener Kosak. Dann zeigte er Schlachtenmalern einen Hirnschädel o h n e Nähte, der um so auffallender war, als er einem Schneider angehörte. Auch der Schädel eines rhachitischen Kindskopfes war ohne Naht. Hierauf kam der berühmte natürliche Stelzfuß jenes unglücklichen Morand'schen Hasen, dem ein Bein in seiner Jugend verloren ging und die Natur aus einer wunderbaren Verknorpelung dafür ein neues gab; natürlich war dieser Stelzfuß nur eine Copie. Wie Sägenreißer an dem donischen Kosakenskelett etwas auszusetzen hatte, so mäkelte er (ein Beweis für seine Wahrheitsliebe) an Blumenbach's Schneidezahn eines jungen anthropophagischen Neuholländers und sagte: „Wer weiß, ob dies nicht ein ganz einfacher ungeschlachter deutscher Bauernzahn von einem Schlingel ist, der sich ihn, um keine Patronen beißen zu können und von der Conscription frei zu werden, mit einer Drahtzange selbst ausgerissen hat." Hierauf zeigte er Schlachtenmalern einen kleinen Erdglobus, gut ausgeführt, und fügte hinzu: „Das ist das Irdische an einem ehemaligen

Matrosen der englischen Marine!" Als Schlachtenmaler über
diese sonderbare Verwandlung erstaunte, erklärte ihm Sägen=
reißer, wie man Knochen im Papinianischen Topf zu einem
flüssigen Teig kochen könne und deshalb aus diesem Matrosen,
aus Anerkennung seines geographischen Berufes, einen Erd=
globus geformt hätte. Schlachtenmaler faßte den verwandelten
Matrosen an; er war elastisch, wie ein Gummiball. Nun
kamen einige von den hundert und sechsunddreißig Knorpeln an
die Reihe, die der Veterinärarzt Havemann in Hannover in
dem sogenannten Luftbeutel an der eustachischen Röhre einer
vierzehnjährigen königl. hannoverschen Stute entdeckt hatte.
Dann einige Splitter aus dem Hirnschädel eines Troglobyten=
affen, und in Ermangelung eines Kamschadalenkopfes, nach
welchem Sägenreißer behauptete so besonders begierig gewesen
zu sein, leider nur ein gewöhnlicher Filzhut von jenem
Transport mobischer Hüte, die ein Pariser Hutmacher an=
gefertigt hatte und in den Norden schicken wollte. „Da diese
Hüte jedoch alle nach Pariser Schädeln modellirt waren und
keiner in Kamschatka und Spitzbergen passen wollte, so können
Sie allerdings," sagte Sägenreißer, „von diesem Filzhut auf
die Form der dortigen Schädel schließen, indem man ja nur
anzunehmen braucht, daß dieser Hut einem Kamschadalen
n i c h t paßt." Und er hatte Recht: wie oft muß sich die
Wissenschaft damit begnügen, blos zu bestimmen, was eine
Sache n i c h t ist, während das, was sie i s t, sich nicht er=
weisen läßt. Auf eine Schädelguirlande, theils von Cretins,
theils von Blödsinnigen, folgte eine Copie des berühmten
Wagler'schen Wasserkopfes, dann ein merkwürdiges Original,
die wunderbare Feuerassel (scolopendra electrica), dies auf=
fallende Thierchen, das ein Frauenzimmer in den besten Jahren,
die jedoch immer am Kopfe litt, zur glücklichen Stunde und
zu ihrer Genesung ausschnäuzte. Hierauf lächelte Sägen=
reißer: denn er war im Begriff, einen Witz zu machen. Er
zeigte Schlachtenmalern einen Schädel, dessen Fontanelle weit
auseinander stand, und sagte dann: „Dies ist gewiß ein
o f f e n e r K o p f gewesen," worüber Schlachtenmaler, in Er=
wartung seines eigentlichen Handels, viel Munterkeit und
Beifall bezeugte. Beim folgenden Schädel lachte Sägenreißer

schon wieder. „Sehen Sie,“ sagte er, „die Alten hatten nicht Unrecht, das Hinterhauptbein, diese muschelförmige Schale, — Teufel, bei Ihnen ist sie stark,“ unterbrach er sich, weil er Schlachtenmalern phrenologisch zu untersuchen anfing, — „ich sage, diesen Theil den Gedächtnißknochen zu nennen. Mein alter Schulmeister hatte immer die Gewohnheit, wenn ihm neue Kinder zugeführt wurden, sie hinten am Kopf zu betasten und ihnen gleich aus der Stärke dieses Knochens ein Prognostikon zu stellen, ob sie vergebens oder mit Erfolg studiren würden. Dieser Schädel ist von einem berühmten, mehrmals gesessenen und endlich gehängten Spitzbuben, bei welchem sich merkwürdigerweise ein kaum andeutungsweise ausgebildeter Gedächtnißknochen befindet. Man sieht hieraus, daß nie eine Strafe bei ihm fruchten konnte und daß der arme Schelm eigentlich für alle guten Lehren, Warnungen und Strafen unempfindlich sein mußte. Wäre der Schädel nicht zu interessant, ich trüge darauf an, den Hallunken von der Instanz zu absolviren und nachträglich ehrlich zu begraben.“ Hierauf zeigte Sägenreißer, jedoch mit etwas ungläubiger Miene, die Thränenfistel des unglücklichen Klostergeistlichen Siegwart; und mit noch größerm komischen Kopfschütteln einige Knorpel aus dem berühmten Buckel des Aesop. Einen Türkenschädel, klagte er, hätte er nie ergattern können, dafür nur diesen Pfeifenkopf aus Adrianopel, der wenigstens ein schönes, wie lebend aussehendes Türkenhaupt vorstelle. Bei einigen Wirbelbeinchen, deren nähere Bedeutung Schlachtenmaler überhörte, faltete Sägenreißer die Hände und sagte: „Wissen Sie, wer bei der Aufgabe, die höchste Zahl der menschlichen Lendenwirbel zu bestimmen, ohne Zweifel eines kläglichen Todes gestorben ist?“ Als Schlachtenmaler darauf ein sehr natürliches Stillschweigen beobachtete, sagte Sägenreißer: „La Peyrouse! Den unglücklichen Mann schickte die Pariser Akademie nach Afrika, um zu sehen, ob Völkerschaften von großer Statur mehr als sechs Lendenwirbel haben; und noch immer fehlt La Peyrouse und eine Antwort auf jene Frage!“

Sägenreißer's Merkwürdigkeiten gingen zu Ende. Es kam nur noch das, wie Sägenreißer versicherte, auffallende Kuckucks=

bein einer abiponischen Dame, von welcher der Pater Dobritzhofer die Versicherung gegeben hat, daß sie, wie der obige bonische Kosak, in ihrem Leben nur geritten hatte. Kleine Skelette von chinesischen Weiberfüßen machten den Schluß, so wie die Zehen jenes berühmten Schwaben, Namens Grieben, der ohne Arme geboren war und sich mit den Zehen nicht nur musikalisch, sondern auch schriftlich ausdrücken konnte. Die Zehe war in ein Stück Papier gewickelt, auf welchem etwas zu lesen stand. Es lautete: Ihr sollt Gott fürchten und lieben! Dieses hier ist ohne Hand geschrieben Von Johann Christian Grieben. „Sie sehen," schloß Sägenreißer den Kasten mit gutmüthiger Ironie, „der Mann war auch ein Dichter mit den Zehen!"

Schlachtenmaler freute sich ausnehmend, daß Johann Christian Grieben ohne Arme geboren war: denn nun konnte er mit seinem Plane vorrücken und, um das Terrain zu sondiren, Sägenreißern fragen: „Irgend einen merkwürdigen Arm hab' ich in der Sammlung nicht gefunden?" „Obschon," entgegnete Sägenreißer harmlos, „auf Rembrandt's berühmtem Bilde der Anatom an einem Arm docirt, so bieten doch diese Extremitäten selten etwas Anomales dar: es müßten denn gerade Hände mit sechs oder nur vier Fingern vorkommen, oder die abgeschlagene Hand des Götz von Berlichingen, die dieser aber selbst nicht hatte, geschweige ich, oder ich müßte denn einmal den Arm eines Schriftstellers bekommen, um zu sehen, ob der Processus styliformis, in dem ja bekanntlich (er griff nach Schlachtenmalers Arm) die Hand hängt, von dem guten Styl, den ein solcher Mann schreibt, eine andere Gestalt bekommt, als er gewöhnlich bei Spitzbuben hat: denn ich muß sagen, bei Gaunern und Taschendieben sind die Greifknochen des rechten Armes immer wunderbar schön und gelenkig geformt." — „Nun," sagte Schlachtenmaler mit der größten Seelenruhe und wie im Scherz, „Herr Professor, ich bin ja im besten Zuge ein großer Schriftsteller zu werden, und Maler bin ich ohnehin schon, kaufen Sie mir meinen Arm ab!" Sägenreißer streifte den dargebotenen rechten Arm Schlachtenmalers bis oben an die Oberarmröhre auf und sagte gar nichts, sondern lachte nur über den schalkhaften jungen Mann. Er maß mit Wohlgefallen an den schönen Formen und Muskeln, und prüfte und wog und drückte und brummte dann: „Hätt' ich Sie nur unter dem Messer, Freundchen; die Haut so mit einem Schnitt herunter, und nun all' die zappelnden Muskeln, Nerven und Arterien — das sollte eine Freude sein! Aber gesetzt, ich wollte menschlicher sein und Sie nur als Leiche besitzen, Freund, so sind Sie doch zu jung und werden mich früher begraben, als ich Sie präpariren kann." Schlachtenmaler bemerkte hierauf, indem er den Arm bis an das Schulterblatt entblößte: „Es handelt sich nur um meinen Arm und ich verspreche Ihnen ja, Chancen zu geben. Ich will nicht allein nächstens unter die Soldaten gehen, sondern gebe Ihnen auch das Versprechen, daß, wenn ich hundert Thaler jetzt für meinen Arm bekomme, Sie sich in fünf Jahren entweder meines Armes bemächtigen dürfen, oder die hundert Thaler nebst den Zinsen zurück erhalten!" Alles dies wurde von Schlachtenmalern so nachdrücklich und fast krampfhaft bestimmt ausgesprochen, daß Sägenreißer ihn groß anblickte und in die Chatoulle griff mit den Worten: „Sind Sie toll, Blasedow, Sie scheinen Geld zu brauchen ..." „Nein, nein," wehrte Schlachtenmaler des Mannes Herzensgüte ab; „nein, ich kann ohne Verdienst nichts annehmen; ich opfere mich gern der Wissenschaft. Entweder ist der Processus styliformis in fünf Jahren in Ihrer Hand, oder das Geld. Ich bitte um Papier und Feder ..." Sägenreißer lachte, übrigens doch nicht so laut, daß man nicht hätte ein leises Klopfen an der Thür hören sollen. „Eine Dame, die mit mir Geheimnisse hat," flüsterte Sägenreißer, drückte Schlachtenmalern die Geldrollen, die er haben wollte, in die Hand und ihn selbst hinter einen Vorhang, der eine Art Alkoven bedeckte. Mechanisch nahm er das Geld und die Weisung, und stand mit klopfendem Herzen hinter dem Vorhange in einem Kreise von Gerippen, kaum wissend, wie ihm geschah.

Das schwere Geld beschämte ihn so, daß er fühlte, er müsse etwas dafür leisten, und zu seiner Freude fand er in seinem, durch ein kleines Fenster erhellten Versteck ein Pult mit allen Schreibbedürfnissen. Er setzte eine deutliche Erklärung, ganz als wenn sie Shylock gefordert hätte, darüber auf, daß er dem Professor Sägenreißer für hundert Thaler schulde und ihm binnen fünf Jahren entweder diese Summe mit Zinsen zurückzahlen oder seinen rechten Arm geben wolle. Sein Name beschloß dieses Instrument, und nun erst ward ihm wohl und heiter, obschon, was im Zimmer geschah, seine Aufmerksamkeit noch nicht fesselte. Endlich horchte er auch dorthin. Sägenreißer ließ eben erst die Dame ein und sagte: „Entschuldigen Sie, Kind, ich mußte hier erst die Beckenlehre, die für ein unverheirathetes Frauenzimmer unpassend zu sehen ist, bei Seite bringen und die nachgemachten Gebeine Abälard's und Heloisens einpacken, die bekanntlich in einem Sarge wild untereinander lagen und nur durch gewisse Kennzeichen von einander getrennt werden konnten. Die Aebtissin des Klosters zum Paraklet in Paris wollte nicht zugeben, daß dies anstößige Verhältniß, das fünfhundert Jahre lang im Sarge gedauert hatte, noch ferner in ihren heiligen Hallen fortgesetzt würde, und da die Aerzte nichts als Knochen in ganz wilder Ehe fanden, woran sollten sie Abälard, der doch gewissermaßen auch ein Frauenzimmer geworden war, woran Heloisen erkennen? Nun, sie verfuhren eben so vernünftig, wie galant. Alle zarten, feinen, rundlich schön gewölbten Knochen wurden Heloisen zugeschrieben: denn allerdings bei Frauen sind die Röhrenknochen schwächer, die Ecken und Fortsätze nicht so scharf ausgewürkt (Blumenbach), die Furchen sind nicht so tief, die Insertion der Sehnen ist nicht so rauh, die Articulationen sind flächer, wenn auch die Rippen dicker, und nun, setzen Sie sich, Sophiechen!"

Als Schlachtenmaler den Namen hörte, lauschte er durch die Spalte des Vorhangs und erstaunte, in der That seine Jugendfreundin leichenblaß anzutreffen; sie legte eben den Mantel ab und hatte ein Tuch um den Kopf. Zwar begierig, welche Operation hier vorgenommen werden sollte, zog er sich doch schnell zurück, weil Sägenreißer aufsprang und Sophien ein Buch von dem Stuhle wegnahm, worauf sie sich eben setzen wollte. „Nicht des Buches wegen," sagte Sägenreißer schelmisch; „aber es sind Haller's berühmte Beobachtungen des Fötus im Ei; das ist nichts für Sie:

auf dergleichen Bücher müssen junge Frauenzimmer nicht einmal sitzen!" Nun ging er zu ihr heran und that ihr den Mund auf. Da sie Miene machte, zu schreien, sagte er mit künstlichem Aerger: "Potz Velten! der Zahn ist gestern ausgezogen, und den neuen einzusetzen, das ist Kinderspiel. Sehen Sie, Sophiechen, da Sie doch die Lücke nicht haben wollen, welcher Zahnarzt würde Ihnen einen solchen Ersatz bieten können, wie ich? Die Anderen fertigen ihre Gebisse entweder von guillotinirten Köpfen oder von Elephanten-Zähnen oder aus gewöhnlichen Knochen. Sonst thu' ich es auch, will ich Ihnen nur gestehen, Sophiechen; aber, weil Sie es sind —" Hier brach er ab, trippelte an seine Schubladen und suchte etwas. Sophie, ganz Resignation, blickte in einen kleinen Handspiegel, den sie an der Klappe ihres Pompadours hatte, und betrachtete eine Zahnlücke, die ihr Sägenreißer ausfüllen sollte. In ihrer wilden Art stampfte sie mit dem Fuß auf und rief abgestoßen: "Abscheulich, schändlich!" — "Nun, nun," kam Sägenreißer jetzt an, "solche Zähne haben Sie in Ihrem Leben keine gehabt, wie Sie hier einen bekommen sollen!" Damit wickelte er vorsichtig ein kleines Papier auf, worin in Wolle gewickelt ein Zahn lag, den Sophie selbst nicht umhin konnte ungemein liebenswürdig zu finden. "Wie alt, glauben Sie wol," frug Sägenreißer, "daß dieser Zahn sein kann?" — "Lieber Gott," sagte Sophie, "der ist ja durchsichtig wie Elfenbein und scheint ganz natürlich." — "Wozu die Umschweife?" konnte sich Sägenreißer nicht länger halten; "dieser Zahn ist älter als dreitausend Jahre! Es ist der Augenzahn einer beispiellos schönen Mumie, die ich vor einigen Jahren in London auf einer Auction ägyptischer Gegenstände erstehen ließ. Wollen Sie, Sophiechen, die eigentliche Besitzerin des Zahnes sehen?" — "Um's Himmelswillen, nein," erklärte Sophie, sie könnte dann unmöglich den Zahn im Munde haben, es würde ihr immer vorkommen, als könnte sie sich in ein ähnliches Scheusal verwandeln. Sägenreißer neckte sie fortwährend, gab aber dem Zahn eine Golddrahtbefestigung und setzte ihn Sophien ein, die erst vollends glücklich wurde, als er noch hinzufügte: "Sie wissen, Kind, daß falsche Zähne den Nachtheil haben,

daß sie einen Geruch im Munde verbreiten, den ich —"
— „Pfui!" unterbrach Sophie und blickte mit gebrochenen
Augen gen Himmel und seufzte, daß es einen Stein, viel=
mehr Schlachtenmalern hätte erweichen müssen. „Allein,"
fuhr Sägenreißer fort, der sich bald von der Vorstellung des
Geruchs falscher Zähne erholt hatte, „hier ist nichts zu
fürchten. In diesen Zahn ist die Materie, durch welche die
ägyptische Dame vor breitausend Jahren noch im Grabe sich
zu einer Mumie verschönerte, so balsamisch eingedrungen, daß
er — riechen Sie — ordentlich eine wohlriechende Ausdünstung
hat." Sophie ließ nun Alles an ihrem Munde geschehen, und
der Mumienzahn, mußte sie am Spiegel gestehen, war weißer
und glänzender als ihre übrigen. Sie sagte, als sie jetzt ihr
Umschlagetuch ergriff und sich zu gehen anschickte, leise: „Herr
Professor, Sie wissen, wem Sie diese Geschichte in Rechnung
stellen?" Sägenreißer bückte sich und antwortete ironisch:
„Dem Baron von Höllenstein!" Sophie aber, um den Spott
ertragen zu können, erhob sich stolz und empfahl sich mit
affectirter Würde.

Schlachtenmaler trat nun hervor und Sägenreißer bedauerte
ihn, daß er den Mumienzahn nicht auch gesehen hätte. „Ei,
ich seh' ihn wol noch," entgegnete dieser; „der Mund dieser
Dame hängt gerade nicht sehr hoch; aber lassen Sie uns
auf unsern Handel zurückkommen!..." — „Sie sind ein
Narr," entgegnete Sägenreißer, nahm Hut und Stock, drängte
den Schlachtenmaler zur Thür hinaus und begleitete ihn die
Treppe hinunter. „Ich habe Eile," erklärte er und flog unten
hurtig davon. Schlachtenmaler aber war vergnügt: erstens
über die hundert Thaler; zweitens darüber, daß er sie nur
geliehen und etwas Bedeutendes dafür verpfändet hatte;
drittens über den Zufall, der es fügte, daß sich Sophie gerade
in dem Augenblick (sie ging schnell über den Platz, wo Sägen=
reißer wohnte) umsehen mußte, wo er mit dem Professor aus
dem Thurm trat. Erschrocken blickte sie wieder vorwärts und
lief spornstreichs quer durch die Straßen, als sich Schlachten=
maler anschickte, sie zu verfolgen. Sie hatte ein neues Inter=
esse für ihn gewonnen, seitdem sie ein Stück der ägyptischen
Alterthümer im Munde führte und gebrannte Mandeln und

Rosinen mit einem Zahn essen wollte, der vielleicht einem Kebsweibe des Königs Sesostris angehörte. Er beschloß, wieder Celindens Haus zu besuchen und sich für Sophiens Untreue, Flatterhaftigkeit, Eitelkeit und Intrigue dadurch an ihr zu rächen, daß er jetzt methodisch anfangen wollte, ihr fortwährend auf diesen eingesetzten Mumienzahn zu fühlen. Er kaufte sich auch gleich bei dem ersten Buchbinder Kapuths, der zugleich der beste Buchhändler des Orts war, Morizens Götterlehre, und schon auf der Straße fing er an, das Kapitel über den Vogel Ibis und den Gott Osiris zu lesen. Was werden seine Brüder für Freude haben, nicht an Morizens Götterlehre, sondern an Schlachtenmalers metallisirten Rock- und Westentaschen!

Elftes Kapitel.
Militairische Verhältnisse.

Wie ist aber doch der lederne Schmachtriemen der Armuth ein weit festeres Band für Freundesherzen, als die goldene Kette des Reichthums! Die Brüder nahmen Schlachtenmalers Eroberung mit Jubel auf; aber keiner von ihnen wollte ihm eine Triumphpforte bauen, keiner ihn auf seinem tapfern Schilde in die Höhe heben; sondern ihre Freiheit benutzten sie nur, wie so oft in der Staatengeschichte, gegen den, der sie ihnen verschafft hatte. Schon lange glühte unter der Asche, in der sie bis zu dieser Stunde ihre Kartoffeln hatten braten müssen, eine dunkle Zornesgluth gegen den Aeltesten, die jetzt als lodernde Flamme aufschlug. Schlachtenmaler hatte das Geld nur unter der Bedingung auf den Tisch geschüttet, daß sie das Wochenblatt eingehen ließen. Er machte ihnen Vorstellungen über den Geist des Kaputher Publikums, über die mannigfachen Hindernisse, die ihnen Blaustrumpf, Wiesecke, Mörder, die Schule, der Hof und die Censur legten, und, als diese nichts fruchteten, über ihre eigene Unreife, die Nutzlosigkeit verschwendeter Knabenkräfte, über die Druckfehler, die sie stehen ließen, über ihren affectirten Witz — und als diese Steine, die Schlachtenmaler in ihre Gemüthsteiche warf, erst Blasen und, da sie sich häuften, eine Art Wasserfall von Zank erregten, sprang er, wie Mephistopheles in der Hexenküche, auf und schlug zwar nicht die wenigen Gläser und Schüsseln entzwei, die sie hatten, wol aber fuhr er mit einem Rappier, das über seinem Bett hing, in die von ihm selbst gezogene und bemalte Redactionstapete, durchlöcherte diese und riß allen Musen die Fetzen vom Leib herunter. Seine Waffe schützte ihn gegen die mit mehr Zorn als List ausgeführten Angriffe der Brüder. Er hielt sich den Rücken und den Mund frei und konnte ihnen, indem er nach allen Seiten parirte, einige donnernde Philippiken halten. „Schande über Euch!" rief er und wiederholte diese Worte mehre Male als Text seines Vortrags. Dann unterschrieb er sie: „Ihr habt," sagte er, „alle Berechnungen unseres armen Vaters Lügen gestraft; bin ich auch kein Wouwermann geworden, so könnt' ich doch unsern Kampf hier eben so gut zeichnen, wie ich ihn führe; aber Euch hat weder das Lackiren, noch Schumacher, noch der künstliche Aesopbuckel zu etwas Ordentlichem gebracht. Nüsse könnt Ihr knacken und Charaden für Poesie ausgeben*), gleichsam literarische Lehmkügelchen kneten und in schönen Frühlingstagen in die warme Erde Eure poetischen Löcher graben, um damit zu spielen. Was seid Ihr? Drahtpuppen ohne meine lenkende Hand." In dieser Art parirte er und griff an zu gleicher Zeit. Gedemüthigt, aber nicht gebessert, ließen die Empörer endlich von ihren mörderischen Plänen, zu deren Ausführung sie keine Schüssel, kein Glas, Alles, was Schlachtenmaler so besonnen geschont hatte, unbenutzt ließen. Amandus aber, nichts so schmerzlich empfindend, als die Zerstörung der Redactionstapete, entschädigte sich auf die keckste Art und strich die auf dem Tisch noch aufgezählten Thaler ein. Man konnte Schlachtenmalern nicht verdenken,

---

*) Das schlechteste Trauerspiel, hatte Schlachtenmaler früher schon einmal nicht ohne Anspielung gesagt, bietet noch einen reizenden Anblick, so schön wie ein Feuerwerk — steckt man es in den Ofen!

daß er jetzt das Rappier fortwarf: denn wie leicht hätt' er vor Zorn seinen Bruder niedergestoßen! Mit der Linken packte er Amandus' Genick, und mit der Rechten — diese sank ihm plötzlich wie abgestorben nieder; er trat einen Schritt zurück, der Gedanke, wie wunderbar jenes Geld und dieser rechte Arm zusammenhingen, hatte sein ohnehin zur Reflexion geneigtes Gemüth so heftig erschüttert, daß er jetzt als schlafend im Schooße Delilens angesehen werden konnte, wenn ihn die Philister oder seine Brüder binden wollten, als thatenschwacher Hamlet. Der Anblick, den er darbot, hatte Aehnlichkeit mit jenem Momente, als ihn Guido von Lipmann gefragt hatte: ob er den Schmerz des Jahrhunderts nicht verstände? Es wurde Abend, wie damals, nur schien die Sonne nicht. Die Brüder, innerlich furchtsam und ahnungsvoll, was ihm in den Sinn gekommen wäre, halfen sich durch unmächtige Renommistereien, pfiffen sich Muth, nahmen Hut und Stock und nur einen Thaler von der Summe, die sie in der That unangerührt ließen, und stürmten tobend und hohnlachend zur Thür hinaus. Schlachtenmaler rief ihnen nach. Sie standen, wie gebannt, doch verächtliche Blicke lügend. „Nehmt Alles," sagte Schlachtenmaler feierlich; „von heute an tret' ich aus Eurem Kreis, Ihr trefft mich in diesem Zimmer nicht wieder!" Ein grelles Lachen nahm diese Erklärung auf. Sie stürzten fort.

Schlachtenmaler war zu Thränen reif; aber er vergoß sie nicht, weil er sich vorgenommen hatte, etwas Männliches und Entschlossenes auszuführen. Es wurde immer dunkler im Zimmer. Indem er seine Sachen zusammensuchte, um sie zu einem Bündel zu packen, vergriff er sich oft. Er war noch dabei beschäftigt, als sich die Thür öffnete und der jüngste Bruder Alboin noch einmal zurückkehrte, keck und frech, und etwas vergessen zu haben schien. Schlachtenmaler hörte nicht auf ihn. Alboin kam ihm beim Suchen in den Weg und fragte ihn barsch, was er suche. Als Schlachtenmaler kein Gehör gab, fragte Alboin sanfter, was ihm fehle. Und als sich nun der Aelteste aufrichtete und ihn mit seinen dunkeln, durchbohrenden, seelenvollen Augen, die in der Nacht des Zimmers wie Sterne funkelten, anblickte, fiel die geborgte

Maske des Uebermuths von dem kleinen Mann und er fing bitterlich an zu weinen. Schlachtenmaler blieb ruhig und weidete sich an dieser Selbsthülfe des Gemüths, die ein Zeichen noch unverdorbenen Gemüths ist, wie auch der Körper noch nicht verloren ist, der sich, etwa durch Hautreactionen, selbst helfen kann. Alboin drückte sein schluchzendes Antlitz an die Brust des Bruders und fragte ihn: ob er denn ziehen wolle? „Ja," sagte Schlachtenmaler mild und doch entschlossen: auch ihm wollte das Herz vergehen. Alboin fühlte das starke Klopfen seines Herzens und umschlang ihn mit all' jener Zärtlichkeit, die unter Geschwistern rührend ist, weil sie zwar im Hintergrunde, wie bei Liebenden, immer vorhanden ist, selten aber in äußeren Geberden sichtbar. Schlachtenmaler setzte und nahm sich den Bruder halb auf den Schooß, halb an die Brust, ohne daß Beide sprechen konnten. Und auch da, als sie, von einem Gedanken geleitet, seufzten: „Der arme Vater!" vermochten sie keine Worte zu finden für das, was sie fühlten. Sie ahnten, wie sie in dem Netz einer verfehlten Bestimmung gefangen waren, und hatten doch weit weniger Mitleid mit sich selbst, als mit Blasedow, dem trübsinnigen, schwermüthigen Fischer, der Wunder dachte, was er gefangen hatte! „Sein Netz," sagte Schlachtenmaler leise, „ist so falsch gestrickt, daß wir jungen Fische wol noch Maschen finden, aus denen wir herauskönnen; aber was hat dann er?" — „Die Mutter," dachten Beide, und es war ihnen, als spaltete sich die Erde und hier stände der Vater und dort weit, weit am jenseitigen Ufer des Abgrundes die Mutter, und eine Welt, ein großes verlorenes Leben läge zwischen Beiden! So saßen sie eine Weile und hielten still, daß die Engel durch ihre Herzen zogen und ihnen Weihwasser in die Augen sprengten und jene seligen Chöre anstimmten, von denen so oft des Jünglings Herz zerspringen möchte. Liegen nicht im Gemüth der Jugend mehr elegische Klaglaute, als im Herzen des Mannes, der schon gelernt hat, dem Himmel die Stirn zu bieten? Wird nicht oft das Knabenherz von so seligen Schmerzen beängstigt, wie wir sie später nie mehr empfinden? Es ist der ängstliche Traum eines Engels, der

in ihnen schlummert; ein unnennbares Weh, das sich in so
süße, überwältigende Gefühle auflösen kann.

Sanft lehnte jetzt Schlachtenmaler den Bruder zurück und
nahm sein Bündel von der Erde. Seine besten Kleider, um
sie nicht zu zerdrücken, zog er an; auf Alboin's besorgte
Fragen und Zureden antwortete er nichts, weil sein Entschluß
fest stand und er das Uebrige, was nun werden sollte, selbst
noch nicht wußte. So stiegen Beide die Treppe hinunter und
hätten beinahe Celindens Bedienten verfehlt, der sich mit
einer Klage über die schlechte Beleuchtung in Kaputh bei ihnen
meldete und dann erst sagte, daß er Herrn Oscar Blasedow
zu heut' Abend einladen solle. „Zu Celinden?" fragte
Schlachtenmaler erstaunt. „Nein, zum Baron; die Baronin
jedoch läßt hinzufügen: sogleich!" Schlachtenmaler sagte,
er würde kommen, und sann, indem er mit Alboin in den
Straßen schlenderte, über das Vorhaben des Barons nach.
Nie hatte er den Baron Satan von Höllenstein, der, wie er
hörte, vom Kriegscollegium an die Spitze eines reitenden
Scharfschützenregiments versetzt war, anders als in zweideu=
tiger Beleuchtung gesehen. Wie kam er heute, und so in aller
Eile zu dieser Einladung! „Sieh'," bemerkte jetzt Alboin,
„deswegen waren wir Dir a u ch gram, daß Du immer Deine
eigenen Wege gingst und uns nur zu den hellen Fenstern
aufblicken ließest, wo Du zum Besuche warst." Schlachtenmaler,
voller Erwartung, hörte kaum darauf und ließ sich bis an
den Platz begleiten, wo die Wohnung des Barons lag. Alboin
wollte ihm hier sein Bündel abnehmen, weil er Psychologie
genug verstand, um zu wissen, daß große Entschlüsse oft durch
die kleinsten Querbegebenheiten gelähmt werden, und die,
welche kurz zuvor etwas Außerordentliches leisten wollten,
bald durch eine glückliche Begegnung erfreut, Gott danken,
wenn man vergißt, sie beim Wort zu nehmen. Doch Schlach=
tenmaler umarmte ihn, ließ seine Rückkehr zweifelhaft und
eilte schnell mit seinem Bündel in das Haus. Alboin be=
griff nicht, wo er es daselbst, ohne beschämt zu werden, ver=
stecken würde.

Schlachtenmaler fand aber unter der Treppe einen Versteck
für sein Reisebündel und trat Celinden und Sophien, die

Beide schon auf ihn warteten, mit einem Lächeln gegenüber, in dessen Falten und Furchen mehr Saatkörner von Vorwürfen und Spott lagen, als er hoffen durfte heute noch reifen zu sehen. Ja, er hatte auch kaum Celinden gegenüber Platz genommen, als sich ihm ihre sanften, besorgten, neugierigen Blicke in kleine Vögel verwandelten, welche all' die Saatkörner aus dem Antlitz und Herzen pickten, soweit sie wenigstens für Celinden in Rache und Spott (besonders des Abonnements wegen) hatten aufgehen sollen. Sie sagte ihm, daß sie an eine Art Seelenwanderung, selbst unter den Lebenden schon, glaube, und meinte damit, daß ihr Schlachtenmaler zwar wie ein abgestorbener und begrabener Freund vorgekommen wäre, daß aber sein Geist und sein Herz ihr in hundert sie umgebende Dinge gefahren geschienen hätte und sie nur den von der letzten Lection noch liegen gebliebenen Solger'schen Sophokles hätte anblicken dürfen, um das große wunderliche Buch seines Herzens gleich aufgeschlagen zu finden. Schlachtenmaler dachte aber weder an Solger, noch an die Hieroglyphen seines Herzens, sondern an die Seelenwanderung und an die Katze, welche Sophie soeben mit falschen Blicken streichelte. Er war ja nun durch die Seelenwanderung schon dicht bei Aegypten und fing rasch an, Sophien auf den eingesetzten Mumienzahn zu fühlen. „Ja," sagte er (nach einigen Betrachtungen über die Seelenwanderung, die Celinde so gern in ihr Tagebuch eingeschrieben, wenn sie nicht gefürchtet hätte, indem er sprach, etwas von seinen Worten zu verlieren), „wie leicht wär' es möglich, Sophie, daß diese Katze die Seele eines Aegyptiers enthält, von dem Sie, als von einer zerstoßenen Mumie, wenn Sie krank würden, alle Stunden zwei Eßlöffel voll nehmen müssen!" Sophie, glücklich, daß er nicht an ihrem Zahn stocherte, bat um Aufklärung dieses Witzes, wie sie spöttisch die Bemerkung nannte. Schlachtenmaler erklärte ihr, daß man Mumien in den Apotheken brauche, sie zerstoße und, nach der Meinung des Paracelsus, in dem sich ergebenden Pulver die Quintessenz der menschlichen Substantialität finden wolle. Celinde sah hierin etwas so Wunderbares, daß sie Sophiens Zorn gar nicht begriff, als Schlachtenmaler hinzu=

setzte: nur die Zähne der Mumien würden von der Chirurgie benutzt und es bleibe noch immer möglich, daß diese Katze die Seele eines Aegyptiers enthalte, von dem Sophie einen Zahn im Munde trüge. Schlachtenmaler überhörte alle Einreden der beleidigten Kammerzofe und fuhr fort, alle Katzenbeziehungen der ägyptischen Mythen vor den beiden Frauen auszukramen; er schilderte, während Celinde vor Erstaunen die Arbeit einstellte und Sophie die seelenwanderische Katze vom Tische jagte, die reizenden Attribute der Göttin Bubastis, welche statt eines menschlichen einen Katzenkopf trug; er fing, da Sophie alle diese Bemerkungen als Lügen in Abrede stellen wollte, von ihren, nämlich Sophiens, blendenden Zähnen zu sprechen an und setzte lachend, gleichsam um sie nur leise zu necken, hinzu: er wisse ja, wie falsch sie wären, und der ägyptische Gott Knuphis, der das weiße blendende Ei im Munde trage, wäre ja auch bekannt genug dafür, daß er — der Schlangengott wäre! Und als Sophie keine andere Hülfe mehr wußte, als einen krampfhaften, stieren Blick, gefährlich wie die Spitze eines Dolches, legte er mit mitleidsloser Bosheit den Finger an den Mund und sagte ruhig: „Harpokrates, der ägyptische Gott des Stillschweigens, wird so mit einem Finger am Munde gezeichnet, und ich möchte doch weit öfter glauben, daß diese Geberde eher von Zahnschmerzen, als von einem — Geheimniß kommt." Sophie suchte jetzt die immer deutlicher werdenden Anspielungen, die ihr seine Mitwissenschaft um ihr Geheimniß verriethen, auf andere Art unschädlich zu machen. Sie ließ die vornehme Maske einer dem Adel gleichsam zur linken Hand angetrauten Weltdame fallen und versuchte es mit der Jungfer Tobianus und der jugendlichen Gespensterdecke, unter welcher sie mit Schlachtenmaler einst gesteckt hatte. Sie nannte ihn plötzlich wieder Du und griff ihm dabei so heftig in die schwarzen, krausen Haare, daß Celinde erschrocken auffuhr und sich — wie sie vorgab — des Anstandes wegen diesen Rückfall in die frühere Vertraulichkeit verbat. Doch that sie dies mit so wenigen Worten und so vieldeutigen Blicken, daß man auch Eifersucht oder Besorgniß in ihrer Rüge finden konnte. Schlachtenmaler flüchtete um einige Zoll in ihre Nähe und verbat sich bei Sophien mit komischer Entrüstung, ihn doch nicht in seinen wissenschaftlichen Untersuchungen zu stören. Es wäre wahrlich lehrreicher, wenn er mit ihr über Mumien spräche, als über ihre Toilette: was ihn denn ihre Zahn= bürsten angingen! Er glaube auch nicht einmal, daß alle Mumien echt wären, daß die von hinten einbalsamirten Aegyp= tier besser ihre Zähne erhalten hätten, als die von vorne, und daß diejenigen Zähne sich gar nicht erhielten, welche von Pseudomumien kämen und statt in einer ägyptischen Pyramide allmälig im Bleikeller von Bremen vertrocknet wären. So könne Mancher glauben, er trüge den Zahn einer ägyptischen Mumie, und derselbe gehörte jenem gedörrten und von der Luft in Leder verwandelten Dachdecker an, der im Bremer Rathskeller so viel Epoche mache. Ein Zahn, von dem wir uns einbilden, daß er nur Datteln und Feigen im schönen Morgenlande gegessen hätte, könnte sich gerade vom Tabacks= kauen so weiß erhalten haben. Und in dieser Art hätte sich Schlachtenmalers Spott in eine Schraube ohne Ende ver= verwandelt und Sophiens Ehrgeiz bis zur Ohnmacht durch= bohrt, wäre ihr nicht ein Mann zu Hülfe gekommen, den Schlachtenmaler bisher nur im Mantel gesehen hatte und auch heute nicht sogleich erkannte. Es war der Oberst Satan von Höllenstein.

Auch der Oberst saß in seinem Namen wie ein Kind in ein Paar Courierstiefeln. Der Name war viel zu weit für seine schmächtige Figur, viel zu dunkel für seine gutmüthigen, wasserblauen Augen, viel zu bonnernd für eine wunderbar zirpende Stimme, von welcher Schlachtenmaler gleich dachte: Ist sein Regiment nicht akustisch aufgestellt, dann weiß ich nicht, wie es ihn hören wird. Jedoch hielt diese Widersprüche ein geheimer Draht zusammen, den man bald als militairisch= aristokratische Conduite erkennen konnte. Wie mancher be= rühmte Husarenobrist der preußischen Armee sitzt nicht in einem orthopädisch=elastischen Schnürgestell auf seinem Pferde, worunter ich hier etwas ganz Anderes verstehe, als eine An= spielung auf die künstlichen Taillen der Gardelieutenants. Nein, alte Spieler, alte Badbesucher von Aachen, rheumatische Jäger, wilde, tolle Husarenknaster sitzen nicht selten nur noch durch Stahlfedern auf dem Pferde fest, während sich freilich Baron Satan von Höllenstein früher auf dem Kriegsministerium nicht daran gewöhnt hatte, mit Stahlfedern zu reiten, sondern eher wol, damit zu schreiben. Nun war er aber einmal in die active Armee übergegangen und commandirte die berittene Scharfschützengarde. Jetzt war Alles knapp und eng an ihn anliegend, Sporen rasselten ihm an den Füßen, keine Stubendecke war mehr sicher vor ihm. Es währte auch lange, als er in's Zimmer trat, daß er einen Knäul von den Stiefeln los wurde, in den er sich sogleich (er gehörte zu Sophiens Strickstrumpf) auf der Schwelle verwickelt hatte. Mit jenen gerundeten Formen, die dem Adel so vielen Vorsprung vor der Canaille geben, winkte er Schlachtenmalern, sich zu setzen, und firirte ihn wiederum mit einem jener Blicke, die nicht die Stärke der Seele, sondern die kecke Schule des Privilegiums dem Auge des Vornehmen eingeübt hat. Ganz kurz abgestoßen, wie Einer, dem etwas gut schmeckt, schnalzte er mit der Zunge: „Sind Herr Blasedow?" Und als dieser sich leise verneigte, nickte der Obrist drei=, viermal mit dem Kopf und stieß noch kürzer ab: „Freut mich; Vergnügen gehabt; sehr angenehm; sehr angenehm; längst gewünscht; sehr angenehm!"

Schlachtenmaler erklärte mit Würde, seine Befehle zu erwarten; doch der Obrist erwiderte lächelnd: „Findet sich, findet sich!" und erstaunte, keine Zurüstungen zum Thee anzutreffen. Sophie erhob sich mißlaunig und klingelte; doch Celinde war selig, daß sich ein so behagliches, trauliches Band um sie alle knüpfen sollte. Der Obrist erwähnte einige Unerheblichkeiten und wandte sich dann wieder an den jungen Mann mit holdseliger Protectormiene und benselben Lakonismen des Styls und derselben Geschwätzigkeit des Vortrags (benn die kurzen Sätze wurden alle dreimal wiederholt): „Sind Maler? — Weiß's; sind Maler; guter Maler; Renommée, haben Renommée; Maler, gute Pferde, Militairmaler, weiß's: — Silberschlag hat's gesagt, tüchtiger Mann, Director Silberschlag, tüchtiger Mann — sehr gelobt — gute Pferde malen, haben Pläne, Pläne, große Pläne ..." Doch verschwieg er sie noch, und Schlachtenmaler biß so lange in die Theetasse, als er nöthig hatte, sich an die Manieren des Obristen zu gewöhnen. Dieser rückte endlich in seiner kurzen, mehr im Infinitiv als im Indicativ redenden Sprechweise, die auf eine gründliche Lectüre des Tacitus hätte schließen lassen sollen, mit einem vollständigen Feldzugsplan heraus, den der Fürst von Sayn-Sayn, jedoch nur in friedlichen Absichten gegen seinen Nachbar, den Fürsten von Vierhufen, entworfen hatte. Es war der beiderseitige Wunsch dieser Fürsten, ihre Truppen einmal wieder an die Strapazen des Feldlagers zu gewöhnen, wie auch einige neuere Fortschritte der Kriegskunst, statt auf dem Exercierplatze, im offenen Felde zu versuchen. Der Obrist war zum Generalissimus der diesseitigen Truppen ernannt worden und wünschte, um der Geschichte von diesen „vorhabenden" denkwürdigen Manövern eine deutlichere Erinnerung zu hinterlassen, einige Hauptcoups, mit denen er das Schicksal der künstlichen Schlachten zu entscheiden sich kluglächelnd schmeichelte, in dem Moment, wo sie gemacht wurden, von einem geschickten Maler in Sepia oder Oelfarbe oder auch vorläufig nur in Kreide aufnehmen zu lassen. Schlachtenmaler sollte den Generalissimus in nächster Nähe begleiten und jeden malerischen Moment benutzen, um die Gruppen und die Conflicte der Truppen aufzufassen und vorläufig wenigstens in Umrissen wiederzugeben. Er würde schon Sorge tragen, bemerkte der Obrist, daß Schlachtenmaler immer einen sichern Punkt träfe, wo er das Ganze am besten treffen könnte, und selbst, wenn es mit scharfen Patronen herginge (was jedoch gänzlich unterblieb), so wäre sein Reisewagen so gut als bombenfest. Celinde, die schon wußte, daß sie mit Sophien bestimmt war, das Manöver ihres Mannes mit anzusehen, schwoll wie eine gepflückte Rose im Wasserglase auf, ein unnennbares Gefühl der süßesten Vertraulichkeit überkam sie, sie hätte ihren Gemahl, um wieder ihres seligen Dranges nur auf eine passende Weise los zu werden, gern an ihr Herz drücken mögen, wenn er sich gerade nicht im Momente so wunderlich geberdet hätte. Er zog nämlich Tranchéen und Verhaue um sich und that, als kostete es den Hals, bis zu ihm heranzukommen. Er signalisirte seine Frau als das feindliche Hauptquartier, Sophien als einen Pulk künstlicher

Kosaken, den sich der benachbarte Fürst aus Sympathie für Rußland hielt, Schlachtenmalern als das ästhetische Gewissen aller seiner Bewegungen, und commandirte mit so großer Geistesgegenwart, als wenn er schon im Feuer stände. Er suchte den jungen Künstler schon im Voraus mit den Glanz= stellen seiner eingelernten Manöverrollen bekannt zu machen und griff in der That in die Tasche, wo er den Plan vor= gezeichnet und nur nöthig hatte, ihn auswendig zu lernen. Schlachtenmaler bemerkte, er wisse allerdings, daß es bei Manövers nicht auf Improvisationsgabe ankäme, sondern auf die gewandte Ausführung einer mechanischen Vorschrift; doch könnte vielleicht der jenseitige Kriegsplan von dem diesseitigen sehr verschieden sein. „Gott bewahre!" fiel der Generalissimus ein, „Alles diplomatisch vermittelt, Alles schon vermittelt, keine Verwirrung, Alles bis auf Linie und Schritt berechnet, keine Tücke, keine Hinterlist, Alles reines Kunstmanöver!" — „Nun," bemerkte Schlachtenmaler, „dann seh' ich, ist für die beibehal= tene Fassung und Geistesgegenwart des Commandirenden wol unter allen Umständen gesorgt; aber ob dabei die malerische Gruppe auch berücksichtigt ist, ob das logische Rechen=Exempel auf dem Papier sich auch bildlich gleich interessant machen wird!" Der Obrist sah ihn halb bös, halb verlegen an und fuhr ihn dann (nur die Contenance nicht verlieren! war sein Wahlspruch) barsch an: „Herr, Sie müssen Standpunkt haben; Massen sind immer schön ... Uebersicht; Perspective ... Die bunten Monturen, die Pferde, die geraden Linien, die Tor= nister hinten, Alle wie Einer, Alle wie Einer, ganz präcis, und die Kamaschen unten hundert wie eine, sehr malerisch, ausnehmend malerisch!" — „Ach," seufzte Schlachtenmaler, „ich denke immer noch, wenn doch die rechten Verschiebungen der Lichter nicht kommen wollen, so springen, mir zu Liebe, ein paar Pulverwagen in die Luft und die Scene bekommt plötzlich eine andere Beleuchtung!" — „Sind Sie des Teufels!" mischte der Generalissimus seinen Unwillen in das Geschrei der beiden Frauenzimmer; „darauf keine Rechnung machen, gar keine Rechnung; ist bestens gesorgt; kein Trainknecht die Pfeife rauchen, keiner, absolut keiner; wollen doch sehen, wer Generalissimus ist! Fünfzig Schritt von jedem Pulverwagen darf Niemand mit etwas Feuerfangendem vorübergehen. Wer stählerne Schnallen an seinen Hosenträgern hat, setzt sich einer empfindlichen Untersuchung aus; nichts Feuerfangendes — fünfzig Schritt von jedem Pulverwagen — unter keiner Bedingung. Niemand, der eine stählerne Brille trägt, darf in die Nähe kommen; bei wem ein Messer attrapirt wird, verfällt in Strafe; wer von den Zuschauern in der Nähe eines Pulverwagens zu viel auf- und abgeht, muß seine Schuhe ausziehen: denn die Friction von Leder auf frischem Grase ist gefährlich. Also diese Hoffnung lassen Sie sich vergehen! Kein Pulverwagen in die Luft springen. Dem Fürsten meine Ehre verpfändet, daß kein Unglück geschieht. Die Generalepaulettes stehen darauf. — Mich nicht unglücklich machen ..." Schlachtenmaler erwiderte ruhig, daß er dann seine Bleistifte nur mit beklommenem Herzen würde spitzen können, geschweige, daß er nun gar Kohle zu den Hauptumrissen würde entbehren müssen. Der Baron zuckte die Achseln und wiederholte, daß er seine Tressen und seine Ehre verpfändet hätte; doch fügte er gnädig hinzu, daß er dennoch aus Schlachtenmalers Art, sich in das Manöver hineinzudenken, zu seiner Phantasie nun schon Zutrauen gefaßt hätte; nur bäte er ihn, in der Ausführung seiner Bilder weniger auf die Gruppirung, als auf die authentische Treue der einzelnen Montirungen zu sehen. Der Fürst hätte an der Uniformirung seiner Armee einen Narren gefressen, wären doch sogar seine Teller bei Tafel alle mit den Monturen seiner Armee bemalt. Die Suppe schmeckte ihm nicht, wenn er, als Belohnung seiner Mühe, den Löffel zu führen, nicht unten immer auch ein Portrait von der fürstlichen, gleichsam Löffelgarde erblickte. Der Baron (der also noch nicht einmal General, aber doch schon Generalissimus war) sprach dies sehr leise: denn er konnte, ein umgekehrter alter Dessauer, die Infanterie nicht so gut leiden, wie die Cavalerie, und fügte, die Conduite ganz vergessend, etwas grimmig hinzu: „Fürstliche Durchlaucht haben die Pferde nicht so gern, weil sie etwas schwieriger auf Suppenteller zu malen sind, oder wenigstens die Cavalerie nicht in so angenehmer Größe das Gewehr präsentirt, wie auf den Präsentirtellern die Infanterie." Celinde bekam Herzklopfen, weil sie wußte, daß hier ihr Mann etwas von seinen innersten Geheimnissen, die ihm fast den Charakter eines Staatsunzufriedenen gaben, verrieth. Doch besann sich der vorsichtige Weltmann bald darauf, wen er vor sich hatte, und lobte auch wol wieder den Fürsten als eine musterhafte Ausnahme. Er rühmte das Talent desselben für die Oekonomieverwaltung der Armee, seinen umsichtigen Scharfblick für das Bekleidungsfach, das Train- und Proviantwesen. Er rühmte sein Talent und seinen Muth in durchgreifenden Veränderungen, die manchmal mit der ganzen Armee angestellt wurden. Ein Wink und alle Soldaten hatten im Nu einen Knopf mehr oder weniger auf ihrer Montur. Der Obrist nannte das, was den Fürsten so sehr auszeichnete, seinen „militairischen Geschmack", seinen Sinn für Propreté und Zweckgemäßes. Er erzählte, daß der Fürst Tage lang an einigen, mit Haaren beklebten Holzköpfen mit der Friseurscheere herumgeschnitten hätte, bis er die eigentliche militärische Tour der Haare erfunden, die noch jetzt die Landestruppen trügen und die sogar in die preußische Armee übergegangen wäre. Wenn es einen bedeutenden Regenten gegeben habe, der wol nur beshalb die Liebhaberei gehabt, Siegellack zu präpariren, weil unter seinen Auspicien die Diplomatie und das Briefgeheimniß in so großer Blüthe standen, so könnte sich bei dem Landesfürsten Niemand wohler befinden, als wem es gelänge, neue Firnißmethoden und Lackmischungen zu entdecken. Wollte Schlachtenmaler sein Glück machen, so müßten auf seinen Zeichnungen die feinsten Unterscheidungen der verschiedenen Truppentheile angebracht sein, müßte jeder Hosenknopf getroffen, jeder Riemen, selbst unter der Montur, in einer gewissen Spannung angedeutet sein. — Schlachtenmaler antwortete darauf: o, er hätte davon Erstaunliches gehört: der Fürst hätte zwar nicht die Haare auf dem Haupte jedes seiner Unterthanen gezählt, wol aber die Haare auf dem Haupte jedes seiner Soldaten: denn er wisse ja genau, wie viel Haare jeder Federbusch auf dem Tschako ordonnanzmäßig enthalten müsse. Uebermorgen, sagte endlich der Obrist, würden die Truppen ausrücken, und Schlachtenmaler sollte sich theils an das Hauptquartier, theils an die bombenfeste Kutsche halten, welche die Damen führe, und als

Schlachtenmaler erklärte, aus gewissen Gründen, namentlich aber, um sich an das Soldatenwesen zu gewöhnen, möchte er diese und die folgende Nacht in der Kaserne der Scharfschützen schlafen, gab ihm der Obrist, erfreut über diesen Beweis des engsten Anschlusses an seine Pläne, einige Bleistiftbemerkungen an seinen Adjutanten mit und verließ dann, ermüdet von den langen Auseinandersetzungen, das Zimmer. Sophie folgte ihm, und gleich hinterher die Katze, die, was wir vergessen hatten zu bemerken, in andern Umständen war. Schlachtenmaler stand noch einige Minuten Celinden gegenüber und blickte der schönen Frau mit Schmerz in ihre himmlischen Augen. Sie verstand es nicht, daß dieser Schmerz dem Generalissimus, ihrem Manne, galt, und daß eine verstohlene Thräne, die aber nicht zum Vorschein kam, sie bemitleiden sollte. Sie war selig über die Annäherung, die zwischen Schlachtenmalern und ihrem Manne soeben stattgefunden, und das Echo des Beifalls, den jener in der That bei diesem gefunden, klang in seligen Blicken aus ihrem Auge nach. Nur, daß er ihre Freundin Sophie so schneidend behandelte, hatte sie selbst verwundet und im Tone des zärtlichsten Vorwurfs sagte sie nur noch: „Glänzt denn die Oberfläche ihres (Sophiens) Herzens nicht wie das blaue Meer, wenn zuckende, muthwillige Sonnenblicke darauf hinweggleiten? Ist sie nicht, wenn auch keine immer naturgemäße, aber darum doch immer wunderbare Erscheinung, wie man deren im Naturleben so viele hat?" — „Ja," sagte Schlachtenmaler, „wie die Galläpfel, die auch etwas Wunderbares, aber eine Krankheit der Bäume sind." Gewiß hätte ihm Celinde die Hand mit ihren beiden gedrückt, wenn er nicht diese feindselige Vergleichung ausgestoßen hätte. Sie blickte ihn lang und starr an und prüfte, wie es in der Tiefe seines Herzens wol rauschte und wallte. Da er aber den Blick mit übereinandergebissenen Lippen erwiderte und seine feinen satyrischen Mundwinkel- und Nasenfalten immer malitiöser hervorzuckten, seufzte sie wie eine Verzweifelnde auf und ging mit den Worten in ihr Zimmer: „Oscar, Sie sinken immer tiefer; bald wird im Lucifer keine Spur mehr vom Engel sein."

Schlachtenmaler dachte aber blos an die Scharfschützen=

kaserne und packte schnell, da er allein war und sich schon als Marodeur fühlte, die übriggebliebenen Theezwiebacke in die Tasche und lief fort, da auch schon längst Appell geschlagen war. Unten fiel ihm sein Bündel ein. Er griff blindlings unter die Treppe und nahm seinen Sack, der ihm etwas schwerer geworden schien, unter den Arm. Unterwegs fing es in dem Bündel an lebendig zu werden, und ein eigenes Gewimmer drang aus demselben bei der Stille des Abends an sein Ohr. Eben wollte er über eine Brücke gehen, als ihm das Gewühl seines Bündels so ängstlich wurde, daß er's, wie Einer, der sich zu verbrennen fürchtet, fortwarf. Beim Schein einer Laterne sah er die Bescheerung: Sophiens Katze hatte ihm, aus Dankbarkeit für die Vermuthung, daß ihre Seele demselben Aegyptier angehören möchte, von welchem Sophie einen Zahn im Munde trug, ihre Entbindung zum Geschenk gemacht. Das warme Päckchen unter der Treppe war in den fünf Secunden, wo Schlachtenmaler und Celinde sich noch über ein Bild erzürnten*), ihr Wochenbett geworden und nun hatte der glückliche Vater nicht einmal den Muth, die Thierchen anzufassen und in's Wasser zu werfen. Er sah, als ihm die Nothwendigkeit, den ganzen Bündel zu opfern, einleuchtete, in der Katze die Verbündete Sophiens und in den Jungen ihre beiderseitige Rache. Schaudernd faßte er einen Zipfel seiner Wäsche und warf mit einer krampfhaften Anstrengung das ganze Gewühl über das Geländer der Brücke hinunter und lief, als wenn ihm Gespenster folgten, nackt und arm, nichts als ein Manövermaler geworden, spornstreichs und von allen abwechselnden Eindrücken dieses Tages übermannt, in das einzig ihm übrig gebliebene Asyl der reitenden Scharfschützenkaserne. Der Namenszug des Generalissimus verschaffte ihm Einlaß; er fand ein Zimmer und legte sich auf eine leibliche Matratze.

---

*) Hätte sie mit ihren Augen ihn doch früher schon einmal vernichten mögen, als er, einem englischen Dichter nachsprechend, die Morgenröthe mit einem gesottenen Hummer verglich!

Zwölftes Kapitel.

Die Revue, die aufgerissenen Nähte und ein Vorabend großer Ereignisse.

Wie gern hätte Schlachtenmaler zwei Tage darauf lieber auch ein Pferd besteigen mögen, als in die bombenfeste Kutsche kriechen, wenn auch zu Celinden! Der Generalissimus hatte mit ihm gleich einen Beschützer seiner Frauen gewinnen wollen und bemerkte, daß ihm die besten Pelzhandschuhe auf dem Pferde die Hände zum Zeichnen nicht so warm halten würden, als die geschlossenen Wagenfenster, und am Tage des Ausmarsches selbst war auch keine Unterhandlung mit dem Feldherrn möglich, da dieser kaum wußte, wo seine Armee, geschweige, wo ihm der Kopf stand. Ganz Kaputh war in Bewegung. Vom Lande strömten Neugierige herbei, um diesen Ausmarsch der Landesjugend, diese Entwicklung von Kerntruppen und gleich dabei den Fürsten zu beobachten, dessen vielfache Geschäfte in der Militair=Oekonomieverwaltung, dessen lebhafte Correspondenzen mit den Commißschneidern und Posamentirern ihm selten Zeit ließen, sich seinem Volke vorzustellen. Heute war der Balcon des Schlosses mit Teppichen behängt, und als sollte darauf gefrühstückt werden, eine Anzahl von Schüsseln und Tellern aufgestellt, von welchen jedoch Hoffähige wußten, daß sie nur die Modelle der verschiedenen Truppentheile enthielten und dem Fürsten zur Vergleichung der Wirklichkeit mit seinen Phantasieen gleich bei der Hand sein mußten. Die Truppen hatten Mühe, sich durch die Straßen Bahn zu machen: denn auch die Schuljugend kam unter dem Rector und die ganze männliche und weibliche Kinderlehre unter Blaustrumpf und Mörder angewallt und hatten die Landesfarben am Arm und auf einigen Wimpeln, welche vorangetragen wurden. Die Waisenkinder gingen Paar für Paar mit Gesangbüchern hinterher und rührten manches kinderlose Ehepaar, das sich das Gelübde gab, eins an Kindesstatt davon auszuwählen. Die Akademie der Porzellanmaler und der Töpfer feierte; Silberschlag suchte mit der Brille nach plastischen Gestalten; Sägenreißer kochte mit seinen Blicken die Menge aus und sah nur die Skelette derselben. Nur Weckenesel bewachte die Akademie und litt nicht, daß einer in diesen tumultuarischen Zeiten die Warnung vergaß: Dieser Ort darf nicht verunreinigt werden! Selbst gegen Hunde litt er's nicht. Die Adjutanten des Generalissimus sprengten durch die Straßen, daß die Funken nur so stoben, und der Lärm wurde immer größer, da sich der Anführer öfters verbessern, und nachdem er kaum seine Galoppins entsendet hatte, ihnen nachsprengen und seine Vorschriften wieder abändern mußte. Dazwischen läuteten die Glocken von allen Kirchen, nur von denen nicht, wo es das Baucollegium schon seit Jahren des morschen Thurmstuhls wegen, verboten hatte. Die Currende sang vor dem Schlosse so schön und hoch, daß der Präfect der Currende heute nicht nöthig hatte, sich den Baß so heftig aus dem Leibe zu pressen, als wollte er die Seele von sich geben. Das dauerte aber Alles nur bis zu dem Augenblick, wo der Fürst gefrühstückt hatte. Nun trat er, sich noch den Mund wischend, in Interimsuniform aus den großen Flügelthüren auf den Balcon und wurde vom Hurrah! der Armee und dem Parademarsch aller Orchester begrüßt. Jetzt kam Geschick in die Parade. Der Generalissimus hatte bisher auf seinem Sattel wie auf Kohlen gesessen: denn der Fürst, das erfuhr er noch ganz in der Frühe, hatte in der Nacht einen Traum gehabt, daß die rothen Streifen an den Hosen seiner Truppen zu schmal wären und sich, etwas vergrößert, schöner ausnehmen würden. Man hatte es im Generalstab und von Seiten des Kriegsministeriums, ja zuletzt durch einen Fußfall der Fürstin und ihrer Kinder dahin gebracht, daß sich der Fürst beruhigte und den Feldzug nicht bis auf die Fertigung der neuen Musterbeinkleider aussetzte; ein Vergrößerungsglas, in Form eines Dolland, wurde nun schnell auf den Balcon geschoben und ein langes Sprachrohr von hier aus bis hinunter zu der Stelle des Schloßplatzes, wo der Generalstab hielt, angebracht. Durch jenes beobachtete der Fürst die seine Revue passirenden Truppen, und wehe dem Unteroffizier, dessen Mannschaft irgend einen Knopf zu wenig zugeknöpft hatte! Das Sprachrohr bröhnte unmittelbar die allerhöchste Entrüstung an das Ohr des Generalissimus, der, ach! nicht blos an die Parade, sondern noch weit mehr an den Operationsplan und Montecuculi dachte.

Das Zeichen zum Brechen der rings am Platz aufgestellten Linien war gegeben und ein zweckmäßiges Commando richtete es ein, daß ein Defilée nach dem andern artig langsam vor dem Schlosse vorüberzog. Zuerst kam die Cavalerie, welche ausschließlich aus den berittenen Scharfschützen bestand. Wir haben uns früher des Ausdrucks Regiment bedient, was jedoch nur so zu verstehen ist, daß die active Truppenzahl, welche die Bezeichnung führte, den Stamm eines Regiments bildete, welches der Fürst in Kriegszeiten sich zu complettiren vorbehielt. Wäre diese Einrichtung nicht in der ganzen Armee durchgreifend gewesen, so würde man erstens nicht begreifen können, wie sie nur aus vierhundert Mann und doch aus einem Regiment Cavalerie, drei Regimentern Infanterie und zwei Batterieen Artillerie, nebst einigen Sappeuren und Pioniers, bestehen konnte; zweitens noch weniger, woher der Fürst die Titel für seine ausgezeichneten Militärs hätte entnehmen sollen, die Obersten alle, die Majore, die Capitaine und die Lieutenants? So bestand das Scharfschützenregiment aus achtzig Mann und theilte sich in vier Escadrons, jede von zwanzig. Sie machten sich prächtig, die Scharfschützen, auf ihren muthigen Pferden, mit ihrem geschulten Wesen und den paar Brillen, die einige unter ihnen deshalb trugen, um nicht blos scharf zu schießen, sondern auch zu treffen. Der Generalissimus wäre jetzt schon von dem Schall einer Kanone vom Pferde gefallen, so geängstigt saß er auf dem Pferde, und sein Adjutant mußte ihm erst das Lob des Fürsten aus dem Sprachrohr übersetzen, so verworren wurde ihm zu Muth, als er aus dem Sprachrohr etwas brummen hörte. Nun kam die Infanterie. Zuerst das Garderegiment, roth, mit gelben Krägen und Vorstößen und weißen Kamaschen, ganz wie eine bewaffnete Gesellschaft Lakayen. Hier donnerte mit einem Mal das Sprachrohr: Halt! Der ganze Generalstab rief diesen Befehl im Unisono nach, was den Generalissimus verdroß und dem ihn umgebenden Offizier später eine Disciplinarnote zuzog. Der Fürst behauptete, daß im zweiten Gliede dem sechsten Mann die Naht unter'm rechten Arme (den er doch kaum sehen konnte!) aufgerissen sei. Der Adjutant sprengte hin, der Gardist heraus, in der That, der Fürst konnte, in Militairgarderobe-Angelegenheiten, durch Bretter sehen. An der Verschiebung der Uniform hatte er wahrgenommen, daß unter'm Arm die Naht zerrissen sein mußte. Der Gardist wurde in das Depot der Verwundeten abgeliefert und mußte dort von den Regimentsschneidern wieder hergestellt werden. Aber er sollte der Einzige nicht sein. Der Fürst war mit seinem Teleskop jetzt in den Zug gekommen, und kaum war aus dem Sprachrohr hinten eine Verwünschung heraus, so setzte er vorne schon wieder eine ein. Das zweite Regiment, das Regiment Mispelheim (Halbgarde), zeisiggrün, roth und gelb, hatte gestern den Marsch von Mispelheim nach Kaputh machen müssen und ließ allerdings Manches zu wünschen übrig. Drei Grenadiere mußten aus dem Glied treten, weil sie sich nicht gewaschen hatten. Zwei hatten an der Patrontasche, statt Lederriemen, schwarzgefärbte Bindfäden genommen. Einer hatte sogar Wolle im Ohr, weil er behauptete, an Rheumatismus zu leiden, was ihm der Fürst unter keiner Bedingung gestattete. Er wolle ihn lehren, sagte das Sprachrohr, ihm den Totaleffect zu verderben: es müsse Alles wie über den Kamm geschoren sein. Das dritte Infanterieregiment, Regiment Kronprinz, gelb, blau und schwarz, hatte weniger Fehler im Einzelnen; aber, meinte der Fürst, seine Haltung mißfalle ihm, es wäre darin kein Schwung, keine Begeisterung, keine Grazie. Denn, natürlich, dies Regiment cantonnirte immer in Dörfern und sah sich nur selten als Ganzes. Auffallend liederlich war die Artillerie! Die beiden Batterieen, die jede aus einer Kanone bestand, zogen mit einer Plumpheit auf, die Se. Durchlaucht zu dem Ausruf trieb: ob diese Artilleristen vielleicht verkleidete Postreiter wären? Ob es ihm so miserabel ginge, wie der bewaffneten Macht von Frankfurt am Main und allen neumodischen Bürgergarden, die zu ihren Paraden und Manövers für die Artillerie-Bespannung Extrapost nehmen und die Postillone in Artilleristen umkleiden müßten? Wenn man bedenkt, daß der Fürst das Militair weit mehr auf dem Papier oder in seinen Suppenschüsseln liebte, als in Wirklichkeit, daß die

Artillerie ferner diejenige militairische Waffe ist, bei welcher
sich erst am leidenschaftlichsten der Sinn für seine Kriegs=
führung zu erkennen giebt, so kann man sich erklären, daß
ihm das Corps eigentlich verhaßt war. Wie die Sprihen=
reiter! schrie es hohnlachend aus dem Sprachrohr: denn alles
Einzelne zu rügen wurde der Fürst nachgerade überdrüssig.
Hätte er nicht immer in den Zeitungen gelesen, daß die Em=
pörer in Spanien, Paris und Brüssel gewonnen Spiel hatten,
sobald ihnen Kanonen zu Gebote standen; hätte er nicht selbst
erfahren, daß Napoleon gerade durch Artillerie die Königreiche
der Welt in die Luft sprengte und seinen Vater auch, er
würde das ganze Corps aufgelöst und aus den Kanonen eine
Statue für diesen seinen höchstseligen Vater haben gießen
lassen. Der Generalissimus bekam, als er zum Abschied noch
einmal an den Balcon herantritt, eine abweisende Hand=
bewegung. Der Fürst war mißgestimmt und fing von den
rothen Streifen der Hosen an, die ihm keine Ruhe ließen,
und er wollte Gott danken, wenn das Possenspiel mit dem
künstlichen Feldzuge erst zu Ende wäre. Erst sein Ober=
tuchscheerer konnte ihn trösten, nachdem dieser athemlos mit
einer Musterkarte soeben aus Holland angekommener Doppel=
casimire in den Balconsaal getreten. Während unten die
Musikchöre den Abschied spielten und sich die Züge zum Thor
in Bewegung setzten, fing der Fürst zu messen an und sann,
einer Gliederpuppe gegenüber, über die neuen Methoden der
Militair=Oekonomie=Verwaltung nach. Neue Säbel und Flinten=
schlösser wurden untersucht, ein neuer Firniß wurde am Ofen
getrocknet, und der Fürst nahm zuletzt einen behaarten Holz=
kopf vor, band sich eine weiße Schürze um und erfand einen
veränderten militärischen Haarschnitt, den er nach der Rückkehr
seiner Armee durchgängig einführen wollte.

Die bombenfeste Kutsche fuhr in der Nähe des General=
stabs, was Schlachtenmalern, der zürnenden Celinde und der
mit der Armee kokettirenden Sophie aus vielen Gründen un=
bequem war. Besonders hatte er sich in der Kaserne erkältet
und mußte er demzufolge den Wagen öfters geheimnißvoll
verlassen. Ueberdrüssig dieser Lage, griff er seine Papiere und
Bleifedern zusammen und wartete den Pulverwagen ab,

um sich, weil dieser den Beschluß des ganzen Zuges machte, auf diesen zu setzen. Man hatte der größeren Vorsicht wegen die Pferde nicht dicht an diesen Wagen gespannt, ließ sie vielmehr einige breißig Schritte vorausziehen, indem Stricke von dieser Länge das vordere Gespann mit dem Wagen verbanden. Der Generalissimus, der sich oft nach dem Wagen umsah, erblickte Schlachtenmalern, wie sich dieser eben lustig auf all' die Patronen und Cartouchen, die der Pulverwagen enthielt, setzte. Er sprengte zurück und wies ihn von diesem Posten weg. „Ich muß mit meinen Arbeiten beginnen," erklärte Schlachtenmaler, und erst dann gestattete ihm Generalissimus seine Tollkühnheit, nachdem ihm Dreierlei eingefallen war: erstens, Schlachtenmaler gehörte nicht zur Armee und der Fürst verlangte ihn nicht von ihm zurück; zweitens konnte sich durch einen längeren hitzigen Wortwechsel die Luft entzünden, und drittens hatte er ihm wohlweislich seine Zeichenpapiere, von denen er behauptete, sie enthielten Schwefelstoff, mit anderen milchblauen und unschädlicheren Papieren vertauscht. Schlachtenmaler dankte Gott, daß er jetzt frei athmen und absteigen konnte; seine Erkältung setzte ihm zu, und so unpassend es ist, können wir doch nicht verschweigen, daß er aus den Papieren, die ihm der Generalissimus gegeben hatte, die weichsten herausgriff und dabei ein merkwürdiges Actenstück, wir wollen's sofort (da wir nie auf „Spannung" schreiben) gestehen, den diplomatisch constatirten Operationsplan der beiderseitigen Armeen unwissentlich zu einem unsagbaren Zwecke mißbrauchte. Schlachtenmaler bemerkte das Unglück erst, als es zu spät war. Er ließ den Plan auf freiem Felde zurück. Ohnehin mußte er laufen, bis er die Armee und den Pulverwagen wieder einholte.

Je länger der Weg dauerte, desto leichter wurde Schlachtenmalers Ganglienshstem und desto schwerer sein Herz. Sie näherten sich den classischen Stellen seiner ersten Jugendzeit, und die Hoffnung, seinen Vater wiederzusehen, versetzte alle seine Gefühle in eine andere Tonart, als in ihm der Spott über die Revue und die Kunstcampagne aufspielte. Um sich zu zerstreuen, zeichnete er zuweilen eine im Zug entstehende Unordnung, worüber ihm der Generalissimus, der zu Oefterem an ihn heranritt, Vorwürfe, soweit der Pulverwagen gestattete, heftig genug machte. „Um unsere Armee zum Besten zu haben," — ließ der Baron sich deutlich hören, „hätte man ihn nicht mitgenommen," und Schlachtenmaler hatte Mühe, ihm begreiflich zu machen, daß die Verschiebung der Glieder der Kunst willkommener wäre, als die gerade Linie. In der Nähe von Mispelheim bezog die Armee ein Dorf, das bereits für den Empfang der Truppen gemiethet war, und das einen Anbau von Zelten und Hütten für diejenigen, die in den Bauerhäusern und Scheunen nicht unterzubringen waren, bekommen hatte. Für den Generalissimus und seine Familie war eine Herberge eingerichtet worden; der Generalstab wohnte dicht nebenan, und Schlachtenmaler zog in eine Dachkammer über dem Baron und dessen Damen. Celindens Freude war unbeschreiblich, als sie sich Schlachtenmalern wohlgemuth durch das Gewühl drängen sah: denn, hatte sie bisher die Rache gehabt, sich nicht nach seiner Aufopferung des Wagensitzes zu erkundigen und zu fragen, wo er hingekommen wäre, so konnte sie sich gegen Abend doch nicht bewältigen und fragte, wo er wäre? Von dem Augenblick an, wo sie wußte, er säße auf dem Pulverwagen und zeichne, hatte sie keine Ruhe mehr; das Blut gerann ihr zu Eis, sie wäre krank geworden, wenn jetzt nicht das Ziel des Feldzuges erreicht gewesen wäre und sie Schlachtenmalern vor dem ganzen Generalstab hätte an beiden Händen ergreifen können und fragen: „Welchen Gefahren setzen Sie sich aus!" Aber es war wie eine höhere Bestimmung, daß sie Beide immer durch ihre Herzen und Blicke zusammengeführt wurden und aus ihren Worten und Wendungen doch nichts als Haß entnahmen. Kaum hatte Schlachtenmaler Folgendes gesagt: „Der Muthige schläft dicht am Kessel einer Dampfmaschine, so heiter lächelnd, wie das Kind an der Mutterbrust. Ist nicht jede Unternehmung, die von einem beherzten Manne kommt, ein geladenes Pistol, das man sorglos in den Mund steckt? In die Mündung einer Kanone, die geladen ist, und wo die Lunte schon um das Zündloch tänzelt, muß Jeder hineinblicken können, der etwas einzusetzen wagt in's Lotto des Lebens, um zu gewinnen. Sind wir nicht Alle blind und wanken mit verbundenen Augen an Abgründen? Sind nicht überall Minen gelegt, wo wir mit unseren Plänen und Hoffnungen durch Zufall in die Luft springen können? Sind Sie sicher, daß wir nicht morgen in den Trümmern dieses schlechtgebauten Hauses begraben liegen?" Ich sage, kaum hatte Schlachtenmaler mit Resignation kalt und achselzuckend diese Worte gesagt, als auch alle feurigen Empfindungen, die ihm eben Celinde entgegengetragen hatte, wieder in Asche verwandelt waren, und gerade in so viel, um zeigen zu können, wie sie um ihn trauerte. Mit einem Blick des tiefsten Mitleids wankte sie dem kleinen Hause zu; ja, als sie ihn in der Dunkelheit nicht mehr sah, floh sie mehr, als sie ging: denn er wurde ihr bis zum Entsetzen unheimlich, wenn sie nicht sehen konnte, wie seine dämonischen Worte durch die Sanftmuth seines Auges gemildert wurden.

Es währte lange, bis sich die Armee in dem Dorfe und dem Zeltbau zurecht, und ihr Abendessen gefunden hatte. Die tapferen Krieger wurden warm gespeist und mit einer Sorgfalt behandelt, die selbst lauwarmes Mund-Spülwasser nach der Mahlzeit nicht vergessen hatte. Gegen Typhus, Scorbut, Krätze waren Vorrichtungen getroffen. Obst durfte nur zum Nachtisch gegessen werden: schon war es weit im Herbste, und der Luft und Witterung wegen der Cholera nicht zu trauen. Einige tausend Schritte weit, jenseits der Grenze, verrieth eine sich im Nebel wiegende Lichtmasse das Lager des Feindes. Eben schlug man drüben den Zapfenstreich, und auch bei den Unsrigen wurde eine große Trommelmesse und hernach ein Hochaltar von Trommeln aufgeführt, hinter welchen die Fahnen in ihrer weißtafftnen Unschuld, gleichsam als segnende Priester standen. Viel Aufmerksamkeit verrieth es auch vom Stabstrompeter der Scharfschützen, daß er seine Leute erst noch vor den Fenstern des Generalissimus oder vielmehr seiner Frauen Variationen auf das Thema: „Schöne Minka, ich muß scheiden," und andere beliebte neue Stücke mit Baßposaunenbegleitung und brillanten Klappenhornsolis aufführen ließ. Schlachtenmaler lag oben im offenen Dachfenster und trommelte mit den Fingern den Takt dazu. Hernach ward es stille ringsum und ein Licht verlöschte nach dem andern.

Hie und da reckte sich noch Einer im Hembe am Fenster oder holte sich frisches Wasser vom Brunnen. Schlachtenmaler beobachtete Alles und legte sich noch, von der Nacht und deren linder Wirkung übermannt, mit dem Haupt auf das Brett des offenen Fensters. Wie genoß er einmal wieder den Reiz eines kühlen Herbstabends mit seinen Nebeln und seinem aus den Gärten bringenden reifen Apfelgeruch! Wie verschmolz der ländliche Eindruck mit seinen frühesten Jugenderinnerungen! Das stille, geisterhafte Weben der Natur, die stummen, wachsamen Sterne, das ferne Bellen eines Hundes, und hier, um den Zauber zu vollenden, das abwechselnde Wiehern und Schnauben der Rosse, die vor Träumen (denn das Roß träumt) nicht sogleich zur Ruhe kommen konnten. „Nein," gestand sich Schlachtenmaler, „das Pferd ist ein so edles Thier, daß es über die Caricatur jedes Reiters erhaben ist, selbst wenn es hinfällig wäre und ausgedient, wie Rozinante!" So träumte auch Schlachtenmaler in seiner Art fort und schmiegte sich wie ein frommes Kind unter die Decke seiner Mutter, der Natur, und schauerte süß zusammen, wenn sich die Schlummernde regte und sich irgend ein Zauber der Herbstnacht entfaltete. Die Frösche fuhren im Sumpf zuweilen auf und ließen etwas von ihrer aufgeblähten Luft entfahren, mit einem Ton, den er so oft gehört; die Weidenbäume leuchteten im Phosphorschimmer herüber. Der Hahn im Hühnerstall irrte sich alle Augenblick in der Zeit und wachte zu früh auf und krähte verstohlen, wie Einer, der im Dunkeln seine Uhr repetiren läßt, weil er nicht das Zifferblatt sehen kann. In den Kohlbeeten wird es von Hasen lebhaft; eine Katze schleicht durch den Garten, dicht unter der duftenden Spitzeneinfassung der Beete fort und findet, statt Feldmäuse, einen Maulwurf, der schnell in seine Höhle flieht. Ach, auch wol ein Windelkind kräht in der Ferne, und deutlich hört man, wie sich die Mutter müht, es zu beruhigen, und der Vater zuweilen mit einem Fluch dazwischen fährt, oder der Wächter auf der Straße unterredet sich mit seinem Hunde oder hetzt ihn hinter die Katzen her. Dies Alles zog in bunten, phantastischen Bildern an Schlachtenmalern vorüber, und die Sterne glitzerten so prächtig über diesem seligen

Frieden, daß er das Fenster nicht verlassen konnte, sondern, an das nahe Vaterhaus denkend, sanft entschlummerte.

Bedenkt man jedoch die feuchte Nachtluft, so war es ein Glück für Schlachtenmalers Kopf, daß eben der Generalissimus den seinigen verloren hatte. Kaum war jener vom Schlaf überwunden, als sich im Hause ein Geräusch erhob und eine Grabesstimme alles Lebendige wach rief. Schlachtenmaler fuhr auf und vernahm nicht ohne Schrecken, wie Jemand die Treppe heraufstolperte und eine lange Figur, wie aus dem Sarge kommend, todtenbleich und verstört in sein Zimmer stürzte. Es war der Generalissimus im Hemde, seinen dreieckigen Hut auf, ein großes Nachttuch um den Hals, Cavaleriestiefel an den Füßen, blaß wie die Kalkwand. Er stürzte dem jungen Manne mit dem Verzweiflungsausrufe entgegen: „Um Gottes willen, ich kann den Operationsplan nicht finden. Ich habe schon das ganze Haus umgekehrt; war er nicht unter den Papieren, die ich Ihnen gegeben habe?" Schlachtenmalern fiel ein dunkel Gewisses ein; doch half er dem unglücklichen Feldherrn unter seinen Papieren suchen. Wir finden ihn nicht! war das Resultat, und der Baron fiel in dem Aufzuge, wie er war, während seine Ordonnanzen und Adjutanten in's Zimmer traten, halb ohnmächtig in einen Schemel, der sich an das Bett lehnte. Schlachtenmaler meinte, man könnte ja doch den Plan schnell wieder zeichnen; aber mit heller, verzweifelter Lache schrie der Feldherr auf, daß er sich ja auf das Teufelspapier verlassen und sich den Plan um so weniger zur Gedächtnißsache gemacht hätte, als er die Frucht einer langen diplomatischen Erörterung wäre und in keiner Linie ohne empfindlichste Störung der eher feindlichen, als neutralen Verhältnisse zwischen den Fürstenthümern Sayn-Sayn und Vierhufen könnte übertreten werden. Die erste unplanmäßige Demonstration seinerseits würde man für eine Verletzung des Völkerrechts erklären und als das Signal zum Rückzuge. Eine Reihe von Grenzstreitigkeiten, deren Lösung vom guten Erfolge des Kunstfeldzuges abhinge, stünde auf dem Spiele. Ja, würde durch irgend einen operationswidrigen Coup wol gar Derjenige totaler Sieger über den Feind, dem nur, wie beiden Theilen, vorher problematische Siege zuerkannt wären, dann wär' er erst ein vollkommen geschlagener Mann. Alle seine Instructionen liefen eben darauf hinaus, das Feld zu räumen und die verabredete Scharte nur durch einen meisterhaften Rückzug nach den Principien des Xenophon und Moreau auszuwetzen.

Noch einmal fing man an, die Papiere Schlachtenmalers Bogen für Bogen zu durchsuchen; ach! er hätte ihnen ja zuschwören können, daß der Operationsplan auf ewig und zwar im freien Felde, nicht weit von der Landstraße verloren gegangen. Der Generalissimus beruhigte sich nicht, sondern ließ die Lärmkanonen lösen und Appell blasen. Es dauerte etwas lange, ehe die Soldaten aus dem ersten Schlaf in die Höhe und gar erst in die Kleider fuhren. Fackeln wurden angezündet, der Generalissimus in einem langen Mantel, den ihm die aufgewachte Sophie noch schnell über das Hemd geworfen hatte, mit dem Degen an der Seite und eine Brille auf der Nase, durchsuchte das Dorf, jede Stelle, wo er sich besann, einen Augenblick gestanden zu haben. Alle Mitglieder des Generalstabes, in tumultuarischer Bekleidung, halfen mit suchen, und manches Papier, womit es nicht recht richtig war, wurde für das richtige angesehen. Generalissimus, alle Hoffnung verlierend, kehrte fieberkrank in das Hauptquartier zurück, mußte aber erst noch einen Spion examiniren, den die Vorposten, da sie doch einmal nicht schlafen sollten, eingebracht hatten. Der Mann saß zu Pferde und verbat sich den Spion, und allerdings war es der Mispelheimer Postreiter, der das Briefpacket und viele andere Papiere, wie er sagte, nach Kaputh brachte. Generalissimus konnte von Papieren nichts hören, ohne sogleich eine Untersuchung anzustellen. Der Postreiter mußte den Briefsack öffnen und Schlachtenmaler half dem Baron, indem er ihm das Licht hielt. Man fand nichts, ausgenommen, daß Schlachtenmaler that, als läge dort in einem Winkel etwas; aber indem fiel ihm das Licht vom Leuchter und schenkte Finsterniß genug, um ein Schreiben mit Taschenspielergewandtheit auf die Seite zu bringen. Schlachtenmaler, der den Operationsplan verdorben und mißbraucht hatte, mußte hier wieder nicht, was er that, als er den Brief einsteckte. Die Aufschrift an

Se. Hochwürden, den Consistorialrath Blaustrumpf, hatte ihn verführt. Sein Raub geschah in Folge seiner genialen Erziehung so instinctmäßig, daß er wie mit dem reinsten Gewissen darüber schlafen konnte. Der Postreiter wurde entlassen, Generalissimus schlug sich noch einmal vor den Kopf, der Generalstab ließ diesen vor Verdruß, die Armee vor Müdigkeit hängen, und einige Minuten darauf lag Alles in tieferem Schlaf, als die Preußen im siebenjährigen Kriege bei Hochkirch. Doch waren nächtliche Ueberfälle, obschon von Seiten des Fürsten von Vierhufen beantragt, nicht für zweckmäßig gehalten worden.

Dreizehntes Kapitel.
Verleumbungen. Das offene Kriegstheater.

Am Morgen einer Schlacht — wer würde da noch so feine Rücksichten genommen haben! Konnte ihn doch Schlachtenmaler wieder schließen — er war freilich mit einer Abendmahlsoblate versiegelt — und (den Brief) immer noch an Blaustrumpf abgehen lassen! Es war gewissenlos von dem großen Schlingel — wir können die Handlung nicht in Schutz nehmen; aber Schlachtenmaler that's, erst an der Seite lauschend, dann auf Namen stoßend, die ihm theuer waren, endlich fest entschlossen und überzeugt, daß ihn das Schicksal in eine Intrigue wollte blicken lassen, die seinem Herzen galt. — Der Brief war erbrochen, und da noch Alles schlief, noch kein Aufbruch der Armee, kein Generalissimus im Anzug war, wurde derselbe wie ein Becher voll brausenden Sodawassers, wo man das Zerplatzen der Perlen fürchtet, hinunter gestürzt.

Er lautete: „Hochwürdiger Herr und Gönner! Die letzten Nachrichten, die ich aus Klein=Bethlehem bekommen habe, versprechen dem dortigen pädagogischen Messias eine bald bevorstehende moralische Auflösung. Es ist nur zu gewiß, daß sich

Blasedow, von seinem Hochmuth und seinen fragmentarischen
Kenntnissen fortgerissen, dem Bedlam näher befindet, als der
gesunden Vernunft, und daß er längst den Rasenden zuzu-
rechnen wäre, wenn ihn nicht noch die Nüchternheit seines
Lebenswandels vor physischen und diätetischen Ausschweifungen
schützte. Seiner Gemeinde wird er bei diesem trockenen, vor-
sätzlichen Irrsinn fast noch unheimlicher, als wenn er, wie
wir leider an Collegen das Beispiel haben, nur in Folge
momentaner Ueberladungen mit Speis' und Trank den Verstand verlöre. Wir haben genug solcher Collegen, die sich
dann wenigstens im Zustande der Nüchternheit den Ruf guter
Kanzelredner zu erhalten wissen, die sehr erbaulich predigen
und auf das weibliche Geschlecht nicht ohne beseligenden Einfluß bleiben. Es giebt neologische Geistliche, die nichts
glauben, aber vortreffliche Reden halten, andere, die Welt-
leute genug sind, zu erklären: Ich predige nicht, was ich
glaube, sondern was die Schrift lehrt! Allein bei Blasedow
mischen sich Neologie und Mysticismus ineinander, Sucht nach
Originalität und wirkliche Abnahme der Geisteskräfte. Indem
er nur seine Ueberzeugungen vortragen will, macht er die
Kanzel zu einem Spaziergange in einer Denkerallee und trägt
in die einfachsten Episteltexte Philosopheme hinein, die ihn
wol selbst ergreifen mögen, aber von seiner Gemeinde nicht
verstanden werden. Das neuliche Erntefest, wo in allen
Kirchen Gott für seinen Segen gepriesen wird, benutzte er
zu einem Gebet um Mißwachs, Hungersnoth und alle sieben
ägyptischen Plagen, weil er behauptete, Gott würde in Trübsal
besser erkannt, als im Glück, und die echte Religion würde
nur aus dem Schmerz geboren. Dem Orthodoxen gegenüber
ist er Ketzer, dem Ketzer gegenüber Frömmler. Er sagte
neulich zu mehren Collegen, es wäre ein Privilegium, Ketzer
zu sein: der Atheismus dürfte deshalb nie eine Religion
werden, weil die Massen nur flach, tief nur die Einzelnen
sein könnten. Die geistlichen Verrichtungen werden von ihm
so mechanisch vollzogen, daß bei den Kindtaufen Knaben und
Mädchen von ihm verwechselt werden und er schon manchen
Jungen Maria getauft hat, als wären wir katholisch. Bei
Aufgeboten zerreißt er den Bräuten ihren Jungfernkranz,

indem er sie schlichtweg Anna Maria nennt, als wenn sie keine Jungfrauen mehr wären. Stellt man ihn zur Rede, so bekommt man nichts Anderes zur Antwort, als: Sprach= gebrauch, Sprachgebrauch! Bei Leichen spricht er nie zum Herzen der Zurückbleibenden, nie von dem Unglück der eltern= losen Waisen; sondern er lächelt dem Himmel zu, dankt diesem für seine neue Liebesoffenbarung und fordert die Um= stehenden auf, sich im Herrn zu freuen. Ueberhaupt benutzt er die Bibel zu einem eigenthümlichen Christenthum, wie es nie gelehrt wurde. Er kehrt die Jahrtausende lang bestandene Bedeutung der Verse um und legt einen Sinn in die Vor= schriften des Heilands, den dieser mit ihnen niemals ver= knüpft hat. Wäre es nach mir und dem hiesigen Journal= cirkelbesitzer gegangen, er gehörte längst nicht mehr zu den Interessenten desselben. Aber wie denn ein Narr immer hundert macht, so fanden sich einige wunderliche Käuze im Vierhufen'schen, welche seine Randglossen nicht missen wollten und erklärten, sie wären nicht auf die Journale, sondern auf Blasedow's Commentare dazu abonnirt. So müssen wir ihm noch ordentlich zureden, daß er seine Bleistiftpolemik fortsetzt und jede Nummer der Röhr'schen, Bretschneider'schen und anderer Zeitschriften mit seinen Frage= und Ausrufungs= zeichen besäet. So oft ein Autor schreibt: **immer**, z. B. „Es wird sich immer wiederholen," unterstreicht er **immer** und macht Fragezeichen dazu. Ebenso bei **nie, zuweilen, manchmal** und ähnlichen Assertionen, die man einem Autor ruhig zugestehen könnte. Die pietistischen Blätter verfolgt er mit Rationalismen, die rationalen mit mystischen Hieroglyphen. Sie wissen, hochwürdiger Gönner, was wir Beide vom Teufel halten; allein selbst wir, die wir nicht an ihn glauben, müssen doch erschrecken, wenn Blasedow neulich von einem Kupfer= stiche Veranlassung nahm, wilde, titanisch vermessene Sätze aufzustellen. Einem Journale lag die Copie einer Zeichnung bei, die mich ungemein gerührt, die Alle, die sie sahen, ent= zückt hat. Der Teufel spielt mit einem Jüngling um dessen Seele Schach. Der Knabe spielt mit englischen Figuren, der Teufel mit geilen Fratzenbildern. Der Teufel hat schon die meisten von den Unschuldsfiguren genommen; nachsinnend übersieht der Jüngling den kleinen Rest, der ihm noch geblieben*); Blasedow schrieb unter das Bild: Tugendprahlerei! und hinten auf die Rückseite wörtlich Folgendes: Das Ganze, guter Maler, ist eine Allegorie, und in die Allegorie muß keine andere, die kleiner, winziger ist, hineinspielen; ich meine Deine Schachfigürchen, Deine Engelchen, Deine Böckchen und indischen Phalluspriesterchen. Ferner, guter Maler, wenn Du den Teufel kennst, er spielt nie Schach, sondern immer nur Würfel, und was das Beste an seiner Bosheit ist, er spielt **falsch**. Es ist seine Natur, falsch zu spielen. Das ist aber nicht die Natur des Schachs. Im Schach, Du dummer Teufel, läßt sich nicht falsch spielen. Der junge Mensch sollte die trockene Moral des Malers nicht durchschauen und die Schachfigürchen, diese handgreiflichen Symbole, klar durchschauen? Dummer Teufel, wenn der Junge verliert, so verliert er freilich seine Unschuld, seine rothen Wangen, seinen Himmel; aber gewinnt er dafür gleich Deine Hölle? Deine Hölle bleibt Dir ja stehen, Teufel, sonst würdest Du nicht gewinnen! Man kann, Gott sei Lob und Dank, seine Unschuld verlieren, ohne darum des Teufels zu werden. Es giebt einen Zustand der negativen Tugend, der darum, das ist mein Abweichen von Christi Lehre, noch nicht das Laster ist. Man kann gegen den Teufel verspielen, ohne darum nöthig zu haben, gleich die Hölle zu gewinnen. Aber zurück auf den moralischen Maler! Wenn der Jüngling gewinnt, wenn er all' die Teufelsfratzen schlägt, eincassirt und nun Wunder denkt, was er hat — sieh', Satan, auch dann hat weder Blasedow, noch einer seiner Söhne nöthig, Dir ihre Seligkeit zu lassen: denn im Schach handelt sich's weit weniger um den Gewinn, als um's Spiel. Das Eigene des Schachs ist nicht, **was** man erspielt, sondern, **daß** man spielt. Hat der Junge die Fratzen gewonnen, dann hat er die Hölle auch überwunden, sie schadet ihm nicht. Wer nur **denkt**, und dächt' er selbst nicht an Gott, des Teufels wird er nicht sogleich. Darum ist Goethe's Faust, zweiter Theil, so häßlich, weil dort Faust **durch die Gnade** in den Himmel kommt. Faust hat diese

---

*) Ist ja eine Zeichnung von Retzsch, bemerkte Schlachtenmaler.

Gnade des Herrn von Goethe nicht nöthig; Faust kommt vielleicht nicht in den Himmel, aber auch nicht in die Hölle. Faust betrügt den Teufel immer, wenn er nur tüchtig philosophirt und Schach spielt. Denken — denken — wer denkt, mit dem hat's gute Wege. Glaubst Du, dummer Maler, daß der Teufel mit uns philosophirt, wie man mit einander Schach spielt? Trunken macht er uns, würfeln thut er, und hier noch würfelt er falsch — anders, als durch die Sinnlichkeit, kommt er uns nicht bei, nie durch Gedanken, durch Schachspielen. O, wie kindisch ist auf dem Bilde da die kleine Schachfigur, welche die Tugend vorstellen soll und sich die Augen mit der Schürze wischt! Nein, Malerchen, um den schmucken Jungen hab' ich keine Bange. Gewinnt — oder verliert er: der Teufel kriegt ihn nicht. Sela. Nun frag' ich Sie, hochwürdiger Gönner, welch' eine Sprache ist dies, was für Ideen, was für ein Mischmasch! Finden Sie in einem solchen Labyrinth von Worten Logik, geschweige Moral und Grundsätze? Es ist kein Wunder, daß ..." Hier stockte Schlachtenmaler. Häusliche Verhältnisse, die er längst geahnt hatte, wurden berührt. Das Papier zitterte ihm in der Hand. Das Herz pochte. Nachdem er einige Augenblicke die Hand vor die Augen gehalten, fuhr er fort: „... daß solche Maximen aus einem Hause kommen, welches vom Unfrieden umzäunt ist und die gelbe Fahne des Hasses aus dem Schornstein stecken hat. Tobianus' beschränkter Verstand vermochte es, den überspannten eines Blasedow seit Jahren zu täuschen. Die Frau des Don Quirote steht im Begriff, ihn zu verlassen und es mit dem Andern zu halten, wozu, wenn die Formen beobachtet werden, der Segen der Kirche nicht ausbleiben darf. Blasedow, wie man sagt, an Tobianus verschuldet, wagt nicht, sie zur Rede zu stellen; die Frau macht kein Hehl daraus, daß sie geboren sei, um einer häuslichen Wirthschaft, die immerhin ihren Zank, aber auch ihre Sonntagsküche und ihre Weihnachtsfreuden hätte, vorzustehen. Sie findet dies bei Blasedow um so weniger, als ihre vier Söhne in der Hauptstadt leben und, wie sich Blasedow einbildet, von keinerlei häuslicher Zumuthung in ihren großen Anläufen zur Unsterblichkeit gehindert werden dürfen. Das Herz der Kinder

ist der Mutter durch Blasedow's Narrheit entfremdet; so steht
sie allein und sucht, was sie bei Tobianus finden kann. Ob
nun alle diese Vorgänge geeignet sind, dem religiösen Leben
in meiner nächsten Umgebung Vorschub zu leisten, ob es nicht
höchste Zeit ist, Blasedow einstweilen seiner geistlichen Func=
tionen zu entheben und mir, bis auf weiteren Entscheid, seinen
Sprengel als Filial zuzutheilen — das zu entscheiden über=
lasse ich Ihrer Einsicht, hochwürdiger Gönner, und nenne mich,
wie immer, Ihren in Leben und Tod dankbaren Verehrer und
Schüler Geigenspinner, Pfarrer in Mispelheim."

Dem heiligen Stephanus, der gesteinigt wurde, mochten
die Lästerzungen der gegen ihn auftretenden falschen Zeugen
nicht so peinlich gewesen sein, als Schlachtenmalern diese
gleißnerische Wolfshirtenpredigt eines Geistlichen. Daß er
den Brief zerriß und, da er unfrankirt war, die Postverwal=
tung des Landes um einige Groschen, sich aber, wenn es
entdeckt wurde, um einige Jahre Freiheit brachte, kümmerte
ihn wenig. Der beginnende Lärm des Aufbruchs, die Trom=
meln und Querpfeifen, die Fanfaren des Stabstrompeters
legten seinem Ingrimm die passenden Noten und Töne unter;
er fühlte jetzt, wie grausam man im Lärm kriegerischer
Instrumente werden kann, und wie gewisse Trompetenmärsche
nur erfunden sind, um mit mehr als Muth, fast mit Blut=
begier in den Feind zu stürzen. Celindens Morgengruß, der
sich heute wie ein langer Klingelzug ausnahm, indem sie um
tausend Hülfeleistungen in dem anbrechenden Gewühl schellte,
kümmerte ihn so wenig, wie Sophiens zweideutiges Lächeln:
er wußte recht gut, daß die Frauen nie charakterloser sind,
als wenn sie Männerschutzes bedürfen, nie schmeichlerischer,
als wenn sie Furcht haben. Sophiens lockendes Girren konnte
er nur mit gleichem, aber höhnischem Lächeln erwidern. Ob=
gleich heute geschossen wurde und die beiden Lunten zu den
Kanonen schon lustig im Dorfe brannten und einstweilen
noch, bis zum Beginn der Feindseligkeiten, als Fidibus für
holländische Thonpfeifen dienten, so dachte doch Schlachten=
maler nicht, sich in die bombenfeste Kutsche zurückzuziehen.
Wäre der Feldzug nur ernstlich gemeint gewesen, er hätte
sich als Freiwilliger gern einreihen lassen, um sich auf un=

schädliche Weise (unschädlich für seine Umgebung) seines In=
grimms zu entledigen! Der Verlust des Operationsplans ließ
ihn hoffen, daß sich vielleicht noch eine Collision entspinnen
dürfte, wo eine äußere Verwirrung die innere heilen könnte.

Indeß sah man den Generalissimus nicht! Das jenseitige
Lager wurde lebendig, erst wie ein Schlaftrunkener, der sich
noch einige Male im Bett dreht und wälzt, bis er aufsteht,
dann wie ein Gähnender, der in aller Eile seine Toilette
macht, endlich, wie wenn die Fenster aufgerissen werden und
man die Hand hinausstreckt, um zu sehen, was für Wetter
ist. Auf einige Raketen, die drüben aufflogen und trotz der
feuchten und regnerischen Luft (die uns ja immer stört, wenn
wir etwas Ordentliches vorhaben) einen angenehmen Effect
machten, antworteten die Unsrigen mit gleichem Gruße. Hätte
es in den französischen Revolutionskriegen nur gut gethan,
so würden sich auch hier zwei Luftbälle erhoben haben, um
die feindlichen Stellungen zu recognosciren! Die Truppen
standen schon in Reih' und Glied im Dorfe aufgestellt, öfters
genöthigt, dem auf die Weide getriebenen Vieh Platz zu
machen: denn es war ausdrücklicher Befehl, daß die Armee
weder Ackerbau, noch Viehzucht, die Quellen der Landeswohl=
fahrt, stören und trüben durfte. Da drüben hörte man die
fürstlich Vierhufen'sche Kapelle, die heute in Uniform gesteckt
war, Einiges aus dem Barbier von Sevilla spielen; vielleicht
rasirt sich der Feldherr noch, dachte man. Da sich aber die
Pferde vor Muth den Gaumen auf den Kandaren zerbissen
und die Infanterie schon so lange stand, daß alle Augenblicke
Einer aus dem Glied treten und seine Nothdurft verrichten
mußte, so wurde jetzt beschlossen, einmal leise beim Haupt=
quartier anzupochen und dem Feldherrn ein: Wohlgeruht?
zuzurufen. Einige Offiziere vom Stabe betraten den Vor=
platz seines Zimmers — kein Laut — sie traten ein und
erstaunten, den Generalissimus noch im Hemde zu treffen, bei
heruntergebranntem Lichte und wie eine Versteinerung in
einem großen Quartanten lesend. „Herr Obrist!" rief man
leise, fürchtend, die Gestalt möchte, wie einst vor Gallier=
anruf der römische Senator, in Staub zerfallen ... Gespen=
stisch wandte er sich zurück, gläsern blickte er den Generalstab

an, sah zum Fenster hin und erstaunte, daß es schon so zeitig sei. Wer das Leiden mit dem Manne sah, hätte weinen mögen: der Verlust des Operationsplans hatte ihm selbst den Kopf benommen; doch lächelte er ironisch, wie es die Art Geistesabwesender ist, und winkte blinzelnd dem Quartanten zu, der auf dem Tische lag. „Glücklicher Fund," stieß er in seiner kurzen Manier ab — „angenehmes Zusammentreffen, sehr angenehmes — Höhere Fügung, reiner Zufall; Folard's, Ritter Folard's, Ritter Folard's Commentar zum Polybius, angenehmes Zusammentreffen; die ganze Nacht — sehr, sehr willkommen gewesen!" Der Generalstab zog nun dem Generalissimus die Stiefel, Hosen und den Rock an. Er hätte, indem er ihm den Degen umschnallte, wiederum weinen mögen: denn der große Feldherr hatte die Nacht über alle Schlachten der Macedonier gegen den achäischen Bund als Freiwilliger mitgemacht; er hatte den Kopf so voll schiefer und keilförmiger Schlachtordnungen, so voll von thebanischer und athenensischer Finten, daß es einer Tasse Kaffee bedurfte, um den Generalissimus aus den Umarmungen des Epaminondas zu reißen und wieder in die mittlere und neuere Geschichte zurückzuführen. Mechanisch wurde der Feldherr auf sein Roß gehoben. Mit unheimlichem Lächeln ritt er an jedes Regiment und grüßte es. Endlich hieß es: Rechts schwenkt! Der Zug setzte sich in Bewegung, und allen benen, die da wußten, daß dem Generalissimus nach dem Verlust des Operationsplans wenig zu trauen war, schlug in ängstlicher Erwartung das Herz.

Nur Schlachtenmaler war guter Laune, aus Vergnügen sowol, wie aus Aerger. Die ersten Aufzüge des sich jetzt hier auf Stoppelfeldern und drüben auf der Gemeindetrift entwickelnden Kriegsschauspieles liefen trotz der Plan= und Kopflosigkeit der diesseitigen Bewegungen zu allgemeiner Freude ab. Tausende von Zuschauern aus den umliegenden Dörfern und Städten hatten sich eingefunden und bewunderten die graziöse Art, wie sich die beiden Armeen auswichen und begegneten. Es war ordentlich ein Menuett, das die beiden Partheien gegeneinander tanzten, und wer hätte nicht in seinem Leben einmal, ohne tanzen gelernt zu haben, doch eine Françaife und Quadrille mitgetanzt! Bot der Fürst von Vierhufen, der seine Armee selbst befehligte, dem Generalissimus die Hand, so ergriff sie dieser aus natürlichem Instinct und rückte in die Stellung hinein, welche eben die Feinde verlassen hatten. Schlugen sie drüben Pirouetten, so machten sie diese hier nach. Verschränkten sich die Paare, hob der Fürst von Vierhufen gleichsam den Arm in die Höhe, so schlüpfte die Sayn=Sayn'sche Armee hurtig darunter weg, und jedes Corps tanzte mit Würde und Geschmack seinen Pas ab, die Trompete klatschte gleichsam, und — rechts um! die Tänzer standen sich wieder gegenüber und avancirten, glissirten, marschirten, chargirten. Der Fürst von Vierhufen war in der Kriegsquadrille gleichsam die Tänzerin, die ihren etwas schwerfälligen Galan mit einem energischen Druck auf den Posten stellte, wo er stehen mußte. Kam dann die Parthie, nun auch Solo zu tanzen, an den Generalissimus, so benahm sich dieser freilich dabei etwas linkisch und machte sein Debut weit mehr im Gehen, als im Springen ab. Mit einem Worte jedoch, die beiden ersten Aufzüge des Kriegsdramas entwickelten sich zu beiderseitiger Zufriedenheit. Der Fürst von Vierhufen schickte nach Beendigung desselben seine goldene Tabacksdose aus Höflichkeit zum Generalissimus hinüber und ließ diesem eine Prise anbieten. Es geschah dies mit einem Parlamentair, dem sie die Augen verbunden hatten, und einem Trompeter, der aber bei den Vorposten zurückbleiben mußte. Der dritte Aufzug begann, und dieser erforderte eine verstärkte Aufmerksamkeit, da dabei geschossen wurde. Indessen waren es dieselben Touren, die man hier nur wiederholte. „Umgehungen", die neue preußische Kunst, waren noch nicht Sitte. Es war eine Art Fackeltanz, zu dem vier Kanonen den Takt schossen. Schlachtenmaler saß auf einem Baume und zeichnete mit Leidenschaft. Das Pelotonfeuer zuerst, dann die Salven und die taktgemäßen Chargen gaben dem Menuett einen prächtigen Effect. Aus der bombenfesten Kutsche, die in der Nähe stand, lachte Sophie über das Schießen, wie ein Kobold, Celinde lächelte auch, aber aus Furcht, es möchte ein Unglück geschehen. Da Alles so bunt und keck einherging und ein Höllenlärm gemacht wurde, grüßte sie auch Schlachtenmalern einige Male freundlichst, so daß er sich lachend gestehen mußte: „Sie benkt, nun geht die Welt unter!" Den Pulvergeruch schlürfte er wie ein Arom ein. Und da das Schießen einhielt, weidete er sich noch lange an den phantastischen Verschiebungen, in welche der Rauch gerieth, bis er sich verzogen hatte. Es war so viel geschossen worden, daß sich die Regenwolken vertheilten und ein heiterer Abend zu erwarten stand.

Die Pause vom dritten zum vierten Act dauerte, eines im Stehen eingenommenen Frühstücks wegen, etwas länger; aber zu dem Pfeffer, den der Generalissimus zu seinem Schinken nahm, kam die Prise des Fürsten von Vierhufen sehr zur Unzeit hinzu. Es war nämlich diesmal nicht die goldene Dose, die ihm der Feind schickte, sondern eine gefällige Bitte, in seine Bewegungen ein wenig mehr Präcision zu legen! Himmel, der Obrist ließ das Taschenmesser fallen, als ihm der Parlamentair diese Prise anbot und er hatte nicht eine Sylbe im Rücken, als der Parlamentair, dem glücklicherweise für den Verrath der blassen Wangen des Generalissimus die Augen verbunden waren, fortfuhr: Es könne zwar den fürstlich Vierhufen'schen Truppen nur zur Ehre gereichen, daß sie in ihren Manövern abretter wären, als die jenseitigen; doch fürchte Se. Durchlaucht, daß der Feind, durch zu große Schonung seiner selbst, etwas im vierten und fünften Act bezwecke, was gegen die diplomatisch vermittelten und durch einen förmlichen Rastadter Congreß festgesetzten Operationen verstieße. Bei dieser Wendung erholte sich der Feldherr: denn es machte ihn stolz, daß der Fürst sein Zögern und blindes Tasten für Fabius-Cunctator-Klugheit hielt und ihm jetzt den Parlamentair schickte, um zu bemänteln, daß sich der Feind in den ersten drei Acten gleichsam schon heiser gesungen hätte und nun erst recht an Präcision übertroffen zu werden fürchtete. Der Obrist gab, als officiell, eine ausweichende Antwort und nahm sich vor, den Operationsplan durch sein Genie zu ersetzen und, sollte er in Ungnade fallen, wie die Urheber der Schlacht von Navarin, sich damit zu trösten, daß er Polybius erst kürzlich und Montecuculi längst studirt hätte. Er vergaß dabei, daß der Feind, nun auch schon ermüdet, immer den Vorsprung eines consequenten Planes hatte und daß ein in stiller Muße entworfenes Gedicht immer die interessanteste Improvisation übertrifft.

Das kleine Mißverständniß schuf größere. Wir stehen am Vorabend großer Ereignisse und werden für das politische Gleichgewicht zweier, durch ihre Enclaven fast zur Eintracht verpflichteten Staaten schwere Besorgnisse hegen müssen. Gegen die ersten Scenen des vierten Actes, der hauptsächlich der Lehre von den Quarrés gewidmet war, ließ sich noch nichts Erhebliches sagen. Der pythagoräische Lehrsatz wurde anständig von den Truppen bewiesen: sie verwandelten sich in Katheten und Hypotenusen, verlängerten sich mit Gewandtheit in Parallelogramme und verschoben sich mit Geläufigkeit in die auffallendsten Parallelepipeda. Die einfache Planimetrie der Stellungen und Bewegungen ließ dem Fürsten von Vierhufen nichts zu wünschen übrig, wenn er auch gestehen mußte, es wäre ihm manchmal, als hätte der Feind seine Lection vergessen und schlüge erst rasch im Euklid nach, wie viel Seiten das Quadrat habe. Nun kam aber die Reihe an die in einer zum Theil schiefen Ebene angebrachte Curvenlehre. Jetzt fingen jene prächtigen Schwenkungen und kreisförmigen Bewegungen an, und hier war es, wo der Feind Unrath merkte. Die Sehnen und Tangenten wurden vom Generalissimus mit zitternder Hand gezogen. Das Gefühl des Mittelpunktes, des unverrückbaren, den alle seine Schwenkungen hätten haben sollen, verließ ihn, und die plötzlichen Wendungen der Flügel, die Flankenangriffe konnten schwerlich zu etwas Gutem führen. War ein Kreisausschnitt zu bilden, so übersah er die Sehnen und machte sie größer, als die Peripherie duldete. Sollten zwei Kreise sich berühren, so maß er den Durchmesser des Fürsten nicht ab und nahm den seinigen bald zu weit, bald zu eng, und durchschnitt die Bewegungen desselben, statt sie nur leise zu berühren. Parallaren- und Parabelbewegungen, Ellipsen und spiralförmige Märsche in der Ebene wurden schon mit einer Verwirrung ausgeführt, bei welcher der Fürst allmälig nicht wußte, sollte er sie dem schlechten Exercitium des Feindes oder einem bös-

willigen Bruche der Verträge zuschreiben. Im Völkerrecht
ungemein kitzlich, schüttelte er so oft den Kopf, daß sich
seine Generale verwunderten, wie er die Geduld hätte, nicht
auf der Stelle Rückzug blasen zu lassen. Die Truppen waren
ermüdet, und durch die unaufhörlichen Fehler des Feindes
gegen die Curvenlehre wurden sie es auch unnützerweise.
Der Generalissimus seinerseits hing kaum noch an einem
Seidenhärchen am Leben. Die Fehler, die er machte, ein=
sehend, commandirte er mit derselben Verzweiflung, wie ein
Schauspieler beclamiren würde, dem der Souffleur ausbleibt.
Er ahnte, daß es bei dem planlosen Verfahren, wie von ihm
der Zirkel der Taktik ausgespannt wurde und er links und
rechts Striche und Ovale ohne Zusammenhang zog, zu einem
gefährlichen Zusammenstoß kommen mußte, und fiel, als dieser
Moment eintrat, wirklich ohnmächtig vom Pferde. Nämlich
die Cavalerie hatte einige Solo=Manövers auszuführen, auf
welche sich der Fürst von Vierhufen schon seit einem Jahre
gefreut hatte. Es handelte sich um geschickte Schwenkungen,
zu denen bald der Radius, bald der ganze Durchmesser der
zu beschreibenden Kreisangriffe und Kreisvertheidigungen ge=
nommen wurde. Es kam darauf an, daß die beiden Regi=
menter immer dicht an einander vorübersausten, ohne sich zu
treffen. Hier geschah es nun, daß Generalissimus das ganze
Kartenspiel zusammenschüttete und einen Fehler machte, bei
welchem Blut floß, wenigstens aus dem Maul einiger hart=
getroffenen Pferde und der Nase einiger Reiter dies= und
jenseits. Er hatte soeben die Aufgabe zu lösen, eine Radius=
bewegung durchzuführen, und nahm, darin lag das Unglück,
statt dieser den ganzen Durchmesser. Die Halbcolonne
würde die Flankenbewegung des Feindes nur leise gestreift
haben; aber die ganze Fronte, die der Verlorene mit ver=
hängtem Zügel ansprengen ließ, prallte so heftig gegen den
linken Flügel des Feindes an, daß Mann gegen Mann fuhr,
sich Pferd gegen Pferd bäumte, einige Reiter stürzten und
die beiderseitigen Corps in eine Verwirrung geriethen, die dem
Generalissimus das Bewußtsein benahm und dem Fürsten von
Vierhufen die Ueberzeugung gab von einer abgekarteten In=
trigue, treulosem Völkerrechtsbruch, Verhöhnung einer diplo=

matischen Convention. Während sich noch die beiden demo=
ralisirten linken Flügel auseinander warfen, die Verwundeten
ihre blutigen Nasen wischten, die aus dem Sattel Gehobenen
nach den verlorenen Steigbügeln angelten, kopfüber gestürzte
Tschakos mit genauer Noth wieder aufgestülpt wurden und
einige Scharfschützen, die da Brillen trugen, um den Feind
desto besser auf's Korn zu nehmen, in den thränenden Augen
wischten, ob ihnen auch keine Splitter von den zerschmetterten
Gläsern hineingekommen: blies man schon drüben zum Rückzug.
Alle Corps wurden schnell eingezogen, die künstlichen Feind=
seligkeiten mit wirklichen vertauscht, die Verhandlungen über
ein zufälliges Mißverständniß gänzlich zurückgewiesen.
Der jenseitige Fürst schnob Rache, und gab sich nicht eher
zur Ruhe, bis man ihm sagte, daß es noch ein Glück wäre,
bei Zeiten das falsche Spiel entdeckt zu haben. Der beim
Fürsten soupirende Justizminister schlug eine Stelle aus
Hugo Grotius de jure belli et pacis auf, und das diploma=
tische Corps, welches sich ebenfalls mit den Damen des Hofes
in der Nähe des Lagers befand, bekam schnell einige Noten
über das treulos verletzte Völkerrecht. Der Sayn=Sayn'sche
Gesandte wurde nicht mit zur Tafel gelassen, und da der
Diplomat zu verhungern fürchtete, so mußte er in das Lager
der Seinigen fahren, wo er den Generalissimus mit Vor=
würfen überschütten wollte, während diesen schon der General=
stab mit Wasser beschüttete, um ihn aus seiner Ohnmacht zu
erwecken. Es war ein schmerzlicher Anblick, wie sich der sieg=
reiche Feldherr allmälig erholte und in der That die ihm
tödtliche Nachricht bestätigt kam, daß er das Schlachtfeld be=
hauptet hätte. In dem Xenophontischen Rückzuge hatte er
seine Stärke gesucht, und sie da gefunden, wo sie den Ver=
trägen, der Etikette, dem geleisteten Schwure widersprach!
Der Gesandte fertigte sogleich einen Courier nach Kaputh
ab und hätte wol noch damit warten können: denn einmal
war es gar zu grausam gegen den Generalissimus, seine
Streiche gleich anzuzeigen, und sodann kam eben noch ein
außerordentlicher Bevollmächtigter von drüben, der den Auf=
trag hatte, alle die Vortheile und wenigstens die Verhand=
lungen darüber aufzuzählen, die nun der Sayn=Sayner Hof

bei dem Vierhufener verwirkt hätte. Abgebrochen und einseitig entschieden war hiermit erstens die Agnaten=Frage. Der Fürst von Vierhufen erklärte, seine agnatische Zustimmung zu dem neuen Sayn=Sayn'schen Hausgesetz nun und nimmermehr geben zu wollen. Eine gewisse Ehe, die sich einer ihrer Ahnen im 16. Jahrhundert erlaubt hätte, könnte er nun keineswegs für legitim halten; das Inventarium des Familienschatzes, welches bei dem Tode des Urgroßvaters der jetzt regierenden Durchlaucht von Sayn=Sayn aufgenommen wäre, scheine ihm jetzt ganz mangelhaft: da fehlten zwanzig Schweizeruhren des verstorbenen Familienhauptes und eine besonders, die einen immerwährenden Kalender auf dem Zifferblatt gehabt hätte; da fehlten viele Dutzende von Servietten, sämmtliche Hüte des Seligen, sintemal es bekannt war, daß er immer zweiundfünfzig im Gange hatte, alle Wochen einen anderen; es fehlte ein berühmter Bettwärmer von massivem Silber, den ein Schüler Benvenuto Cellini's mit allerhand Künstlichkeiten ausgelegt hätte, eine große Wildschur von Eisbärenpelz, drei stark vergoldete Nachttöpfe, und die berühmten chinesischen Puppen, die der Selige so gern um sich gehabt hätte, wären alle ihrer diamantenen Augen bei seinem Tode beraubt gewesen! Das Inventarium werde nicht anerkannt, das Hausgesetz bleibe ohne agnatische Zustimmung. — Zweitens die Enclaven=Frage mit dem Zollanschlußprojecte. Der Souverain von Vierhufen wollte keinen Austausch der Enclaven. Die Zersplitterung seines Landes wäre ihm jetzt gerade lieb, weil er im Sayn=Sayn'schen festen Fuß damit fasse. Die kleine Felsengrotte im fürstlichen Park von Kaputh, die ihm gehöre, wolle er nun keineswegs austauschen, sondern im Gegentheil eine Caserne und Casematte daraus hauen lassen, um auf Schußweite dem Herrn Vetter immer nahe zu sein. Den bezweckenden Ausbau eines Flügels vom Schlosse werde er nicht zugeben, weil dadurch ein Gartenbeet verletzt würde, welches zwar nur sechs Fuß lang und drei breit wäre, aber seit Jahrhunderten ihm und seinen Ahnen gehörte und noch von der Zärtlichkeit einer Urgroßmutter herrührte. Die Zollvereinigung werde der Souverain eben so wenig bewilligen, wie sich das Recht entziehen lassen, in seine Enclaven sowol eine freie Militair-, wie Handelsstraße zu haben. Auf jenem Beet im Park des Fürsten von Kaputh solle das Pfund Zucker nach wie vor drei Kreuzer weniger kosten, als sechs Schritte davon. Endlich drittens würden sie sich in keinerlei neuerdings verlangte Administrativ-Gegenseitigkeit einlassen. Die körperliche Züchtigung der Verbrecher würden sie nicht abschaffen, würden sich nicht die Verbrecher der Umgegend damit auf den Hals laden, die, wenn es zum Fangen käme, am liebsten sich da abfangen ließen, wo eine mißverstandene Humanität ihnen den Willkomm und Abschied ersparte. Den neuen, durch allerhand Moralitäten verwässerten Mispelheimer Kalender würden sie im Vierhufen'schen nicht zulassen, sondern sich lieber den „Frankfurter hinkenden, aber nicht stolpernden Boten" verschreiben, um den Unterthanen zu zeigen, wie hoch's an der Zeit sei und wann der Mond aufgehe. Sayn-Sayner unfrankirte Briefe würden sie nicht durch ihr Gebiet lassen, sondern im Vierhufen'schen selbst erst bestimmen, was für einen jeden, der das diesseitige Gebiet passirt, nach dem Gewicht zu bezahlen. Wild, das sich auf diesseitiges Gebiet flüchte, gehöre dem Souverain von Vierhufen, und wenn sich die Parforcereiter erlaubten, einen Hasen, der sich zu i h n e n flüchte, zu verfolgen, so würden sie die Herren, statt — wie sonst im Völkerrecht üblich — nur mit Schrot, bei ihnen von jetzt an mit Rehposten zurücktreiben. Man würde eine Grenzlinie zwischen beiden Gebieten bis tief in die Erde ziehen, damit sie der Bergbau unter der Erde nicht überschreite. Genug, die Vierhufen'schen Wasser-, Forst-, Jagd-, Berg-, Salz-, Fluß-, Fähr- und Fischereiregalien, keins sollte sich ferner noch einem freundnachbarlichen Verhältnisse anbequemen, geschweige daß von Trauringen, fürstlichen Brautportraits und neuen Verschwägerungen die Rede sein könnte. Der Gesandte empfahl auch den Generalissimus, der, wie ein halbtodter Widerspruch, wie der geschlagene Varus auf seinen Arminiuslorbeeren lag, der Sorgfalt des Generalstabs und reiste schnell nach Kaputh ab, um den traurigen Erfolg dieses inzwischen schon berühmt gewordenen Kunstmanövers zu berichten. Bis auf Weiteres blieb die Armee in dem Dorfe und der Baron von Höllenstein behandelte sich selbst wie einen Staatsgefangenen. Den Degen hatte er schon immer in der Hand, um ihn gleich ausliefern zu können, wenn ein Courier seines Fürsten von Kaputh anfäme.

Schlachtenmaler hatte auf seinem Baume der Entwickelung dieser merkwürdigen Kriegsfarce mit Theilnahme zugeschaut, und erst da am lebhaftesten gezeichnet, als die Verwirrung der Stellung anfing und sich die Montecuculi'schen Parallelepipeda nicht recht schließen und öffnen wollten. Bald aber sollte für ihn eine Scene eintreten, die ihn aus diesem interessanten Zusammenhang mit der Weltgeschichte aufschreckte. Nämlich Celinde, die das Unglück der zusammenstoßenden Cavalerie verpaßt hatte, blickte mit großer Theilnahme auf die zahlreichen Zuschauer, die sich am Rande des Schlachtfeldes aus umliegenden Städten und Dörfern versammelt hatten. Besonders fiel ihr ein kleiner Wagen auf, der von einem wahrscheinlich geistlichen Herrn gefahren wurde, der eine schon ältliche Frau neben sich sitzen hatte. Die Frau, die in ihren Urtheilen zwar vielen Verstand, aber wenig Gefühl und noch weniger Bildung verrieth, fing, als sich die Truppen verspielten, an, den im Baum sitzenden Schlachtenmaler zu mustern und von so verschiedenen Seiten zu besehen, als seine gebückte Haltung, indem er zeichnete, gestattete. Sophie hatte nur Augen für die Soldaten; doch schreckte sie plötzlich der Ruf des geistlichen Herrn auf, der in den bombenfesten Kutschenschlag blickte und seine Tochter erkannte. Tobianus war zu corpulent und seinen Pferden nicht zu trauen, sonst hätte er schon in den Armen seiner Tochter gelegen. Celinde, die mit Recht das Wiedersehen der Eltern und Kinder für eine Feierstunde der Engel hielt, drängte Sophien zum Wagen hinaus. Indem hatte aber die Frau neben Tobianus ihren Schlachtenmaler erkannt und rief, indem dieser, da ja nun der Vorhang des Dramas gefallen war, vom Baume sprang: „Oscar, mein Sohn!" Jetzt war Celinde von ihren Gefühlen überwältigt, sie lachte freudig auf und verließ hurtig den Wagen, um sich von diesen Himmelsscenen nichts entgehen zu lassen. Schlachtenmaler kam heran; Gertrud, seine Mutter, breitete die Arme aus und trug sogar

einen Hut, was früher nicht ihre Mode war; sie schickte sich
an, von Tobianus' bekannter Kalesche herunter zu klettern;
doch Schlachtenmaler, den Mann in so engem Verhältniß mit
seiner Mutter sehend, den Geigenspinner'schen Brief bedenkend
und sich die zerrissene, einsame Lage seines unendlich geliebten
Vaters vorstellend, fühlte in dem Momente einen Zorn in
sich auflodern, daß er es für die redlichste Erfüllung seiner
Kindespflicht hielt, die Beine in die Hand zu nehmen und
davon zu laufen. Als ihn Gertrud querfeldein davonlaufen
sah, fing sie zwar nicht nur zu weinen, sondern zu schluchzen
an und machte, wahrscheinlich von echtem Gefühl über ihr
Unglück gefoltert, einen Lärm, als sollte ihr einziger Sohn
unter die Rekruten gesteckt werden. Celinde suchte sie mit
der wunderlichen Natur ihres Sohnes zu trösten, war aber
selbst von seiner Herzlosigkeit so empört, daß sie ihn von
Stund' an verwünschte. So sanft ihr Sinnen war, jetzt
hätte sie wünschen können, daß sich der Himmel an dem ge=
fühllosen jungen Manne rächen möchte.

Vierzehntes Kapitel.
Sturmwind reißt die Pforte der Zukunft auf.

Schlachtenmaler hatte sich schon am nächsten Morgen in
aller Frühe — es war ein Sonntag — aus der Nähe des
halbstaatsgefangenen Feldherrn, dem er zu einigem Troste
seine Zeichnungen zurückließ, entfernt. Klein=Bethlehem, das
er wiedersehen wollte, war vom Schauplatz der Begebenheiten
eine Meile entfernt, und noch hüllte Nebelduft den kalten
Herbstmorgen ein. Von nah und fern läuteten die Sonntags=
glocken, und selbst die Glocken von Mispelheim glaubte er in
der Ferne zu hören. Doch klangen ihm diese wie das Geigen=
spinner'sche Sendschreiben, wie das Zischen und Locken einer
Schlange. Rüstig schritt Schlachtenmaler vorwärts und be=
obachtete die Sonne, die sich endlich Bahn brach und den

Nebelschleier fallen ließ, was immer beſſere Hoffnung für's Wetter giebt, als wenn ſich die Sonne die Nebel in die Höhe zieht wie eine Capuze, und darunter wegſchlüpfen will, wo es ohne Regen nie abgeht. Schlachtenmaler konnte jetzt die Gegend bald unterſcheiden, und je weiter er ſchritt, deſto vertrauter wurde ſie ihm, deſto banger ſein Herz.

Der Himmel hat uns manche Freude gegeben, die man mit Worten nur in ihren äußerſten Umriſſen zeichnet. Nicht Alles iſt namenlos, was die Dichter an Schmerz und Freude ſo nennen; aber namenlos iſt wol die wonnevolle Wehmuth, nach langer Abweſenheit, die einer neuen ſich entwickelnden und kräftigenden Menſchwerdung gewidmet war, wieder in die heimathlichen Kreiſe ſeines erſten Jugendlebens zu treten und ihre Veränderung mit ihrem früheren Ausſehen, ihr Gleichgebliebenſein mit der Veränderung unſerer eigenen Schickſale und Ideen zu vergleichen. Schlachtenmaler hätte an jedem Maulwurfshügel, auf den er jetzt trat, ſtehen bleiben mögen: denn jetzt wurde ihm Alles ſo vertraut, wie der Garten ſeines Hauſes. Jeder Baum ſchien ihn zu grüßen, in jedem Gebüſch flüſterte es wie eine bewußte Erinnerung, die ihm freudig entgegengrüßte. Das falbe Gras eines Waldweges, den er eben ging, die Kienäpfel, die zur Seite lagen, die Tannennadeln, die, vertrocknet am Boden, dem Wege eine ihm ſo wohlbekannte Glätte gaben, die Laubblätter im Gehölze ſelbſt, die ausgebrannten Stellen rechts und links, wo man ſtarke Wurzelſtämme in Kohlen verwandelt hatte — ach, das tönte Alles eine ſo wehmüthige, ſelige Muſik für ſein Herz aus, daß er öfter ſtill ſtehen und die Maſſe der auf ihn einſtürmenden Eindrücke lichten und ordnen mußte. Nicht nur, daß er die wohlbekannten Waldesplätze, die ſich durchkreuzenden Wege, eine Sandfuhrt, einen kleinen Bach mit ſeiner weißen Erlenholzbrücke, einen grünen Raſenplatz und drüben einen rauchenden Schornſtein wiederſah und ſelbſt die gewohnten Fußboten und Landgänger, die ihm gerade an der Stelle begegneten, wo er ſie ſo oft geſehen hatte — es knüpften ſich auch an alle dieſe Einzelnheiten Geſchichten und Erlebniſſe an, die, ſo unbedeutend und kindiſch ſie waren, doch für ihn in ein Ganzes zuſammenrannen und eine Leb=

haftigkeit der Erinnerung schufen, die sich gleichsam als Fortsetzung in einigen abgebrochenen Perioden unmittelbar versetzen konnte. Das Kleinste tauchte mit einem grünen frischen Kranze aus den Lethewellen auf, und es bestätigte sich Schlachtenmalern auch, daß ihm von den Dingen, die er sah, nicht blos das bei ihnen Erlebte, sondern selbst das bei ihnen Gedachte entgegenrief. Das Gedächtniß ist eine wunderbare Geisteskraft. Es knüpft die Erinnerung eines Dinges oft an das Ungleichartigste an, so daß ein grüner Rasenplatz oder das Bellen eines Hundes in der Ferne immer dieselbe eigenthümliche und sich gleichbleibende Gedankenreihe in uns erweckt. Beim Hammerschlag eines Schmiedes, beim Rauschen einer Mühle, bei einem See, dessen Spiegel uns bei der Wendung um ein die Aussicht verhinderndes Haus entgegenlacht, bei zahllosen Zufälligkeiten, die sich einem tiefern Gemüthe aus dem Naturleben einprägen, strömen uns Vorstellungen zu, die gleichsam etwas Vergessenes sind, was wir dort einstens zurückließen und nun immer und immer wiederfinden. So lag auf Schlachtenmalers Antlitz, ob ihm gleich mehr bang, als freudig über das Wiedersehen des Vaters sein Herz schlug, ein lächelnder, seliger Friede, den das bunte poetische Ineinanderspiel der Natur und des Geistes von selbst auf seine Mienen goß. Was er fühlte, gehörte wahrlich zu jenen namenlosen Dingen, für welche man in den Sprachen wol annähernde, aber keine erschöpfenden Worte hat.

Sowie jedoch Schlachtenmaler in die unmittelbare Nähe seines Dorfes kam, hörte der ungeordnete Anbrang der Erinnerungen auf und der Gedanke, wie, wo er seinen Vater finden würde, drängte alle anderen Stimmungen seiner Seele zurück. Da stieß gleichsam jede Egge und Pflugschar, jede Wagendeichsel, die in einem Winkel an einem Zaune lag, einen grellen Schrei der Bewillkommnung aus; wohin Schlachtenmaler trat, es war sein eigenes Herz, das er traf; er fiel über seine eigenen Schritte; doch hing er keinem dieser Eindrücke lange nach, sondern sammelte sich für den Augenblick, wo er einen Seitenweg im Dorfe einschlagen und das Vaterhaus vor sich liegen sehen sollte. Indem fing die wohlbekannte Morgengottesdienstglocke zu läuten an. Er mußte

einen Augenblick still stehen, um durch dieses kurze, hell=
stimmige Läuten nicht um alle Fassung zu kommen. Was ihn
wieder schnell aufrichtete, war die schmerzliche Entdeckung, die
er machte, daß er Niemanden in die Kirche gehen sah; keine
weiße Haube, kein Gesangbuchsgoldschnitt, wie früher, ließ sich
sehen, selbst keinem Kinde rief die Mutter nach, Acht zu
haben und sich den Tert zu merken — wie früher! Die
Bauern standen in Hembärmeln unter der Thür und rauchten
ihre Pfeife, Andere waren ihm auf dem Wege in's Lager
begegnet, er brauchte alle möglichen Wendungen, um nicht
erkannt zu werden. Die Glocke hüpfte zum zweiten Mal im
Kirchendachstuhl, es war bald sieben Uhr; Niemand durch=
schritt die Kirchhofsmauerpforte, die jetzt vor ihm lag. Un=
möglich konnte er seinen Vater vor der Predigt stören; er
mußte sich bis zum Schluß des Gottesdienstes gedulden und
schritt mit wehmüthigen Gefühlen unter den Gräbern des
Kirchhofs, wo es keine anderen Blumen, als gelbe Todten=
blumen und kalte, wenn auch bunte Astern gab. Als es zum
dritten Male läutete, ging Schlachtenmaler in die Kirche, die
er so schlicht und einfach wiederfand, als er sie verlassen
hatte. Die Thränen stürzten ihm in die Augen, als er
Niemanden, auch nicht eine Bettlerin, nicht Kind oder Kegel
darin sah. Er fühlte das Elend seines Vaters wie die hef=
tigste Kränkung, die seinem eigenen Ehrgefühl angethan war;
er weinte um den Schmerz, der in seines Vaters Innern
wühlen mußte. Die Orgel begann nicht, ob er gleich den
hallenden Tritt des Küsters hörte. Er drückte sich hinter
einen hölzernen Pfeiler; der Küster war nicht mehr der alte,
es war ein junger Mann, ein neumodischer Seminarküster,
der gewiß das Lautiren eingeführt hatte und die Dorfjugend
singen nach Zahlen lehrte. Der Küster trat auf Schlachten=
malern zu und sagte: „Mein Herr, ich möchte Sie bitten —"
Schlachtenmaler sah ihn stark an, um seinen verweinten Augen
wieder einige Kraft zu geben. „Sie werden entschuldigen,"
fing der Küster mit komischem Lächeln an, „es ist Niemand
in der Kirche außer Ihnen; es wird dem Pfarrer angenehmer
sein, Sie gingen auch, weil er sonst vor Ihnen und mir
predigen müßte." Es war nicht Lachen, was Schlachtenmalers

Miene auf diesen originellen Vorschlag zeigte, sondern ein Krampf, der aus seinem, sich wie von einem Stich krümmenden Herzen kam. Der Küster verstand es als ein Lachen und führte Schlachtenmalern auf den Kirchhof hinaus, indem er es, nach Art dieser jungen pestalozzisirenden Seminaristen, für angemessen hielt, den Fremden einen Blick in seinen höheren Beruf werfen zu lassen. Doch wollte Schlachtenmaler nichts von Peter Schmidt's Zeichenmethode, von Harnisch, Diesterweg und Türck wissen, bat, ihm die Neuzeller Singmethode und die Seidenwürmerzucht ein ander Mal zu erklären und wünschte nur zu wissen, wo er den Pfarrer Blasedow antreffen würde. Der Küster schloß die Kirche zu und lud Schlachtenmalern ein, ihm an die Sacristeithür zu folgen, die noch offen stände und nun ebenfalls verschlossen werden müßte. Schlachtenmaler war von dieser Erfahrung, die er über die durchaus untergrabene geistliche Wirksamkeit seines Vaters machte, so übermannt, daß er erschöpft auf eine Bank sank, die eine gute Mutter hatte zimmern lassen, um ihr Kind, das hier begraben lag, öfters besuchen zu können. Der Küster schloß die Sacristei zu, kam wieder zurück und sagte, indem er sich im Haar kratzte: er könne nicht sagen, wo man wol jetzt den Pfarrer träfe — Schlachtenmaler würd' ihn noch haben weiter reden lassen, wenn nicht der Seminarist weltweise genug gewesen wäre und sich mit Maß und Ziel ungefähr so über seinen geistlichen Vorstand ausgesprochen hätte. „Es würde bei den großen Geistesgaben des Pfarrers," sagte er, „ein anderes Gewächs aus ihm geworden sein, wenn er sich mehr an Pestalozzi gehalten und seine eigenen pädagogischen Träume unterdrückt hätte. Statt auf die Natur zurückzugehen und die Menschen zunächst als Menschen zu erziehen, hat er die Vorstellung, man müßte die Menschen für das erziehen, was man werden solle: denn das Menschliche entwickle sich von selbst. Ja, von selbst! Da würden wir schöne Seminarien haben, wenn alle Lehrer für verschiedene Unterrichtsfächer und nicht jeder für alle gebildet würde! Der Pfarrer will den Menschen behülflich sein, die Masse des Wissens schneller zu überwinden; aber dafür haben wir ja Aussicht, eine neue Gedächtnißtheorie zu erfinden, nach

welcher Namen und Jahreszahlen leichter eingeprägt sind und
die Logarithmen, die Cubikwurzeln und Gleichungen von den
höchsten Graden ohne viel Mühe im Kopf haften bleiben.
Haben wir nicht schon durch das Lautiren, durch das Singen
nach Zahlen —" — „Nein, nein," unterbrach Schlachten=
maler den Küster, „führen Sie mich zum Pfarrer!" Der
Küster meinte, sie gingen erst am Schulhause vorüber, wo er
ihm die neuen Wandtafeln, einen Kummer'schen Globus und
eine eigene Erfindung, die noch nicht fertig wäre, nämlich
eine Maschine zur Erleichterung des Kopfrechnens, zeigen
wollte; doch mußte Schlachtenmaler den Weg zum Pfarr=
hause und zog ihn dorthin. „Die Pfarrerin," sagte der Küster
mit einer herzdurchbohrenden Wirkung für Schlachtenmaler,
„werden Sie nicht antreffen: sie führt seit längerer Zeit
einem Prediger in der Nähe die Wirthschaft; überhaupt ist
das Haus kirchhofsstille, und außer einer alten Magd wird
es nur vom Pfarrer bewohnt." Indem standen sie schon
dicht an der Thür, und Schlachtenmaler drückte zitternd auf
das Schloß. Im Flur, dem Schauplatz seiner Gespensterrolle,
war Alles leer; der einst so geräuschvolle, lärmende Sitz
seiner ersten Jugend war verwaist. Sie öffneten einige
Thüren. Niemand da; der Küster rief — keine Antwort!
So traten sie in den Hof und waren dicht am Garten, als
der Küster Schlachtenmalern ergriff und ihm zuflüsterte:
„Nein, sehen Sie um Gottes willen die Tollheit!" und ihn
an die Gartenmauer zog. Hier hatte Schlachtenmaler einen
Anblick, als wenn er in den Garten eines Irrenhauses sähe.
Blasedow lief, indem er sich die Rockschöße zusammenhielt,
wie ein Windspiel durch den Raum zwischen den Beeten,
sprang über Hecken und Sträucher fort, rannte im Zirkel mit
Biegungen rechts und links, setzte hoch von Leitern, die er
erkletterte, herab und geberdete sich wie ein Seiltänzer, der
seinen Gliedern durch diese gymnastischen Uebungen Gelenkig=
keit zu geben wünscht. Dann stand er vom Springen ab und
lief durch den ganzen Umkreis des Gartens, wie ein Wiesel;
man denke die lange Gestalt, den Kopf voraus, die Rockschöße oft
der Hand entgleitend und hintenaus fliegend, wunderlich genug,
um den Küster zu entschuldigen, wenn dieser recht von Herzen

darüber lachte. Aber Schlachtenmaler faßte ihn vor die Brust: „Mensch —" Der Seminarist sah ihn groß an und hielt den Angriff für Scherz; Schlachtenmaler schüttelte ihn aber und sagte: „Es ist mein Vater!" Indem meinte der verwunderte Schullehrer: „Ach, es ist auch nur ein Gesundheitsspaß von Ihrem Herrn Vater; das ewige Sitzen und Grübeln fährt ihm öfters in den Unterleib, und dann sucht er sich durch diese gymnastischen Uebungen wieder die erschlafften Ganglien aufzurütteln, und es gelingt immer eben durch den Schweiß!" Nun dankte Schlachtenmaler für diese Aufklärung Gott und hielt sich an seinen Begleiter, um in den Garten zu gehen. Blasedow saß hinten in einer verfallenen Laube und keuchte von seinem ambulanten russischen Bade, indem er sich mit einem Tuche die Stirn trocknete. Der Garten war theils zerstört, theils gar nicht mehr bebaut. Ueberall im Aeußern der Widerschein des zerrütteten Innern dieser Familie. Schlachtenmaler stand einige Male still, um sich zu fassen und den Küster ohnedies, der voreilig mit der Kunde durchgehen wollte. Da stand Blasedow auf und kam den Beiden mit großer Ruhe entgegen. Schlachtenmaler konnte nicht weiter und hielt sich, von Wehmuth durchzittert, an einen Baum. Blasedow hatte ihn erkannt, und mit sanfter, innerlich erbebender Stimme rief er ihm zu: „Ermanne Dich, mein Sohn! Wir gehören doch Beide zu den Leuten, die in rührenden Lagen erst dann weinen, wenn die Anderen schon wieder getrockneten Auges Kaffee trinken und Buttersemmeln essen. Mein guter Sohn!" Damit drückte er Schlachtenmalern an sein Herz und ließ sich die trocken ausgedörrte Wange so lange von ihm küssen, bis sie von dessen Thränen ganz durchnäßt war. Nun erst hielt er ihn gleichsam gegen die Sonne, schüttelte ihn wie einen alten, treuen Bekannten, und zog ihn mit sich auf die morsche, von Wind und Wetter halb zerstörte Bank der Laube. Der Küster ging, um seine Kopfrechnungsmaschine weiter auszuführen.

Blasedow fing sozusagen erst an, mit seinem Sohne Parole auszuwechseln und gleichsam sein Signalement zu prüfen. Er frug ihn: „Was denkst Du denn vom Leben?" Schlachtenmaler sagte: „Es giebt uns nur das, was wir ihm opfern.

Was es uns schenkt, darum verkürzt es uns auch wieder. Je glücklicher wir sind, desto ärmer können wir werden."

„Was denkst Du nun von Menschen?" fragte Blasedow. „Besseres," antwortete Schlachtenmaler, „als sie selbst. Jeder wäre des Höchsten fähig, aber der Trieb dazu wird nicht geweckt. Der größte Feind der Menschen ist die hergebrachte Ordnung. In der Harmonie derselben aufzugehen, dahin drängt sie die Erziehung und der Staat; die Moral nennt Tugend, sich nicht hervorzuthun, sondern im Ganzen zu verschwimmen. Die Menschen bedürfen einer neuen Erlösung. Die Hebel der sittlichen und gesellschaftlichen Ordnung sind ermattet, es müssen elastische Springfedern kommen, um die Menschen lebendiger in den bewußten Gebrauch ihrer Kräfte zu versetzen."

„Was denkst Du von Gott?" fuhr Blasedow fort. „Daß er überall gewiß da vorhanden ist," sagte Schlachtenmaler, „wo ich einen Raum, eine Lücke nicht auszufüllen weiß." — „Und von der Bildung?" — „Daß Kenntnisse nur ihr Einmaleins sind; die höheren Rechenspecies müssen anderswoher entnommen, aber die Kenntnisse doch die sich von selbst verstehenden Voraussetzungen sein." — „Was denkst Du von der zukünftigen Civilisation?" — „Daß sie damit beginnen wird, unsere gegenwärtigen tiefsten Begriffe eben so leicht zu nehmen, wie wir uns jetzt schon die Begriffe des Reformationszeitalters an den Kinderschuhen abgelaufen haben. Das neue Stadium der Bildung beginnt, wenn das, was jetzt bestritten wird, sich von selbst versteht." — „Und was denkst Du von den Fürsten und Monarchieen?" — „Daß sie immer bereit sein müssen, die Throne zu verlassen, und nur deshalb bleiben, weil sie beauftragt und gebeten sind, die Repräsentantenrolle eines nothwendigen Begriffs zu spielen." — „Und von der Liebe?" — „Daß die Ehe zwar zu vermeiden, aber nicht zu umgehen ist." — „Und was denkst Du von der Literatur?" — „Daß Shakespeare todt ist." — „Und von der Kunst?" — „Daß sie nach Brot geht."

Blasedow lachte und sagte: „Nun! Keine einzige Antwort ist richtig; aber wenn Deine Gedanken Werth für Dich selbst haben, so sind sie unwiderleglich." Damit zog er ihn

in die Höhe, ergriff seinen Arm und verließ den Garten und
das Haus. „Du wirst Dich wundern," begann jetzt Blasedow,
indem sie gingen, „daß ich Dich und Deine Brüder so lange
Zeit Euch selbst überließ. Da ich aber für Euer Wohl nicht sorgen
konnte, wollt' ich wenigstens nicht, daß Eure Eltern für Eure
Plage sorgen. Es ist das traurigste Unrecht, das man in
der Erziehung begeht, wenn man der Jugend seine eigenen
Verwirrungen, Leiden, Leidenschaften als eine Zwangsmitgift
aufdrängt, wenn Eltern ihren Kindern zumuthen, die Reihen=
folge ihrer eigenen unbefriedigten Wünsche und nicht selten
verzweifelnden Hoffnungen mit durchkosten zu sollen, und
überhaupt unter dem Ausdruck „Kindesliebe" mitverstehen,
daß die Ihrigen sich an all' dem Jammer und Elend mit=
betheiligen, das sie sich selbst schufen und das sie noch weniger
mildern können dadurch, daß sie Andere mit hineinziehen!
Mein lieber Sohn, wie Du mich hier siehst, jetzt erst klar
geworden über die Welt und was ich von ihr zu hoffen habe,
bin ich einer Mispel zu vergleichen, die erst reif ist, wenn
sie schon fault. Jetzt, wo ich ein recht morscher, wurmzer=
fressener alter Weidenstamm bin, jetzt leucht' ich erst recht
und bin mir in meiner Lebensnacht selbst eine Laterne, die
findet, was sie sucht. Mein Sohn, wenn man in der großen
Welt lebt, vielen Menschen begegnet und mit ihnen zu thun
hat, wenn man Buckligen, Lahmen, Blinden, Tauben Rück=
sichten zu schenken, auf Stumme zu hören, auf Abwesende zu
sehen hat, wenn der Eine originell, der Andere empfindsam,
der Dritte diplomatisch sein will, kann man es selbst bei
einem verwundeten und mißvergnügten Herzen aushalten, zu
leben, wie die Anderen, und aus der Verworrenheit sich einen
Antrieb zu schaffen, für das eigene Mitfortkommen zu sorgen;
schlägt aber Alles in Dich hinein, hast Du keine äußere Auf=
forderung, dem Unmuth an diesem und jenem Luft zu machen,
dann muß sich Deiner allmälig eine sanfte, stille, sonntäg=
liche Grabesruhe bemächtigen. Siehe, so hab' ich mit der
Welt abgeschlossen und Euch nun, Euch, meine Kinder, wollt'
ich eben nicht belästigen und stören."

Blasedow war bei dieser Erklärung ruhig und gefaßt;
nur der heftige Druck seiner Hand, welchen Schlachtenmaler

in der Seinigen fühlte, verrieth tiefe Bewegung. So kamen
sie an den Kirchhof und Blasedow machte seinen Sohn mit
lächelnder Miene auf die Mauer desselben aufmerksam. „Ich
hab' es noch immer zu verhindern gesucht," sagte er, „daß
man Deine ersten Kohlencartons überkalkte, was die geist=
lichen Inspectionsreisenden längst gewollt." Schlachtenmalers
Herz wurde beklommen, weil es nun nicht fehlen konnte, daß
die künstlerischen und dichterischen Leistungen der Brüder zur
Sprache kamen. Blasedow fuhr mit Ruhe fort, indem sie
weiter gingen und das freie Feld suchten: „Ich hab' Euch
um so weniger durch meine Zudringlichkeit stören wollen, als
Ihr Alle Eure eigenen Bahnen zu messen und Euren Ta=
lenten zu leben hattet! Die jungen Keime müssen nun Knos=
pen getrieben haben; bei den schönen Tagen, die jetzt überall
für die Kunst anzubrechen scheinen, wird sich die weitere Ent=
faltung nicht verspäten. Eine Zeit, die sich so lange gemüht,
ein philosophisches und gesellschaftliches Räthsel zu lösen und
nur in der Revolution, welche doch Niemand will, die
Lösung findet, kann nicht anders, als zuletzt das Gute und
Wahre unter der Form der Schönheit auffassen. Der Meinung
und der Leidenschaft muß sich eine edle Rücksicht, die Grazie
der Verhältnisse, zugesellen, wo wir uns noch bekämpfen im
Augenblick. Die, welche das Grelle, Nackte, rein Leidenschaft=
liche mit den Waffen in der Hand wollen, sind verhaßt, und
die, welche die Ueberzeugung an gewisse unveränderliche Be=
dingungen des menschlichen Herzens oder der Grazie knüpfen,
sind allein willkommen. Oder soll der sich immer mehr ent=
faltende Flor der Kunst vielleicht nur der Ueberwurf sein,
den man auf Lampen und Kronleuchter hängt, so lange man
sie nicht braucht? Freilich muß man gestehen, daß so Vieles
im socialen und politischen Leben noch nicht gelöst ist, daß
sich so manche usurpatorischen Begriffe wieder zu einer Herr=
schaft aufgeworfen haben, die ihnen die philosophische Ver=
nunft und unsere jüngste Geschichte eigentlich schon aus den
Händen gewunden hatte. Und es ist nicht unwahrscheinlich,
daß der Beschluß unseres Jahrhunderts die Fragen wieder
aufnimmt, die am Beginn desselben jetzt so ängstlich abge=
brochen und vertagt werden. Da möchte wol dem Edeln und

Wahren kein günſtigeres Intermezzo haben kommen können, als ein äſthetiſches, eine Feuerprobe der Schönheit, die die Leidenſchaft und die Ueberzeugung aushalten müſſen, ſo daß ſich den Gemüthern durch äußere Reize dasjenige einſchmei=chelt, was ſie ſeiner inneren Gluth nach vielleicht weniger verſtanden hätten. Die Berechnung, mein Sohn, die ich mit Dir und Deinen Brüdern anſtellte, wird mich nicht täuſchen. Eure Jahre werden gerade ſo lange währen, bis vielleicht wieder eine Barbarei, ein bilderſtürmender Fanatismus ſeine Geißel über die Erde ſchwingt. Ihr habt eine Zeit, wo die Sonne der Wahrheit von manchen noch nicht zerriſſenen Ideen=Vorhängen eine Beleuchtung erhält, die wenigſtens für die Künſte die rechte iſt."

Schlachtenmaler ging ſtumm neben ſeinem Vater und wußte nicht, wie und wo er ging. Die Gegenſtände hatten ihre Umriſſe verloren; das Auge war in ſein Inneres ge=kehrt, er wußte und hörte nichts, als die Stimme Blaſedow's und die ſeines Gewiſſens, die ihm immer feſter, wie mit Riemen, die Glieder zuſammenſchnürte, ſo daß er alle Kraft und Haltung verlor. Blaſedow fuhr fort: „Eure Berichte über das, was Ihr geleiſtet, waren bald etwas monoton, bald zu ausſchweifend. Ich tröſtete mich, daß die Wahrheit wol in der Mitte liegt. Ich machte noch kaum die Anſprüche, die Ihr ſchon zuweilen befriedigt haben wolltet: denn der Künſtler gedeiht nur im Maß einer fortſchreitenden Abrech=nung mit der Welt. Die Phantaſie will Land gewonnen haben, ehe ſie darauf Paläſte zaubern kann. Kenntniſſe iſt ein triviales Wort; und doch iſt mir noch nie ein vollendeter Schauſpieler vorgekommen, der nicht mit dem Genie, das ihm durch die Geburt kommen mußte, auch eine anſtändige Sicherheit im Gebiet der Bildung beſaß. So erſt kann er das Blendende, das ihm für die Auffaſſung einer Rolle ſchnell in die Augen ſpringt, vergleichen mit anderen möglichen Auffaſſungen, die das Reſultat des nüchternen Verſtandes ſind, und es wird ihm oft genug widerfahren, daß er eine anfangs reizende Idee aufgeben muß, weil ſie eine längere Prüfung und Zergliederung nicht aushielt. Bildung iſt Sicherheit in den Bewegungen rechts und links; Bildung heißt: Nichts anstaunen! Bildung ist nicht da, wo ein einziger genialer Funke, der in eine Vorstellung fällt, gleich einen lichterlohen Brand verursacht; sondern Bildung schreitet langsam vorwärts, hört das Neue wie etwas Altes und Bekanntes an und sucht sich still mit Maß und Ziel das anzueignen, was ihr bisher entgangen war. Nur die auf solche Bildung fußenden Dichter und Künstler wußten das wahrhaft Große zu schaffen; wie im Gegentheil alle Diejenigen nur etwas Unvollendetes geschaffen haben, die wol ihr griechisches Feuer, aber nur kleine Behälter dafür hatten, nur ihre elektrischen Funken und keine Vehikel. So solltet Ihr auch, Ihr lieben Jungen, namentlich darüber nachdenken, was es heißt: sich arrondiren! Erst, wer schon etwas Land und Eigenthum hat, kann Eroberungen machen, die sich unterstützen lassen; eine Rückwand muß der Künstler haben, wie mich denn keine Gemälde auf Ausstellungen kläglicher angesprochen haben, als die, wo in einem einzigen Bilde der Künstler seinen ganzen geistigen Fond untergebracht zu haben schien. Striche, Schatten, Lichter, Alles verräth, daß der oft geniale Kopf in dem Einen gleich Alles geben wollte und für ein neues Bild wahrscheinlich auch einer ganz neuen Vorbereitung bedurfte. Es wäre indessen bald Zeit für Euch, daß Ihr eine gewisse Sicherheit in Euren Arbeiten gewännet."

Blasedow sah Schlachtenmalern fragend an; dieser schlug die Augen zur Erde und fühlte, wie Alles um ihn her gleichsam von ihm abfiel und ihm die Welt als Anlehnungspunkt in solchem Grade entzogen wurde, daß er seiner nicht mehr mächtig war. Nicht die Entdeckung scheute er, daß sie noch nichts geleistet hätten, sondern das Geständniß, daß sie Leistungen gelogen hätten. Er sah mit Zittern dem Moment entgegen, wo die Katastrophe wie ein angezündetes Pulverfaß in die Luft springen mußte, und schon kam er mit seinen gereizten Nerven in jenen Heroismus hinein, der selbst die Schwächsten mitten in der Gefahr überfällt, in den Heroismus der Selbstaufopferung. Blasedow begann auf's Neue: „Ich bin wol neugierig, einmal eine der Satyren Alboin's zu lesen. Was er mir davon bis jetzt dem Thema nach genannt hat, ist wohl zunächst nur Moquerie und noch keine

Satyre. Diese muß einen großartigen Hintergrund haben und Welten ahnen lassen, die im Gemüth des Satyrikers auf= und niedergehen. Die Satyre ist eine natürliche Tochter der Nacht, während die Melancholie zunächst die legi= time derselben ist. Auf Theobald's Gedichte gebe ich gar nichts; ich glaube, die Welt muß ihn erst wie Wirbelwind fassen, einige Male umdrehen und in die Höhe schleudern. Gedichte müssen einen Schwerpunkt haben und sich eine Macht sichern, die trotz scherzhafter Reime und kurzer Strophen Niemand zu bezweifeln wagt; welcher Dichter nicht etwas Souveraines und beinahe Aristokratisches in seiner Art auf= zutreten hat, dem werden die Völker nicht zuströmen. Was hat Amandus in neuester Zeit gemacht?"

Hier standen die beiden Spaziergänger an einem Abhange. Oben eine mit Bäumen besetzte Erdschicht, die sich, in einer durchaus nicht gebirgigen Gegend eine Seltenheit, über dem thalwärts unten hinziehenden Wege fortragte. Die Tiefe bis unten war nicht gerade schwindlig, machte aber einen Sprung gewagt, und am wenigsten hätte man Jemanden dazu be= reden dürfen. Schlachtenmaler, zermalmt von Schmerz um die Täuschung des Vaters, von Scham über seinen und der Brüder Leichtsinn, trat mit Entschlossenheit dicht an den Rand des Abhanges und sagte mit krampfhafter Verzweif= lung: „Vater, denke Dir den Augenblick, wir ständen auf dem Straßburger Münster — und Du hörtest von mir — daß alle Deine Hoffnungen betrogen sind — daß Keiner von uns geworden ist, was Du dachtest, Keiner das, was zu sein wir Dich belogen haben, daß wir Alle noch in der Irre gehen und für Alles, vielleicht höchstens für die Schauspiel= kunst nicht, verdorben sind, und ich, um meine Scham und Reue zu verbergen, machte, beim allmächtigen Gott! Miene, mich nun hinunterzustürzen." — Schlachtenmalers junges Blut war in der That in einer Aufregung, daß er den Sprung auf das erste Wort des Betrogenen, wie eine Curtiusthat, vollzogen hätte. Blasedow starrte ihn mit halb= todtem, gebrochenem Blicke an, eine dunkle Zornesflamme über die Lüge zuckte über sein Antlitz; dann preßten sich massen= hafte Gedankenreihen im Sturme durch seine Gehirnkammern, er stand wie vernichtet, sann und sann und hauchte zuletzt, wie einen Sterbeseufzer, die Worte aus: „Ich würde Dich zurückhalten!"

Schlachtenmaler konnte seine Augen nicht aufschlagen, sondern warf sich in's Gras, um seine Beschämung zu verbergen. Für Thränen war der Moment viel zu ernst. Blasedow's Lungen hörte man an, wie krampfhaft ihnen der gepreßte Athem entströmte. Er hielt sich an einen Baum, nicht schwach und ohnmächtig, sondern sinnend, ernst, grübelnd. Eine Welt von Hoffnungen lag verschüttet vor ihm, in allen seinen Blumen hatte der Sturm gewüthet, die Fenster seines pädagogischen Treibhauses waren vom Hagel zerschmettert. Gerade das aber, was ihn hätte recht vernichten sollen, daß er die Schuld dieser Scene trug, gab ihm wieder einigen Muth, weil er darin den Glauben an die sich selbst ergänzende und heilende Kraft der Natur und des menschlichen Geistes gewann. Schlachtenmalers Reue traf auch ihn: denn er war gerecht genug, einzusehen, daß der Erzieher selbst die meiste Schuld trug. Sein Zorn und sein Entsetzen lösten sich in Wellenschläge auf, die erst noch stürmten und das Gleichgewicht nicht finden konnten, dann aber immer sanfter flutheten, so daß er den herbeieilenden Küster, der ihm einen großen, rothgesiegelten Brief brachte, mit lächelnder Ruhe abfertigen konnte. Er erbrach das Schreiben, dessen Siegel officiell war, und als wenn sich die Schicksale und Erfahrungen homöopathisch zu heilen suchten, dem einen Schmerz wurde hier ein anderer beigesellt und einer durch den andern geheilt.

Er ging zu Schlachtenmaler, hob diesen auf, küßte ihn und sagte, indem er den Brief zeigte: „Ich bin meines Amtes entsetzt! Die Welt steht mir nun offen. Komm, wir haben ja so viel nachzuholen, so viel zu verbessern! Wir wollen Alle, und ich zum meisten, noch einmal von vorne anfangen."

Als sie gingen, ergriff Schlachtenmaler den Brief und commentirte ihn mit Heftigkeit. Es ist ein bewährtes Heilmittel für erzürnte und gekränkte Gemüther, daß man ihre Empfindungen auf Gegenstände lenkt, wo sie Fug und Recht haben, ihren Groll auszusprechen. Wie manche Tochter versöhnte die über ihre Tanzlust erbitterte Mutter dadurch, daß sie zufällig das Gespräch auf die Toilette einer Rivalin bringt und damit die Mutter in einen andern Harnisch jagt, wo die Tochter nicht anders, als immer Recht geben kann und die Mutter über neuen Invectiven die alten vergißt! Auch Blasedow war bei allem Mißtrauen und bei aller Menschenkenntniß im Grunde ein leicht behandeltes Gemüth. Seine Gedanken kamen in die Richtung des Consistoriums, seine Zunge spitzte sich gegen Blaustrumpf, ja, die Aussicht, so schnell in eine neue Lebensbahn geworfen zu werden, erheiterte ihn zusehends. Alle Zurüstungen zur Abreise wurden getroffen. Das Nothwendigste kam schnell zusammen und wurde auf einen Leiterwagen gepackt, den einzigen, den das Pfarrhaus noch besaß. Schlachtenmaler griff thätig mit an, ob er gleich innerlich darüber besorgt genug war, was sich aus dem Allen mit der Zeit ergeben sollte.

Am folgenden Morgen fuhren Beide der Residenz zu. Sie waren selbst begierig, zu erfahren, was noch Alles auf dem Blatt stehen würde, das eben das Schicksal mit so großer Schnelle in ihrem Lebensbuch umgeschlagen hatte.

Schluß des zweiten Theils.

Druck von G. Pätz in Naumburg a/S.

www.ingramcontent.com/pod-product-compliance
Lightning Source LLC
Chambersburg PA
CBHW022120290426
44112CB00008B/742